상처받은
내면아이 치유

HOMECOMING INNERCHILD

존 브래드쇼(John Bradshaw) 저 | 오제은 역

학지사

| 역자 서문 |

이 책은 단순한 치료 이론서가 아니다. 이 책을 읽는 동안 독자들은 자신들의 오랜 상처들이 치유되는 경험을 하게 될 것이라고 나는 확신한다. 나의 치유 여정에 있어서 가장 결정적인 도움이 된 존 브래드쇼 선생님의 내면아이 치료서를 한국어로 번역하게 된 것은 나의 삶의 최고의 기쁨이다.

약 10년 전부터 나는 집단상담 프로그램을 통해서 내면아이 치료 워크숍을 인도해 오고 있다. 내가 이 워크숍을 인도하게 된 가장 큰 이유는 나 자신이 수년 전에 내면아이 치료 워크숍을 통해서 내면의 상처들을 발견하게 되었고 치료받은 경험 때문이다. 내가 만약 그때 그 프로그램에 참여하지 않았고, 그리고 내 안에 있었던 상처받은 내면아이를 발견할 수 없었다면 과연 지금의 내 삶은 어떻게 되었을까 하고 생각하니 정말 끔찍하다. 그때 내면아이와의 만남은 나를 살렸고 지금의 나는 그 경험 이전과는 전혀 다른 삶을 살고 있다. 내 안의 상처받은 내면아이를 발견하고 치료할 수 있도록 도와준 존 브래드쇼 선생님과의 만남은 내 인생 최고의 축복이었다. 그분께 가슴 깊은 존경과 말로 다 할 수 없는 감사의 말을 전하고 싶다. 분에 넘치게도 지금은 이러한 감사의 표현들을 내가 인도하였던 워크숍에 참가하였던 수많은 참가자들에게서 듣곤 한다.

지난 수년 동안 나는 이 프로그램을 인도하면서 우리 안에 아직도 내재해 있는 어린 시절의 상처들을 보다 잘 이해할 수 있게 되었다. 그리고 우리가 어떻게 상처받게 되는 것이며, 그 상처들로 인한 결과는 과연 어떠한지, 또 그 치유되지 않은 상처들이 어떻게 해서 아직도 계속되고 있는 개인적인 문제들과 가족관계, 부모와 자녀 간의 관계, 특히 부부관계에서 발생하는 갈등과 다른 사람과의 대인관계, 그리고 여러 종류의 중독적이고 강박적이며 정신신체적인 증상들과 연관되는지, 그 근본적인 원인들에 대해서도 더욱 잘 이해할 수 있게 되었다. 또한 상처받은 내면의 치유를 위해 중요한 통찰력과 치료방법들을 배울 수 있었다. 무엇보다도 이 경험은 내 자신의 지속적인 치유와 개인적 성장을 위해서 빼놓을 수 없는 가장 중요한 경험이 되었다.

지난 10여 년 동안 내가 인도했던 워크숍에 참석하였고 나를 신뢰해 주었던 수많은 참가자께 진심으로 존경과 사랑을 표현하고 싶다. 그분들은 아직 드러나지 않았고 치유되지 않았으며, 통합되지 못했던 나의 연약한 부분들을 발견할 수 있도록 도와준 나의 좋은 선생님들이었으며, 내 삶에 결코 잊지 못할 아름다운 추억과 신비한 경험들을 안겨 주었던 고마운 천사들이다.

들꽃이라는 별칭을 사용했던 한 참가자는 다섯 살 때 엄마가 외할머니 집에 자기를 남겨 두고 떠나갔다. 세 밤만 자면 곧 데리러 오겠던 엄마를 매일 언덕 위에서 기다렸지만 엄마는 끝내 돌아오지 않았고, 다섯 살 여자아이는 "엄마, 빨리 와!"라고 울부짖으며 하루도 빠짐없이 엄마가 떠나갔던 그 언덕에서 목이 터져라 엄마를 부르며 울다가 지쳐 잠들곤 했다. 울다가 울다가 목이 메고 지칠 대로 지쳐서 이젠 더 이상 울지도 못하는 그 아이가 자신의 내면에서 아직도 목 놓아 울부짖고 있다는 것을 내면아이 치료 워크숍을 통해 발견하였다. 엄마에 대한 그리움에 너무나 목마른, 처량하고 불쌍한 그 아이를 붙들고 누군가 목 놓아 울어 주어야만 된다는 것, 그리고 그 사람은 다른 사람이 아닌 바로 자기 자신이어야만 한다는 것을 깨닫고 난 뒤 그 여자는 그동안 자신이 왜 그렇게도 사람들을 불신했는지 그리고 자신 속의 채워지지 않았던 끝없는 그리움의 진정한 이유를 알게 되었고, 그 내면아이를 부둥켜안은 채 정신없이 한참을 통곡한 뒤에서야 자신 속에 남아 있었던 오랜 세월의 해묵은 상처를 치유할 수 있었다.

나무라는 별칭으로 불렸던 또 다른 참가자는 항상 언제 폭발할지 모르는 분노 때문에 자신조차 스스로를 잘 이해하지 못하고, 모든 사람에게 서운한 감정을 안고 살아가지만 정작 그 진짜 이유를 알지 못했었는데, 일곱 살 때 자기가 하지도 않은 일로 아버지에게 억울하게 매를 맞았던 어린 시절의 상처를 알게 되었다. 아이는 "아버지, 저는 정말 안 그랬어요. 믿어 주세요."라며 울부짖고 있었다. 이 아이에게 꼭 필요했던 것은 "그래, 네가 안 그랬다는 말을 아빠가 믿을게."라는 그 말 한 마디인 것이다.

어린 시절의 크고 작은 상처들을 품은 채로 우리는 성인이 되어서 살아간다. 다시 말해서, 상처받은 내면아이를 품은 채로 겉만 성장하여 어른이 되는 것이다. 그러나 치유되지 않은 상처들은 아직도 우리 안에 남아 있으며 불행하게도 가장 가까운 사람들에게 그 상처를 전달하며 살아가게 된다. 우리가 우리 안에 있는 상처들을 발견하지 못하고 치유하지 않는다면 그것은 인생의 모든 문제의 가장 큰 원인으로 남을 것이다.

누구든지 진정한 변화를 원한다면 반드시 자신의 어린 시절로 돌아가 거기서부터 다시 시작하지 않으면 안 된다. 그러나 우리가 다시 어린아이가 된다는 것은 불가능하다. 하지만 우리 안에 아직도 살고 있는 내면아이에게로 돌아갈 수는 있다. 진정한 상담자가 되려면, 상담자 자신이 어린 시절의 발달과정을 되돌아보고 각 발달단계에 따른 미해결 욕구와 과제를 발견하는 것이 가장 우선적이다. 그리고 자신의 '상처받은 내면아이'를 발견하고 부둥켜안는 내면아이 치유의 경험이 필수적인 것이다. 그때서야 비로소 내담자들의 진정한 치료를 도울 수 있을 것이다. 다시 말해서, 상담자의 내면적 치유의 경험과 그 깊이만큼 내담자들의 성장과 치유를 돕는 일이 가능할 것이다. 그러므로 나의 진정한 내면 치유 경험이 나의 상담활동의 우선이다. 나의 상처, 내 속의 내면아이를 끌어안게 될 때만이 진정한 치유가 가능하다. 바로 이 상처의 부분, 혹은 상처받은 내면아이는 내가 받아 온 유해한 교육에 의해 무시하고 등한시했던 부분이다. 내가 사랑해 주지 않았던 그 부분을 소중한 것으로 받아들이게 될 때, 손상된 인격의 조화와 화해가 이루어지며 비로소 인격의 자유를 경험하게 될 것이다.

이 책을 번역하는 동안 많은 도움을 준 남성아, 성덕혜, 김혜진 선생님께 감사드린다. 그리고 무엇보다도 이 책의 출간을 허락해 주신 학지사 김진환 사장님께 깊은 감사를 드리며 교정과 편집을 맡아 주신 편집부 직원 여러분께 감사드린다. 그리고 숭실대학교의 동료 교수님들과 학생 모두에게 감사드린다. 마지막으로 부족한 아들을 하나님을 향한 헌신과 학문의 길로 인도해 주신 사랑하는 아버님과 어머님께 깊은 감사를 드린다.

이 책을 읽는 독자 모두가 자신의 상처받은 내면아이를 발견하고, 충분히 슬퍼하며, 함께 대화하고 돌보는 공동 작업을 통해 인생 여정에서 자신의 내면아이의 안내자가 되고, 승리자가 되는 놀라운 영적 여행을 이룰 수 있기를 바란다.

숭실대학교 연구실에서

오제은

| 저자 서문 |

누구나

한 번쯤은 그랬을는지 모르겠지만

'만약 그렇게 될 수만 있다면 얼마나 좋을까?' 하고

마음속 깊이 소원하는 일이 내게도 있다.

이루어질 수 없는 줄 뻔히 알면서도

'혹시나 내게 이런 일이 정말 이루어질 수 있다면 얼마나 좋을까?' 하고

크리스마스 때면 마음속 깊이 소원하던 선물처럼,

받고 싶은 선물이 내게도 꼭 하나 있다.

만약 이런 일이 내게 이루어질 수만 있다면 얼마나 좋을까…….

그런데 사실은

어느 누구도 이 선물을 내게 가져다줄 수 없다.

사람들은 아마

그런 일은 결코 이루어질 수도 없고, 또 말도 안 되는 일이라고 하겠지만……

……

나는

지나간 나의 어린 시절을

되돌려 받고 싶다.

이것이

내가 가장 받고 싶은 선물이다.

이미 오래전에 떠나가 버린

지난 어린 시절의 아이,

그 아이가

지금도

당신과 내 안에 살고 있다.

그 아이는

당신과 나의 마음의 문 뒤에 서서

혹시라도 자신에게

무슨 멋진 일이 일어나지 않을까 하고

오랫동안 간절히 기다리고 있다.

- 로버트 펄험(Robert Fulghum) -

내가 인도했던 내면아이 치료 워크숍에서 있었던 일이다. 참석자들 사이로 걸어 들어가면서, 예상했던 숫자보다도 훨씬 많은 사람이 세미나 홀을 가득 메우고 있는 것을 보며 난 깜짝 놀랐다. 거의 100여 명이나 되는 참석자들이 8그룹으로 나뉘어, 각 그룹별로 뭉쳐 서로 머리를 맞대고 가까이 다가앉아 뭔가 열심히 소곤거리고 있었다. 이날이 모임 이틀째였기 때문에 참가자들은 벌써 서로 친숙해져서 교제와 나눔이 매우 활발하였지만 처음엔 서로에 대해 전혀 알지 못했고 낯설어했었다.

내가 가까이에 있던 한 그룹으로 다가갔을 때, 그 그룹원들은 모두 한 남자의 얘기를 듣느라 정신을 쏙 빼놓은 채 열중하고 있었다. 그 남자는 자신의 내면아이가 아버지에게 쓴 편지를 낭독하고 있었다.

아버지,

저는 아버지가 저에게

얼마나 상처를 줬는지 아셨으면 합니다.

아버지는 나와 함께 보낸 시간보다는

나를 혼낸 시간이 더 많았죠.

아버지가 만약

나와 조금만 더 시간을 함께 보내 줄 수 있었더라면,

아마 나는

아버지의 구타와 상처까지도 견뎌 낼 수 있었을 것입니다.

난 말로는 다 표현할 수 없을 만큼

아버지의 사랑을 원했었습니다.

만약 아버지가

나와 조금만이라도 놀아 줬더라면 …….

만약에 아버지가

나를 야구 경기에 좀 데려가 줬더라면 …….

만약 아버지가

내게 단 한 번이라도 날 사랑한다고 말해 줬더라면 …….

아버지, 나는 아버지가 내게 조금만이라도 더

관심 가져 주길 정말 간절히 바랐었습니다.

그 남자는 손으로 계속 눈물을 훔치며 훌쩍거렸다. 그 옆에 앉아 있던 한 중년 여성이 그 남자의 머리를 쓰다듬으며 부드럽게 위로했고, 다른 젊은 남자는 천천히 자신의 손을 내밀어 그의 손을 잡아 주었다. 또 다른 한 남자가 그에게 기대고 싶으냐고 물었고 그 남자는 고개를 끄덕였다.

또 다른 그룹에선, 한 우아한 칠십 대 여인이 어머니께 쓴 편지를 낭독하는 것을 그룹원 모두가 어깨동무를 하고 바닥에 앉아 한마음이 되어서 숨을 죽인 채 경청하고 있었다.

어머니,

어머니는 교회 일 때문에 정말 너무도 바쁘셨죠.

얼마나 바빴는지 단 한 번도 딸인 나에게조차 …….

사랑한다고 말해 줄 시간이 없었죠.

어머니는 내가 많이 아팠을 때나 아니면

피아노를 잘 쳐서 당신을 자랑스럽게 했을 때만

그나마 나에게 약간의 관심을 보이셨죠.

난 어머니를 기쁘게 해 드릴 때만

나 자신의 존재에 대해 느낄 수 있었어요.

당신은 내게

내가 당신을 기쁘게 하는 것들에게만 의미를 느끼게 하셨죠.

난 당신에게 있어서

오직 당신을 기쁘게 했을 때만 중요했었던 거예요.

어머니는 나를,

있는 그대로의 나를 …….

단 한 번도 사랑한 적이 없었어요.

어머니, 어머니 나는 정말

난, 너무나 외로웠어요! …….

그녀는 잠긴 목소리로 울먹이더니 결국 통곡하기 시작했다. 통곡의 눈물과 함께 자신을 방어하기 위해 지난 70년 동안이나 조심스럽게 마음 깊숙이 쌓아 왔던 방어의 벽이 무너져 내리기 시작했다. 같은 그룹에 속한 십 대 소녀가 그녀를 꼭 껴안았다. 다른 젊은 남자는 그녀에게 실컷 목 놓아 울어도 괜찮다고 격려하며 그녀의 용기를 진심으로 칭찬했다.

또 다른 그룹에선, 삼십 대 중반쯤으로 보이는 맹인이 아버지께 점자로 쓴 자신의 편지를 읽고 있었다.

아버지,

나를 창피하게 여기는 당신이

나는 너무 미웠습니다.

아버지는 아버지의 친구들이 방문할 때마다

나를 아파트 지하 차고에 가뒀죠.

그리고 난, 난 어렸을 때

단 한 번도 충분히 먹어 본 적이 없었습니다.

나는 당신에게

단지 짐이었을 뿐이죠.

당신이 날 얼마나 미워했는지 이미 다 알고 있었어요.

내가 뭔가에 걸려 넘어졌을 때

당신은 나를 보고 웃고 놀리기까지 했으니까요.

이젠 내가 뭔가 말을 해야 할 때가 됐다. 나는 아직도 나 자신 속에서 '상처받은 내면아이'의 남아 있는 분노를 느꼈고 그 분노를 쏟아 내며 소리치고 울부짖고 싶었다. 지난 어린 시절의 슬픔과 외로움이 나의 내면 밑바닥에서부터 사무치게 복받쳐 왔다. 아! 과연 어떻게 하면 이 슬픔에서 벗어날 수 있을까?

이러한 통곡과 슬픔과 분노에도 불구하고 그날의 프로그램이 거의 끝나 갈 때쯤엔 참가자 모두가 평화와 기쁨의 마음으로 바뀌어 가고 있었다. 워크숍은 마지막에 모두가 함께 모여 앉아서 서로의 손을 맞잡기도 하고 환한 미소로 화답하기도 하고 또 포옹도 하면서 끝맺음을 하였다. 참석자들이 한 사람씩 내게 다가와서 그들 자신의 '상처받은 내면아이'를 만날 수 있도록 해 줘서 고맙다고 인사하며 돌아갔다.

참석자 중 한 사람은 은행장이었는데, 워크숍을 처음 시작할 땐 아주 노골적으로 부정적인 태도를 보였다. 그렇지만 워크숍이 거의 끝나 갈 무렵엔, 내게로 다가와 자기가 이번 워크숍에서 40년 만에 처음으로 아주 속 시원히 울어 봤다고 고백할 만큼 변해 있었다. 그 사람은 내게 자신의 어린 시절 얘기를 들려줬는데, 어린아이였을 때 그는 아버지에게 끔찍하게 맞았었다고 말했다. 그래서 다시는 다른 사람들에게 당하지 않을 것이며, 자신의 감정을 드러내지도 않겠노라고 스스로 맹세를 했었다고 한다. 하지만 이제 그는 더 이상 그런 자신의 옛 감정에 연연하지 않게 됐으며, 이제는 오히려 자신 속에 자리하고 있는 이 외로운 아이를 어떻게 돌봐줘야 하는지에 대해서 궁금해하고 질문해 올 정도까지 되었다. 덕분에 그의 얼굴은 전보다 더 부드럽고 편안해 보였으며, 훨씬 젊어 보이기까지 했다.

워크숍이 처음 시작되었을 때, 나는 참가자들에게 각자가 쓰고 있는 가면을 벗어버리고 자신들을 보호하기 위해 지금까지 숨어 있었던 자신만의 내면세계에서 나와야 한다고 격려했다. 만약에 그들이 자신의 상처받은 내면아이를 계속 품고서 숨기면 숨길수록, 상처받은 내면아이는 자신을 알아주지 않고 받아들여 주지 않는다는 것에 대항하여, 온갖 발작을 하며 울어 젖히거나, 다른 어떤 것에 대해 지나치게 반응하며 반항하거나, 계속해서 다른 사람과의 인간관계, 특히 결혼생활에서 고통스럽고 또 상처를 주고받는 관계를 형성하는 등의 문제들을 나타내게 된다. 즉, 가족관계(부모, 형제와 자매, 부부, 자녀와의 관계 등)에서 극단적이고 고집이 센 병적인 부모 역할, 혹은 사람 의존 중독이나 그 밖의 다른 종류의 중독 증세(알코올, 섹스, 일, 종교, 스포츠, 인터넷, 도박, 분노 중독 등) 등을 나타내게 되는 것이다.

참석자들이 나의 말에 적절하게 반응하고 수긍할 수 있게 하기 위해서, 나는 그들의 마음 깊은 곳을 어루만져 주어야 했다. 하지만 나중에 사람들이 마음을 활짝 열고 열띤 반응을 보이며 환하게 미소 짓는 얼굴을 볼 때마다, 더할 나위 없이 기뻤고 크나큰 보람을 느끼곤 했다.

내면아이 치료를 위한 이 워크숍은 1983년에 처음으로 시작되었다. 그때부터 나는 내면아이를 치료하는 것이 얼마나 큰 힘을 가지고 있는지를 깨달았고, 점점 그 일에 대해 매력을 느끼기 시작했다. 내면아이에 관한 연구는 크게 세 가지 매력이 있다. 그 것은 사람들이 치료를 통해 변화되는 속도와 그 변화의 깊이와 정도, 그리고 과거의 상처가 치료될 때 생기는 놀라운 힘과 창조성이다.

나는 12년 전부터 집단상담 프로그램에 참가한 참석자들을 대상으로 내면아이 치료에 대한 연구를 시작했다. 여기에서 나는 아주 인상적인 결론을 얻게 되었다. 그것은 사람들이 자신들의 내면아이를 처음 만나게 됐을 때, 그 경험이 그들을 아주 당황하게 만든다는 것이었다. 내면아이와의 만남의 경험을 통해서 참가자들은 종종 격렬하게 흐느끼기도 하였다. 이 경험에 대해서 참석자들은 여러 가지 표현을 했다. "내 일생 동안 누군가가 나를 알아주기를 기다렸어요." "이건 마치 내 고향집에 돌아온 것 같아요." "제 내면아이를 알고 나서는 제 인생이 바뀌었어요."라는 등의 표현들을 했다. 이러한 반응들은 내게 큰 힘을 주었다. 그래서 나는 참석자들이 내면아이를 알고 잘 받아들일 수 있도록 도울 수 있는 보다 완전한 워크숍을 개발하였다. 그렇게 이 프로그램은 서서히 발전이 되어 갔다. 또한 이 워크숍이 발전할 수 있었던 이유는 참석자들의 끊이지 않는 대화가 있었기 때문이라고 생각한다. 이 연구야말로 내가 지금까지 해 왔던 모든 일 중에서도 가장 크고 중요한 일이라고 생각한다.

워크숍에서 가장 중점을 둔 것은 '사람들이 어린 시절에 해결하지 못했던 슬픔(unresolved grief from childhood)'이었다. 그 해결하지 못했던 슬픔들을 해결하고, 더 이상 그것에 연연하지 않게끔 끝을 내도록 도와주는 것이 이 워크숍의 목적이었다. 사람들이 겪은 어린 시절의 슬픔에는 여러 가지 형태가 있다. 그것들을 살펴보면 버려짐을 통해 얻게 되는 슬픔, 온갖 종류의 학대, 자라면서 누구에게나 필요한 의존의 대상에 대한 결핍, 잘못된 가족 구조 때문에 곤란에 빠지는 것 등 다양하다. 가족체계의 역기능의 결과로 비롯된 이런 부분들에 대해서는 추후에 상세히 이야기하기로 한다.

이 워크숍의 대부분의 시간을 우리는 슬퍼하고 안타까워하면서 보냈다. 우리가 자라면서 어린아이였을 때 당연히 받았어야 할 사랑, 그리고 의존의 경험이 꼭 필요했었던, 그렇지만 받아들여지지 않았고 버려졌던 그 어린 시절을 생각하며 비탄에 빠졌던 것이었다.

이 점 또한 이 책에서 중요한 초점이다. 왜냐하면 내 경험에 비추어 볼 때, 상처받은 감정을 치료하기 위해서는 사람들의 성장발달 시기로 접근하는 방법이 매우 효과적이고 정확하기 때문이다. 내가 워크숍에서 가장 중요하다고 믿는 것도 바로 사람들의 각 성장단계의 치료다. 그래서 나는 워크숍에서 어린 시절에 필요한 사랑과 의존에 관하여 설명하곤 한다. 만약 이렇게 각 발달단계에 없어서는 안 될 의존이 받아들여지지 않고 충족되지 않는다면, 사람들은 그 상처받은 내면의 아이를 품은 채 성인으로 자라나는 경향이 있다. 그래서 우리는 어린 시절에 당연하게 필요했던 그 필요성들이 과연 충족되었는지 돌이켜 볼 필요가 있는 것이다. 왜냐하면 우리 중 누구도 '성인아이(adult children)'가 될 필요가 없기 때문이다.

우선 나는 각 참여자들을 그룹으로 나누고 각각의 발달단계에 우리가 필요로 했던 것들에 대해 설명해 주었다. 참석자들이 서로 돌아가면서 각자가 자신들의 유아기 때, 유년기 때 그리고 어린이였을 때 등의 각 단계에서 필요로 했었던 것들에 대해서 서로의 의견을 나누도록 했다. 그리고 다른 사람들의 말을 주의 깊게 들으면서 동감하기도 하고 또한 자신들이 그 얘기의 중심이 되기도 하였다.

주제의 범위에 따라서, 같은 그룹에 있는 사람들끼리 이야기를 한 사람을 달래기도 하고, 가르치기도 하고, 아니면 그 사람이 어린 시절의 아픔을 확인하고 인정하도록 제안하기도 하면서 서로의 얘기를 들어 주었다. 그러다가 자신이 어렸을 때 그토록 듣고 싶었지만 들을 수 없었던 자신에 대한 긍정적인 말을 듣게 되면, 처음에는 흐느끼다가 결국에는 통곡을 터뜨리곤 했다. 그러고 나면 그동안 속에 쌓여 있던 오래되고 얼어붙은 슬픔이 조금이나마 녹는 것을 느낀다. 결국 워크숍이 끝날 때쯤에는 모든 사람이 적어도 몇 가지의 슬픔은 해소하였다. 그 해소의 정도는 사람들이 이 워크숍에 오기 전에 자기치료를 얼마나 했었는지에 따라서 다르다. 즉, 어떤 사람들은 워크숍에 오기 전에 이미 많은 치료를 했었고, 또 어떤 사람들은 전혀 시작도 하지 않은 단계이기도 했기 때문이다.

워크숍의 막바지로 가면서 나는 사람들에게 그들이 할 수 있는 두 가지 방법을 이야기해 주었다. 하나는 그들이 안고 있는 내면아이를 위한 명상을 하는 것이다. 명상을 하다 보면 많은 사람이 자신들의 감정을 숨김없이 다 토해 내는 것을 느낄 수 있다. 그리고 또 하나는 규칙적으로 하루 중 얼마간의 시간을 내면아이와 대화해 보도록 노력하며 명상을 해 보는 것이다. 이러한 방법들이 많은 도움이 될 것이라고 권장해 주었다.

사람들이 자신의 상처받은 내면아이를 발견하고, 그 아이를 잘 보살피고 양육하게 되면, 그들 안에 감추어져 있는 훌륭한 선천적인 아이(a wonderful natural child)의 창조적인 힘이 나타나기 시작할 것이다. 이러한 내면의 통합이 이루어지면, 내면아이는 그 사람의 새로운 재생과 원기가 되는 자원이 될 것이다. 칼 융(Carl G. Jung)은 이 타고난 모습 그대로의 자연스러운 아이를 가리켜 '놀라운 아이(wonder child)'라고 불렀다. 왜냐하면 그 아이는 우리의 탐험에 대한 타고난 잠재력과 경이로움 또는 창조적인 존재가 될 수 있는 모든 요소를 가지고 있기 때문이다.

이 워크숍은 내면아이의 연구가 사람들을 변화시키는 데 놀라운 효과를 주는 가장 빠르고 유력한 방법이라는 것을 내게 확신시켜 줬다. 이러한 거의 직접적인 효과는 계속적으로 나를 놀라게 했다.

보통 나는 어떤 종류이든 빠른 치료법에 관해서는 회의적이었지만, 이 연구는 영원한 변환의 과정의 시작이라고 본다. 그런 경험들을 겪은 후에 참가자들이 쓴 1, 2년 동안의 글에서 보면 그 워크숍이 그들의 인생을 바꾸게 해 주었다고 고백하곤 한다. 나는 기뻤지만 왠지 다소 혼란스럽기도 했다. 왜냐하면 왜 어떤 사람에게는 이 워크숍이 아주 커다란 영향을 끼치고, 또 어떤 사람에게는 왜 그야말로 아주 최소한의 작용만 했는지를 알 수가 없었기 때문이다. 그래서 그 이유에 대해서 연구를 하고 있을 때, 어떤 한 그림이 서서히 내 머릿속에 떠오르기 시작했다.

나는 처음으로 교류분석의 뛰어난 창조적 천재인 에릭 번(Eric Berne)의 연구에 관심을 갖기 시작했다. 이 이론은 우리 모두가 한 번쯤은 경험했을 자연스럽고 본래적인, '있는 그대로의 선천적인 아이(the spontaneous natural child)'라고 일컬어지는 그런 '아이 자아의 단계'를 가장 강조하고 있다. 또한 그 아이가 가족생활 초기에 받게 되는 압박과 스트레스에 어떻게 적응하는가를 설명하고 있기도 하다.

우리가 선천적인 아이 또는 놀라운 아이를 느낄 수 있는 경우가 종종 있는데, 예를 들면 옛 친구를 만날 때나 배꼽이 빠질 것처럼 허리를 쥐고 웃어 젖힐 때, 자연스러우며 창조적일 때, 놀라운 광경을 보며 탄성에 젖어 있을 때와 같이 자연히 우러나오는 감정을 느낄 때다.

　당신이 적응된 아이나 상처받은 아이가 당신 안에 존재하고 있다고 느끼게 되는 상황이란, 바로 당신이 고장 난 신호등임을 뻔히 알고 있음에도 빨간 불에 지나가는 것을 꺼릴 때나 주위에 아무도 없어 당신이 빨간 불에 지나가도 아무것도 걸릴 것이 없다고 생각해서 지나갈 때와 같은 상황에서 그런 아이들을 느끼게 되는 경우다. 상처받은 아이의 또 다른 행동 양태는 화나는 감정을 억누른 채 지나치게 다른 사람에게 정중하고 순종적이거나 또는 어린애 같은 목소리로 말을 한다거나, 다른 사람을 속인다거나 삐죽거리는 등의 행동을 하는 경우다. 이 책의 제1장에서는 '상처받은 아이가 성인으로서의 우리 삶을 어떻게 파멸시키는지'에 대해 다양한 방법으로 서술할 것이다.

　나는 여러 해 동안 교류분석 이론을 나의 중요한 치료 모델로 사용해 왔음에도 불구하고 내면아이가 살아남기 위해서 받아들여져야만 했던 여러 가지 성장상의 발달단계를 연구의 중점으로 두지는 않았었다. 이제 나는 교류분석에 있어서 성장 항목의 결여가 가장 큰 단점이라는 것을 알 수 있게 되었다. 우리의 '놀라운 아이'의 초기 성장단계의 어느 한 부분에서라도 성장이 멈출 수도 있는 것이다. 어른이면서도 우리가 어린아이처럼 행동할 때도 있다. 예를 들면, 아장아장 걸을 시기처럼 그때의 아이로 되돌아간 듯한 행동을 할 수도 있고, 또 학교 가기 전의 아이들이 마술을 믿는 것처럼 계속 그대로 믿을 수도 있고, 게임을 하다가 지면 초등학교 저학년 때처럼 입을 삐죽거리거나 아예 그만둬 버리는 것 등을 예로 들 수 있겠다. 이러한 행동들은 어린 시절의 성장이 멈추게 된 여러 가지 정도를 보여 주는 단면이다. 이 책에서 내가 얘기하고 싶은 가장 중요한 점은 당신이 각 성장단계에서 '상처받은 내면아이'를 스스로 발견하고 돌볼 수 있도록 돕는 것이다.

　추후에 나의 내면아이 연구에 영향을 준 것은 최면학자인 밀턴 에릭슨(Milton Erickson)이다. 에릭슨은 세상의 모든 사람이 각자 세상에 대한 잣대를 가지고 있다고 믿었다. 에릭슨에 의하면, 이 세상에 대한 잣대는 각자 내면의 믿음체계이지만 그것들은 자각이 없고 최면성의 황홀감 등으로 구성되어 있다는 것이다. 나는 에릭슨의 치료법을 활용하여 나의 내담자들이 이미 빠져든 황홀감에 자연스레 연결할 수 있는 방법을 배웠고, 또 발전과 변화를 돕기 위해서 그 황홀감을 이용하는 법을 알게 된 것이다.

그렇지만 내면아이의 연구를 시작하기 전에 내가 미처 알지 못한 것은 그 상처받은 내면아이가 가치체계의 핵심에 자리 잡고 있다는 것이었다. 그리고 나는 한 세대 전의 내면아이의 황홀감에 들어감으로써 자기 가치체계와 믿음의 핵심을 변화시키는 것이 가능하다는 것을 알게 되었다.

치료학자인 론 쿠르츠(Ron Kurtz)는 내면아이 연구의 원동력에 대한 이해를 깊게 해 주었다. 쿠르츠의 시스템 중에서 하코미(Hakomi)라 불리는 치료법은 인격적 요소의 핵심에 직접적으로 중점을 두는 것이다. 인격적 요소의 핵심이란 것은 바로 우리 내면의 경험을 정리하는 한 방법이라고 할 수 있다. 그리고 그 요소의 핵심은 우리가 어렸을 때 느꼈던 감정, 믿음, 기억으로 이루어진 것과 어린 시절 환경의 압박에 반응하던 것으로 형성되어 있다. 물론 이 요소들은 논리적이지도 않고 미개하기만 하다. 그리고 그것이야말로 마술적인 것을 믿는 아이나 상처받기 쉬운 아이, 매우 가난한 아이나 경계가 없는 아이들이 알고 있는 살아남기 위한 유일한 방법인 것이다.

이 요소의 핵심이 한번 체계를 갖추고 나면 그것은 모든 새로운 경험을 통과시키는 여과기가 될 것이다. 그리고 이것은 또한 왜 사람들이 계속해서 자기에게 해를 끼치는 허구의 관계를 선택하는지에 대한 설명이 될 것이다. 왜 인생의 어떤 경험들은 반복되는 외상의 연속이 되고, 왜 대부분의 사람이 자신들의 계속되는 실수에도 불구하고 그것을 깨닫지를 못하는 것일까?

프로이트(Freud)는 이 자극을 과거를 되풀이시키는 '강제 반복(repetition compulsion)'이라고 명명했었다. 하지만 근대의 훌륭한 치료학자인 앨리스 밀러(Alice Miller)는 그것을 '불합리의 논리(logic of absurdity)'라고 명명했다. 이것은 각자가 그 요소의 핵심이 우리의 경험을 어떻게 만드는지에 대해서 이해를 하고 있을 때 논리적이 될 수 있는 것이다. 그것은 마치 당신이 색안경을 쓰고 있는 것과 같다. 즉, 실제로 빛이 얼마나 강한지는 상관없이 그대로의 방법으로 걸러 내게 되는 것이다. 그래서 만약 안경이 녹색이라면 세상은 마치 녹색처럼 보일 것이고, 밤색이라면 밝은 색은 잘 보이지 않을 것이다.

물론 그다음에 우리가 변화를 원한다면, 그때 우리는 우리의 핵심요소를 바꾸어야 하는 것이다. 어쨌든 우리의 경험을 처음으로 정리하는 것은 우리의 내면아이이기 때문에 **인간의 핵심요소를 즉시 바꿀 수 있는 유일한 길은 내면의 아이와의 접촉을 시도하는 것이다.**

내면아이의 연구는 중요한 새로운 치료 도구이고, 과거에 행해졌던 치료의 방법과는 아주 다르다. 프로이트는 노이로제와 성격장애가 우리의 일생 동안 반복되는 '풀리지 않은 어린 시절 부조화의 결과(unresolved childhood conflicts)'라는 것을 처음으로 밝힌 사람이다. 그래서 그는 환자가 상처받은 내면아이를 드러낼 수 있고, 그의 '충족되지 못하였던 욕구(unmet needs)'를 치료사에게 전이시킬 수 있을 만큼 안전한 환경을 치료사가 제공함으로써 상처받은 아이를 치료하는 방법을 시도했던 것이다. 그러므로 치료사가 상처받은 내면아이의 새로운 부모 역할을 하는 방법으로 상처받은 아이의 미처 끝나지 않았던 작업, 즉 상처받은 아이는 치료되는 것이다.

그러므로 프로이트에 있어서 '상처받은 아이의 치료'란 치료사가 상처받은 내면아이로 하여금 '미처 끝내지 못했던 일(unfinished business)'을 끝낼 수 있도록 새로운 부모 역할을 하는 것을 의미했다.

하지만 프로이트의 방법은 엄청난 시간과 돈이 필요하고 종종 환자들에게 무분별한 의존심을 갖게 만든다. 내 의뢰인 중 한 사람은 10년간의 정신분석치료 후에 날 찾아왔다. 그녀는 내게서 치료를 받을 때도 아주 사소한 결정을 하기 위해서도 일주일에 두세 번 정도는 그녀의 정신분석가에게 전화를 걸어서 의견을 묻곤 했다. 그 분석가는 그녀의 내면아이에게 정말로 좋은 부모가 되었다고 할 수 있다. 그러나 잘못 양육했다고밖에 볼 수 없다. 왜냐하면 그녀로 하여금 분석가에게 불쌍할 정도로 의존하도록 했기 때문이다. 진짜 양육은 아마도 그녀 스스로가 성인으로서의 힘으로 내면아이를 발견하고 잘 돌볼 수 있도록 도와주는 것일 것이다.

이 책에서 나는 당신 스스로가 내면의 아이를 돌보고, 변화시키고, 또 치유할 수 있는 새로운 방법을 제시할 것이다. 만약 당신이 변화를 경험하고 싶다면, 꼭 내가 제안하는 대로 했으면 한다. 그리고 이 방법대로 할 것인지 아닌지 결정하는 것은 당신의 '성인으로서의 부분(the adult part)'에 따르기 바란다. 비록 당신이 아이의 단계에 머물고 있을지라도, 성인으로서의 당신은 당신이 무엇을 하고 있고, 어디에 있는지 아주 정확하게 알고 있을 것이다. 그리고 당신 내면의 아이는 어린 시절에 처음 경험하였던 그 방법 그대로 그것들을 다시 경험할 것이지만, 이번에는 성인으로서의 당신 자신이 그 아이가 미처 다 하지 못하였던 중요한 일들을 끝내도록 도와주고 보호해 줄 수 있을 것이다.

이 책은 모두 4부로 나뉘어 있다. 제1부에서는 당신의 '놀라운 아이'가 어떻게 해서 그 경이로움을 잃어버리게 되었으며, 어린 시절의 상처가 지금도 계속해서 당신의 인생을 파멸시키는지에 대해서 설명할 것이다.

제2부에서는 어린 시절의 각 성장단계들로 돌아가서, 당신이 건강하게 제대로 성장하기 위해서는 무엇이 필요했었는지를 알려 줄 것이다. 그리고 각 장의 끝에는 설문지를 통해서 당신의 내면아이가 각 단계에서 필요로 했던 것들을 충족했는지의 여부를 판단하도록 해 줄 것이다. 그리고 나면 내가 워크숍에서 사용하고 있는 방법대로 당신 스스로가 각 단계에서 아이였던 자신을 발견하고 스스로 돌볼 수 있도록 안내할 것이다.

제3부에서는 당신의 아이가 성장하고 피어날 수 있도록 돕는 특정한 교정 연습을 제시할 것이다. 예를 들면, 당신의 내면아이의 필요를 충족시킬 수 있도록 다른 성인들을 만나는 올바른 방법을 배우고 다른 사람과의 관계에서 친밀감을 형성할 때, 당신의 내면아이를 보호할 경계를 만들어 놓는 것 등이 그 예라고 할 수 있다. 이런 경험들은 당신이 어린 시절에는 전혀 경험해 보지 못했었던 방법으로 양육하는 좋은 부모가 되는 법을 가르쳐 줄 것이다. 이를 통해 당신은 자신 스스로를 위해 어떻게 양육할 수 있는지를 배우게 될 것이다. 그리고 그 후에는 당신이 그동안 다른 사람들로부터 기대했던 부모역할을 통해서 과거에 끝내지 못했던 작업을 대신하려 했던 모든 시도를 그만두게 될 것이다.

제4부에서는 당신의 내면아이가 치유됨에 따라서 어떻게 당신의 놀라운 아이가 자리 잡게 되는지를 보여 줄 것이다. 그리고 어떻게 그 '놀라운 아이'에게 다가갈 수 있는지를 배우게 될 것이고, 또한 이 놀라운 아이가 당신이 지니고 있는 가장 창조적이고 변혁적인 힘이라는 것을 깨닫게 될 것이다. 당신의 놀라운 아이는 창조자를 가장

닮은 당신 안의 부분이고, 그리고 하나님을 이해할 수 있게 하고 하나님과 당신 자신이 직접적으로 개인적인 관계를 맺도록 인도해 줄 것이다. 이것이 가장 깊은 의미의 치유이며, 위대한 선생님들에 의해 확인된 것이다.

내가 12년 전 처음 이 작업을 시작하였을 때, 나는 새로운 사실을 알게 되었다. 그것은 내 생각의 변화나 행동이 나 자신의 내면아이로부터 나온 결과라는 것이었다. 나 자신이 발견해 낸 내면아이가 그 원인이었다는 것은 상상할 수도 없던 일이었다.

내면아이의 발견 이전에 나는 나의 어린 시절의 충격을 최소화하려 했고 부모님, 특히 어머니를 이상화하고 보호하려는 충동에 사로잡혀 있었다.

어린아이였을 때, 나는 종종 "내가 어른이 되어서 여기서 나가게 되면, 모든 것이 잘될 거야."라고 말하곤 했었다. 하지만 세월이 흘러가도 일이 나아지기는커녕 오히려 더 나빠진 것이었다. 그런 현상은 나 자신에게서보다도 오히려 나의 가족들에게서 더 똑똑히 볼 수 있었다. 내가 알코올 중독에서 빠져나온 지 이미 10년이 지났을 때도 매우 강제적이며 스스로를 혹사시키고 있는 나 자신을 발견할 수 있었다.

어느 비 오는 목요일 오후 나는 앨리스 밀러(Alice Miller)가 그녀의 책 『어린 시절 사진들(Pictures of a Childhood)』에서 고백한 것과 같은 경험을 했다. "난 그 아이를 그대로…… 거기에 그냥 홀로 내버려 둘 수가 없었어요. ……내 인생이 크게 바뀐다 해도 어쩔 수 없다고 결정했어요, 그 아이가 나를 이끌도록 허락했어요."

그날 난 나의 내면아이를 돌보고 감격케 할 것을 결정했다. 그런데 그 아이가 놀라울 정도로 겁먹고 있음을 알았다. 처음에 그 아이는 날 믿지 못했고, 나와 함께 있기를 원치 않았다. 하지만 나는 포기하지 않고 계속해서 그 아이에게 말을 걸었고 절대로 그를 내버려 두거나 떠나지 않겠다고 끈질기게 설득한 끝에 조금씩 그의 신뢰를 얻을 수 있었다.

이 책에서 나는 나 스스로가 어떻게 해서 나의 내면아이의 보호자가 될 수 있었고 승리할 수 있었는지 그 여정(旅程)의 단계(段階)를 서술해 놓았다. 물론 이 여정은 내 인생을 바꾸어 놓았다.

| 우화 |

루디 레볼빈의 이중 비극

-P. D. 우스펜스카이(Ouspensky)의『이반 오소킨의 이상한 인생』중에서-

옛날 옛날에 루디 레볼빈이라는 이름을 가진 남자가 살았었다. 그는 매우 괴롭고, 비극적인 삶을 살았었다. 어느 날 그는 생을 채우지 못한 채 죽고 나서 어두운 공간으로 갔다.

어둠의 지배자는 루디가 성인아이인 것을 보았고, 그에게 그의 인생을 다시 한번 더 살 수 있는 기회를 주면 어둠에 보탬이 되리라는 것을 알았다. 아시다시피 어둠의 지배자는 어둠을 계속 유지해야 하는 사명이 있다. 할 수만 있다면 더 어둡게 만들려고 한다. 어둠의 지배자가 루디에게 말하길 자신이 확신하건대 루디가 똑같은 실수들을 반복할 것이 뻔하고 이전과 똑같은 비극적인 경험을 되풀이하게 될 것이라고 했다.

그리고 나서 그는 루디에게 1주일간 결정할 시간을 주었다.

루디는 아주 오랫동안 심각하게 생각했다. 그러자 어둠의 지배자가 그를 속이고 있다는 것을 분명하게 알게 되었다. 물론 그는 같은 실수를 하게 될 것이 뻔하다. 그의 이전 삶이 어떠했는지에 대해서 전혀 기억을 할 수 없기 때문에 다시 똑같은 짓을 번복할 것은 자명한 것이었다. 이전의 삶에 대한 기억이 없이는 그가 저질렀던 실수들을 피할 수 있는 방법은 전혀 없었다.

결국 그는 어둠의 지배자가 나타났을 때, 그의 제안을 거절하였다.

하지만 어둠의 지배자는 상처받은 내면아이의 '비밀'에 대해서 알고 있었기 때문에 루디의 거절에도 별로 상관하지 않았다. 어둠의 지배자는 루디가 보통의 규칙과는 반대로 그의 지나간 인생의 모든 것을 기억할 수 있게 할 것이라고 하였다. 하지만 어둠의 지배자는 비록 그가 그 기억들을 가지고 있더라도 여전히 똑같은 실수를 할 것이고, 또다시 괴로운 삶을 반복하며 고통받으리라는 것을 알고 있었다.

루디는 혼자 속으로 킬킬거리고 웃으면서 '좋았어! 드디어 됐다.' 그리고 '나는 드디어 진짜 휴가를 갖게 되는구나.'라고 생각했다. 루디 자신은 그 상처받은 내면아이의 속 '비밀'에 대해서는 전혀 알지 못하고 있었다.

아니나 다를까 그는 비록 그가 예전에 저질렀던 불행에 대해서 미리 예상하고 있었음에도 불구하고, 또다시 고통스럽고 비극적인 생을 반복하고 말았다. 어둠의 지배자는 기뻐하였다.

| 차례 |

제**3**부
상처받은 내면아이를 성장시키라 • 239

제**4**부
재생 • 337

제 1부

상처받은
내면아이의 문제

이제야 난 내가 왜
집에 있을 때조차도
집을 그리워하고 있는지
그 이유를 알 수 있게 됐다.
−지 케이 체스터톤(G. K. Chesterton)−

들어가며

우리 시대의 가장 창조적인 인물 중의 한 사람으로 알려진 버크민스터 풀러 (Buckminster Fuller)는 크리스토퍼 몰리(Christopher Morley)의 어린 시절에 대한 시를 인용하는 것을 좋아했다.

지금까지 알려진 시들 중에 가장 훌륭한 시는
모든 시인이 어떻게 자라났는지에 관한 시다.
본질적이며 아직 읊어진 적이 없는 그런 시.

아직 너무 어리기 때문에 위대한
자연의 그 충동적인 마음의 한 부분이 되기에 충분한,
새와 짐승과 나무의 동무로 태어났으며
마치 한 마리의 벌처럼 자기를 의식하지 않는……

그러나 사랑스럽게 숙련된 이유로
매일 만들어 가는 새로운 천국이
모든 감각의 탐구자들인 이들을 기쁘게 한다.
그들에겐 어떤 낙심도 그리고 위장도 없다.

너의 그 때 묻지 않은 투명한 눈 속에는
의식이란 없다. 놀라움도 없다.
네가 받아들인 인생의 그 기묘한 수수께끼들……,
너의 이상한 신성은 그것을 아직도 간직하고 있다.

그리고 리듬에 모든 것을 맞추는 삶은

때가 되면 너 역시 시인으로 만들 것이야.

그러나 오 상냥한 꼬마요정이여, 네가 시 그 자체였던

그런 날들이 있었다오.

우리 모두가 '시 그 자체'였던 그 놀라운 시작, 어린 시절에 도대체 무슨 일이 있었던 것인가? 어떻게 그 모든 상냥한 꼬마요정들이 살인자가 되고, 마약 중독자가 되며 폭력범이나 성범죄자들이 되고, 잔인한 독재자나 도덕적으로 타락한 정치가가 되는가? 도대체 어떻게 그들이 '걸어 다니는 상처투성이'가 되는 것인가? 우리는 그들을 우리의 주변 어디에서나 본다. 슬프고, 두려움과 의심에 가득 차 있고, 불안해하며, 우울한 그리고 말할 수 없는 갈망으로 가득 찬 그들을.

타고난 인간적 잠재력을 잃어버린다는 것은 두말할 것도 없이 이 세상 모든 것 중 가장 비극적인 것이다.

우리가 과연 어떻게 해서 우리의 즉흥적인 기이함과 창조성을 상실하였는가에 대해 좀 더 확실히 알게 되면 알수록 다시 그것들을 회복할 수 있는 길을 찾게 될 것이다.

그렇게 될 때 우리는 미래에 우리의 자녀들에게 닥칠 불행을 사전에 방지할 수도 있을 것이다.

01

당신 안의 상처받은 내면아이가 당신의 인생을 어떻게 엉망으로 만들어 버리는가

아주 오랫동안 고통 속에 빠져 있는 사람은 상황에 잘 어울리지 않는 말들을 한다.
그리고 되지도 않는 일들을 붙들고 있다. 또 상황에 잘 대처하지 못하며,
참는다고 해도 현 상황에 아무런 영향도 끼치지 않는 그런 끔찍한 느낌들을 참고 산다.

— 하비 재킨스(Harvey Jackins) —

나 자신이 어쩌면 그렇게까지 유치해질 수 있었는지 도대체 믿을 수가 없다. 내 나이 마흔이 되던 어느 날, 나는 아내와 아이들이 완전히 겁에 질려 공포에 떨 정도로 버럭 소리를 지르고, 불같이 화를 내고는 가족들을 그냥 내버려 둔 채, 차를 끌고 무작정 뛰쳐나왔다. 그러다 정신을 차려 보니 어느 모텔 방에 나 혼자 앉아 있었다. 순간 철저히 혼자라는 느낌이 밀려왔다. 너무나도 나 자신이 부끄러웠다.

사실 그때 우리 가족은 파드레섬(Padre Island)에서 휴가를 보내고 있던 중이었다. 대체 어쩌다 이런 일이 일어나게 됐는지 차근차근 생각해 보았지만 아무것도 알 수 없었다. 모든 게 혼란스러웠고, 마치 나쁜 꿈을 꾸다가 갑자기 깨어났을 때처럼 아무것도 기억나지 않고, 정신없는 그런 느낌이었다. 세상에서 내가 가장 원하던 것이 바로 우리 가족의 사랑과 행복, 친밀감이었는데…… 하지만 이런 식으로 나 때문에 가족의 휴가를 망친 게 벌써 세 번째다. 오늘처럼 감정이 폭발한 적이 예전에도 있었지만,

이렇게 행동으로까지 표출된 건 이번이 처음이다. 마치 정신이 나가 버린 그런 기분이었다.

아! 하나님, 이런 제가 너무 싫습니다. 도대체 무엇이 문제입니까?

파드레섬에서 그런 일이 있었던 때는 1976년이었고, 아버지가 돌아가신 바로 그다음 해였다. 그때 이후로 나는 나도 알 수 없을 정도로 화를 냈다 말았다 하는 반복적인 행동패턴의 원인들을 알게 되었다. 파드레섬에서 도망치듯이 뛰쳐나온 그 사건이 나에게 결정적인 단서가 되었다. 혼자 창피해하며 그 싸구려 모텔 방에 앉아 있는 동안, 갑자기 내 어린 시절 기억이 선명하게 떠오르기 시작했던 것이다. 그해는 내가 열한 살이 되던 크리스마스이브였던 것 같다. 나는 토라져서는 아버지에게 한마디 말도 하지 않은 채, 어두운 내 방에서 이불을 머리끝까지 뒤집어쓰고 누워 있었다. 그날 아버지는 늦게 집에 들어오신 데다 약간의 술기운까지 있었기 때문이었다. 난 화가 났고 온 가족의 크리스마스를 망쳐 버린 아버지가 죄책감을 철저히 느끼도록 해 주고 싶었다. 내가 화났다는 걸 말로는 표현할 수 없었다. 왜냐하면 분노를 말로 표현한다는 것, 특히 부모님에게 화를 낸다는 건 아주 잘못된 행동이라고 배워 왔기 때문이었다. 그러나 해가 갈수록 나의 분노는 내 영혼에 곰팡이가 슬어 가는 것처럼 서서히 곪아 가고 있었다. 마치 어두운 지하에 갇힌 굶주린 개처럼 탐욕스러워지고 사나워지기 시작했다. 그런 나 자신을 들키지 않으려고 내 인생 내내, 주위를 경계하며 조심스럽게 살아왔다. 덕분에 나는 아주 좋은 사람이라는 평을 받았고, 내 아이들에게는 세상에서 가장 좋은 아버지였다. 하지만 나의 이런 역할은 그리 오래가지 못했다. 결국 이렇게 드러나고 말았으니…….

휴가 기간 동안 내가 했던 행동들은 '무의식적인 연령 퇴행(spontaneous age regressions)'으로밖에는 이해할 수 없다. 화가 나서 내 가족을 밀어내는 것으로 그들에게 벌을 준다고 생각한 것이 바로 나의 어린 시절로 다시 퇴행한 것이다. 화를 꾹 참고 있거나 아니면 기껏 어린아이가 분노를 표현할 수 있는 유일한 방법인 가족을 멀리하는 행동을 하는 그런 때로 되돌아가고 만 것이다. 그리고 이제 성인이 된 내가 감정적으로나 육체적 퇴행을 한바탕 겪고 났을 때, 난 마치 어린 시절의 외롭고 부끄러움 많은 작은 소년으로 되돌아간 듯한 느낌이 들었다.

이제 내가 확실하게 이해하게 된 사실은 어린아이의 성장이 저지되거나 감정이 억제되었을 때, 특히 화가 나거나 상처받았을 때의 감정들을 그 아이가 그대로 가진 채 자라서 성인이 된다면, 화나 있고 상처받은 그 아이는 어른이 된 후에도 계속해서 그의 내면에 자리 잡게 된다는 것이다. 그리고 그 내면의 아이는 그 사람이 성인으로서 행동하는 데 계속해서 지장을 주게 된다는 것이다.

아마 어린아이가 어른의 몸속에서 계속해서 자란다는 내 얘기를 말도 안 되는 소리라고 일축해 버릴는지도 모르겠다. 그러나 이것은 분명한 사실이다. **나는 과거에 무시당하고 상처받은 내면아이(neglected, wounded inner child of the past)가 바로 사람들이 겪는 모든 불행의 가장 큰 원인이라고 믿는다.** 그리고 우리가 그 아이를 잘 발견해서, 상처 난 부분을 회복시켜 주고 잘 돌보아 주지 않는다면, 그 아이는 성인이 된 우리의 인생에 계속적인 악영향을 끼치면서 모든 걸 엉망으로 만들어 버리고 말 것이다.

이제 내가 좋아하는 단어 연상 공식에 맞추어, 상처받은 내면아이가 우리의 인생을 어떻게 망치는지를 '오염(contaminate)'이라는 단어를 이용해서 보여 주고자 한다. 다음에 소개하는 각 단어들의 설명은 당신의 내면아이가 성인으로서의 당신의 인생을 방해하고 파괴하는 중요한 방식을 보여 주고 있다. 그리고 이 장의 끝부분에 있는 질문분석표를 통해 당신 안의 내면아이가 얼마나 심하게 상처받았는지를 알아볼 수 있을 것이다.

　C　상호의존증(Co-Dependence)

　O　공격적 행동(Offender Behaviors)

　N　자기애성 성격장애(Narcissistic Disorders)

　T　신뢰의 문제(Trust Issues)

　A　표출된 행동 / 내면적 행동(Acting Out / Acting In Behaviors)

　M　마술적 믿음(Magical Beliefs)

　I　친밀감장애(Intimacy Dysfunctions)

　N　무질서한 행동(Nondisciplined Behaviors)

　A　중독적·강박적 행동(Addictive/compulsive Behaviors)

T 사고의 왜곡(Thought Distortions)

E 공허감(무관심, 우울)[(Emptiness(Apathy, Depression))]

·상호의존증·

상호의존증(co-dependence)은 일종의 '정체성 상실(loss of identity)의 병'으로 정의할 수 있다. 상호의존적 관계(co-dependent)가 된다는 것은 사람들이 자신의 감정이나 욕구, 바람 등을 포기해야 한다는 것을 의미하기 때문이다. 다음에 소개되는 사례들을 살펴보자.

퍼빌리아(Pervilia)는 남자 친구가 직장에서 겪고 있는 고충들에 대해 듣게 되었다. 그날 밤, 그녀는 남자 친구의 문제에 대해 안타까워하고 걱정하느라 잠을 이루지 못했다. 그 이유는 그녀가 자기의 감정보다 남자 친구의 감정에 더 민감해하고 그것에 반응하기 때문이다.

맥스밀리안(Maxmillian)에겐 6개월 가까이 사귄 여자 친구가 있었다. 어느 날 그녀가 갑작스러운 결별을 선언하자 그는 거의 자포자기 상태가 되어 버렸다. 그 이유는 자신의 가치가 그녀의 사랑에 달려 있다고 믿고 있었기 때문이다. 그는 스스로를 가치 있게 여기지 못했기 때문에 자신의 소중함을 전혀 알지 못했다. 그 대신 다른 사람 중심의 가치체계(others-worth)를 지니고 있고, 다른 사람에게 의존되어 있기 때문이다.

졸리사(Jolisha)의 경우, 하루는 그녀의 남편이 저녁에 같이 외출하지 않겠느냐고 물었다. 그녀는 한참을 망설이면서 얼버무리다가 결국에는 외출하겠다고 대답했다. 그녀의 남편은 다시 그녀에게 어디로 가고 싶은지를 물었다. 그녀는 아무 상관이 없으니 아무 곳이나 괜찮다고 말했다. 그래서 그는 바비큐 음식을 파는 식당으로 그녀를 데리고 가서 저녁을 먹은 다음, 〈돌아온 도끼 살인마〉라는 공포영화를 보았다. 그녀는 그날 저녁이 너무 끔찍했다. 이 모든 게 그녀가 좋아하지 않는 것들이었기 때문이다. 그녀는 한 주 내내 남편에게 삐죽거리며 남편을 못살게 괴롭혔다. 결국 남편이 참지 못하고 도대체 무엇이 문제냐고 물어봤을 때 그녀는 단지 "그런 것 없어요. 괜찮아요."라고 대답했을 뿐이다.

그녀는 누구에게나 친절하고 따뜻한 사람이었기 때문에 주위 사람들은 그녀를 착한 사람이라고 입이 마르게 칭찬할 정도였다. 누구도 그녀를 싫어하는 사람이 없었다. 그러나 사실 그녀는 착한 사람인 척 자신을 위장했을 뿐이다. 그녀는 계속해서 연기를 하고 있는 것이다. 착한 이미지는 그녀의 거짓자아(false self)인 셈이다. 그녀는 자신이 정말로 원하는 것이 무엇인지, 자신에게 진정으로 필요한 것이 무엇인지 알 수 없었다. 그 이유는 그녀가 자신의 실체를 잃어버린 지 너무 오래되었기 때문이다.

자코비(Jacobi)는 쉰두 살의 중년 남성이다. 그는 애정문제로 상담을 받으러 왔다. 지난 두 달간 스물여섯 살인 자기 비서와 바람을 피우고 있었기 때문이다. 그는 도대체 자신에게 왜 이런 일이 일어났는지 모르겠다고 호소했다. 그는 현재 교회의 장로이고 윤리보호위원회의 존경받는 위원이다. 또한 지역사회에서 청소년들에게 유해한 포르노문화를 근절하기 위해 누구보다도 앞장서 활동할 정도였다. 그러나 사실상 이런 것들이 그에게는 단지 종교적인 '행위'에 지나지 않았다. 자신의 성적인 본능에 대해서는 완전히 통제 불능이기 때문이다. 그래도 지난 몇 년간은 이를 억제하며 숨겨 왔지만, 그런 비참한 노력도 결국 성적인 욕구 앞에 항복하고 말았다.

이번에는 비스카네(Biscayne)의 이야기다. 그는 뚱뚱한 아내가 창피해 직접 아내를 데리고 체중관리센터를 찾을 정도다. 심지어 친구들이 아내를 볼까 봐 부끄러워 동창회 모임에도 참석하지 않는다. 대체 이런 감정들이 어디서 나온 건지 그나 그의 아내는 알지 못했다. 그의 경우 자신의 남성다움이 아내의 외모로 평가받는다고 믿었다. 한편, 그의 동료인 비겔로(Bigello)에게는 내연관계의 애인이 있다. 비겔로는 정기적으로 애인의 체중을 재면서 그녀가 언제나 같은 체중을 유지하도록 했다. 그는 자기의식이 없는 사람의 또 다른 예다. 그 또한 남성다움이 자기 여자의 체중에 달렸다고 믿는 사람이다.

오펠리아(Ophelia)는 얼마 전 남편에게 벤츠를 한 대 구입해 달라고 요구했다. 그뿐 아니라 컨트리클럽의 회원권도 사 달라고 졸라 대고 있다. 하지만 지금 그녀의 가족은 엄청난 빚더미에 앉아 있고, 월급으로는 매달 날아오는 카드 빚을 막기에도 버거운 상황이었다. 그런데도 그들은 채권자들을 교묘한 방법으로 속여 가며 아주 어마어마하게 큰 돈을 쓰고 다니면서 부유층 행세를 하고 있었다. 그녀는 자신의 가치가 남들에게 소위 '있어 보이는 사람'으로 보이는 데 달려 있다고 믿고 있다. 그녀에게는 자기 안의 내면세계가 없었던 것이다.

앞의 사례들에서 우리는 한 가지 공통점을 찾을 수 있는데, 이 사람들은 한결같이 자신의 정체성을 찾기 위해 그들 바깥에 있는 어떤 것들에 전적으로 의존한다는 사실이다. 이것이 바로 상호의존적인 상태들이다.

상호의존증은 건강하지 않은 가족관계에서 주로 생겨난다. 예를 들어, 알코올 중독자가 있는 가정의 모든 가족 구성원은 어쩔 수 없이 그 중독자의 음주량에 따라서 나머지 가족이 맞춰 가는 상호의존적인 상태가 된다. 술이란 모든 가족 구성원의 생명을 위협하기 때문에 그들은 습관적으로 경계하면서 그것에 적응한다. 스트레스에 대한 적응은 인간의 본능상, 일시적인 상태로는 가능하나 계속적일 순 없다. 따라서 상습적으로 알코올에 취해 있는 사람들은 시간이 지날수록 자기 안에서 들려오는 신호를 느끼지 못하게 된다. 예를 들면, 자신의 감정이 어떤지, 자기가 진정으로 원하고 바라는 것이 무엇인지 알지도, 느끼지도 못하게 되어 버리는 것이다.

어린아이들이 그들 내면의 신호들을 제대로 이해하기 위해서는 안전하고 건강한 정서적인 모델이 필요하다. 아이들은 또한 자신들의 감정과 생각을 구분하는 법을 배울 필요가 있다. 그런데 만약 가정환경이 정서적·신체적·성적 폭력으로 가득 차 있다면, 아이는 오로지 바깥세상으로 눈을 돌려 거기에만 모든 관심을 갖게 될 것이다. 결국 그 아이는 자신의 내면에서 자기존중감을 키워 나가는 능력을 잃어버리게 될 것이다. 건강한 내면세계를 갖지 못한 채, 바깥세상에서 뭔가를 성취하려는 시도나 노력은 아무런 소용이 없다. 이것이 바로 상호의존증이며, 상처받은 내면아이(a wounded inner child)의 증상이다. 이러한 상호의존적 행동들이 보여 주는 것은 만일 우리가 어린 시절에 마땅히 받아야 할 욕구들이 채워지지 않을 경우, 그것으로 인해 성인이 된

후에도 우리 자신조차도 자신이 진정 누구인지를 모른다는 것이다.

· 공격적 행동 ·

상처받은 내면아이를 안고 있는 이들은 대부분 조용하고, 착하고 또 오랫동안 고통을 인내해 온 사람들로 주위 사람들에게 비치곤 한다. 그러나 사실은 이 상처받은 아이가 이 세상에서 벌어지고 있는 수많은 폭력과 잔인함에 대한 책임이 있다. 우리가 잘 알고 있는 히틀러(Hitler)의 경우를 보자. 히틀러는 어렸을 때부터 아버지에게 상습적으로 매를 맞고 자랐다. 그의 아버지는 유태인 지주의 사생아였다. 폭력적인 아버지에게서 학대받으면서 자란 이 아이는 결국 인류 역사상 죄 없는 수백만의 사람들에게 가장 극단적인 잔인성을 자행했다.

그리고 보니 도슨(Dawson)이라는 내담자가 생각난다. 결혼생활의 어려움 때문에 나를 찾아왔던 그는 당시에 나이트클럽의 경호원으로 일하고 있었다. 상담 때마다 그는 주간에 직장에서 일어났던 사건들에 대해 이야기하곤 했다. 한번은 그가 한 손님의 턱을 때려 부순 사건에 대해 말해 주었다. 그 얘기를 하는 동안, 그는 그 손님의 어떤 행동 때문에 결국 자신이 그럴 수밖에 없었는지를 아주 장황하게 설명했다. 그 손님은 그의 주위에서 과격한 행동을 함으로써 그를 화나게 만든 것이다. 하지만 솔직히 말하면 상담 기간 동안 그는 늘 이런 방식으로 말을 해 왔다. 가해자들은 언제나 자신의 행동에 대해서 스스로 책임이 없다고 생각하고, 도대체 책임을 지려 하지 않는다.

이 문제에 대해 치료하는 동안, 도슨이 너무나도 자주 겁을 내고 있다는 사실을 발견하였다. 상담 장면에서 그러한 두려움이 재현되었을 때, 그는 아주 어린 소년이었을 때의 고통스러운 경험을 기억해 냈다. 그의 아버지는 아주 폭력적이었고, 육체적으로 그를 학대했었다. 아주 오래전, 이 어린 소년은 잔인한 아버지의 엄청난 폭력 앞에서 무기력하게 떨고 있는 자신이 결코 안전하지 못하다는 걸 깨달았다. 그래서 도슨은 자기 아버지와 자신을 동일시하기 시작했고, 결국 자기 아버지처럼 되어 버렸다. 그리고 어린 시절에 학대당했던 그 장면을 떠올리는 사건이 생길 때마다 그 옛날의 두려움과 무력함이 되살아나는 것이다. 도슨은 잔인한 자기 아버지처럼 되어 다른 사람들에게 자신이 당했던 것과 똑같은 상처를 주고 있었던 것이다.

인간성을 파괴하는 주 요인인 공격적 행동(offender behaviors)은 어린 시절의 폭력과 학대, 해결되지 않은 슬픔의 결과물이다. 한때 무력하게 학대당한 아이가 자라서 가해자가 되어 버린다. 이 부분을 잘 이해하기 위해서는 어린아이를 공격자가 될 수밖에 없게 만드는 여러 종류의 아동학대에 대해 잘 알아야만 한다. 특히 신체적 학대, 성적 학대 그리고 가혹한 정서적 학대 등은 중요한 부분이다. 정신과 의사인 브루노 베틀하임(Bruno Bettelheim)은 이 과정을 '가해자와 동일시하는 것'이라고 설명한다.

신체적·정서적 폭력들은 어린아이에게 너무나 끔찍한 것이어서, 학대받는 동안에 아이들은 자신의 원래 모습으로 남아 있을 수가 없다. 이 고통에서 살아남기 위해서 아이들은 자신의 정체성을 잃어버리고, 그 대신 자신을 그 가해자와 동일시해 버린다. 베틀하임은 독일 나치 포로수용소의 생존자들을 대상으로 이러한 과정에 대해 최초로 연구했다.

최근 내가 인도하는 워크숍에서, 뉴욕에서 온 한 심리치료 전문가가 자신의 경험을 털어놓았다. 그녀는 우선 자신이 유태인이라는 점을 밝힌 후, 자기 어머니가 나치 포로수용소에서 겪었던 소름 끼치는 경험들을 자세히 이야기해 주었다. 그녀의 이야기 중에 가장 놀랄 만한 부분은 나치 군인이 자기 어머니를 대했던 방식으로, 자신의 어머니가 세 살도 채 되기 전인 자신의 딸에게 유태인 돼지(Jewish pig)라고 부르며 때렸던 것이다.

아마 좀 더 심각한 경우는 성범죄자들일 것이다. 이들의 대부분이 어린아이였을 때 성적 피해자인 경우가 많다. 그래서 그들은 어린아이에게 나쁜 짓을 저지를 때, 자신들이 어린 시절에 당했던 학대를 떠올리곤 한다.

이렇게 대부분의 범죄행위들이 어린 시절의 경험에 뿌리를 둔 것이지만, 모든 경우가 다 그런 것은 아니다. 어떤 범죄자들은 어렸을 때 부모의 지나친 방치와 관대함 때문에 버릇없이 망가져서, 자신이 다른 사람들보다 우월하다고 생각한다. 지나친 과잉보호에서 자란 아이는 다른 사람들에게 특별한 대우를 받기를 기대하고, 결국 그것을 당연하다고 믿게 된다. 그뿐만 아니라 그들은 자신이 늘 옳다고 생각한다. 결국 그들은 책임감을 완전히 상실한 채, 자신의 모든 문제를 다른 사람들의 탓으로 돌리게 되는 것이다.

· 자기애성 성격장애 ·

모든 어린아이는 적어도 성장 초기에는 무조건적인 사랑을 받아야 한다. 부모나 보호자들이 편견 없이 자신을 바라보는 경험 없이는 진정으로 자기가 누구인지 알 수 없다. 우리 모두는 성숙한 '나'라는 개체로 서기 전까진 '우리'다. 그래서 우리에게는 우리 자신의 모든 부분을 비춰 줄 수 있는 그런 거울이 필요하다. 그래서 우리 자신이 얼마나 소중한 존재로서 진지하게 받아들여지고 있으며, 사랑받고 환영받고 있는가를 알 필요가 있다. 그리고 양육자들의 사랑이 상황에 따라서 변하고 달라질 수도 있다는 것도 알 필요가 있다. 이런 것들이 바로 건강한 자기애적 욕구들(narcissistic needs)이다. 그러나 만일 이런 필요들이 제대로 충족되지 않는다면 우리 자신의 '나됨 (I AMness)'이라는 자존감은 심각한 상처를 받을 것이다.

결국 자기중심적으로 손상된 내면아이는 애정과 관심, 사랑에 대해 만족할 줄 모르는 탐욕 때문에 어른이 된 자기를 망쳐 버릴 것이다. 또한 내면아이의 채워지지 않는 욕구는 어른이 되어서 모든 관계를 파괴해 버린다. 누군가에게 아무리 많은 사랑을 받아도 결코 충분하다고 느끼지 못하기 때문이다. 왜냐하면 사실 자기중심적인 성인아이가 원하는 것은 어른이 아닌 아이의 욕구이기 때문에 언제나 자기의 욕구들이 충족되지 않는다고 생각하는 것이다. 아이들에게는 항상 부모가 필요하다. 이것은 선택의 영역이 아니라 자연적으로 꼭 필요한 부분이다. 아이의 욕구는 의존적인 욕구이기 때문에 누군가에 의해 반드시 채워져야만 한다. 따라서 **아이였을 때 제대로 채워지지 못한 욕구들의 상실을 슬퍼하는 것이야말로 치유의 시작이다.** 이 작업이 이루어질 때까지 만족할 줄 모르는 이 아이는 어린 시절에 받지 못했던 사랑이나 가치 등을 찾아 끝없이 헤매게 될 것이다.

자기중심적인 성인아이의 욕구들은 다음과 같은 다양한 형태로 나타난다.

- 언제나 다른 사람과의 관계에서 실망하고, 좌절을 경험한다.
- 항상 자신의 부족함을 메워 줄 수 있는 완벽한 사랑의 대상을 찾아 헤맨다.
- 무엇인가에 중독되어 버린다. 중독은 마음의 공허한 빈틈을 채우려는 일종의 처절한 시도다. 예를 들면, 섹스 중독이나 관계 중독이 대표적이다.
- 물건이나 돈을 통해 자신의 존재가치를 보상받으려 한다.
- 배우나 운동선수 같은 유명인이 되고 싶어 한다. 다른 사람들의 지속적인 관심과 주목, 끊임없는 칭찬을 간절히 원하기 때문이다.
- 자신들의 자기도취적인 욕구를 채우기 위해 어린 자녀들을 이용하기도 한다. 그들은 자녀들이 절대로 자기 곁을 떠나지 않을 것이며 언제나 자신을 사랑하고 존경하리라는 환상을 가지고 있다. 자기 부모에게서 받지 못했던 그런 사랑과 특별한 관심을 아이들에게서 얻으려고 하는 것이다.

· 신뢰의 문제 ·

양육자가 신뢰할 수 없는 사람이었다면 어린아이는 깊은 불신의 뿌리를 안은 채로 성장하게 된다. 아이에게 이 세상은 아주 위험하고 적대적이며, 예측할 수 없는 곳이다. 그래서 그 아이는 항상 경계와 통제 가운데서 자신을 보호하다 결국 "내가 이 모든 것을 잘 통제할 수만 있다면, 아무도 날 다치게 하거나 해칠 수 없을 거야."라고 믿게 될 것이다.

극단적인 통제 방식에는 여러 가지가 있다. 먼저, 통제는 중독이 될 수 있다. 한 예로, 나를 찾아온 내담자 중 한 사람은 자신이 상황을 통제할 수 없는 게 너무나 두려워, 일주일 내내 오랜 시간을 일만 하면서 보냈다. 그는 자신 외에 어느 누구도 믿지 못했기 때문에 다른 사람에게 권한을 위임할 수도 없었다. 그가 내게 왔을 때는 이미 대장의 궤양이 악화될 대로 악화되어 병원에 입원해야 할 상황이었다.

또 다른 여성 내담자는 거의 미칠 지경이 되어 내게 찾아왔다. 남편이 그녀에게 이혼서류를 들고 왔기 때문이다. 사연인즉, 남편은 이제 마지막 인내심까지 다 바닥나 버려서 더 이상은 그녀에 대해 참을 수 없게 됐다. 결정적인 사건은 최근 남편이 그녀를 위해 설치해 준 카폰을 그녀가 자기 마음대로 다른 것으로 바꾸어 버린 일이었다. 이런 상황은 이미 결혼해서부터 계속적으로 반복되었기에, 결국 남편은 자신이 아내를 위해 무엇을 하든, 언제나 아내의 마음에 들지 않는다고 낙담해 버린 것이다. 그녀는 한 번도 남편의 마음을 배려해 본 적 없이, 남편이 한 일이 무엇이든 간에 결국 자기 마음대로 바꾸어 버리곤 했다. 다시 말해서 그녀의 문제는 자신이 직접 모든 것을 결정하지 않으면 마음이 편치 않다는 것이었다.

이러한 극단적인 통제는 심각한 관계적 어려움을 만들어 낸다. 어느 누구도 자기를 믿지 않는 사람과 친밀해질 수 있는 방법이란 없는 것이다. 친밀감이라는 것은 상대를 있는 그대로 믿고 받아들이는 것이다.

신뢰감장애에는 앞의 예뿐만이 아니라, 다른 이들을 너무 지나치게 믿는 것도 포함된다. 예를 들면, 자신의 모든 결정권은 다 포기해 버리고 다른 사람만 무조건 믿는 것이다. 이들은 남들이 속이기 쉬운, 순진한 그런 얼굴을 하고는 사람들을 그냥 믿어 버린다. 이들은 다른 사람들 옆에 찰싹 붙어 있거나, 그 사람들을 지나치게 높이 평가한다. 혹은 다른 사람들이 접근하지 못하도록 높은 보호벽을 쌓고는 스스로를 외롭게 고립시켜 버린다.

중독 전문가인 패트릭 칸스(Patrick Carnes)는 신뢰감을 제대로 배우지 못한 사람들이 친밀한 것과 맹목적인 것, 관심과 집착, 보호와 통제를 혼동하는 경우가 있다고 지적했다.

인생에서 최초의 발달 과제는 기본적인 신뢰감을 형성하는 것이다. 우리 모두는 다른 사람들, 즉 아버지와 어머니 그리고 세상 밖의 다른 모든 이가 신뢰할 만하고, 믿을 만한 가치가 있는 사람들이라는 것을 배워야만 했다. 이러한 신뢰감은 가장 기본적인 감정이다. 우리가 세상을 신뢰할 수 있다면 자신을 신뢰하는 법을 배울 수 있을 것이다. 자기 자신을 신뢰한다는 것은 자신의 능력, 직관, 생각, 감정과 바람들을 신뢰하는 것이다.

아이들은 믿을 수 있는 양육자에게서 믿음을 배운다. 만약 엄마와 아빠의 행동이 일관되고 어떤 행동을 할지 예측 가능하며, 또 부모들이 자기 스스로를 믿고 있다면, 그들의 아이 또한 부모를 믿게 될 것이고, 자기 자신을 믿는 법도 배우게 될 것이다.

·표출된 행동/내면적 행동·

표출된 행동

상처받은 내면아이가 어린 시절에 충족되지 못한 욕구나 해결되지 않은 감정들을 어떻게 바깥으로 표출하는가? 이러한 행동을 이해하려면, 인생에서 가장 중요한 근본적인 힘이 감정이라는 것을 알아야만 한다. 감정은 우리의 기본 욕구가 채워지도록 하고, 우리가 스스로를 방어할 수 있도록 움직이게 하는 연료와도 같다. 그래서 나는 이 감정(E-motion)이라는 단어를 '움직임의 힘(energy in motion)'이라고 표현하고 싶다. 그만큼 이 힘은 근본적이기 때문이다.

분노는 우리가 스스로를 방어하는 쪽으로 행동하게 한다. 화가 났을 때 우리는 굉장히 격한 상태가 된다. 그리고 그 분노를 무기로 해서, 자신을 보호하거나 자신의 권리를 위해 싸우게 된다.

두려움은 위험에 직면했을 때 우리를 피할 수 있도록 만든다. 우리에게 일종의 분별력을 주는 것이다. 감당할 수 없는 어마어마한 위험이 갑작스럽게 닥쳐올 때, 두려움은 이러한 징후를 알려 줌으로써 우리를 보호한다. 그래서 우리를 도망가게 하기도 하고, 도피처를 찾도록 이끈다.

슬픔은 우리에게 눈물을 흘리게 한다. 눈물은 고통을 덜어 주기도 하고, 정화되도록 도와주는 역할을 한다. 과거에 상실한 것들을 마음껏 슬퍼하고 나면, 우리의 에너지를 현재에 긍정적으로 사용할 수 있게 된다. 상실이나 아픔들을 슬퍼할 수 없다면, 우리는 과거에서 벗어날 수 없을 것이다. 고통이나 상처와 연결된 모든 감정에너지는 얼어붙어 버리게 된다. 이러한 에너지들이 적절하게 해결되거나 표현되지 못하면,

계속해서 스스로 해결하려는 방법들을 찾게 된다. 결국 건강한 슬픔으로 표현되지 못할 때 비정상적인 행동으로 나타나는데, 이것이 바로 '표출적 행동(Acting Out)'이다. 이전에 나를 찾아온 내담자 매기(Maggie)의 경우가 표출된 행동에 대한 좋은 예라고 할 수 있다.

매기는 알코올 중독자인 아버지가 언어적·육체적으로 어머니를 학대하는 것을 보고 자랐다. 이런 장면들은 그녀의 어린 시절 내내 반복되어 그녀의 기억에 남아 있었다. 네 살 때부터 매기는 어머니의 유일한 위로자가 되었다. 어머니가 아버지에게 두드려 맞고 난 날이면 언제나 매기의 침대에 들어와 잠들곤 했다. 어머니는 두려움에 떨기도 하고 아파 신음소리를 내면서 매기를 꼭 껴안고 잤다. 가끔 아버지는 어머니를 쫓아 들어와서는 두 사람에게 소리를 질러 댔다. 그럴 때면 매기는 두려움에 떨곤했다. 어떤 종류의 폭력이건 가족 중 한 사람에게 행해진 학대는 나머지 가족 구성원에게도 두려움과 공포감을 준다. 즉, 폭력을 목격한 사람도 결국은 똑같이 폭력의 희생자라고 할 수 있다.

어린 시절 매기에게 필요했던 것은 그녀가 느꼈던 무서움을 표현하고 슬픔을 쏟아내는 것이었다. 그러나 당시 그녀의 주위에는 이야기를 들어 줄 수 있는 사람도, 억눌러진 슬픔을 해결할 수 있도록 필요한 조언을 해 줄 만한 사람도 없었다. 그녀는 자라면서 자신의 부모 역할을 해 줄 만한 사람을 찾아 헤매게 되었다. 그녀가 나를 만나러왔을 때는 벌써 두 번의 끔찍한 결혼생활 파탄과 함께 학대와 폭력적인 관계를 경험한 후였다. 그런데 더욱 놀랄 만한 일은 그녀의 직업이 바로 학대받는 여성을 돕는 전문상담가라는 것이다. 이 얼마나 아이러니한가!

매기는 한편으로, 학대받는 여성들을 돌보는 일을 하면서, 다른 한편으로는 자기를 학대하는 남자들을 가까이하면서, 어린 시절의 정신적 상처들을 행동으로 표출하고 있었던 것이다. 그녀는 사람들을 돌보아 주고 있었지만, 그녀 자신을 돌봐 주는 사람은 아무도 없었다. 과거의 해결되지 않은 감정의 에너지들은 '그것을 행동으로 보여 주는 것'으로 다시 표현되는 것이다.

행동하는 것 또는 재현하는 것은 상처받은 내면아이가 우리 인생을 황폐화시키는 가장 파괴적인 방법이다. 매기의 이야기는 과거를 다시 반복해 보려는 충동을 아주 잘 보여 주는 적절한 예다. 즉, 현재 내가 잘해 나아감으로써 과거를 좋은 방향으로 되돌릴 수 있다고 생각하는 그런 잘못된 믿음이다. 아마 매기의 상처받은 내면아이는 이런 생각을 했을 것이다. '어쩌면 이번에는 내가 잘할 수 있을지도 몰라. 내가 완벽한 사람이 되고 아버지가 원하시는 걸 다 해드릴 수만 있다면, 아버지가 나한테 관심과 사랑을 주실 거야.' 하지만 이건 단지 어린아이의 마술적인 생각일 뿐, 어른의 합리적인 생각이 아니다. 이러한 측면을 제대로 볼 수 있다면, 논리적이고 합리적인 생각들을 알게 될 것이다. 이제 표출된 행동에 대한 다른 예들을 보자.

- 자신이 받은 폭력을 다른 사람들에게 그대로 행사하는 것
- 자신은 한 번도 해 본 적도, 말해 본 적도 없는 것을 자기 아이들에게 하거나 말하는 것
- 자연 발생적인 연령 퇴행 – 짜증 나는 기분, 삐죽거리는 것 등
- 무절제하게 반항적으로 되는 것
- 지나치게 이상적인 양육 규칙들을 갖고 있는 것

내면적 행동

어렸을 때 다른 사람에게 받았던 학대를 자기 스스로에게 표출하는 것을 '내면적 행동(Acting In)'이라고 한다. 사람들은 어린 시절에 벌을 받았던 방식대로 자기에게 벌을 준다. 내가 아는 한 남성은 실수를 할 때마다 자기 자신을 학대하곤 한다. "이 바보야, 어쩌면 그렇게 멍청할 수가 있니?"라는 말로 자신을 비판하면서 괴롭힌다. 어쩔 때는 자기 얼굴을 주먹으로 때리기도 한다. 그런데 알고 보니 어렸을 때 잘못을 할 때마다 어머니가 자기 얼굴을 주먹으로 때렸다는 것이다.

과거의 해결되지 않은 감정들은 종종 자기 자신을 향해 적대적으로 돌아오곤 한다. 조(Joe)의 경우를 보자. 그는 어렸을 때 한 번도 화가 난 걸 밖으로 표출한 적이 없다. 조에겐 자기 어머니를 향한 분노가 있었다. 그의 어머니는 그가 무엇을 하려고만 하면 언제나 못 하게 막았기 때문이다. 그가 뭘 시작하려고만 하면 갑자기 끼어들어

서는 "엄마가 음식을 준비하는 데 네 도움이 조금 필요하구나. …… 해 주겠니?" 혹은 "잘하고 있구나. …… 그런데 엄마가 좀 도와주는 게 나을 거 같다."라고 말하면서 그가 하려는 일들을 방해하곤 했던 것이다. 그는 이제 성인이 되어서도, 자기가 할 수 있는 것들을 어머니가 하도록 그냥 내버려 둔다. 어렸을 때부터 부모님에게는 순종해야 하고, 아무리 화가 나더라도 화를 내면 안 된다고 배웠기 때문이다. 그러자 그의 안에 쌓이던 분노는 결국 자신을 향하게 되었다. 결국 그는 의기소침하고 냉담해지고, 인생의 목표들을 성취하려는 어떤 열정도 없는 아주 무기력한 사람이 되고 말았다.

감정의 에너지가 안으로 표출이 되는 경우에는 심각한 신체적인 증상들을 일으키기도 한다. 위장장애, 두통, 요통, 목의 통증, 심한 근육 긴장, 관절염, 천식, 심장병 또는 암 등으로 나타나는 것이다. 나아가 사고를 자주 일으키는 경향성도 내면적 행동의 또 다른 형태이다. 사고를 통해서 자기를 다치게 하고 고통을 줌으로써 결국 자기 자신에게 벌을 가하는 것이다.

· 마술적인 믿음 ·

아이들의 사고는 마술적이다. '바늘 끝에 서 봐, 주문을 외우면 요정이 나타나 소원을 들어줄 거야.' 마술은 어떤 말이나 몸짓, 또는 행동이 현실을 바꿀 수 있다는 믿음이다. 역기능적인 부모는 아이들의 이런 마술적인 생각을 더욱 강하게 만든다. 예를 들어, 자녀에게 다른 사람의 감정에 대해 직접적으로 책임져야 한다고 말한다면, 바로 마술적인 생각을 가르쳐 주고 있는 것이다. 사람들이 흔히 하는 말을 보라. '네가 엄마를 힘들게 하는구나.' '네가 한 짓 때문에 이 엄마 속이 타겠다.' '넌 아빠를 화나게 하는 게 그렇게 재밌니?' 마술적인 생각을 극명하게 보여 주는 이런 말도 있다. '네가 무슨 생각하는지 난 다 알고 있어!'

내담자 중 한 사람이 바로 이런 경우다. 그녀는 32세였고, 벌써 다섯 번이나 결혼한 경험이 있었다. 그녀는 결혼이 자신의 모든 문제를 해결해 줄 거라고 생각했다. 자기에게 어울리는 남자를 만나기만 하면, 모든 게 나아지고 좋아질 것이라고 믿었던 것이다. 얼마나 마술적인 믿음(magical beliefs)인가! 자신의 상황을 바꾸기 위해서 스스로 뭔가를 하기보다는, 어떤 사건이나 사람이 자신의 현실을 바꾸어 줄 것이라고 믿는 것이다.

사실 아이들이 마술적인 생각을 한다는 건 아주 자연스럽다. 그러나 발달단계상 아이에게 꼭 필요한 의존적 욕구들이 채워지지 않으면, 아이는 상처를 받게 되고 제대로 건강하게 자라지 못하게 된다. 그런 아이가 어른이 되면, 그는 여전히 아이와 같기 때문에 어린아이의 마술적인 생각에 머물러 있게 된다.

다음은 잘못된 마술적인 믿음의 예다.

• 내가 돈이 많아지면, 행복해질 수 있을 거야.
• 남자(여자) 친구가 날 떠나 버리면, 죽을 거 같아. 절대로 못 견딜 거야.
• 일류대학 학위가 날 지적인 사람이 되게 해 줄 거야.
• 열심히 노력하기만 하면, 꼭 보상받을 수 있을 거야.
• 계속 기다리면 좋은 결과가 올 거야.

어린 소녀들은 경이롭고 환상적인 마법으로 가득한 동화를 듣고 자란다. 『신데렐라』에서, 그녀는 부엌에서 멋진 남자가 자기에게 꼭 맞는 신발을 가지고 찾아오기만을 기다리고 있다. 『백설공주』는 참고 기다리기만 하면 왕자님이 찾아올 것이라는 이야기다. 그 밖에 『잠자는 숲속의 공주』 같은 동화들을 내용 그대로 보자면, 여자들의 운명이란 죽은 사람들에게 키스하는 걸 즐기는 시체 애호가 같은 남자가 제시간에 숲속을 헤치며 찾아오기를 기다리는 것이다. 얼마나 우스꽝스럽고 어처구니없는 그림인가!

소년들 역시 마찬가지로 옛날이야기를 들으며 마술적인 기대감들을 키워 나간다. 많은 이야기가 세상에는 자신에게 꼭 맞는 단 한 명의 여자가 있고, 그들은 그 여자를 찾아야 한다는 메시지를 담고 있다. 그리고 그녀를 찾기 위해서 아주 먼 길을 떠나, 어두운 숲속을 지나고, 무시무시한 공룡과도 싸워 이겨야 한다. 그리고 마침내 그녀를 만나면, 조금도 주저 없이 첫눈에 그녀를 알아볼 것이다. 많은 남자가 그토록 강단 앞에 서고 싶어 하는 건 바로 이런 이유 때문이다.

　남자들의 운명은 종종 아주 난해한 것들, 즉 마법의 콩이나 신비한 검과 같은 것으로 결정되어 버린다. 심지어 그들은 개구리랑 같이 있어야 할지도 모르겠다. 개구리에게 키스하는 용기만 낸다면, 개구리가 아름다운 공주로 변할지도 모르기 때문이다 (물론 여자아이들에게도 또 다른 개구리 이야기가 있다).

　여성들에게 있는 마술적인 믿음은 '기다림'이다. 자기에게 꼭 맞는 남자, 어딘가에서 그녀를 찾아 헤매고 있을 그 남자를 기다리는 것이다.

　물론 나는 그런 옛날 동화들이 상징적이고 신화적 수준에서 우리의 상상력에 영향을 준다는 것을 잘 알고 있다. 그러나 그런 이야기들은 합리적이기보다는 환상과 상상을 통해 이야기한다. 많은 옛날이야기가 우리가 남성과 여성으로서의 정체성을 발견해 나가는 것에 관해서 상징적으로 이야기한다.

　사람들이 발달단계에 따라 제대로 성장할 때는, 있는 그대로의 메시지만을 읽는 내면아이의 수준을 넘어서, 그 이야기 안의 상징적인 의미를 찾아낼 수 있게 된다. 하지만 내면아이가 상처를 입었을 때, 그 아이는 이 이야기들을 있는 그대로 믿으려고 한다. 그래서 성인이 되어서도, 아이처럼 자신이 앞으로 행복하게 잘 살게 될 것이라는 그런 완벽한 결말을 믿으며 무작정 기다리거나 열심히 찾아 나서게 되는 것이다.

· 친밀감장애 ·

　많은 성인아이는 혼자 버려지는 것에 대한 두려움과 다른 사람들에게 휩쓸려 버리는 것에 대한 두려움 사이에서 방황하고 있다. 어떤 이들은 다른 사람이 그들을 거절할까 두려워 외부세계로부터 스스로를 영원히 고립시켜 버린다. 또 어떤 이들은 혼자 남겨질까 두려워 자신이 속해 있는 파괴적인 집단을 떠나지 못한다. 대부분의 사람이 이 두 극단 사이를 왔다 갔다 하고 있다.

　헤르키머(Herkimer)의 경우, 그가 가지고 있는 관계 패턴은 한 여성과 미친 듯이 깊은 사랑에 빠져 버리는 것이다. 하지만 일단 그가 그 여성과 가까워져 친밀한 관계가 된 다음에는, 그녀에게서 거리를 두고 멀어지기 시작한다. 그녀에게서 천천히 멀어지면서, 그 여성의 단점들을 적어 놓는 목록을 만든다. 이 목록에는 대부분 사소하고, 특이한 행동들이 써 있다. 그리고 헤르키머는 이걸 가지고 그가 만나던 여자들과 작은 싸움을 시작하곤 했다. 그럴 때면 그의 파트너들은 화가 나서 보통 하루나 이틀 정도 토라져 버린다. 하지만 그러고 나면 그들은 다시 강렬하게 만나 정열적인 사랑을 나누고, 서로를 깊이 이해하고 가까워지곤 했다. 그리고 이런 관계는 헤르키머가 다시 그들의 관계에 식상해지기 전까지 지속되고, 결국 그는 또다시 싸움을 걸었다가 거리를 두었다가 하는 일들을 거듭 반복하곤 했다.

46세인 아테나(Athena)의 이야기를 들어 보자. 그녀는 거의 15년을 데이트 한 번 하지 않고 지내 왔다. 그녀가 마음속 깊이 간직하고 있는 '진정한 사랑'은 교통사고로 죽었다. 그리고 그가 죽었을 때, 그녀는 이제 다시는 어떤 남자와도 만나지 않겠다고 맹세했었고, 그와의 추억에 충실했다. 하지만 사실 아테나는 죽은 남자 친구와는 3개월 정도밖에 교제하지 않았다. 그녀는 성인이 되고 나서도, 남자와 친밀한 관계를 단한 번도 가져 본 적이 없다. 그녀는 어렸을 때 자기 의붓아버지에게 5년에 걸쳐 성적 학대를 받았었다. 그 사건으로 인해 그녀는 자기 안의 상처받은 내면아이 주위에 강철 벽을 쌓아 버렸다. 그리고 죽은 남자 친구와의 추억을 다른 사람과 가까워지는 것에 대한 방어막으로 삼았던 것이다.

예전에 나와 같이 일했던 어떤 여성은 아무 감정 없는 결혼생활을 30여 년 동안이나 유지하고 있었다. 그녀의 남편은 여자의 뒤만 쫓아다니는 성 중독자였다. 남편이 바람피운 상대 중 그녀가 알고 있는 숫자만도 여섯 명이었다. 한번은 남편이 어떤 여자랑 침대에 있는 것을 목격한 적도 있었다. 내가 그녀에게 왜 그런 결혼생활을 계속하고 있는지를 물었더니, 그녀는 남편을 사랑하기 때문이라고 대답했다. 하지만 이 여성은 사랑과 의존을 혼동하고 있는 것이다. 그녀는 두 살 때 아버지에게 버림받은 후로, 한 번도 아버지를 다시 볼 수 없었다. 그녀가 마치 사랑이라 착각했었던 남편에 대한 의존성은 사실 버림받는 것에 대한 두려움에 깊은 뿌리를 두고 있었다.

지금까지 인용된 모든 임상사례에서 핵심적인 문제는 바로 '상처받은 내면아이'다.

상처받은 내면아이는 진정한 자기에 대한 의식이 없기 때문에 관계 속에서 친밀함을 경험하지 못하게 한다. 아이가 받을 수 있는 가장 큰 상처는 바로 그들의 진정한 자아가 거부되는 것이다. 부모가 아이들의 감정이나 욕구, 바람이 무엇인지 알아주지 않는다면, 그것은 곧 부모가 아이의 진정한 자아를 거부하는 것이다. 그러면 아이에게는 거짓자아가 만들어지게 된다.

자기가 사랑받고 있다고 믿기 위해서, 상처받은 아이가 그렇게 되기를 기대하고 상상하던 방식대로 행동하게 되는 것이다. 이러한 거짓자아는 시간이 지날수록 발달되고, 가족체계가 요구하는 대로, 또 문화적인 성역할에 따라 강화된다. 그리고 점차 그 거짓자아가 마치 자신의 진정한 모습인 양 생각되어 버린다. 사실은 거짓자아란 환경에 적응하기 위해, 다른 사람들의 각본에 따라 자신이 했던 연기라는 걸 결국 잊어버리게 된다.

당신이 자아에 대한 의식이 전혀 없다면, 다른 사람과 친밀해진다는 것은 불가능하다. 자기가 누구인지 자신도 모른다면, 어떻게 다른 사람들과 자신에 대해 나눌 수 있겠는가? 그리고 어떻게 다른 사람이 당신에 대해서 알 수 있겠는가?

사람들이 강한 자의식을 형성하는 한 가지 방법은, 자신의 주위에 튼튼한 경계선을 만드는 것이다. 한 나라의 영역을 표시하는 국경선처럼 신체적 경계선은 누군가 지나치게 가까워진다거나 잘못된 방법으로 우리를 만지려 할 때, 신호를 보내 우리 몸을 보호해 주는 역할을 한다. 성적 경계선 또한 우리를 성적으로 안전하고 편안하게 지켜 준다. 흔히 성적 경계가 약한 사람들은 자기가 원치 않을 때도 섹스를 하곤 한다. 정서적 경계선은 어디서 그 감정을 끝내고 어디서 시작해야 할지를 알려 준다. 또 언제 그것이 우리 자신에 대한 감정인지, 또 다른 사람에 대한 감정인지를 말해 준다. 그 외에 우리의 신념이나 가치들을 결정하는 지적·영적 경계선도 있다.

어린아이가 학대받고 방치되어 상처받게 되면 그 아이의 경계선은 짓밟히게 된다. 이로 인해 아이는 버림받는 것과 다른 낯선 곳에 떨어지는 것에 대한 두려움을 갖게 된다. 사람들이 자신이 누구인지 알 때 다른 곳으로 떨어지는 것에 대한 두려움을 갖지 않는다. 또한 자기존중감과 자신감이 있을 때 버림받는 것에 대한 두려움을 갖지 않는다. 튼튼한 경계선이 없이는 어디서 끝내고, 어디서 시작하는지를 알 수 없다. 그래서 거절을 하는 게 너무 어렵고, 또 자기가 무엇을 원하는지도 모른다. 그러나 이것이야말로 다른 사람들과 친밀함을 맺는 데 아주 중요한 행동들이다.

친밀감장애(intimacy dysfunctions)는 성적 장애의 영향을 많이 받는다. 역기능적인 가정에서 자란 아이들은 성적 발달에 어려움을 겪게 된다. 이들이 겪는 피해는 바로 가족 내의 빈약한 성적 모델에서 비롯된다. 예를 들면, 부모가 아이의 성별에 대해 실망하거나, 아이에게 창피를 주거나, 발달상 필요한 아이의 의존적인 욕구를 무시하는 것들이다.

글라디스(Gladys)라는 여성의 이야기를 들어 보자. 일 중독에 빠진 그녀의 아버지는 집에 있던 적이 거의 없었다. 아버지의 빈자리 대신 그녀는 상상 속에서 아주 근사한 아버지를 만들어 내곤 했다. 현재 그녀는 세 번째 결혼생활을 하고 있다. 자기가 만들어 낸 이상적인 아버지의 기준으로 남자를 평가했기 때문에 어느 누구도 그녀의 기대를 충족시켜 줄 수 없었던 것이다.

제이크(Jake)는 어렸을 때부터 아버지가 언어폭력으로 어머니를 학대하는 것을 보고 자라 왔다. 어머니는 그런 것들을 곧이곧대로 받아들이곤 했다. 제이크는 어떻게 해야 여자와 가까워지는지를 알 수 없었다. 그는 소극적이고 순종적인 여성들만 골라 사귀는 경향이 있다. 그러다 얼마 지나지 않아서 그 여성들에게 성적인 흥미를 잃게 된다. 왜냐하면 자기 아버지가 어머니에게 그랬던 것처럼, 결국에는 그들을 무시해 버리기 때문이다. 결국 그가 성적인 흥분을 느껴 본 건, 저질스러운 성적인 상황 속에서 여자를 상상하면서 자위행위를 할 때뿐이었다.

많은 아이가 부모가 자기들의 성별 때문에 실망한다는 걸 안다. 가령, 아버지는 여자아이를 원했는데 아들을 갖게 됐거나 어머니는 남자아이를 원했지만 딸을 가졌을 경우 등이다. 결국 아이들은 자기의 성별에 대해서 부끄러움을 느끼게 되고, 이것은 수동적이고 굴욕적인 성적 행동들을 다양하게 표출하는 것으로 나타나게 된다.

부모의 경멸과 멸시 때문에 기가 죽은 아이들은 종종 성적으로 변태적인 행동을 하게 된다. 줄리스(Jules)의 경우, 그의 어머니는 근친상간의 희생자였지만 그 상처를 치료받아 본 적도, 일생 동안 자기가 받은 성적 학대에 대한 분노를 드러낸 적도 없다. 줄리스는 자기 어머니와 밀착되어 남자에 대한 어머니의 분노를 내면화시켜 버렸다. 결국 그는 나중에 성 중독자가 되고 말았다. 그는 어마어마한 양의 포르노 비디오테

이프와 잡지들을 사 모았다. 그러고는 지배적이고, 자기 어머니와 같은 스타일의 여자에게 멸시와 경멸을 당하는 상상을 통해서 성적으로 흥분되곤 했다.

아이들이 각각의 발달단계에서 주어진 과제들을 잘 달성하기 위해서는 좋은 지침이 필요하다. 아이가 그 연령 때의 성장발달에 필요한 욕구들을 충족하지 못한다면, 그 성장단계에서 발달이 멈추고 말 것이다. 유아기 때의 욕구들을 충족하지 못한 아이들은 구강기적 단계에 고착되어 버린다. 이는 나중에 성적으로 구강성교에 정착되어 버리는 경향에서 잘 드러난다.

걸음마를 하는 시기에 고착되어 버린 아이들은 둔부에 매력을 느끼게 된다. 이렇게 생식기 부분에 반하는 것을 '성적 대상화(sexual objectification)'라고 부른다. 이런 상태에 있는 사람은 다른 사람을 그저 하나의 생식기로 전락시켜 대하게 되고 만다.

성적 대상화는 진정한 친밀함을 방해한다. 친밀함이라는 것은 두 사람 모두가 서로를 하나의 인격체로서 바라는 것이다. 많은 상호의존적인 커플은 대상화된, 중독적 성관계를 갖는다. 이것만이 상처받은 내면아이들이 서로 가까워질 수 있는 유일한 방법이기 때문이다.

· 무질서한 행동 ·

훈련(discipline)이라는 말은 라틴어의 '가르침(disciplina)'이라는 단어에서 유래하였다. 훈련을 통해 우리는 아이들에게 인생을 사랑하며 풍성하게 사는 법을 가르친다. 스캇 팩(M. Scott Peck)은 훈련이 인생의 고통을 줄일 수 있는 단 한 가지 방법이라고 말했다. 우리가 진실을 말할 줄 알고, 당장의 욕구충족에 조급해하지 않으며, 나 자신에게 정직하고, 책임감을 가지고 있다면, 인생의 즐거움과 기쁨은 더욱 커질 것이다.

아이들에게는 설교하는 부모보다는 자기훈련이 잘된 부모가 필요하다. 아이들은 부모가 하는 말이 아닌, 부모가 실제로 하는 행동을 보고 배우기 때문이다. 부모가 제대로 된 모델이 되어 주지 못했을 때 아이는 무질서해진다. 그 반대의 경우로, 부모의 규율이 지나치게 엄격할 때 아이는 지나치게 규율적이 되어 버려 거기에 얽매이게 된다.

훈련이 안 된 무질서한 내면아이는 제멋대로다. 반항적이며, 빈둥거리거나 늑장부리고, 자기 욕구가 빨리 충족되지 않으면 참지를 못하고 고집을 피운다. 또한 생각 없이 충동적으로 행동하는 성향이 강하다. 반면 지나치게 규율적인 아이는 융통성이 없거나 강박관념에 사로잡혀 있고, 지나치게 억제되었거나 순종적이 된다. 다른 사람들을 기쁘게 하려고 하고, 부끄러움이나 죄책감에 사로잡혀 있는 성향이 있다. 그러나 상처받은 내면아이를 지닌 대부분의 사람은 무질서한 모습과 지나치게 규율적인 모습 사이를 왔다 갔다 하며 방황하고 있다.

· 중독적이고 강박적인 행동 ·

상처받은 내면아이는 각종 중독과 중독적인 행동들의 주원인이다. 나의 경우 어린 나이에 알코올 중독자가 되어 버렸다. 역시 알코올 중독자였던 나의 아버지는 내가 어렸을 때 신체적으로 그리고 정서적으로 날 버렸다. 나는 아버지에게 필요 없는 존재처럼 느껴졌다. 아버지는 한 번도 내가 어떻게 행동해야 하는지 모범을 보여 준 적이 없었으며, 나와 함께 지낸 적도 없었다. 나는 다른 사람에게 사랑받고 인정받는다는 것이 어떤 것인지 경험을 해 본 적이 없었기 때문에 나 자신을 진정으로 사랑해 본 적이 없었다.

십 대에는 아버지가 없는 다른 아이들과 어울려 가출을 하기도 했다. 우리는 남자다움을 증명하려고 술을 마시고, 매춘을 하기도 했다. 15세부터 30세까지 나는 중독적으로 술을 마시며 마약을 했다. 그러다 1965년 12월 11일에 이 모든 것을 끊게 되었다. 하지만 나의 중독적인 행동들은 다른 방식으로 계속되었다. 술이나 마약과 같은 화학적인 것들에 대한 중독은 멈춰졌지만, 나는 중독적으로 담배를 피웠고, 중독적으로 일하고, 중독적으로 먹기를 반복하고 있었던 것이다.

내가 알코올 중독에 빠진 건 내가 물려받은 유전인자 때문에 당연할지도 모른다고 생각했다. 알코올 중독이 유전인자와 관련이 있다는 것은 확실한 증거가 있어 보이기 때문이다. 하지만 유전적 요인이 알코올 중독을 설명하기에 충분하지 않다. 그게 사실이라면 모든 알코올 중독자들의 자녀들은 알코올 중독자가 되어야 한다. 물론 이것은 말도 안 되는 이야기다. 그 예로 나의 형이나 누나는 알코올 중독자가 아니기 때문이다. 나는 지난 25년 동안 알코올 중독자와 마약 중독자들의 치료를 위해 일해 왔다. 그중 15년간은 10대 마약 중독자들을 위해 일했었다. 그 기간 동안 단지 화학적인 이유 때문에 중독에 빠진 사람은 한 번도 본 적이 없다. 물론 화학적인 것에 아주 빠르게 중독되는 사람도 있다. 거의 두 달 만에 아주 심각하게 중독에 빠져 버린 10대 청소년들을 본 적도 있기 때문이다. 그러나 내가 발견한 **중독의 가장 공통적인 원인은 바로 '상처받은 내면아이'였다.** 상처받은 내면아이는 강박적이고 중독적인 모든 행동(compulsive/addictive behaviors)의 만족할 줄 모르는 뿌리다. 그 예로 나 자신이 중독적으로 마시던 술을 끊었을 때, 나는 완전히 다른 형태의 감정적인 대체물을 찾게 되었다. 상처받은 내면아이의 채워지지 않은 욕구 때문에 나는 다시 강박적으로 일하고, 먹고, 담배를 피우게 되었던 것이다.

알코올 중독 가정의 다른 아이들처럼 나 또한 정서적으로 버림받았다. 어린아이에게 있어서 버림받는다는 것은 마치 죽음과도 같다. 내가 살아가기 위해 필요한 두 가지의 기본적인 욕구들—나의 부모님은 괜찮은 분들이고 나는 중요한 존재라는 것—을 충족하기 위해서 나는 어머니의 정서적인 대리 남편이 되어야 했고, 어린 남동생에게는 부모 역할을 해야 했다. 이렇게 어머니와 다른 사람을 도와주는 것으로 내가 괜찮은 사람이라고 믿을 수 있었다. 나는 어머니가 성자 같은 사람이며, 아버지는 사실은 나를 사랑하시지만 몸이 너무 아프셔서 잘 표현하지 못한다는 말을 들었고 또 그렇게 믿었다. 이 모든 것이 내가 부모님에게 필요 없는 존재라는 수치심을 다 덮어 주었다. 나의 내면은 선택된 지각과 억누른 감정, 잘못된 믿음으로 만들어져 갔다. 그리고 이것이 이후 내 인생에서 모든 새로운 경험을 받아들이는 데 여과기 같은 역할을 했다. 그러나 이렇게 아이가 적응해 나가는 방식은 어린 시절에 살아남는 데는 도움이 되었지만, 어른으로서 살아 나가는 데는 너무 빈약했다. 결국 서른 살이 되어서야, 나는 17년간의 알코올 중독자 생활을 끝내기 위해서 오스틴 주립병원에서 치료를 받아야 했다.

상처받은 내면아이가 강박적이고 중독적인 행동의 원인임을 아는 것은 우리에게 더 넓은 맥락에서 중독을 바라볼 수 있도록 도와준다. 중독은 삶에 위험한 결과를 가져오는, 기분전환을 가져오는 감정적 대체물에 대한 병리적 관계(pathological relationship)다. 섭식 중독(ingestive addictions)은 가장 극적인 기분 변화를 가져온다. 알코올, 마약, 음식 등은 기분을 바꾸는 고유의 화학적 잠재력을 가지고 있다. 기분을 바꿀 수 있는 다른 여러 가지 방법도 있다. 활동 중독, 인지 중독, 감정 중독, 물건 중독 등이 이에 해당한다.

중독적인 활동(addictive activities)에는 일, 쇼핑, 도박, 섹스, 종교적인 의식 등이 있다. 사실 어떤 활동도 기분을 바꾸는 데 사용될 수 있다. 이런 활동들은 마음을 산만하게 함으로써 기분을 변화시킨다.

인지적인 중독(cognitive addictions)은 감정을 회피할 수 있는 가장 확실한 방법이다. 오랫동안 나는 머리로만 살아왔다. 내 직업은 대학교수였다. 사고는 감정을 회피하는 방법이 될 수 있다. 모든 중독이 강박관념을 가지고 있다.

감정 그 자체로도 중독이 될 수 있다. 나는 여러 해 동안 분노중독자(rageaholic)였다. 분노는 나의 고통과 수치심을 덮어 줄 수 있는, 내가 아는 유일한 방패막이였다. 화났을 때, 나는 무기력하거나 약하지 않으며 강하고 힘이 있는 것처럼 느껴졌다.

아마도 누구나 두려움에 빠진 사람들을 쉽게 알아볼 수 있을 것이다. 두려움에 중독된 사람들은 큰 실패를 경험하거나 무서움에 빠지는 경향이 있다. 그들은 사소한 일에도 끊임없이 걱정하는 소심한 사람이 되어서는 주위 사람들을 귀찮게 만든다.

어떤 사람들은 슬픔에 중독되기도 한다. 겉으로는 그들에게 슬픔이 없어 보이지만 그들 자신이 바로 슬픔이다. 슬픔이 그들의 존재 자체가 되어 버린 것이다.

내가 가장 염려하는 사람들은 기쁨에 중독된 사람들이다. 그들은 아주 착한 소년, 소녀지만 대개가 억지로 웃고 있는 것이다. 마치 웃음이 그들의 얼굴에 덕지덕지 있는 듯하다. 기쁨에 중독된 사람들은 어떤 것도 나쁘게 보지 않는다. 하물며 자기 어머니의 사망 얘기를 할 때도 웃음을 보일 정도다. 정말이지 소름 끼치는 상황이 아닌가?

물건에도 중독이 될 수 있다. 돈이 가장 보편적인 '물건' 중독의 예다. 그 외 어떤 것에도 중독이 될 수 있으며, 기분을 바꾸는 요소로 작용할 수 있다.

타고난 유전인자가 무엇이든 간에 대부분 중독의 핵심 요소는 상처받은 내면아이다. 그리고 이 내면아이는 만족할 줄 모르는 욕구와 욕망의 상태 속에 있다. 대부분의 사람들이 중독자들의 이런 특성들을 알아내는 데는 그리 오래 걸리지 않는다.

· 사고의 왜곡 ·

유명한 발달심리학자인 장 피아제(Jean Piaget)는 아이들을 '인지적 이방인(cognitive aliens)'이라고 불렀다. 아이들은 어른들처럼 생각하지 않기 때문이다.

아이들은 절대적 사고를 가지고 있다. 아이들의 사고 특성은 '전부 아니면 전무(all or nothing)'라는 양극적이다. 당신이 나를 사랑하지 않는다면, 그건 당신이 나를 싫어하는 것이다. 그 중간은 있을 수가 없다. 만약에 아버지가 나를 버린다면, 모든 사람이 나를 버릴 것이라는 식이다.

아이들은 논리적이지 못하다. 이러한 사실은 그들이 '감정적인 논리'로 설명하려는 데서 명백하게 나타난다. 예를 들어, 내가 어떤 식으로 느끼면 그대로 될 것이다. 만약 내가 죄책감을 느낀다면, 내가 나쁜 사람이기 때문이다.

아이들이 생각과 감정을 구분하는 법, 즉 감정에 대해서 생각할 줄 알고, 또 생각에 대해서도 느끼는 법을 배우기 위해서는 건강한 모델이 필요하다.

아이들은 자기중심적으로 생각한다. 이것은 아이들이 모든 상황을 개인화하는 데서 잘 드러난다. 만약에 아버지가 나를 위한 시간이 없다고 하면, 그건 아마도 내가 괜찮은 사람이 아니고 뭔가 나한테 잘못된 게 있을 거라고 생각한다. 아이들은 이것을 가장 심한 학대로 받아들인다. 자기중심성은 어린 시절의 자연스러운 현상이지, 결코 윤리적으로 이기주의라는 표식이 아니다. 아이들은 단지 다른 사람의 관점을 완전히 이해할 수 없을 뿐이다.

아이의 성장발달에서 필요한 의존욕구들이 제대로 충족되지 못했을 때 그 아이는 어른이 된 후에도 내면아이의 사고방식에 영향을 받는다. 종종 사람들이 어린아이 같은 생각들을 표현하는 걸 본다. "미국은 좋다 혹은 나쁘다."라고 주장하는 절대론자들의 생각이 그 예다.

내가 알고 있는 몇몇 사람들은 감정적인 사고방식 때문에 심각한 경제적 어려움을 겪고 있다. 이 사람들은 어떤 물건을 원한다는 그 이유만으로도 그 물건들을 구매할 충분한 이유가 된다고 생각한다. 어린아이들이 생각과 감정을 어떻게 구분하는지 배우지 못하면, 그 아이들이 커서 자신들의 고통스러운 감정을 회피하는 방법으로 생각을 이용한다. 그리고 사실상 그들의 마음과 머리를 따로 분리해 버린다. 사고의 왜곡에 대한 가장 보편적인 두 가지 패턴은 일반화(universalizing)와 상세화(detailing)다.

일반화 그 자체가 사고의 왜곡(thought distortions)된 형태는 아니다. 모든 추상적인 과학은 우리에게 일반적이고, 추상적으로 생각하는 법을 가르쳐 준다. 그러나 감정으로부터 우리를 분리하는 데 이용될 때 일반화는 왜곡된다. 그 예로, 우리 주위에는 학문적으로는 천재라고 할 만큼 똑똑하면서도, 자신의 일상생활은 제대로 관리하지 못하는 사람들이 많이 있다.

일반화의 가장 왜곡된 형태는 두려움이라고 부를 수 있다. 흔히 미래에 대한 추상적인 가정을 할 때 두려움을 느끼게 된다. 예를 들어, '만약 내가 퇴직했을 때, 국민연금에 돈이 하나도 남아 있지 않다면 어떻게 하지?'와 같은 터무니없는 생각이다. 이런 생각은 두려움을 불러일으킨다. 이러한 생각은 사실이 아니고 순전히 가정이기 때문에 생각하는 사람은 사실상 자기 자신을 겁주고 있는 것이다. 상처받은 내면아이는 종종 이런 방식으로 생각하곤 한다.

일반화처럼 상세화도 중요한 지적 능력이다. 아주 세밀하고 철저하게 생각한다는 것 자체는 전혀 잘못된 것이 아니다. 그렇지만 그러한 사고방식이 고통스러운 감정으로부터 우리를 분리시키는 데 이용된다면, 이것은 우리 인생의 현실감을 왜곡시켜 버릴 것이다. 강박적인 완벽주의 행동(compulsive perfectionistic behavior)이 아주 좋은 예다. 이 경우 우리는 불편한 감정을 회피하기 위한 방법으로 아주 사소한 일에까지 몰두하게 된다.

조금만 주의를 기울여 보면, 사실 자기중심적인 생각의 사례들을 어디서나 듣게 될 것이다. 얼마 전 비행기 안에서 어떤 커플이 주고받는 얘기를 우연히 듣게 되었다. 여자는 비행기 안에 있는 여행 잡지를 보고 있다가 별생각 없이 자기는 항상 오스트레일리아에 가 보고 싶었다는 얘기를 했다. 그러자 갑자기 남자는 화난 목소리로 "아니, 난 일에 매달려 죽어라 하고 살고 있는데, 당신은 대체 내게 뭘 더 바라는 거야?"라고 소리 지르는 것이었다. 그의 상처받은 내면아이는 오스트레일리아에 가고 싶다는 아내의 말이 자기를 경제적으로 무능력한 사람으로 판단하고 있다고 믿어 버린 것이다.

· 공허감(무관심, 우울) ·

상처받은 내면아이는 공허감(emptiness)과 같은 만성적인 우울증으로 성인의 인생에 영향을 끼친다. 우울감은 아이가 진정한 자신의 모습은 남겨 둔 채, 거짓자아를 받아들인 결과다. 진정한 자아를 버린 만큼 사람의 마음에는 빈 공간이 생기게 마련이다. 이런 상태를 나는 '영혼의 구멍(hole in one's soul)'이라고 부른다. 진정한 자아를 잃었을 때, 사람들은 자신의 진실한 감정, 욕구, 바람을 잃게 된다. 그 대신에 거짓자아가 요구하는 감정들을 경험하게 된다. 예를 들어, '아주 착한 사람이 되는 것'은 보편적인 거짓자아의 모습이다. '착한 여자' 역시 절대로 분노하거나 불만을 말하지 않는다.

거짓자아를 갖고 있다는 것은 연기를 하고 있다는 것과 같다. 그의 진정한 자아는 결코 존재하지 않기 때문이다. 이제 막 자기의 모습을 찾기 시작한 어떤 사람은, "마치 길가에 서서 자기 인생이 지나가는 것을 그저 바라보고 있는 것과 같았다."고 그 당시 자신의 상태를 표현했다.

공허감을 느끼는 것은 만성적인 우울의 한 형태로, 마치 자기의 진정한 자아를 영원히 애도하는 것과 같다. 모든 성인아이는 어떤 형태이든 좋지 않은 만성적인 우울을 경험하고 있다.

공허감은 또한 무관심으로 경험되기도 한다. 상담을 하다 보면, 가끔 성인아이들로부터 인생이 무의미하고 재미없다는 불평을 듣곤 한다. 그들은 자기 인생에 아무것도 없는 걸 발견하고는, 다른 사람들은 왜 그렇게 흥미롭게 사는지를 이해하지 못한다.

탁월한 융분석가인 매리언 우드먼(Marion Woodman)은 교황이 토론토를 방문했을 때, 교황을 만나기 위해 그곳으로 찾아간 한 여성의 이야기를 한 적이 있다. 그 여자는 교황의 사진을 찍기 위해 복잡한 카메라 도구 세트들을 가득 챙겨 갔다. 그런데 카메라를 조작하는 데 너무 열중한 나머지, 교황이 지나갈 때에 간신히 단 한 장의 사진만을 찍을 수 있었다. 정작 자신의 눈으로는 교황을 보지도 못한 채 말이다. 사진을 현상했을 때, 그 사진에는 그녀가 보러 간 교황은 거기 있었지만 정작 그녀 자신은 그 사진 속에 없었다. 그녀는 그 경험 속에 없었던 것이다.

우리 안의 내면아이가 상처받았을 때, 우리는 공허해지고 우울해진다. 인생은 그런 것들에 대해 비현실감을 갖고 있다. 즉, 우리는 거기에 있지만, 그 안에 있지는 않다는 말이다. 이러한 공허감은 외로움을 가져온다. 단 한 번도 진정한 자신이었던 적이 없기 때문에, 단 한 번도 진정으로 존재해 본 적이 없다. 아무리 사람들이 우리를 좋아하고, 우리 가까이 있어도, 우리는 혼자라고 느낀다. 인생의 대부분 동안 나는 이렇게 느꼈었다. 나는 항상 내가 속한 그룹에서 어떻게든 리더가 되려고 했다. 덕분에 내 주위에는 언제나 사람이 많았고, 그들은 나를 부러워하고 칭찬했다. 그렇지만 난 단 한 번도 그들과 진심으로 이어져 있다고 느껴 본 적이 없었다. 내가 성 토마스대학교(St. Thomas University)에서 강의를 하던 어느 저녁으로 기억된다. 강의 주제는 자크 마리탱(Jacques Maritain)의 '악에 대한 토마스주의 교리 이해'에 관한 것이었다. 그날따라 난 특별히 더 예리하고 설득력 있는 강의를 했다. 내가 걸어 나갈 때 관중은 모두 일어서서 내게 박수를 보냈다. 그러나 나는 당시의 내 느낌을 생생하게 기억한다. 그때 나는 이 엄청난 공허감과 외로움이 빨리 끝나기만을 바랐다. 나는 거의 죽을 것 같았다.

이러한 경험은 상처받은 내면아이가 얼마나 자기중심적으로 물들어 있는지를 설명해 준다. 성인아이들은 자기에게 몰두하는 사람들이다. 그들의 공허감은 아주 오래된 치통과도 같다. 계속되는 고통 가운데에 있을 땐 누구나 자기밖에는 생각할 수가 없을 것이다. 심리치료사로서 상담 장면에서 이런 내담자들의 자기중심성을 다루어 나가다 보면 종종 화가 치민다. 그래서 오죽하면 동료 상담자들에게 혹시 내가 화가 나서 상담실에서 나가는 걸 보면, '잠깐 시간 있느냐.'는 식으로 말을 걸어 날 불러 세우고 진정시켜 달라는 부탁을 하곤 했다.

지금까지 살펴본 오염의 범주들은 인간을 속박하는 대부분의 영역에 걸쳐 있다.

나는 상처받은 내면아이가 어른이 된 당신의 현재 삶에 얼마나 심각한 영향력을 계속적으로 끼치는지를 당신이 알 수 있게 되기를 바란다. 상처받은 내면아이가 어떤 피해를 주는지 알고 싶다면 다음의 질문에 '예', 혹은 '아니요'로 대답해 보라.

상처받은 내면아이 질문서

여기의 질문은 당신 안의 내면아이가 어느 정도로 상처받았는지를 전체적으로 보여 줄 것이다. 그리고 제2부에서는 각 발달단계별로 나타날 수 있는 특징적인 지침을 알려 줄 것이다.

A. 정체성(Identity)

질문 내용	예	아니요
1. 새로운 일을 시작하려고 계획할 때마다 걱정되거나 두렵다.		
2. 모든 사람이 좋아하는 멋진 사람이지만 나 자신에 대한 확신은 없다.		
3. 반항적이며 다른 사람과 다툴때 때 살아 있다는 걸 느꼈다.		
4. 숨겨진 나 자신의 깊은 곳에서는 무엇인가 내게 잘못된 것이 있다고 느끼고 있다.		
5. 나 자신이 마치 광고와 같아서 아무것도 내다 버릴 수가 없다.		
6. 남자로서 혹은 여자로서 부족하다고 느낀다.		
7. 성별에 대해 혼란스럽다.		
8. 왠지 나 자신을 두둔하면 죄책감이 느껴지기 때문에 차라리 다른 사람들의 편을 드는 게 낫다.		
9. 새로운 일을 시작하기가 어렵다.		
10. 일을 끝내는 게 어렵다.		
11. 자기만의 생각을 가져 본 적이 드물다.		
12. 자신의 부족함에 대해 계속해서 스스로를 비판한다.		
13. 나 자신이 아주 죄 많은 사람이라고 생각하고 지옥에 갈까 봐 무섭기도 하다.		
14. 아주 엄격하고 완벽주의자다.		

질문 내용	예	아니요
15. 한 번도 내가 능력이 있다고 생각해 본 적이 없고 제대로 일을 해 본 적도 없다.		
16. 진정으로 원하는 것이 무엇인지 모른다는 생각이 든다.		
17. 완전한 성취자가 되기 위해 나 자신을 통제한다.		
18. 성적으로 매력적이지 못하면 아무것도 아니라는 생각이 든다. 혹시 나 자신이 멋진 연인이 되지 못하면 버림받거나 거절당할까 봐 겁난다.		
19. 인생이 공허하다. 대부분의 시간 동안 우울하다.		
20. 나 자신이 누구인지 정말 모르겠다. 나의 가치가 어느 정도인지, 어떤 것에 대해 내가 어떻게 생각하는지도 모르겠다.		

B. 기본적인 욕구(Basic Needs)

질문 내용	예	아니요
1. 언제 피곤하고, 배고프고, 흥분하는지 등의 신체적 욕구에 대해 아무것도 느끼지 못한다.		
2. 다른 사람들이 나한테 손대는 게 싫다.		
3. 정말로 원하지 않을 때라도 종종 섹스를 한다.		
4. 예전에 혹은 현재 섭식장애가 있다.		
5. 구강성교를 좋아하고 그것에 집착한다.		
6. 무엇을 느끼는지 잘 모른다.		
7. 화가 났을 때 나 자신이 부끄럽다.		
8. 화를 잘 내지 않지만, 화가 났을 때는 아주 격노한다.		
9. 다른 사람들이 화를 내는 것이 무섭다. 그걸 막기 위해서는 무엇이든 하려고 한다.		
10. 눈물이 날 때 자신이 부끄럽다.		
11. 겁이 날 때 자신이 부끄럽다.		
12. 별로 좋지 않은 감정은 거의 표현하지 않는다.		
13. 항문섹스(anal sex)에 아주 집착한다.		
14. 가학적이거나 자기학대적인 변태섹스(sado/masochistic sex)에 집착한다.		
15. 자신의 신체적인 기능이 부끄럽다.		

	예	아니요
16. 수면장애가 있다.		
17. 포르노영화를 보는 데 비정상적으로 많은 시간을 보낸다.		
18. 다른 사람들을 자극하기 위해 자신을 성적으로 보이려 한 적이 있다.		
19. 어린아이에게 성적인 매력을 느끼지만 그것을 행동으로 보일까 봐 걱정이다.		
20. 음식 또는 섹스가 나의 가장 큰 욕구라고 믿는다.		

C. 사회성(Social)

질문 내용	예	아니요
1. 기본적으로 나 자신을 포함해 다른 사람들을 믿지 않는다.		
2. 예전에 혹은 지금 중독자와 결혼했다.		
3. 관계에 있어서 너무 강박적이거나 통제적이다.		
4. 중독자다.		
5. 관계에서 고립되어 있으며 다른 사람들, 특히 권위자를 무서워한다.		
6. 혼자 있는 게 싫기 때문에 그러지 않기 위해 무엇이든 하려고 한다.		
7. 다른 사람들이 내게 기대한다고 생각되는 걸 하고 있는 자신을 발견하곤 한다.		
8. 어떤 상황이든 분쟁은 피한다.		
9. 다른 사람의 의견에 싫다고 말을 해 본 적이 거의 없으며 그들의 제안에 따라야 할 것 같다.		
10. 지나친 책임감이 있다. 그래서 혼자보다는 다른 사람들에게 관여하는 게 훨씬 편하다.		
11. 다른 사람에게 직접적으로 싫다고 말하지는 않고, 다른 사람의 요구에 대해서는 아주 교묘하고 간접적이며, 소극적인 방법으로 거절한다.		
12. 다른 사람들과 다투고 나서는 어떻게 해결해야 할지 잘 모른다. 그래서 상대방을 눌러 버리거나 아예 포기해 버린다.		
13. 이해하지 못하는 부분에 대해서도 거의 해명을 요구하지 않는 편이다.		
14. 종종 다른 사람들이 무슨 뜻으로 말을 했는지 추측하고, 그 추측을 바탕으로 대답한다.		
15. 부모님 중 어느 한 분과도 가깝다고 느껴 본 적이 없다.		
16. 사랑과 연민을 혼동하고, 동정할 수 있는 사람을 사랑하는 경향이 있다.		

17. 누군가 실수하면 그것이 자신이든 다른 사람이든 비웃는다.		
18. 아주 쉽게 그룹의 규칙에 따른다.		
19. 나는 아주 경쟁적이며, 불쌍한 패배자다.		
20. 제일 큰 두려움은 버림받는것이기 때문에 관계를 유지하기 위해서는 무엇이든 할 수 있다.		

만약 당신이 10개 이상의 항목에 '예'라고 대답을 했다면 심각한 상황이라고 할 수 있다. 그러나 이 책은 바로 그런 당신에게 꼭 필요한, 당신을 위한 책이다.

02

당신 안에 있는 놀라운 내면아이가
어떻게 상처받게 되었는가

한때는 땅 위에 있는 모든 평범한 광경들,

초원이며, 작은 숲들, 시내들이

하늘의 옷을 입은 듯이 보인 적이 있었다.

꿈의 장관과 신선함처럼……

하지만 지금은 그렇지 않다.

어디를 둘러봐도

낮이나, 밤이나

예전에 보았던 그 모습은 어디에도 없다.

– 윌리엄 워즈워드(William Wordsworth) –

누구나 갓난아기 앞에 서면 밝은 미소를 짓게 된다. 얼굴을 찡그리고 있던 사람들조차 아기의 웃는 얼굴을 보고 있노라면 기분이 한결 좋아진다.

호기심으로 가득 찬 아이들의 모습은 아주 자연스러워 보인다. 그들은 현재를 살고 있다. 어떤 면에서 아이들은 지금 유배된 것이나 마찬가지다. '놀라운(wonderful)'이란 단어 속에 들어 있는 알파벳 하나하나를 이용해서, 호기심 많은 아이의 특징을 살펴보자. 각 알파벳은 이들의 타고난 특성을 보여 준다.

Wonder (경이)

Optimism (낙천주의)

Naïveté (순진함)

Dependence (의존성)

Emotions (감정)

Resilience (쾌활함)

Free Play (자유로운 활동)

Uniqueness (독특성)

Love (사랑)

· 경이 ·

순진한 아이에게는 세상에 있는 모든 것이 흥미롭고 재미있다. 아이는 세상의 경이로움을 자기 안에 있는 모든 감각을 통해 느낀다. 무엇이든 알고 싶어 하며, 눈으로 보고, 손으로 만지고, 탐구하고, 실험하는 것은 아이들의 타고난 욕구다. 호기심은 아이들에게 자신의 손, 코, 입술, 손가락, 성기, 발가락 그리고 자기 자신을 발견하게 하는 역할을 한다.

물론 탐구하고 실험하는 일들이 가끔 아이들을 곤경에 빠뜨리기도 한다. 하지만 그렇다고 해서 아이들이 어린 시절에 자연스레 느끼는 호기심을 부모가 막아 버린다면, 그 아이들은 어른이 된 후 자기 자녀에게도 똑같은 방식으로 그렇게 할 것이다. 아이들은 마음을 닫아 버리고, 탐구하거나 위험한 일을 시도하는 데 대한 두려움을 갖게 될 것이며, 결국 인생은 모험이 아니라 풀어야 할 걱정거리가 되고, 아이들은 새로운 것에 대해서 점점 둔해져 안전한 삶만을 찾게 될 것이다.

경이로움을 느끼고 호기심을 갖는 것은 아이들이 정상적으로 성장하고 적응하는 데 결정적으로 중요한 일이다. 하지만 많은 부모는 아이들에게 세상에 대한 기본적인 지식과 살아남기 위해서 꼭 필요한 자질구레한 기본사항들만을 배우도록 강요하곤 한다.

경이와 호기심은 아이들이 더 넓고 큰 시야를 갖도록 자극하는 삶의 에너지가 되기도 한다. 이러한 생의 활기는 우리의 지속적인 성장에 반드시 필요할 뿐 아니라 시인이나, 예술가 또는 창조적인 사상가들에게도 본질적인 부분이다. 경이와 호기심은 '뭔가 더 나은 게 있을 거야.'라는 기대감 같은, 아주 충만한 관심을 불러일으키기도 한다. 찰스 다윈(Charles Darwin)과 알베르트 아인슈타인(Albert Einstein)은 세상의 신비 뒤에 가려진 미스터리에 대해서 마치 어린아이 같은 감탄과 호기심으로 가득 차 있던 사람들이었다.

· 낙천주의 ·

아이들에게 있는 자연스러운 삶의 활기는 낙천적인 태도로 나타난다. 아이는 바깥 세상에서 자신의 욕구들을 충족할 수 있다고 믿고 있다. 아이는 세상이 자신에 대해 친절하고, 희망이 있으며, 자기 앞에 펼쳐진 모든 것이 가능하다고 자연스레 믿는다. 이러한 타고난 낙천주의와 믿음은 천성이며 '어린아이 같은 믿음(childlike faith)'의 중심에 해당한다.

그러나 이러한 자연스러운 낙천주의와 믿음 때문에 아이들은 양육자에 의해 오히려 상처받을 수 있다. 완전히 믿고 있을 때, 아이는 폭력과 학대에 상처 입기 쉽다. 동물과는 달리, 아이에게는 무엇을 해야 하는지 말해 주는 '본능계산시스템(instinct computer system)'이 없다. 아이들은 배워야 할 필요가 있고, 그들의 배움은 양육자에게 달려 있다. 아이들은 어른 양육자와 대화를 하기 위해서 내면의 힘을 키워 나간다. 자연의 설계도는 아이들이 연령에 맞게 그들 안의 내적인 힘을 키워 나아갈 준비를 하도록 만들어 놓았다.

어린아이가 무시당하거나 창피당할 때, 그 아이의 개방성과 믿음은 죽어 버린다. 아이에게 신뢰하고 낙천적으로 행동할 수 있게 하던 힘은 점점 더 약해진다. 더 이상 양육자의 보호에 기댈 수 없게 되면서 아이는 경쟁적이고 불안정한 성격이 되어 버린다. 이런 단절이 지속적으로 반복되면, 결국 아이는 비관적인 사람이 되고 만다. 아이는 희망이 무엇인지에 대해서도 잊어버리게 되고, 자신의 욕구를 채우기 위해서는 다른 사람들을 이용해야 된다고 믿어 버리게 된다. 세상과 직접적으로 상호작용하는 데 자신의 에너지를 사용하기보다는, 이제 자신이 직접 할 수 있는 일조차도 양육자를 끌어들여 그 일을 대신 하게 만든다.

낙천주의와 믿음은 친밀감의 핵심적인 부분이다. 친밀해지기를 원한다면, 상처받을 수 있다는 위험을 감수해야 한다. 어쨌든 다른 사람을 완전히 믿을 수 있다는 확신을 가지기는 어렵기 때문에 어느 선까지는 타인을 믿는 데 대한 위험을 감수해야 한다. 인생에서 낙천주의가 필요한 이유는, 모든 현실이 결국 긍정적인 가치를 가지고 있다는 것을 보여 주기 때문이다. 즉, 낙천주의는 우리에게 세상의 밝은 면─도넛 안의 작은 구멍이 아니라 도넛 자체─을 보게 한다.

· 순진함 ·

어린아이에게 있는 순진함은 그들의 매력이자, 아이가 지닌 천진난만함의 핵심이다. 아이들은 지금, 현재를 살면서 기쁨을 추구하는 경향이 있다. 크리스토퍼 몰리(Christopher Morley)가 말한 것처럼, 아이들은 인생의 '괴상한 수수께끼'를 잘 받아들인다. 그들 안에 있는 '이상한 신성(strange Divinity)'은 좋은 것과 나쁜 것 또는 옳고 그른 것 등에 대한 판단력이 부족하기 때문에 나타난 것이다.

아이들은 활기를 쫓아 움직인다. 처음에 그들의 움직임에는 방향이 없다. 세상의 모든 것이 신기하기만 해 어느 하나만 고른다는 게 어렵기 때문이다. 방향감각이 없기 때문에 아이들은 금지된 장소에 들어가거나, 안전하지 않은 물건을 만지고, 해로운 것을 맛보는 등의 행동을 한다. 그래서 아이들에게는 계속적인 주의와 보호가 필요하고, 보호자는 집에서 아이들을 잘 돌보아야 한다. 물론 이런 일들은 보호자의 세심한 주의와 많은 시간을 필요로 하기 때문에 건강한 사람이라도 때때로 힘에 겨워 화를 내곤 한다. 아이는 보호자가 화난 걸 보면서, 놀라기도 하고 혼란스러워하는데, 왜냐하면 아이들은 자기가 하는 것이 아주 재미있고 즐거운 일이라고 생각하기 때문이다.

보호자는 참을성과 이해심이 있어야 한다. 이런 자질이 부족한 부모는 아이에게 너무 많은 것을 기대하려고 한다. 신체적 학대와 관련된 사례 중 대부분의 경우, 학대적인 부모들은 자기 아이가 고의로 심술궂게 군다고 믿고 있었다. 이들은 아이가 자기 나이보다도 더 성숙한 행동을 하기를 바라는 것이었다.

금지된 영역에 들어가려는 위험한 성향은 아이 안에 있는 타고난 사악함의 증거라고 종종 인용되곤 했다. 이 천성적인 악함은 아담과 이브가 저질렀던 원죄의 결과라고 주장되어 왔다. 그리고 이 원죄 교리는 억압적이고 잔인한 아이 양육 형태의 주요한 근거가 되었다. 그러나 아직까지 아이들이 가지고 있다는 이 천성적인 사악함을 지지해 줄 만한 어떤 임상적인 증거도 없다.

반면, 또 다른 문제는 아이들의 순진함과 천진난만함에 대한 부모의 과잉보호이다. 이런 과잉보호 때문에 어른이 되어서도 어처구니없는 무지함에 갇혀 있곤 한다. 내가 기억하고 있는 한 신학생의 경우, 목사 안수를 1년 정도를 남겨 둔 그는 여자의 생식기에는 세 개의 구멍이 있다고 믿고 있는 자신의 생각을 이야기해 버렸다. 너무도 순진한 이 신학생은 아무런 성적 지식이 없었던 것이다. 그뿐만 아니라 대부분의 많은 여성이 성적인 지식이 전혀 없기 때문에 처음으로 생리가 닥쳤을 때 종종 당황해하곤 한다.

아이들은 그릇된 순진함이나 천진난만함으로 남을 속이거나 조종하는 법을 배우기도 한다. 바보처럼 구는 것이 그 예다. '금발은 바보'라는 오래된 표현은 어른들의 잘못된 무지함을 보여 주는 한 예이기도 하다. 버림받을까 봐 두려워, 신경질적으로 떼쓰며 울거나 애원하는 것도 바보처럼 구는 행동들이다. 이런 행동들은 아이들이 성숙해지고, 책임감을 가지고, 어려움을 이겨 내는 것을 회피하게 만든다.

그렇지만 당신 안의 놀라운 아이가 가진 순진함과 천진난만함은 바로 당신 안의 상처받은 내면아이가 회복되는 진행 과정에서 커다란 장점이 될 수 있다. 순진함은 유순함의 주 요소로서, 가르침을 받을 수 있는 상태임을 뜻한다. 당신의 상처받은 내면아이가 회복되면, 놀라운 아이가 당신 안에서 나타나게 된다. 당신과 당신 안에 있는 놀라운 아이는 새로운 것을 창조하는 법을 배우고 경험할 때 서로 협력할 수 있게 된다.

· 의존성 ·

아이들은 자신의 선택과는 상관없이, 천성적으로 의존적이며 도움이 필요한 존재다. 어른과는 달리, 아이들은 그들이 가진 자원으로는 자신의 필요를 채울 수 없기 때문에 자기 욕구를 충족하기 위해 다른 사람에게 의존해야만 한다. 다른 사람에 대한 이러한 의존성 때문에 아이들은 쉽게 상처를 받게 된다. 아이는 자기에게 무엇이 필요한지, 혹은 자신이 어떻게 느끼는지 알지 못한다. 좋든 나쁘든, 아이의 인생은 초기 양육자가 각각의 발달단계마다 아이의 욕구를 알아주고 충족시켜 줄 때 제대로 만들어지기 시작한다.

양육자가 자기 안에 상처받은 내면아이를 가지고 있다면, 자기 안의 채워지지 않는 욕구 때문에 아이의 욕구를 충족시켜 줄 수 없을 것이다. 오히려 자신 안의 내면아이의 빈곤한 욕구 때문에 화를 내거나, 자신의 욕구를 채우는 데 아이를 이용하려 할 것이다.

놀라운 아이는 성장과 성숙의 과정 가운데에 있기 때문에 의존적이다. 각각의 발달단계는 성인으로서 성숙해지기 위해 나아가는 하나의 단계다. 아이가 자라면서 욕구가 적절한 때에, 적절한 순서로 충족되지 않으면, 그 아이는 필요한 자원 없이 다음 단계의 과제를 충족하기 위해 움직여야 한다. 이런 초기단계에서의 작은 실수는 훗날까지 오랫동안 영향을 미치는 중요한 결과들을 가져온다.

건강한 사람의 삶은 '계속해서 성장한다.'는 특징을 가지고 있다. 앞에서 제시한 어린 시절의 바로 그 특징들, 즉 경이, 의존성, 호기심, 낙천주의 등은 바로 인간의 삶을 성장시키고 풍성하게 하는 데 결정적으로 중요하다.

어떤 의미에서 우리는 전 인생에 걸쳐 의존적인 채로 있다. 끝없이 우리는 사랑과 상호작용을 필요로 한다. 어느 누구도 다른 사람과 아무 상관 없이 자신만으로도 충분하다고 말할 수 있는 사람은 없을 것이다. 놀라운 아이의 의존성 때문에 우리는 누군가와 가까워지기도 하고, 마음을 쏟기도 하는 것이다. 한편, 나이가 들면서 우리는 자신이 필요한 존재가 되길 원한다. 건강한 성장의 어느 시점에서 우리는 생산적이 되고, 또 인생을 돌보게 된다. 이는 우리의 발전된 사명이다. 이것은 사실 의존성과 독립성의 균형에 대한 문제다. 그러나 내면아이가 성장과정에서 꼭 필요한 의존적인 욕구들이 무시되어 상처받게 될 때, 그 아이는 고립되거나, 뒤로 물러나 버리거나, 또는 누군가에게 달라붙게 되거나 아니면 다른 이들을 곤란하게 만들게 될 것이다.

· 감정 ·

웃음과 울음은 아이에게 있어서 아주 독특한 두 가지 감정이다. 인류학자인 애쉴리 몬테규(Ashley Montagu)는 "아이들이 웃고, 어떤 사물 안에서도 익살스러운 유머를 찾아내는 것은 자연스러운 현상이다. 그 사물이 실제이든, 상상한 것이든, 만들어 낸 것이든 상관이 없다. 그들은 희극에 빠져 있는 것이다."라고 말했다. 유머는 인간이 소유하고 태어난 가장 오래되고 위대한 자원이다. 오랫동안 철학자들은 오직 사람에게만 '유머라는 선물', 즉 웃을 수 있는 능력이 주어졌다고 말해 왔다.

유머감각은 삶에 가치를 더해 준다. 이 말은 사람이 유머감각을 가지고 있을 때, 인생이 좀 더 살기 쉽다는 뜻이다. 상담자로서 나는 내 내담자가 점점 나아지는 시점을 쉽게 알 수 있다. 그 시점에선 바로 그들의 유머감각이 나타나기 때문이다. 그때 그들은 자기 자신에 대해 너무 심각하게 생각하던 것을 멈추기 시작한다.

몬테규에 의하면, 아이들은 생후 12주가 되면서부터 유머감각을 가지게 된다고 한다. 사랑과 돌봄을 받은 어린아이의 얼굴과 눈을 자세히 들여다보라. 그 안에서 당신은 꾸밈없는 기쁨을 보게 될 것이다. 막 뛰어놀며, 장난치는 아이들의 그룹을 한번 지켜보라. 그 아이들의 웃음 속에 있는 순수한 기쁨의 소리를 들을 수 있게 될 것이다.

그렇지만 아이의 행복과 흥분은 재빨리 빼앗겨 버리곤 한다. 예를 들어, 부모 자신 속의 상처받은 내면아이가 웃음을 억눌러 버렸던 적이 있다면 자신의 자녀에게도 똑같은 방식으로 대할 것이다. 그런 부모들은 아이들에게 '너무 크게 웃지 말라.' '거기서 그렇게 시끄럽게 굴지 말라.' '제멋대로 굴지 말라.' '이제 충분히 놀았잖아.' 등의 말들로 아이들을 훈계하려 한다. 가끔 나는 왜 내가 마음 깊은 곳에서부터 진정으로 웃고, 춤추고, 노래하는 게 그렇게 힘든지가 궁금했다. 술을 마셨을 때는 그런 것들이 자연스러운데 멀쩡한 정신일 때는 왠지 딱딱하게 굳어져 버리는 것이다.

웃거나 기뻐하기를 제지당한 아이들은 침울하고 냉정하게 되어 버린다. 그런 아이들이 성인이 되면, 결국 아이들이 흥분하고 큰 소리로 웃는 것을 참지 못하는, 전형적으로 엄격한 부모가 되거나 딱딱한 선생님 혹은 심각한 설교자가 된다.

웃음의 다른 면은 울음이다. 시인 칼릴 지브란(Kahlil Gibran)은 이렇게 말한다. "당신의 기쁨은 당신의 슬픔의 가면을 벗긴 것이다." "당신의 웃음으로부터 나온 똑같은 자아가 때때로는 눈물로 채워진다."

인간은 울 수 있는 유일한 동물이다. 물론 다른 동물들도 울기는 하지만 눈물을 흘리지는 않는다. 애쉴리 몬테규는 웃음처럼 울음도 사회적으로나 심리적으로 우리를 만족시켜 준다고 말한다. 웃음과 기쁨이 우리를 다른 사람에게 다가갈 수 있도록 하는 것처럼 울음은 품어 주게 하고 동정심을 이끌어 낸다. 이것은 아이의 생존과 관련해 볼 때 특별한 가치가 있다. 아이가 좋아서 옹알거리거나 깔깔거리며 웃을 때면, 우리는 아이에게 더 가까이 다가가서 그들에게 필요한 공생적인 유대감을 형성하게 된다. 반면 아이의 눈물은 고통의 신호이기 때문에 아이를 편안하게 해 주고 도와줄 수 있는 역할을 하게 된다.

다른 사람들로부터 반응을 일으키게 하는 정서적 표현인 웃음과 울음은 시간을 초월해 인간 사회가 발전하는 데 중대한 영향을 끼쳐 왔다. 특히 울음은 인간이 동정심 많은 창조물로 발전하는 데 아주 커다란 역할을 해 왔다고 할 수 있다.

몬테규는 『울 수 있는 자유(Freedom To Weep)』라는 자신의 책에서 "울 수 있는 자유는 개인의 건강에 도움을 주며, 다른 사람들의 행복을 위해 더 깊은 영향을 끼칠 수 있도록 해 준다."고 썼다.

아이가 우는 걸 창피해하게 되면 성장에 심각한 상처를 입게 된다. 대부분의 가정에서 아이들의 울음은 부모의 상처받은 내면아이 속에 있는 미해결된 슬픔을 건드린다. 대부분의 성인아이들은 그들의 울음을 박탈당했었다.

많은 부모가 일부러 아이를 울지 못하게 한다. 그것이 아이들을 강하게 만든다고 믿고 있는 것이다. 물론 말도 안 되는 잘못된 생각이다. 그래서 이 책에서는 우리 모두가 얼마든지 눈물을 표현할 수 있고, 또 그것이 필요하다는 것을 이야기하고자 한다. '원초적인 고통'에 대한 나의 작업은 주로 '슬픔'에 대해 다루게 된다. 그리고 이것이 바로 당신의 상처받은 내면아이를 바꾸는 열쇠가 될 것이다.

· 쾌활함 ·

쾌활함은 환경적인 영향으로 인해 생긴 고통으로부터 회복할 수 있는 능력이다. 모든 아이는 선천적으로 쾌활하다. 어리면 어릴수록 더 쾌활한 것을 알 수 있다. 그저 아이가 먹는 것, 걷는 것만 지켜봐도 그들의 쾌활함을 엿볼 수 있다. 한번은 생후 20개월 된 아기가 소파에 기어오르려고 하는 장면을 지켜본 적이 있다. 거의 올라갔다고 생각했을 때마다 아이는 뒤로 넘어지곤 했다. 그러고 나면 그 아이는 몇 분간 울다가 바로 다시 소파에 오르려고 시도했다. 그러기를 5번 정도 반복한 후에야 드디어 그 아이는 성공했다. 아이는 소파에 앉아서 자신의 성공을 얼마 동안 기뻐했다. 마침내 개가 그 방으로 들어오자, 그 아이는 개를 조심스럽게 관찰하더니, 아예 소파에서 내려와서는 그 이상한 피조물을 조사하기 시작했다. 그 아이가 다가가자 개도 장난스럽게 아이에게 슬쩍 다가갔다. 그러자 아이는 깜짝 놀라 그만 개의 코를 한 대 치고 말았다. 그 개는 자기의 세 배나 되는 크기였는데도 그 아이는 그 개를 때린 것이다. 어떻게 보더라도 그건 용기였다. 사실 모든 어린아이는 용기가 있다. 어른들이 아이들에 비해 훨씬 큰 몸집을 가지고 있는 것은 사실이지만 아이들의 고집스러움을 질나쁜 행동으로 보기보다는 용기로 볼 필요가 있다. 아이들은 쾌활하고 용기가 있다. 용기(courageous)라는 단어는 라틴어인 'cor(심장)'라는 말에서 유래하였다. 아이들은 심장을 가지고 있다. 아이들은 정말로 용기 있는 모험가다. 아들러학파(Adlerian)의 유명한 심리학자인 루돌프 드레이커스(Rudolf Dreikurs)는 모든 나쁜 행동을 하는 어린아이들은 용기가 없는 것이라고 확신했다. 용기를 잃어버린 이 낙심한 사람들은 그들의 욕구를 충족시키기 위해서는 조작을 해야만 한다고 믿는다.

쾌활함과 밀접한 관련이 있는 것이 행동의 '유연성(flexibility)'이다. 유연성은 아이에게 사회화의 어떤 패턴에 '반응'하면서 행동들을 배우도록 한다. 유연성은 대부분의 동물들과는 전혀 다른, 인간의 고유한 특징이며 정신적으로 건강하다는 강한 신호이기도 하다.

그러나 쾌활함과 유연성은 우리의 능력을 건강하지 못한 방법으로 적응시켜 버리기도 한다. 상처받은 내면아이의 특징이라고 할 수 있는 모든 행동이 '적응된 행동들'이다. 내면아이의 쾌활함과 유연성은 병, 무질서, 정서적으로 버림받음 등으로부터 우리가 살아남을 수 있게 해 준다. 그러나 활동적이고 쾌활한 에너지를 성장이나 자기실현보다도 생존을 위해서만 사용해야 한다면 불행한 일이 아닐 수 없다.

쾌활함은 우리의 진정한 자아가 가지고 있는 핵심적인 특성이기 때문에 상처받은 내면아이가 치유되었을 때 다시 그것을 환영하며 받아들일 수 있을 것이다. 물론 이 것은 시간이 걸린다. 왜냐하면 상처받은 아이가 어른인 우리의 보호를 믿는 법을 배워야 하기 때문이다. 내면아이가 자신이 안전하며 보호받고 있다고 느껴졌을 때, 그 아이의 선천적인 놀라움과 쾌활함이 다시 나타나기 시작하고, 그러면 모든 것이 새롭게 바뀔 것이다.

· 자유로운 활동 ·

아이들은 자유에 대한 감각을 가지고 태어나며 그들이 안전하다고 느낄 때 자유롭게 움직인다. 자유와 자발성과 같은 특성들은 활동의 구조를 형성하게 된다. 플라톤 (Plato)은 마치 중력의 한계를 시험하려는 듯 뛰어다니는 아이들의 '도약의 욕구'에서 진정한 행동의 모델을 보았다. 자유로운 활동 속에서 아이는 단순한 습관을 반복하는 방식들을 초월하게 된다. 그러나 나이가 들수록 우리는 이런 행동 특성에 대한 시각을 잃어버리고, 그것들을 하찮게 평가하게 된다. 어렸을 때는 괜찮지만 어른이 돼서는 좋지 않다는 식이다. 사실 많은 성인이 놀이나 활동을 빈둥거리는 것이나 게으름 정도로 평가절하하고 있다.

불행히도 요즘은 이런 자유롭고 자발적인 행동이 무조건 이기려는 공격적인 충동으로 변질되고 있다. 진정한 자유행동은 순수한 기쁨과 즐거움의 활동이다. 발달의 나중 단계에서는 특정한 게임에서 요구되는 스포츠맨십과 기술에서 이러한 기쁨을 얻을 수 있다.

자유행동은 우리의 고유한 천성이기도 하다. 모든 동물이 행동을 하지만, 아이들의 행동은 훨씬 광범위하다. 애쉴리 몬테규에 의하면, "아이의 행동은 다른 어떤 피조물의 능력을 훨씬 능가하는 상상력의 비약이다." 상상력은 아이들의 행동에서 중요한 역할을 한다. 어렸을 때 나의 상상력이 만들어 낸 작품들이 기억난다. 또 '어른'이 되는 놀이를 하면서, '엄마, 아빠가 되면 어떨까?'라는 상상을 하기도 했었다. 어릴 때의 상상력이 만들어 낸 작품들은 어른으로서의 내 인생을 준비하는 도구가 되었다.

아이들에게 있어 자유롭게 행동한다는 것은 인생의 후반기를 위한 기초가 된다는 점에서 아주 중요한 일이다. 어린 시절에 어린아이처럼 행동해도 불편하지 않고 안전하다면, 어른이 되어서도 창조적이지 못한 행위나 활동에 의지할 필요가 없을 것이다. 그런 활동들은 사실상 어린 시절에 충족되지 못한 욕구에 대한 대체물이며, 나중에 '성인 장난감'의 축적물을 대신하게 되는 것이다. 어쩌면 당신은 "가장 많은 장난감을 가진 사람이 죽었을 때 승리한다."라고 쓰여 있는 범퍼 스티커를 본 적이 있을 것이다. 그런 유치한 행동들 때문에 우리는 인생을 자유롭고 자발적인 도전으로 보지 못하게 되는 것이다.

어린 시절을 자유와 창조적인 활동의 시기라고 본다면, 인간이 된다는 것이야말로 얼마나 즐겁고 유쾌한 일인가. 인간의 가장 위대한 성취는 '번뜩이는 상상력'이며, 이 것이 인간의 위대한 발명품과 발견 그리고 수많은 이론을 낳았다. 니체(Nietzsche)가 말한 것처럼 성숙해지기 위해서는 우리가 아이였을 때 놀이에서 가졌던 열정을 다시 찾아야만 한다!

· 독특성 ·

어린이들은 미성숙하지만, '나됨'이라는 온전함에 대한 유기체적 감각을 가지고 있다. 다시 말해, 아이는 그 자신 안에서 모든 것을 연관시켜 하나로 느끼고 있다. 하나가 된 온전함이나 완전함에 대한 느낌은 진정한 성숙의 의미이며, 그런 의미에서 모든 아이는 완전하다.

통합된 온전함은 또한 각각의 아이들을 **특별하고, 유일하고, 훌륭하게** 만든다. 어느 누구도 완전히 똑같지 않다. 각자 모두 각기 다른 특성을 가지고 있다. 이 특별함이 바로 모든 아이를 진정으로 귀한 존재가 되게 한다. 귀하다는 말은 '드물고 가치 있다.'는 의미다. 보석이나 금은 귀하다. 하지만 모든 아이는 그런 것들과는 비교할 수 없을 만큼 훨씬 귀하다. 아이들은 본능적인 감각을 가지고 태어난다. 그래서 프로이트(Freud)는 '아기 황제(His Majesty the Baby)'라고 일컫기도 했다.

그러나 아이가 가지고 태어나는 자기 가치와 존엄성에 대한 인식은 매우 불안정하기 때문에 아이는 양육자의 즉각적인 반영(mirroring)과 반응(echoing)을 필요로 한다. 이 시점에서 양육자가 아이를 있는 그대로의 모습으로 사랑스럽게 바라보지 않는다면, 아이는 자신이 특별하고 독특하다는 인식을 잃어버리고 말 것이다.

아이들은 태어날 때부터 영적인 존재다. 나는 온전함(wholeness)과 영성(spirituality)은 같은 말이라고 생각한다. 아이들은 순진한 신비주의자들(mystics)이다. 크리스토퍼 몰리의 시에서는 아이들의 '이상한 신성'이 어떻게 아직도 지켜지고 있는지에 대해 이야기하고 있다. 이러한 순수하고 무비판적인 영성이 나중에 성숙하고 사려 깊은 영성의 핵심이 될 것이다.

영성은 우리 안에 있는 가장 깊고, 가장 진실한 우리의 진정한 자아를 포함하고 있다. 우리가 영적일 때, 자신의 독특함이나 특별함과 접촉하게 된다. 이것은 우리의 근본적인 실존이자 '나됨'이다. 영성은 또한 우리 자신보다 훨씬 위대한 어떤 존재와 연결되고 통합되는 감각과 관련된다.

내가 확신하는 것은 '나됨'이라는 인식이 바로 인간 존엄성의 핵심을 이룬다는 사실이다. 어떤 사람이 이 '나'라는 인식을 가지고 있다면, 그 사람은 바로 그 자신과 함께 있으며 자기수용적이다. 아이들은 이런 부분들을 자연스럽게 가지고 있다. 주변에서 건강한 아이를 만나게 되면 "난 나야."라고 말하는 아이를 보게 된다. 흥미롭게도 불타는 떨기나무에 나타난 하나님은 모세에게 자신의 이름을 "나는 바로 나다

(I am that I am)."(출애굽기 3장 14절)라고 소개하신다. 인간의 가장 깊은 영성은 가치 있고, 귀중하며, 특별하다는 특성들로 통합된 바로 '나'라는 인식이다. 신약성서에는 예수께서 '한 사람'에게로 나아가는 이야기들로 가득 차 있다. 그는 한 마리의 잃어버린 양일 수도 있고, 탕자일 수도 있으며, 마지막까지 너무 많은 달란트를 가지고 있었던 그 사람일수도 있다. 그 '한 사람'은 바로 지금의 나 자신이며, 이전으로 돌아갈 수도 없으며 앞으로도 존재하지 않을 것이다.

영적인 상처는 상호의존적이며 수치심이 깊이 깔려 있는 그런 성인아이로 만드는 그 어떤 다른 요인들보다 더욱 치명적인 상처다. 모든 남자와 여자의 오염되고 타락한 이야기를 들어 보면, 어떻게 해서 그렇게 훌륭하고, 가치 있고, 특별하고, 귀중한 아이가 '나는 바로 나 자신'이라는 자기인식 '나됨'을 잃어버리게 되었는지를 알 수 있다.

· 사랑 ·

아이들은 천성적으로 사랑과 애정을 좋아한다. 그렇지만 아이들은 사랑할 수 있게 되기 전에 먼저 사랑을 받아 보아야만 한다. **사랑을 받아 보아야만 사랑하는 법을 배울 수 있게 되는 것이다.** 몬테규는 "인간의 모든 순수한 욕구 중 사랑하려는 욕구가 가장 기본적이다. 이것은 다른 어떤 것보다도 우리를 인간답게 만들어 준다는 점에서 인간다워지고자 하는 욕구"라고 설명한다.

어떤 어린아이도 성숙하고 이타적인 감각을 가지고 사랑할 수는 없다. 오히려 자신의 나이에 맞는 특정한 방식으로 사랑할 것이다. 아이의 건강한 성장은 누군가가 그 아이를 무조건적으로 사랑해 주고 수용해 주는 데 달려 있다. 이러한 욕구가 채워지면, 그 아이의 사랑의 에너지는 다른 사람을 사랑하는 방향으로 흘러가게 된다.

자신의 있는 모습 그대로 사랑받지 못할 때, 아이의 자아의식은 심각해진다. 아이는 의존적이기 때문에 자기중심성이 자기 안에 자리를 잡게 되고, 자신의 진정한 자아는 절대로 밖으로 나타나지 않게 되기 때문이다. 상처받은 내면아이의 유치한 특성들은 이러한 자기중심적인 적응의 결과들이다. 무조건적인 사랑을 받지 못한 아이는 깊은 상실을 경험하게 된다. 버림받고 상처받은 내면아이를 가진 성인에게는 세상 다른 사람들의 희미한 메아리만이 들릴 뿐이다. 그러나 애정에 대한 욕구는 절대로 그를 떠나지 않는다. 애정에 대한 갈증은 계속 남아 있기 때문에 상처받은 내면아이는 이미 앞에서 설명한 그런 방법들을 통해 이러한 공허감을 채우려 시도할 것이다.

상처받은 내면아이를 치유하기 위해서는, 그 아이가 요구하는 것을 긍정적이고, 조건 없이 받아들여야만 한다. 그것만이 그 아이가 다른 사람들을 있는 그대로 사랑하고 인정할 수 있게 하는 길이다.

· 영적인 상처 ·

놀라운 아이가 상처받는 모든 방식은 결국 '나'라는 자아를 잃어버린 데서 비롯된다. 모든 아이에게 진정으로 필요한 것은 부모가 모두 건강하고 그들을 돌봐 줄 수 있으며, 자신이 부모에게 정말로 귀한 존재라는 사실을 아는 것이다.

아이가 귀하다는 것은 부모나 다른 중요한 양육자들의 시각이 그 아이를 특별한 존재로 바라본다는 의미다. 이것은 보호자들이 아이와 얼마나 많은 시간을 보냈는지에 따라서도 나타난다. 아이들은 직관적으로 사람들이 자신들이 좋아하는 일에 많은 시간을 보낸다는 것을 안다. 부모가 아이와 시간을 보내지 않는다면 자신의 아이를 부끄러워하는 것이다.

역기능적인 가정에서 자란 아이라면 어느 정도는 '나'라는 자아의 상실 같은 영적인 상처(spiritual wound)를 받게 된다. 예를 들면, 알코올 중독자인 어머니와 상호의존된 아버지는 아이들을 위해서 아무것도 해 줄 수 없다. 알코올은 음주에 열중하게 되고, 또 상호의존은 알코올에 동화되는 것이다. 그들은 결국 자녀들과 정서적으로 함께하지 못한다. 부모 모두가 여러 가지 다른 중독, 즉 일, 종교적인 활동, 통제, 완벽주의 등이나 식습관의 장애, 정신적·신체적인 질병 등 어떤 만성적인 고통 속에 있을 때도 역시 부모로서의 역할을 제대로 못 하게 된다. 그러한 장애가 무엇이든 부모가 자신들의 정서적인 문제에 빠져 있을 때는 자녀들을 위해서 아무것도 해 줄 수가 없다. 정신과 의사 카렌 호나이(Karen Horney)는 다음과 같은 말을 했다.

> 어쩌면 아이가 자신의 욕구와 잠재력을 펼치며 제대로 성장하지 못하는 건 여러 가지 나쁜 영향들 때문인지도 모르겠다. …… 결국 주위 사람들이 자신들의 신경증문제에 갇혀 그 아이를 제대로 돌볼 수 없거나 혹은 자신의 아이를 아주 특별하다고 상상하고 있다는 사실로 요약될 수 있겠다.

한 사람으로서 사랑받고 싶어 하고, 또 자신의 사랑이 받아들여지기를 바라는 아이들의 바람이 좌절되는 것은 아이가 경험할 수 있는 가장 커다란 정신적인 충격이다.

역기능적인 가정의 부모는 자녀들이 원하는 것을 해 줄 수가 없다. 그들 자신 스스로가 너무나 빈약하기 때문이다. **사실 역기능적인 가정의 아이들 대부분이 그들이 가장 도움이 필요한 시기에 가장 많은 상처를 받았다.** 알코올 중독자 아버지를 두었던 남성 조슈아(Joshua)가 떠오른다. 그는 일곱 살이 되었을 때 벌써 아버지가 자신을 위해서 해 줄 수 있는 것이 아무것도 없다는 걸 알게 되었고, 열한 살이 되었을 때는 아버지로부터 정서적으로, 경제적으로 버림받았다. 남자아이는 아버지가 필요하다. 그 자신을 남자로서 사랑하고 긍지를 갖기 위해서는 같은 남자인 아버지와의 결속이 필요하다. 그러나 조슈아는 한 번도 아버지와의 유대감을 가져 보지 못했다. 아버지란 존재는 보호를 상징한다. 하지만 그는 대부분의 시간 동안 겁에 질려 있었고, 아무런 보호도 받지 못한 채 깊은 불안감을 느끼며 살아왔다. 게다가 그의 어머니는 무의식적으로 아들을 미워했다. 저녁을 먹는 식탁에서 어머니는 세 번씩이나 아들의 성기의 크기를 가지고 모욕을 주었다. 그냥 보기에는 어머니가 그저 농담조로, 너무 민감하게 반응하는 그에게 오히려 창피를 준 것이다. 하지만 이것은 그가 남성으로서 가장 상처받기 쉬운 부분이었다. 사실 근거 없는 이야기지만, 우리 문화에서는 성기의 크기가 남자다움의 상징이 되고 있다. 여기 이 소년은 누군가 자신의 남자다움을 확인해 주기를 절실히 필요로 하고 있는데, 그에게 있는 오직 한 사람의 중요한 부모가 이를 저버린 것이다. 근친상간의 희생자였던 그의 어머니는 남자에 대한 깊은 치욕과 복수를 그녀의 아들에게 대신 표출했던 것이다.

· 성적·신체적·정서적 학대 ·

성적 학대

대부분의 성적 학대(sexual abuse)의 경우, 아이가 어른들의 성적인 기쁨을 위해서 이용되곤 한다. 이것이 아이에게 가르쳐 주는 것은, 그 아이 자신이 중요한 존재가 되기 위한 유일한 방법은 성인과 성적 관계를 맺어야 한다는 것이다. 그 결과 그 아이는 자라서 아주 멋진 성적 파트너가 되어야 한다고 믿거나 아니면 누군가가 자신을 정말로 좋아하려면 성적으로 매력적이어야만 한다고 믿는다. 성적 학대에는 여러 형태가 있다. 신체적이지 않은 형태야말로 오히려 가장 오해받기 쉽고 가장 무분별한 학대다.

비신체적·정서적·성적 학대를 명확하게 이해하기 위해서는, 가족이란 그 자신의 규칙에 따라 움직이는 사회적 체계라는 것을 이해할 필요가 있다. 가족체계의 가장 중요한 규칙은 크게 네 가지로 분류될 수 있다. 첫째, 전체 체계는 가족이란 각 부분의 합이 아닌 모든 구성원의 상호관계에 의해 정의될 수 있다는 그런 방식으로, 모든 것을 반영한다. 둘째, 전체 체계는 균형의 원칙에 따라 움직이기 때문에, 만약 어느 한 구성원이 그 균형을 깨트리면 다른 구성원이 그 불균형을 보상한다. 예를 들면, 알코올 중독자에다 무책임한 아버지는 술은 입에도 대지 않으면서 아주 책임감 강한 어머니에 의해 가족의 균형을 이룬다. 또 사납고 신경질적인 아내는, 침착하고 온유하고 부드러운 말씨를 가진 남편과 균형을 이룰 것이다. 셋째, 전체 체계는 규칙에 의해 운영된다. 건강한 체계에서는 규칙이 공개적이며 언제든지 타협이 가능하나, 건강하지 않은 체계에서는 규칙이 경직되어 있고 융통성이 없다. 넷째, 각 체계의 모든 구성원은 균형을 이루기 위해 필요한 역할들을 한다. 건강한 가족체계에서는 역할이 융통성 있고 공유되지만, 비정상적인 가족체계에서는 역할이 경직되고 고정되어 있다.

가족체계에서 가장 중요한 구성요소는 '결혼'이다. 결혼관계의 친밀함에 문제가 있을 때는 균형과 보완의 원리를 가진 가족체계가 이를 대신하게 된다. 그래서 가족이 균형을 이루기 위해서는 건강한 결혼생활이 필요하다. 그 균형이 깨지면, 그 체계의 역동적인 에너지는 아이들로 하여금 균형을 유지하도록 압력을 가한다. 만약 아버지가 어머니와 사이가 좋지 못할 때, 아버지는 딸에게로 관심을 돌려 자신의 정서적 필요를 딸에게서 채우려고 할 것이다. 그러면 그 딸은 아버지의 '작은 공주'나 '아기 인형'이 되는 것이다. 반면 아들이 아버지를 대신해 어머니의 '작은 남자'나 '중요한 사람'이 되기도 한다. 비슷한 많은 경우가 있을 수 있으며 성별에 의해 제한되지 않는다. 예를 들면, 딸이 아버지의 자리를 대신해서 '어머니의 보호자'가 될 수도 있고, 아들이 아버지의 '정서적인 아내' 역할을 할 수도 있다. 이런 경우에는 수직적 혹은 수평적으로 세대적 결속이 생기게 된다. 결국 아이들은 자신들의 부모의 결혼생활을 돌보기 위해서, 그들의 외로움을 채워 주기 위해서 존재하게 된다. 다음과 같은 경우도 있다. 예를 들어, 부모 중의 한 사람은 신체적으로 성적 기능은 끝난 상태지만 성적 욕구는 아직도 남아 있을 수 있다. 그런 부모의 아이는 어쩌면 부모의 불유쾌한 키스와 신체적 접촉에 불편함을 느낄지도 모른다. **여기에서 가장 중요한 규칙은 언제이든 부부 중 한 배우자에게 자녀가 다른 배우자보다 더 중요한 존재가 될 때, 거기에는 잠재적인 정서적·성적 학대가 존재한다는 것이다.** 이것은 부모가 자신의 필요를 위해서 아이를 이용한다는 점에서 일종의 학대라고 할 수 있다. 이러한 행동은 자연의 질서를 거스르는 것이다. 부모는 자녀에게 시간과 관심을 갖고 지도를 해 주어야 하고 자신들의 욕구를 채우기 위해서 자녀들을 이용해서는 안 된다. 이용은 학대다.

성폭력은 다른 그 어떤 폭력보다도 더 심각한 정신적 상처를 준다. 최근 성폭력이 새로운 방식으로 이해되고 있다. 육체적인 상처를 주는 그런 끔찍한 이야기들은 빙산의 일각에 불과하다. 이미 가족 안에서 일어나는 노출증(exhibitionism)이나 관음증(voyeurism)과 같은 충격적인 부분들에 대해서는 알려져 있다. 그런 학대에 내재되어 있는 핵심요인은 부모의 내적인 상태에 있는 것으로 보인다. 그들은 자신의 나체를 보거나, 아이들의 몸을 보는 것으로 흥분을 한다.

가정 안에서 일어나는 수많은 성적 폭력은 '경계선(boundary)'을 넘어서면서 발생한다. 아이에게 혼자 있을 수 있는 안전한 공간이 없을 수도 있다. 어쩌면 아이가 화장실에 있을 때조차, 부모가 거칠게 욕실 문을 열고 들어오는 경우도 있다. 그들은 자녀의 성적 부분에 대해 끝없이 꼬치꼬치 캐물을지도 모른다. 이로 인해 어린아이들은 긴장하게 되고, 신경성 변비가 생길지도 모른다.

성폭행은 또한 부모와 아이의 적절한 성적 경계선의 결핍에서 오기도 한다. 이러한 형태는 종종 부적절한 말과 대화를 특징으로 한다. 내담자였던 셜리(Shirley)는 아버지와 같이 있는 것이 불편하다고 고백했다. 아버지는 자주 그녀의 엉덩이를 톡톡 치면서 '섹시한 엉덩이'라고 말하면서 할 수 있다면 자신이 그녀의 나이 또래가 되어서 그녀와 사귈 수 있게 되었으면 좋겠다는 말을 하곤 했었다. 물론 셜리는 이런 말이 아주 불쾌했다. 하지만 결국 그녀는 나중에 그녀의 엉덩이에 반한 나이 든 사람을 만나게 되었다.

로리타(Lolita)의 경우를 보자. 그녀의 어머니는 자신의 성생활을 딸과 함께 나누었다. 아버지가 얼마나 지저분한 사람이었는지, 그리고 그의 성기가 얼마나 작았는지 등에 대해서 딸에게 전부 말해 주었다. 딸을 마치 자기 또래로 만들어 버림으로써 그녀의 경계선을 침범해 버렸다. 결국 로리타는 자기 어머니에게 너무 빠져 버려, 그녀 스스로의 성적 정체성이 없어지고 말았다. 그녀는 기혼남성들과의 많은 스캔들이 있었지만, 마지막에는 항상 자기 스스로 그들과의 섹스를 거부하였고, 그들을 버렸다. 그녀는 나중에 말하기를, 오르가슴을 느끼기 위해서는 자신이 마치 자기 어머니인 것처럼 상상해야만 한다고 했다.

또 다른 성적 학대의 형태로는 성에 관해 부모가 아무것도 교육하지 않는 것이다. 준(June)의 부모님은 그녀에게 성에 대해 아무런 이야기도 해 주지 않았다. 그래서 그녀는 생리를 처음 시작했을 때, 자신이 심각한 병에 걸렸는지 알고 무척이나 놀랐다.

성폭행은 또한 나이 많은 형제자매에게서 당하는 경우도 있다. 가장 많은 형태가 바로 두 살 정도의 나이차에서 일어난다. 나이가 비슷한 아이들끼리는 종종 거의 같은 시기에 성적 탐험에 관심을 갖게 되는데, 이것은 정상적인 성장단계에서 지극히 있을 수 있는 일이다. 그러나 아이가 또래에 어울리지 않는, 그 나이 때의 아이들이 이해하기에는 적절하지 못한 행동을 한다면, 이것이 종종 폭행을 당해 왔던 아이가 가해자가 되어 다른 아이를 성적으로 폭행하게 되는 하나의 징후로 생각할 수 있다.

새미(Sammy)라는 아이는 여섯 살 6개월이 되었을 때, 그 나이 또래의 가장 친한 친구에게 몇 번이나 성적 괴롭힘을 당했던 적이 있었다. 그 친구는 어느 날 삼촌에게 항문 부근에 성폭행을 당하고 나서 자신이 받았던 학대를 새미에게 표출하였던 것이다.

아이들은 자신의 부모를 믿는다. 그리고 이러한 믿음을 유지하기 위해서 환상적인 결속을 창조해 내기도 한다. 나는 어린 시절이 고통스럽지 않았다고 나 자신을 속인 채, 알코올 중독자인 아버지가 정말로 나를 사랑했었다는 믿음을 계속 유지하려 했다. 또한 아버지가 나를 정말로 많이 사랑하고 있지만, 너무 아파서 나한테 할애할 시간이 없었을 뿐이라는 환상을 만들어 내기도 했다. 어느 누구도 자신들이 이용당하는 것을 원치 않는다. 성인은 누군가에게 이용당했다는 걸 알면 무척 화가 날 것이다. 아이들은 자신이 이용당했다는 걸 알 수가 없다. 그러나 내면아이는 이 상처를 계속 간직하게 된다. 성적으로 학대를 받았을 때, 우리는 자신을 있는 그대로 사랑할 수가 없게 되고, 우리가 중요한 존재라는 것을 느끼기 위해서 전혀 성적이지 않거나(antisexual) 아니면 지나치게 성적으로(supersexual) 되어 버린다.

신체적 학대

신체적 학대(physical abuse)는 또한 정신적이며 영적인 상처를 남긴다. 매를 맞거나, 목을 찌르거나 비트는 것과 같은 신체적 학대를 받은 아이는 자신만의 고문할 수 있는 무기를 만들어야 한다고 믿는다. 이런 아이는 자신이 특별하고, 훌륭하며, 또한 독특한 존재라는 것을 잘 믿지 못하게 된다. 자신의 보호자로부터 육체적으로 학대받고 있는 아이가 어떻게 그렇게 믿을 수가 있겠는가? 신체적 체벌은 아이와 부모와의 관계를 끊어 버린다. 가장 친한 친구가 다가와서 당신의 뺨을 때린다고 한번 상상을 해 보라. 당신은 무엇을 느끼겠는가?

이 세상엔 얼마나 많은 가정폭력이 일어나고 있는지 모른다. 그러나 대부분 병원의 응급실에서, 가족들의 부끄러움 속에 감춰져 있으며, 무엇보다도 그것에 대해서 말하게 되면 더 많이 다치게 되리라는 두려움이 가정폭력의 피해자들을 붙잡고 있다.

여성과 아이들에 대한 신체적인 학대는 아주 오래된, 널리 퍼진 관습이다. 우리 또한 아직도 신체적으로 벌을 주어야 한다고 믿고 있다. 나 역시 3년 전에, 비록 다른 형태이기는 했지만 그것에 대해서 묵과한 적이 있다. '체벌이나 신체적 처벌은 지속적인 부작용이 없다.'는 주장은 사실상 근거가 없다. 엉덩이를 맞을 때, 뺨을 맞을 때, 또는 협박받을 때, 아이가 자기가 중요한 존재라는 걸 믿을 수 있다는 건 단지 왜곡된 인식 속에서나 가능하다. 무엇보다도 폭행을 보고 자란 아이들은 모두 폭행의 희생자가 된다. 내 친구 마샬(Marshall)을 떠올릴 때마다 나는 몸에서 신체적 반응이 느껴지곤 한다. 초등학교 때, 한 수녀가 그의 뺨을 적어도 12번 이상 때리는 것을 나는 보았다. 물론 그녀는 흥분했었다. 마샬은 거친 아이였고 확실히 그에게는 지도가 필요했다. 그의 아버지는 폭력적인 알코올 중독자였고, 종종 그를 때렸다. 그러나 내가 생생하게 기억하는 것은 그 수녀가 때릴 때마다 난 주춤거리며 겁에 질려 꼼짝도 못 한 채 거기에 주저앉아 버렸고, 이런 일이 언젠가는 내게도 생길 거라는 끔찍한 생각에 사로잡히곤 했다는 것이다. 신체적 체벌을 허용하는 학교에서는 교사가 자제력을 잃어버렸을 때 이런 학대적인 방식이 나타날 위험을 안고 있다.

30년 후, 마샬이 내게 전화를 걸어 도와 달라고 하던 그날을 잊을 수가 없다. 그는 알코올 중독에 빠져 V. A. 병원에 갇혀 감시를 받고 있는 상황이었다. 특별함과 그 무엇과도 바꿀 수 없는 그런 독특함을 가지고 이 세상에 태어났던 그 아름다운 아이는 대체 어디 있단 말인가?

정서적 학대

정서적 학대(emotional abuse) 또한 정신적인 상처를 가한다. 아이들에게 소리치고 고함치는 것은 그들의 가치를 떨어트리는 것이다. 아이에게 '바보' '멍청이' '미친 것' '개자식' 등등의 욕을 하는 부모가 있다면, 그 말 한마디 한마디가 아이에게 끔찍한 상처를 가하는 것이다. 정서적 학대는 또한 엄격함, 완벽주의, 통제의 형태로도 나타난다. 완벽주의는 아이에게는 아주 해로운 깊은 수치심을 준다. 그 아이는 커서 자기가 무엇을 하든, 유능하지 못하다는 생각을 하게 된다. 수치심에 근거한 모든 가정은 규칙을 조종하기 위해 완벽주의, 통제, 비난을 사용한다. 말하고, 행동하고, 느끼고,

생각하는 게 허용되지 않는다. "넌 느껴지는 대로 느껴서 안 돼! 네 생각은 옳지 않아! 너의 희망사항은 바보 같아!" 결국 아이는 계속해서 쓸모없고 결점투성이인 자신을 발견하게 된다.

학원 폭력

수치심 중독은 학교에 들어갔을 때도 계속된다. 학교에 들어가자마자 바로 판정받게 되고, 점수가 매겨진다. 괜찮아지기 위해선 경쟁을 해야 한다. 아이들은 칠판 앞에서 공개적으로 창피를 당한다. 점수 그 자체가 부끄러움이 될 수 있다. 최근에 나는 학교에 들어간 첫날 그린 그림에서 낙제점수(F)를 받은 내 어린 친구를 달래 줘야 했다.

학교에서는 집단적으로 창피를 주는 것이 허락되어 있는 실정이다. 아이들은 아주 잔인하게 다른 아이들을 놀린다. 우는 것은 더 창피한 일이다. 또래집단이 주는 창피 때문에 학교는 많은 아이에게 두 배의 속박이 될 수 있다. 부모님과 선생님은 열심히 공부하고, 좋은 성적을 받아야 한다고 아이들에게 강요한다. 그러나 그 아이들이 잘해냈을 때 역시 또래의 다른 아이들에게 놀림감이 되곤 한다.

학교에서 아이들은 인종적 배경과 사회·경제적 지위에 대해서도 알아 가기 시작한다. 한 유태인 친구는 자신이 유태인이기 때문에 당한 끔찍한 상처에 대해 이야기해 준 적이 있다. 많은 흑인 학생들은 학교에 가면 제대로 말을 할 줄 모른다고 창피를 당한다. 내가 텍사스에 있는 학교에 다녔을 땐, 멕시코 아이들은 학교에서 그들의 모국어로 이야기한다고 벌을 서곤 했다.

나는 우리 집에 차가 없어 학교를 걸어 다니거나 버스를 타는 게 창피했던 기억이 난다. 더 최악의 상황은 내가 다녔던 학교의 대부분의 학생이 부유층이었다는 사실이었다. 학령기의 아이들은 사회적 지위에 대해서 아주 빨리 배우게 된다.

교회에서의 학대

아이들은 주일학교나 교회에서 지옥에 대한 설교를 듣고 수치심을 느낄 수 있다. 얼마 전 텔레비전에서 한 설교자가 하는 말을 들었다. "당신은 거룩하신 하나님 앞에서 도저히 받아들여질 수 없을 만큼 추하고 악합니다." 얼마나 창조주 하나님에 대한 심한 모욕인가? 하지만 이 사람이 단지 자신의 수치심을 감추기 위해서 소리치고 있다는 것을 아이들이 어떻게 알 수 있겠는가? 어른들과 달리 아이들은 들은 그대로를 받아들이고 믿는다. 나는 아직도 초등학교 때 배운 성 캐서린(Saint Catherine of Genoa)의 기도문을 기억한다. 내 기억으로 그 기도는 이런 내용이었다. "격렬하고 깊은 고통 속에 슬픔의 생을 마지못해 남겨 두며 나는 외칩니다. 나는 죽지 않기 때문에 죽습니다." 이것은 그날 하루를 시작하는 행복한 작은 콧노래였다. 이것은 영성의 가장 높은 단계를 경험한 신비주의자의 기도다. 그러나 초등학교 5학년생한테는 씻을 수 없는 지워지지 않을 깊은 영적 상처를 입힐 수밖에 없다.

· 문화적 수치심 ·

우리 문화는 정신적으로 우리에게 상처를 주는 완벽한 나름대로의 체계를 가지고 있다. 완벽한 10가지 체계에는 큰 페니스를 가진 남자가 있고, 큰 가슴과 탄탄한 엉덩이를 가진 여자가 있다. 성기가 크지 않으면 열등한 사람으로 취급될 것이다. 학교에서 축구 연습이 끝난 후에 샤워실에서 샤워할 때의 고통스러운 기억이 떠오른다. 조금 큰 아이들은 어린아이들을 놀려 대곤 했다. 난 조마조마해하면서 그 아이들이 내겐 그러지 않기만을 기도했다. 그리곤 그 아이들이 다른 아이를 놀려 대기 시작할 때는 같이 어울려서 웃어 대곤 했다.

뚱뚱하고 못생겼던 아이들도 기억난다. 그 아이들은 그저 학교에 오는 것만으로도 매일같이 악몽이었다. 운동신경이 둔한 아이들 역시 체육시간 내내 구석진 곳에서 창피함을 느껴야 했다.

이러한 시간들은 평생의 상처로 남게 된다. 가난하게 자란 나는 아직도 컨트리클럽이나 고급 사교클럽 같은 곳을 가면 부끄러움을 느낀다. 주위 사람들보다 경제적으로 여유로워진 지금도 종종 문화적 수치심(cultural shame)에 중독된 고통을 느끼는 것이다.

아이들은 또래집단에서 나타나는 경제적·사회적 격차를 아주 빨리 감지한다. 그들은 옷의 스타일이나 부유한 이웃들을 아주 민감하게 알아차린다. 지역 내에서 동료집단의 이러한 압력은 시간이 갈수록 심해질 것이다. 그들은 항상 당신의 가치를 평가하려고 한다. 그들의 메시지는 '지금 이대로는 좋지 않아. 당신은 우리가 원하는 대로 되어야만 한다.'는 것이다.

· 중독된 수치심 ·

앞에서 살펴본 이러한 학대들은 '수치심 중독(toxic shame)'─즉, 흠집이 나서 위축되고 제대로 평가하지 못하는 감정─을 만들어 낸다. 수치심 중독은 죄책감보다 훨씬 더 심각하다. 죄책감은 당신이 무엇인가 잘못했지만(you've done something wrong), 그것을 다시 고치고, 그걸 위해 무엇인가 할 수가 있다. 그러나 수치심 중독은 당신 자신이 무엇인가 잘못된 존재(there's something wrong with you)라는 것이고, 그것에 대해 당신이 할 수 있는 것이란 아무것도 없다. 당신은 그저 부족해 보이고 불완전할 뿐이다. **수치심 중독은 바로 상처받은 아이의 핵심이다.**

나는 최근에 레오 부스(Leo Booth)가 최초로 쓴 강력한 명상훈련에다가 내가 쓴『브래드쇼의 당신을 묶고 있는 수치심을 치료하기(Bradshaw On : Healing the Shame That Binds You)』에서 조사된 수치심 중독의 일부분을 덧붙여 다시 연구를 시작하고 있다. 여기서는 여러분과 함께 그것을 한번 살펴보려고 한다.

내 이름은 수치심 중독

당신의 생각 안에 있습니다.
당신 어머니의 수치심의 아드레날린제(劑)에서
어머니 자궁 안에 있는 양수에서
당신은 나를 느꼈습니다.

당신이 말을 시작하기도 전에

당신이 이해하기도 전에

어떤 방식으로든 알기도 전에

내가 먼저 생겼습니다.

당신이 걸음마를 배우고 있을 때

보호받지 못할 때, 위험에 노출되었을 때,

상처받고, 도움이 필요할 때

그러나 어떤 경계선도 갖기 전에

내가 나타났습니다.

내 이름은 수치심 중독입니다.

당신이 아직 아이일 때 나는 나타났습니다.

내가 거기 있다는 것을 당신이 알아채기도 전에

당신의 영혼을 가르고

당신의 중심을 관통해

당신이 흠 많은 결함투성이라는 걸 느끼게 하고

불신, 추함, 어리석음, 의심, 열등감, 무가치함의 느낌을 알게 하고

뭔가 남들과 다르다는 걸 느끼게 하고

무엇인가 당신에게 잘못된 것이 있다고 속삭이며

당신의 존엄성을 더럽힙니다.

내 이름은 수치심 중독입니다.

나는 양심보다 먼저,

죄책감보다도 먼저,

도덕보다도 먼저 존재했습니다.

나는 감정의 주인이고

비난의 말들을 소곤거리는 내면의 목소리이며,

어떤 마음의 준비 없이 당신을 통과해 지나가는 내면의 떨림입니다.

. . . .
내 이름은 수치심 중독입니다.

나는 깊고 축축한 어두움의 층에서

억압과 절망과 함께

은밀하게 살고 있습니다.

나는 항상 몰래 당신에게 다가가고,

뒷문을 통해 들어와 당신을 감시합니다.

초대받지 않았고 원하지 않아도

제일 먼저 와 있었습니다.

아버지 아담과 어머니 이브,

그리고 카인 형과 함께

처음부터, 시작부터 거기에 있었습니다.

무죄한 사람들이 학살당하던 바벨탑에도 있었습니다.
. . . .
내 이름은 수치심 중독입니다.

나는 완벽주의적인 체계의

부끄러움을 모르는 보호자와 버려짐, 비웃음, 학대, 무시로부터 왔습니다.

부모의 분노가 뿜어내는 충격적인 강렬함에서 힘을 부여받습니다

형제들의 잔인한 말들

다른 아이들의 조롱과 굴욕감

거울에 비친 자신 없는 모습

불쾌하고 두려운 접촉

때리거나 조이는 것, 믿음을 파괴하는 경련

인종차별주의자, 문화적 남녀차별주의자에 의해

나는 더 강력해집니다.

편협한 종교 중독자들의 독선적인 정죄

학교 폭력 안에 만연한 두려움과 압박

정치인들의 더러운 위선

역기능적인 가족체계의 세대 간에 걸친 수치심

내 이름은 수치심 중독입니다.

나는 여자, 유태인, 흑인, 동성애자, 동양인, 귀중한 아이들을

화냥년, 유태교도, 깜둥이, 호모들, 동성연애자, 변태, 짱깨, 못된 작은 나쁜 놈으로 바꾸어

버릴 수 있습니다.

나는 오래된 아픔을 가져다줍니다.

그 아픔은 끈질기게 계속됩니다.

밤낮으로 당신을 몰래 따라다니는 사냥꾼입니다.

매일 어느 곳이든

나에게는 경계선이 없습니다.

나로부터 아무리 도망가려 해도

피할 수가 없습니다.

왜냐하면 나는 당신의 안에 살고 있기 때문입니다.

당신을 아무 희망 없는 상태로 만들어 버리고

더 이상 갈 곳이 없는 것처럼 만들어 버립니다.

내 이름은 수치심 중독입니다.

나의 아픔은 너무나 지독해서

통제, 완벽주의, 경멸, 비판, 비난, 시기, 판단, 힘, 격노를 통해

당신은 나를 다른 사람들에게 보내야만 할 겁니다.

나의 아픔은 너무나 격렬해서

당신은 중독, 경직된 역할, 재현, 무의식적인 자기방어로

나를 감추어야 할 겁니다.

나의 아픔은 너무나 격렬해서

당신은 마비가 되어 버려 더 이상 나를 느낄 수도 없습니다.

마치 내가 존재하지 않는 것처럼 내가 없다고 당신에게 확신시키면

당신은 부재와 공허감을 경험합니다.

내 이름은 수치심 중독입니다.

나는 상호의존의 핵심입니다.

나는 정신적인 파산입니다.

비합리적인 논리

반복적인 강박

범죄, 폭력, 근친상간, 강간입니다.

모든 중독을 부추기는 구멍에 집착하고,

탐욕스러우며, 정욕적이고,

나는 또한 아하버러스(Ahaverus)의 방랑하는 유태인이기도 하고,

바그너의 유령선(Wagner's Flying Dutchman)이며,

도스토옙스키의 반정부주의자(Dostoevski's underground man)이며,

키르케고르의 유혹자(Kierkegaard's seducer)이고,

괴테의 파우스트(Goethe's Faust)입니다.

나는 또한 당신의 존재를 당신의 직업이나 당신의 소유로 바꾸어 버립니다.

당신의 영혼을 죽이고, 세대 간에 걸쳐 당신이 나를 지나가도록 합니다.

내 이름은 수치심 중독입니다.

이 명상은 놀라운 아이가 어떻게 상처받게 되었는지의 과정들을 모두 보여 주고 있다. 당신의 자의식을 잃어버리는 것은 정신적·영적 파산이다. 놀라운 아이는 버려지고 혼자 남아 버린다. 앨리스 밀러(Alice Miller)가 『당신 자신을 위하여(For Your Own Good)』에서 쓴 것처럼, 그것은 집단포로수용소의 생존자가 되는 것보다도 더 심각하다.

학대당한 집단수용소에 갇혔던 피해자들은 학대자를 내면에서는 아주 맘껏 미워하고 있

다. 그들의 감정을 경험하게 되는 기회—다른 피수용자들과 그것을 같이 나누는 것—는 그들이 스스로를 포기하는 것을 막아 준다…….

그러나 이러한 기회가 아이들에게는 존재하지 않는다. 아이들은 그들의 아버지를 미워해서는 안 되고, 미워할 수도 없다. 그러다 그의 사랑을 잃게 될까 봐 두렵기 때문이다. 그래서 아이들은 집단수용소에 갇혔던 피해자들과 달리 자기를 사랑한다고 하면서도 자신을 괴롭히고 있는 그런 사람과 맞서야만 한다.

그 아이는 끔찍한 괴로움과 저항할 수 없는 고통, 매질 속에서 계속해서 살아가고 있다. 때론 자신의 행동을 밖으로 표출하면서, 때론 안으로 표출하면서, 혹은 투사하거나, 그 아이가 알고 있는 유일한 방법들로 자신을 표현해 가면서…….

그 아이를 돌아오게 하는 것이 우리의 귀향여행(homecoming journey: 집으로 돌아가는 여정)의 첫 번째 단계다.

| 우화 |

어린 난쟁이의 (거의) 비극적인 이야기

옛날 옛날에 아주 작고 어린 난쟁이가 살고 있었다. 그는 아주 행복했다. 그는 밝고 호기심이 많았으며 인생의 비밀을 알고 있었다. 예를 들면, 사랑이 선택이라는 것을 알고 있었다. 사랑은 많은 노력을 필요로 하지만, 사랑이야말로 유일한 길이라는 것도 알고 있었다. 그는 마술을 할 수 있었으며, 자신의 독특한 마술의 형태가 바로 창조성이라고 불린다는 것도 알고 있었다. 그 조그만 난쟁이는 자신이 진실하게 창조하는 한, 어떤 폭력도 없을 것이라는 걸 알고 있었다. 그는 가장 위대한 비밀, 즉 자신이 아무것도 아닌 존재가 아닌 어떤 특별한 존재라는 걸 알고 있었다. 그가 존재하고 있고, 그것이 전부라는 것도 알고 있었다. 이것은 '나됨(I AMness)'이라는 비밀로 불렸다. 모든 난쟁이의 창조자는 '훌륭한 나(Great I AM)'였다. 그 '훌륭한 나'는 언제나 있었고 앞으로도 계속 그럴 것이다. 아무도 이것이 어떻게, 혹은 왜 사실인지 몰랐다. 그저 '훌륭한 나'는 아주 사랑스럽고 창조적인 존재였다.

또 하나의 중요한 비밀은 균형의 비밀이었다. 균형의 비밀이란 모든 인생은 서로 반대편과의 결합임을 의미했다. 육체의 죽음이 없는 삶은 없다. 슬픔이 없는 즐거움, 아픔이 없는 기쁨, 어둠이 없는 밝음, 침묵이 없는 소리, 악이 없는 선은 없다. 모든 것은 그 반대의 것과 연결되어 있다. 진정으로 건강하다는 것은 바로 온전함의 형태를 말하는 것이다. 그리고 온전함은 신성함이다. 창조성의 가장 큰 비밀은 아직 아무것도 없는, 창조적이지만 산만한 에너지와 에너지가 되게 하는 어떤 형태를 잘 결합시키는 것이다.

어느 날 조니(Joni)라는 이름을 가진 우리의 어린 난쟁이에게 또 다른 비밀 하나가 주어졌다. 그 비밀은 그를 약간 두렵게 했다. 그 비밀은 그가 영원히 창조할 수 있기 전에 꼭 끝내야 하는 임무였다. 그 임무는 그의 비밀을 난쟁이가 아닌 사나운 다른 종족에게 전해 주어야 하는 것이었다. 알다시피 난쟁이의 인생은 너무나 멋지고 놀랍기 때문에 그런 경이로움을 전혀 모르는 다른 사람과 그 비밀을 같이 나누어야 할 필요가 있었다. 선함은 그 자체로 언제나 나누기를 원한다. 각각의 난쟁이들에게는 난쟁이가 아닌 다른 사나운 종족의 가족들이 할당되었다. 난쟁이 족이 아닌 족속들은 스나무(Snamuh)라고 불렸는데 이 스나무족은 그 어떤 비밀도 알지 못했다. 그들은 종종 그들의 존재를 낭비하고 있었다. 그들은 끝없이 일을 했고, 그들은 뭔가를 하고 있을 때만 살아 있는 것처럼 느끼는 듯했다. 어떤 난쟁이들은 그들을 '하다(DOs)'들이라고 불렀다. 그들은 서로를 죽이기도 하고 전쟁을 벌이기도 했다. 어떤 때는 스포츠 게임이나 음악 콘서트 같은 곳에서 다른 이들을 짓밟아 죽이기도 했다.

난쟁이 조니는 1933년 6월 29일 새벽 3시 5분경에 그에게 할당된 스나무 가족에게로 들어갔다. 그곳에 무엇이 있는지 조니는 전혀 알 길이 없었다. 그가 비밀을 이야기하기 위해서는 자신이 가지고 있던 모든 창조성을 이용해야만 한다는 것도 몰랐다.

조니가 태어났을 때, 파르쿠하르(Farquhar)라는 스나무족의 이름을 얻었다. 그의 어머니는 열아홉 살의 아주 아름다운 공주였고, 자신의 임무를 수행한 것에 무척이나 기뻐했다. 그녀는 이상한 저주를 갖고 있었다. 그 저주는 그녀의 이마 한가운데 있었던 전구였다. 그녀가 놀거나 즐기거나 또는 그와 비슷한 감정이 생기려고 하면 그 전구는 깜박이면서 "너의 의무를 다해라."라고 말하곤 했다. 결국 그녀는 아무것도 안 하고 그냥 가만히 있는 것 외에는 아무것도 할 수가 없었다. 조니의 아버지는 작지만 아주 잘생긴 왕이었다. 그 또한 저주를 가지고 있었다. 그는 해리엇(Harriet)이라는 사악한 마녀인 자기 어머니에게 시달렸다. 그녀는 그의 왼쪽 어깨 위에 살고 있었다. 그가 자신의 본모습이 되려고만 하면, 그녀는 소리를 지르고 고함을 쳤다. 해리엇은 항상 그에게 어떤 걸 하도록 지시했다.

파르쿠하르가 그의 부모님과 다른 사람들에게 비밀에 대해 이야기를 하려면, 그들이 하던 일을 멈추고 조용히 앉아 그를 바라보며 그의 얘기를 들어야만 했다. 그렇지만 이것은 그들에겐 할 수가 없는 일이었다. 그의 어머니는 네온전구 때문에, 그의 아버지는 해리엇 때문에 불가능했다. 태어나던 순간부터 파르쿠하르는 항상 혼자였다. 어쨌든 그가 스나무의 몸을 가지고 있기 때문에 그들의 감정도 가지고 있었다. 버림받았기 때문에 그는 화가 났고, 깊이 좌절하고 상처받았다.

여기에서 파르쿠하르는 '자의식'(나됨)이라는 위대한 비밀을 알고 있던 어린 난쟁이였지만, 아무도 그의 이야기를 들어 주지 않았다. 그가 해야 할 말은 '인생은 활기차다.'는 것이었는데, 그의 부모는 그들의 임무를 다하느라 너무 바빠서 그에게 배울 수 없었다. 사실 그의 부모는 약간 혼란스러웠다. 그들의 생각으론 파르쿠하르가 자신의 임무를 다하도록 가르치는 것이 부모의 일이라고 생각했기 때문이다. 그래서 그들이 생각하기에 파르쿠하르가 자신의 임무를 다하지 못했을 때마다 벌을 주었다. 때때로 파르쿠하르를 방 안에 가두고는 무시해 버렸다. 어떤 때는 때리기도 하고, 그에게 소리를 지르기도 했다. 파르쿠하르는 소리 지르는 걸 가장 싫어했다. 외로움도 견딜 수 있고, 매 맞는 건 차라리 빨리 끝나기라도 했지만, 소리 지르며 그의 임무를 끝없이 얘기하는 잔소리는 너무나도 끔찍해서 그의 안에 있는 난쟁이의 영혼까지 겁먹을 정도였다. 하지만 난쟁이의 영혼을 죽일 순 없었다. 그것은 '훌륭한 나'의 한 부분이기 때문이다. 그렇지만 너무 심각한 상처를 받으면 마치 이제 영혼이 더 이상 존재하지 않는 것처럼 느껴질지도 모른다. 이런 일이 바로 파르쿠하르에게 일어났다. 그는 결국 자기 어머니와 아버지에게 비밀을 알려 주려던 걸 그만두고, 그 대신 살아남기 위해 그들이 원하는 임무를 잘 수행해 그들을 기쁘게 했다.

그의 부모는 아주 불행한 스나무였다. 사실 대부분의 스나무가 난쟁이들의 비밀을 배우지 못한다면 매우 불행할 것이다.

파르쿠하르의 아버지는 해리엇 때문에 너무나 고통스러워했다. 그는 자신의 모든 감정을 빼앗아 가는 마술적인 음료를 찾아내는 데 그의 모든 에너지를 써 버렸다. 그러나 그 마술은 창조성이 아니었다. 그것은 오히려 그의 창조성을 앗아가 버렸다. 파르쿠하르의 아버지는 '걸어 다니는 시체'가 되어 버려 얼마 후 그는 집에 들어오지도 않았다. 파르쿠하르의 스나무로서의 마음은 깨지고 상처받았다. 알다시피, 난쟁이가 비밀을 이야기하도록 하기 위해선 모든 스나무에게 아버지와 어머니, 두 사람 모두의 사랑이 필요했기 때문이다.

아버지에게 버림받자 파르쿠하르는 완전히 기가 꺾여 버렸다. 게다가 아버지가 더 이상 어머니를 도와줄 수가 없게 되자, 어머니의 네온전구는 더욱 심하게 깜박였다. 결국 파르쿠하르는 고함소리를 더 많이 듣게 되고, 심지어 위협당하기도 했다. 열두 살 생일이 되었을 때, 마침내 그가 난쟁이였다는 사실조차 잊어버리고 말았다. 몇 년 후에 그는 아버지가 해리엇의 목소리를 없애기 위해서 사용했던 마술적 음료를 알게 되었다. 열네 살이 되던 해 그는 그것을 종종 사용하기 시작했다. 서른 살이 되던 해에는 스나무 병원으로 실려 가고 말았다. 병원에 있는 동안, 그는 "일어나라."는 내면의 목소리를 듣게 되었다. 그를 깨운 목소리는 바로 난쟁이의 영혼의 목소리였다. 보라. 아무리 최악의 상황이 되더라도, 난쟁이의 목소리는 언제나 스나무를 불러 그의 존재를 축복해 줄 것이다. 난쟁이 조니는 절대로 포기하지 않았다. 그는 파르쿠하르를 살리는 일을 절대로 그만두지 않았다. 만약 당신이 스나무이고, 이 글을 읽고 있다면 이것만은 기억하라. 당신 안에는 난쟁이의 영혼이 있고, 언제나 당신의 존재를 일깨우려고 노력하고 있다는 것을.

파르쿠하르가 병원에 누워 있을 때, 그는 마침내 난쟁이 조니의 목소리를 듣게 되었다. 이것은 모든 것을 달라지게 만들었다. 그리고 이것은 더 나은 이야기를 위한 시작이었다.

제2부

당신 안의 상처받은
내면아이의 치유

집으로 돌아가는 귀향은 한 편의 극적인 드라마다.
신나는 밴드가 연주되고,
살찐 송아지를 잡아 부산스레 환영 준비를 하고,
돌아온 탕자로 인한 축제로 기쁨이 넘친다.
그러나 현실에서의 유랑은 전혀 극적이지 않으며,
결말을 암시하는 어떤 외적 조짐도 없이 서서히 막을 내린다.
눈앞을 가리던 아지랑이가 걷히고 나면 현실이 더욱 뚜렷하게 다가올 뿐이다.
구하여야만 찾을 수 있고, 열정을 갖는 만큼 만족할 수 있으리라.
어떤 것도 변한 것이 없는 것 같지만 사실 모든 것이 변한다.
－샘 킨(Sam Keen)－

들어가며

샘 킨은 당신이 지금부터 해야 할 작업들에 대해 정리했다. 당신이 죽었을 때, 당신을 위해 밴드가 연주되지도 않을 것이고, 연회도 베풀어지지 않을 것이다. 그러나 만약 당신이 살아 있는 동안 당신이 해야 할 일들을 좀 더 잘할 수만 있다면 마지막 순간에 당신은 당신의 내면아이와 함께 멋진 음악을 들으면서 맛있는 저녁을 먹을 수 있는 여유가 있을 것이다. 그리고 당신은 좀 더 침착해지고 평화로워질 것이다.

당신의 상처받은 아이를 치유하는 일은 깨달음을 경험하는 것이다. 아이들은 타고난 깨달음의 대가들이다. 아이들의 세계는 매 순간순간마다 새롭다. 상처받지 않은 아이에게 경이로움은 자연스러운 것이다. 인생은 살아야만 하는 수수께끼다. 또한 집으로 되돌아간다는 것은 자연스러운 회복과도 같다. 그러한 회복은 당당하지도, 극적이지도 않다. 단지 인생이 가야 하는 길일 뿐이다.

당신의 내면아이를 치유한다는 것은 당신의 발달단계로 되돌아가서 '미해결된 과제(unfinished business)'들을 끝내는 작업이다. 이렇게 상상해 보라. 당신 앞에는 이제 막 태어난 아주 여여쁜 작은 아기가 있다. 당신은 현명하고 가슴 따뜻한 어른으로서 아기 곁에 있으면서 이 아이가 세상에 적응할 수 있도록 도와줄 수 있을 것이다. 만일 그렇다면 당신이 태어났을 때, 기는 법과 걷는 법을 배울 때, 말하기를 배울 때, 당신이 바로 거기에 있을 수 있다. 그 아이가 자신의 상실을 슬퍼하고 있을 때, 당신의 돌봄이 필요하다. 론 쿠르츠(Ron Kurtz)는 당신이 그 아이에게 '신비스러운 낯선 사람'이 되어 보기를 제안한다. 사실 당신의 내면아이가 성장과정을 거치는 동안에 당신은 실제로 거기에 없었기 때문에 당신은 그 아이에게 신비스러운 존재나 마찬가지다. 나의 경우, 나는 마법사들을 불러 모았다. 그리고 친절하고 현명한 마법사를 이용해서 나의 상처받은 내면아이를 치유했다. 당신 역시 수치스럽지 않고 사랑스러운 방식으로 아이와 함께 있으면서 아이가 필요한 일을 할 수 있을 것이다.

각각의 단계에서는 특별한 종류의 돌봄이 필요하다. 각 단계에서 당신의 욕구가 무엇인지를 이해할 때, 당신 자신을 돌보는 법을 배우게 될 것이다. 그리고 당신의 내면아이를 감격시키는 법(내면아이로 하여금 챔피언이 되게 하는 법)을 배우게 될 때, 당신에게 필요했었던 것과 지금 내면아이의 성장을 위해 필요한 욕구들을 채워 줄 수 있는 양육자를 찾게 될 것이다.

가장 중요한 첫 번째 단계는, 성장과정에서 반드시 충족되었어야 할 의존적인 욕구들(unmet developmental dependency needs)이 채워지지 못한 것을 당신의 상처받은 내면아이가 슬퍼할 수 있도록 도와주는 것이다. 이 책의 첫 부분에서 설명한 대부분의 유해한 결과들은 슬퍼했어야만 했던 것을 미처 슬퍼하지 못했기 때문에, 미해결된 채 남아 있는 욕구들 때문에 나타난 것이다. 즉, 표현되었어야 할 감정들이 한 번도 표출되지 못했기 때문이다.

적절한 때에 적절한 순서로 이러한 욕구들이 충족되는 것이 자연스러운 방식이다. 그러나 이러한 의존적인 욕구들이 충분히 채워지지 못했을 때 불행하게도 대부분의 사람은 상처받은 아이를 내면에 지닌 채로 어른이 되어 버린다. 그리고 그 아이는 자신이 알고 있는 유일한 방법 그대로 아이로서 그 욕구들을 채우려고 매달릴 것이다. 이 정서적으로 굶주린 아이가 바로 당신을 미성숙하게 만들고, 당신의 인생을 지배하게 되는 것이다. 이 충격적인 사실을 확실하게 이해하려면, 당신의 하루 일과를 다시 한번 돌아보면서, 세 살짜리 어린아이가 당신의 하루를 지배한다고 추측해 보라. 이런 시나리오를 통해서도 상처받은 내면아이가 당신의 인생을 얼마나 복잡하고 어렵게 만드는지 상상할 수 있을 것이다.

어린 시절은 네 가지 중요한 발달단계로 이루어져 있다. 이 단계들을 보여 주기 위해서 나는 우선 에릭 에릭슨(Erik Erikson)의 고전적 저서인 『아동기와 사회(Childhood and Society)』에서 제시한 심리사회적 발달이론의 지도(map)를 따른다. 아울러 장 피아제(Jean Piaget), 팜 레빈(Pam Levin), 배리와 쟈네 웨인홀드(Barry & Janae Weinhold)의 자료에서도 도움을 받았다. 에릭슨에 의하면, 각각의 발달단계는 대인관계─가장 가까이는 부모, 또래집단, 학교 선생님과의 관계 등─에서 나타난 위기의 결과다. 그러한 위기는 엄청나게 불행한 사건은 아니지만, 상처받기 쉽고 그럴 만한 잠재력이 큰 시기라고 할 수 있다. 각 단계에서 위기가 극복되면 또 다른 새로운 위기가 생긴다. 에릭슨은 그 위기의 결과로 나타나는 것이 그가 자아강도라고 이름 붙인 내적인 힘

(internal strength)이라고 믿었다. 그는 건강한 아동기를 보내기 위해 필요한 요소로서 네 가지 기본적인 자아의 힘을 가정한다. 그것은 희망, 의지, 목적, 능력이다. 희망은 어린아이가 자신의 양육자에 대해 불신보다 신뢰감을 더 크게 느낄 때 나타나는 산물이다. 의지는 아이가 아장아장 걷기 시작할 때, 즉 그 아이가 심리적으로 독립하려고 투쟁하는 과정에서 수치심이나 의심보다 자율성을 획득하게 될 때 나타난다. 목적은 학령기 전에 아이가 죄책감보다 자발성이 더 강했을 때 생기게 된다. 마지막으로 능력은 학령기 아이가 열등감보다 근면성을 계발시킨 결과로 나타나는 힘이다.

심리치료사인 팜 레빈에 의하면, 이러한 자아강도가 존재할 때, 네 가지의 기본적인 힘이 우리에게 생겨날 수 있다고 한다. 그 네 가지 힘은 존재의 힘(power of being), 할 수 있는 힘(power of doing), 정체성의 힘(power of identity), 기본적인 생존기술의 힘(power of having basic survival skills)이다.

어린 시절에 계발되어야 하는 바로 이런 힘들과 자아강도가 인생의 후반기에서는 더욱 강해져야 할 필요가 있다. 바로 이러한 자질과 욕구들이 인생의 후반기 전체를 통해서 다시 나타나게 될 것이다. 팜 레빈은 어린 시절의 기본적인 욕구는 매 13년마다 재생될 것이라고 주장했다. 이 13년 주기이론을 뒷받침할 어떤 경험적인 자료는 없지만, 나는 이 자료를 활용하고자 한다.

열세 살 무렵부터 시작되는 사춘기는 인생을 새로운 방향으로 열어 준다. 이때는 성적으로 성숙되는 생물학적 변화가 일어나면서 새로운 정신적 구조가 자리를 잡게 된다. 또한 우리 자신의 정체성이 형성되면서 집을 떠나는 과정이 시작된다. 이때 우리를 바라보는 부모의 시각을 점검해 보고 도전하는 작업은 불가피하다. 사춘기는 자신이 누구인지에 대해서 생각하기 시작하는 시기다. 우리 자신의 모습이 되어 가기 위해서는 서서히 부모를 떠나야 한다. 이 작업을 위해서는 우리가 키워 온 모든 자아의 힘을 사용해야만 한다. 우리가 초기 신생아기 때 발달시킨 **신뢰감**—세상은 충분히 안전하며, 우리의 잠재력을 실현시켜 줄 것이다—에 의지해야 할 필요가 있다. 게다가 부모님이 계신 안전한 집을 떠나 모험을 시작할 때도 우리 자신을 믿을 만큼 **자율적**이어야 한다. 그러므로 걸음마 시기 동안 의존성에 대항하는 이 최초의 단계를 과연 얼마나 잘 거쳤으며, 학령기 전(前) 시기에 독립이라고 부를 수 있는 주체성을 시작하는 단계를 얼마나 잘 형성하느냐에 따라서 그 성공 여부가 결정된다. 이러한 발달 과제들을 잘 이루어 낼 수 있다면, 우리는 이 새로운 단계로의 변화를 훨씬 쉽게 시작할 수 있을 것이다.

우리가 학교에서 제대로 배웠다면, 사회적 기술, 예를 들면 상호협력적 태도 등을 사용하여 친구를 사귈 수 있을 것이다. 학교에서 근면성을 배웠다면, 생존기술의 도움을 받을 수 있을 것이다. 이러한 학령기 때 자아의 힘은 사랑과 직업이라는 두 축과 관련되는 성인기 정체성을 형성하는 데 도움이 될 것이다.

이십 대 중반에서 후반까지의 시기에는 새로운 주기가 시작된다. 스물여섯 살이 될 즈음에는 대다수의 사람이 결혼을 하면서 각자의 가족을 형성한다. 이때도 우리가 제대로 사랑하고 친밀감을 가지기 위해서는 신뢰감, 자율성, 자발성, 상호협력적 자세가 필요하다. 어린 시절의 각 단계는 친밀감을 향한 탐색을 추구하며 계속 순환될 것이다.

우리는 경계선이 없는 의존적인(boundaryless dependence) 사랑의 단계에서 의존에서 벗어나려는 단계(counterdependence), 즉 우리의 차이점을 받아들이기 위해서 힘겨루기의 단계(power-struggle stage)로 가게 되고, 그다음 자기실현(self-actualization stage)을 추구하는 독립적인(independence) 단계로, 그다음으로 상호협력적이고 동반자적 관계(cooperation and partnership stage)인 건강한 상호의존(interdependence)의 단계로 나아가게 된다. 이런 단계들은 우리의 어린 시절의 성장발달단계들을 반영해 준다. 그러므로 우리의 인간관계에서의 성공과 실패는 어린 시절의 각 단계들을 우리가 얼마나 잘 거쳤는가에 달려 있다.

서른아홉 살 즈음 인생의 중년기에 또 다른 주기가 시작된다. 이 시기는 인생 주기에 있어서 매우 극적인 단계다. 이 시기는 '못 말리는 중년들(middle-age crazies)'이란 표현처럼, 인생의 과도기적인 어려움과 극적인 상태를 보여 준다. 만약 당신 안에 상처받은 내면의 아이가 있다면, 이 단계에서 당신은 비참하다고 느낄 수 있다.

중년기에는 인생의 중요한 일들이 단조롭게 되어 버린다. 젊은 날의 이상주의는 배신과 환멸, 그리고 가까운 사람의 죽음 등으로 섞여 버리고 만다. 오덴(W. H. Auden)의 표현에 의하면,

한편으로는

지불해야 할 고지서는 쌓이고, 고쳐야 할 기계들이 언제나 있으며,

불규칙동사를 배워야 하고, 무의미로부터 되돌리는 시간들…….

인생 그 자체는 마치 영어에서의 불규칙동사처럼 불규칙적이고 예측할 수 없다. 샘 킨(Sam Keen)의 말처럼, 우리는 "확신의 착각에서 착각의 확신으로 나아간다." 이런 환멸로부터 우리는 모든 것을 이해할 수 있는 희망과 믿음을 선택해야 한다. 우리가 믿음을 선택한다면, 우리 인생의 모든 영역-일, 관계, 영성-에 대한 새로운 결정을 하기 위해서 우리의 의지를 사용해야 한다. 우리는 성장해야만 하며 우리 자신의 두 발로 일어서야 한다. 우리가 가진 자율성과 자발성이 무엇이든 간에, 목적의식을 창조하도록 도전받을 것이다. 그리고 어쩌면 우리는 새롭게 발견한 목적을 지원하기 위해서 새로운 기술을 개발해야 할지도 모른다.

노년기는 희망이 더욱 깊어지며, 새로운 사명들이 강해지는 새로운 시기라고 할 수 있다. 이때는 생산성의 시기처럼, 종종 평화로운 시기라고도 할 수 있다. 바라건대, 우리의 놀라운 아이가 이 시기에 우리에게 가장 풍성하길 원한다. 이때야말로 우리에게 그 아이의 자연스러움과 쾌활함이 가장 필요한 시기이기 때문이다.

노년의 시작은 재계약을 요구하며, 또한 퇴직과 노화가 일어나는 시기다. 바로 이 노년기에 두 번째의 아동기로 돌아가야 할 필요가 있다. 이때 우리에게는 어린아이 같은 희망, 즉 우리에게 아직도 무엇인가 남아 있을 것이라는 희망과 우리 자신보다 훨씬 큰 무엇인가에 대한 신뢰가 더 큰 세상을 보도록 도와줄 것이라는 희망이 필요하다. 우리가 부분이 아닌 전체를 보기 위해서는 그동안 쌓아 왔던 모든 자아의 힘이 필요하다. 그러한 비전을 가질 때, 우리는 현명해진다.

각 단계는 바로 그 전 단계 위에서 형성된다. 이 모든 단계의 토대는 바로 아동기다.

초기의 작은 실수가 나중에는 아주 커다란 실수가 되곤 한다. 물론 우리 인생의 초기에 대해서는 뭐라고 말할 수 없다. 그 시기는 그저 살아남기 위해 양육자에게 전적으로 의지하고 있었다. 우리의 욕구는 바로 의존의 욕구였고, 그 부분은 오직 양육자에 의해서만 충족될 수 있었다.

다음에 나오는 도표는 변화와 재순환에 따른 인간발달의 여러 단계를 보여 준다. 우선, 첫 번째 도표는 개인의 성장을 위해 각 단계마다 개발할 필요가 있는 여러 가지 자아강도와 힘에 대한 윤곽을 보여 준다. 두 번째는 13년의 재생주기에 대한 개요를 보여 준다. 세 번째의 그림은 인생의 주기에서 당신의 존재가 어떻게 넓어지고 성장하는지를 보여 준다.

인생의 후반기에 아동기 발달 과제의 자연적인 순환 외에도, 단계들이 재생될 수 있는 다른 방법들이 있다. 자녀양육은 부모가 지닌 어린 시절의 발달상의 문제들을 다시 제기하는 계기가 될 수 있다. 자녀들의 발달단계에서, 부모인 우리 자신에게 미해결된 발달상의 문제점과 어린 시절의 충족되지 못한 욕구가 나타나게 된다. 그 결과는 종종 해가 되는, 좋지 못한 부모교육으로 나타난다. 이것이 바로 역기능적인 가정에서 자라서 치유받지 못한 성인아이들이 일관성 있고 유능한 부모가 되는 데 어려움을 겪는 이유다. 부모와 아이의 갈등은 인생의 주기에서 가장 힘든 시간인 사춘기 시절에 절정에 달한다. 게다가 아이가 사춘기일 때, 부모는 바로 그 '미친 중년기'이기 때문에 더 힘들어진다. 이런 결합이 그리 좋은 그림이 아닌 것은 당연하다.

성인기 때 고통이나 정신적인 외상(trauma)과 부닥치게 될 때마다 아동기 발달단계들이 우리에게 자극을 줄 수 있다. 부모의 죽음은 우리 어린 시절의 문제들을 갑자기 끄집어낼 것이다. 친구나 사랑하는 사람의 죽음은 주로 우리를 존재의 욕구 속으로 다시 밀어넣어 버린다. 테니슨(Tennyson)의 말처럼 죽음 앞에서 우리는 마치 '한밤중에 깨서는 말 못 하고 울기만 하는 어린아이'처럼 되어 버리는 것이다.

새로운 직장, 새 집, 결혼, 출산 등의 새로운 상황은 우리의 유아기적 욕구들을 자극할 수 있다. 우리가 새로운 시작을 어떻게 다루느냐는 우리가 생애 처음에 보살핌을 얼마나 잘 받았는지에 따라서 결정된다.

요약해 보면, 초기 아동기 단계는 성인으로서의 인생에 토대를 만들어 준다. 역기능적인 가정에서 자란 성인아이들은 이런 토대가 없다. 제1부에서 여러분은 발달상의 결핍된 욕구가 어떻게 당신의 인생에 유해한 결과들을 가져왔는지를 살펴보았다. 만약 당신이 이런 해로운 패턴을 바꾸고 싶다면, 당신의 어린 시절을 다시 고쳐야만 한다.

어린 시절을 고친다는 것은 우리의 상처를 슬퍼해야 하기 때문에 아주 고통스러

에릭슨의 심리사회적 발달 8단계에 따른 태도 미덕, 힘의 관계

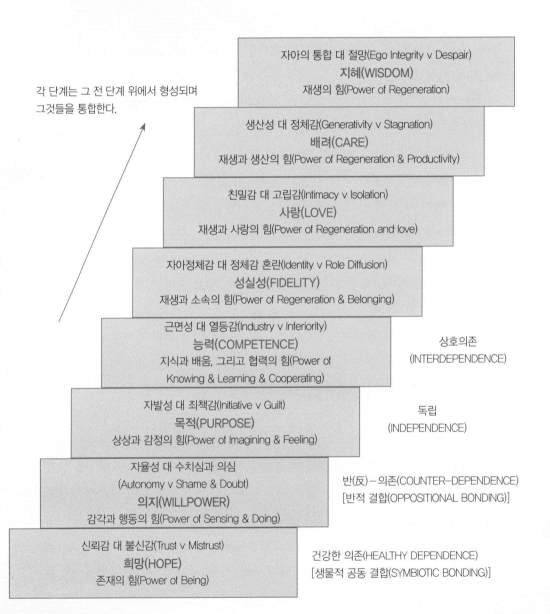

각 단계는 그 전 단계 위에서 형성되며
그것들을 통합한다.

자아의 통합 대 절망(Ego Integrity v Despair)
지혜(WISDOM)
재생의 힘(Power of Regeneration)

생산성 대 정체감(Generativity v Stagnation)
배려(CARE)
재생과 생산의 힘(Power of Regeneration & Productivity)

친밀감 대 고립감(Intimacy v Isolation)
사랑(LOVE)
재생과 사랑의 힘(Power of Regeneration and love)

자아정체감 대 정체감 혼란(Identity v Role Diffusion)
성실성(FIDELITY)
재생과 소속의 힘(Power of Regeneration & Belonging)

근면성 대 열등감(Industry v Inferiority)
능력(COMPETENCE)
지식과 배움, 그리고 협력의 힘(Power of
Knowing & Learning & Cooperating)

상호의존
(INTERDEPENDENCE)

자발성 대 죄책감(Initiative v Guilt)
목적(PURPOSE)
상상과 감정의 힘(Power of Imagining & Feeling)

독립
(INDEPENDENCE)

자율성 대 수치심과 의심
(Autonomy v Shame & Doubt)
의지(WILLPOWER)
감각과 행동의 힘(Power of Sensing & Doing)

반(反) – 의존(COUNTER–DEPENDENCE)
[반적 결합(OPPOSITIONAL BONDING)]

신뢰감 대 불신감(Trust v Mistrust)
희망(HOPE)
존재의 힘(Power of Being)

건강한 의존(HEALTHY DEPENDENCE)
[생물적 공동 결합(SYMBIOTIC BONDING)]

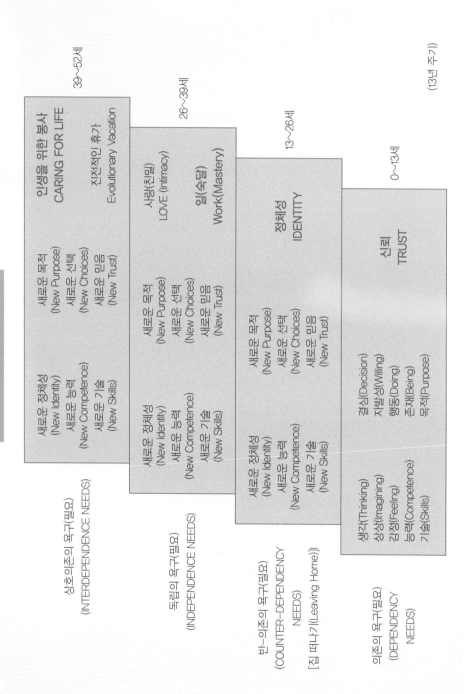

생성 주기(Regenerative Cycles)

나는 지혜를 가지고 있다.
나는 나 자신을 완전하게 받아들일 수 있다.
나는 모두와 한마음이다.

나는 개인적인 힘이 있다.
나는 창조도, 생산도 할 수 있다.
나는 다음 세대를 보살필 수 있다.
나는 인생에 헌신적이다.

나는 내면 자아의 인식을 주장하는 또 다른 사람(나)을 가지고 있다.
나는 사랑할 수 있다.
나는 완전하게 닫힐 수도, 분리될 수도 있다.
나는 나 자신이나 다른 사람들과 친밀하다.

나는 내적인 자의식을 가지고 있다.
나는 새로워질 수 있다.
나는 사람이나 원인(cause)에 성실할 수 있다.
나는 독특하다.

나는 능력이 있다.
나는 한계가 있다.
나는 숙련될 수 있다.
나는 생각할 수 있고, 배울 수 있다.
나는 유능하다.

나는 양심이 있다.
나는 목적과 가치가 있다.
나는 상상할 수도, 느낄 수도 있다.
나는 성적이다.
나는 대단한 사람이다.

나는 한계가 있다.
나는 의지가 있다.
나는 분리될 수 있다.
나는 호기심이 강하고 연구하고 행동할 수 있다.
나는 나다.

나는 희망이 있다.
나는 단지 존재할 수 있다.
나는 당신을 신뢰할 수 있다.
나는 당신이다.

운 작업이다. 그러나 우리는 이것을 할 수 있다! 이것이 전혀 불가능하지는 않다. '슬 퍼하기(Grief work)'는 우리가 신경증으로 회피해 왔던 진짜 고통이다. 융(Jung)이 이 에 대해 잘 표현했다. "우리의 모든 신경증은 진정한 고통을 합법적으로 대체한 것이 다." '원초적인 고통'이라고 부를 수 있는 이 슬픔은, 우리가 우리의 부모나 유년기, 그리고 가장 중요한 '나됨'이라는 자아의식을 잃어버렸을 때 경험할 수 없는 것을 재 경험하도록 요구한다. 정신적인 상처는 치유될 수 있다. 그러나 그것은 슬픔을 통해 서 가능하며, 그 작업은 고통스럽다.

이제 앞으로의 장에서는 원초적인 고통의 요소들과 네 가지의 중요한 아동기 발달 단계마다 당신에게 필요한 돌봄의 종류들을 설명하려고 한다. 각각의 단계에서는 연 습과제가 주어질 것이다. 당신이 현재 치료 중에 있다면, 이 작업을 시작하기 전에 반 드시 담당치료사의 허락을 받기 바란다. 물론 성인인 당신 자신을 마치 친절하고 현 명한 마법사처럼 활용하면서 당신 혼자서 해낼 수도 있지만, 그렇더라도 담당 치료사 의 허락을 받는 것이 좋다.

또한 각 발달단계에 대한 묵상연습이 있다. 이런 묵상들을 통해 성인인 당신이 상 처받은 내면아이를 돌볼 수 있을 것이다. 이것이야말로 이 책을 통해서 당신에게 제 안할 수 있는 가장 좋은 방법이다. 당신 혼자서 이 과제들을 할 수도 있지만, 더 좋은 방법은 당신 가까이에 있는 친구 중에 당신을 잘 배려하고 지지적인 사람과 함께 하 는 것이다. 가능하다면 후원자 그룹과 함께 하는 것이 가장 좋은 방법이다.

여러분이 주의해야 할 사항이 있다. 이런 연습과제들이 절대로 당신이 지금 속 해 있는 치료 그룹이나 치료들을 대신하는 것이 아니라는 점이다. 당신이 속해 있는 12단계 그룹을 대신하는 것도 아니다. 오히려 이런 작업들이 당신의 치료나 12단계 의 치료를 더욱 강화시켜 주는 역할을 해야 한다. 당신이 현재 성폭행이나 심한 정신 적 폭행의 희생자이거나, 정신적으로 질환이 있다고 진단받은 적이 있거나, 또는 당 신 가족 중에서 정신적인 병력을 가진 사람이 있다면, 전문적인 도움이 가장 필요하 다. 혹시 당신이 이 연습과제들을 해 나가면서 이상하거나 압도적인 감정들을 느끼게 된다면, 즉시 그만두라. 그리고 늦기 전에 반드시 전문적인 상담가의 도움을 구하라.

이 작업이 많은 사람에게 아주 강력하고도 치료에 효과적이었지만, 이것이 마법의 약은 아니다.

또 다른 주의사항은, 현재 당신에게 중독 증세가 있다면, 당신은 감정을 조절할 수도 없고 이미 당신의 손을 떠난 상태다. 이 작업을 통해 도움을 받기 원한다면 자신의 그런 행동을 바꾸어야만 한다. 12단계 그룹은 중독을 치유하는 데 가장 효과적인 것이라는 것이 증명되었다. 오늘 거기에 합류하라. 현재 그 그룹은 가장 최고라고 정평이 나 있다. 여기서 내가 제시하는 과제는 당신이 적어도 1년간은 절제를 했던 경험이 있어야 가능하다. 중독으로부터의 회복되는 초기단계에서, 특히 섭식 중독의 경우, 당신의 감정은 획일적이고 아직 미숙하다. 마치 화산 속의 뜨거운 용암과도 같다. 당신이 어린 시절의 고통스러운 경험을 쏟아 낸다면, 당신은 거기에 압도당할 위험이 있다. 만족할 줄 모르고 경계선이 없는 내면아이는 바로 중독의 핵심에 있기 때문에, 당신은 당신 안에 있는 내면아이의 '정신적인 상처'를 피해 보려고 술이나 마약, 섹스, 일, 도박 같은 것들에 빠지는 것이다. 12단계 프로그램의 12번째 단계에서는 모든 단계의 결론인 '정신적인 자각(spiritual awakening)'에 대해서 이야기하고 있다. 이것은 중독이 영적인 파산(spiritual bankruptcy)에 대한 문제임을 명백하게 보여 주는 것이다.

왜 당신이 중독에 빠졌는지에 대한 핵심 이유를 급하게 파헤치는 것은 중독으로 도로 미끄러지는 심각한 위험 속으로 들어가는 것과 같다.

이 모든 것을 다 이야기하려면, 이미 서두에서 말한 것을 다시 반복해야 할 것이다. 당신의 내면아이를 고치고 이겨 내고 싶다면, 이제 당신은 이 책에 나와 있는 연습들을 실제로 해야 한다.

마지막 주의사항이다. 성인아이가 그들의 진짜 고통을 회피하는 방법은 '머리에만 머무르는 것'이다. 이것은 강박적으로 생각하고, 분석하고, 토론하고, 독서하고, 뭔가를 이해하기 위해 많은 에너지를 쏟아붓는 것과 관련된다. 두 개의 문을 가진 방에 관한 이야기가 있다. 각 문마다 그 위에 표시가 있다. 한쪽 방에는 '천국'이라고 쓰여 있고, 다른 방에는 '천국에 대한 강의'라고 쓰여 있다. 대부분의 상호의존적인 성인아이들은 '천국에 대한 강의'라고 쓰인 문 앞에 줄지어 서 있었다.

성인아이들은 모든 일에 대해서 다 알고자 하는 욕구가 많은데, 이것은 그들의 부모들이 예측할 수 없는 성인아이였기 때문이다. 때때로 그들은 어른으로서 당신에게 부모 노릇을 했다가, 때때로는 상처받고 이기적인 아이처럼 당신에게 부모 노릇을 한다. 때때로 그들은 자신들의 중독에 빠져 있을 때도 있고, 아닐 때도 있다. 이러한 결과는 혼란이며 예측 불가능하다. 어떤 이는 역기능 가정에서 성장하는 것은 "마치 영화의 중간 부분에 들어가서 결국 끝까지 줄거리를 이해 못 하는 것과 같다."고 말한 적이 있다. 다른 이는 "포로수용소에서 성장하는 것과 같다."고 묘사할 정도다. 이러한 예측 불가능성은 당신에게 모든 상황을 다 알아야 할 필요들을 계속적으로 만들어 낸다. 그리고 당신은 과거를 치유할 때까지, 모든 것을 이해하려고 계속해서 시도할 것이다.

우리가 '머리에 머무른다는 것'은 일종의 '자아방어기제'다. 사람은 대상에 집착함으로써(뭔가를 강박적으로 생각함으로써), 느낄 필요가 없어지게 되는 것이다. 어떤 것을 느낀다는 것은, 상처받은 아이의 수치심 중독 속에 갇혀 있는 얼어붙은 거대한 감정의 저장고를 건드리는 것과 같다.

다시 말해, 당신이 상처받은 내면아이를 치유하기 원한다면, 근본적인 고통을 다루는 '실제적인 작업'을 해야만 한다. 거기서 벗어나는 유일한 길은 그것을 통과하는 것이다. 12단계의 프로그램에서 종종 듣는 것처럼 '고통이 없이는 얻는 것도 없다.'

어린 시절의 버림받음, 방치, 학대로부터 회복하는 길은 어떤 극적인 경험을 통해서 가능한 것이 아니라, 하나의 과정이라고 할 수 있다. 이 책을 읽고 과제를 하는 것으로 하룻밤 사이에 당신의 모든 문제가 사라지지는 않는다. 그러나 내가 보장하는 것은 당신이 당신 자신 안에 있는 '아주 기뻐하는 작은 아이(a delightful little child)'를 찾아내리라는 것이다. 당신은 아이의 분노나 슬픔을 듣게 될 것이고, 그 내면의 아이와 함께 인생을 더욱 즐겁고, 창조적이고, 멋진 방식으로 축하할 수 있게 될 것이다.

03

초기 고통치료

> 신경증은 항상 정당한 고통의 대체물이다.
>
> – 칼 융(C. G. Jung) –

> 문제의 해결은 '말'에 의해서가 아닌 '경험'을 통해서만 가능하다.
> 초기의 두려움(슬픔, 분노)을 재경험하며
> 생생하게 교정하게 될 때 치유는 일어난다.
>
> – 앨리스 밀러(Alice Miller) –

초기 고통(original pain)의 치료에 관한 이론이 좀 더 쉽게 이해된다면, 일반적인 신경증, 그중에서도 특별히 강박적이고 중독적인 행동들을 치료하는 데 있어서 대단히 혁신적이 될 것이다. 감정치료가 필요한 많은 환자가 안타깝게도 신경안정제에 취해 있는 경우를 종종 목격하곤 한다. LA에 있는 생명증진치료센터(Life Plus Treatment Center) 내에서도 우리는 가끔 몇몇 정신건강 전문의들의 반발에 부딪히곤 하는데, 그 이유는 우리가 환자들에게 왜 약물치료를 하지 않는지 그들이 이해하지 못하기 때문이다. 그러나 우리가 확신하는 것은 강박적이고 중독적인 장애를 치료하는 유일한 길은 감정을 다루는 작업을 통해서 가능하다는 사실이다.

생명증진센터에서 우리는 '수치심 중독(한 인간으로서 결함이 있고 부족하다는 느낌이 내면화된 감정)'에 뿌리를 둔 상호의존증을 전문적으로 치료하고 있다. 내면화 과정(internalization process)에서 한계를 나타내 주는 건강한 신호의 역할을 해야 할 수치심이 존재를 압도하는 상태가 되거나, 존재와 동일시되곤 한다. 일단 중독적으로 부끄러워하기 시작하면 그 사람은 진정한 자기와 만날 수 없게 된다. 그렇게 되면 그 사람은 또한 잃어버린 자기 자신에 대해 만성적으로 슬퍼하게 된다. 이러한 상태에 대한 임상적인 용어는 '기분부전증(dysthymia) 혹은 낮은 수준의 만성적인 우울증'이다. 내 책 『브래드쇼의 당신을 묶고 있는 수치심을 치유하기(Bradshaw On: Healing the Shame That Binds You)』에서는 수치심 중독이 어떻게 감정의 주인이 되는지를 보여 주고 있다. 그것은 모든 감정을 수치심에 묶어 버려, 우리가 화나거나, 우울하거나, 두렵거나, 심지어 기쁨을 느낄 때조차 부끄러움을 느끼게 한다. 이것은 우리의 욕구나 충동에도 나타난다. 역기능적인 가정의 부모는 그들 자신이 성인아이이기 때문에 상처받은 내면아이 또한 도움이 필요한 빈약한 상태에 있다고 할 수 있다. 따라서 자녀들이 어떤 필요를 느낄 때마다―사실 아이들이 도움을 필요로 한다는 게 너무나도 당연함에도 불구하고―성인아이인 부모는 아이들에게 화를 내고 창피를 준다. 결과적으로 그 자녀는 어떤 필요를 느낄 때마다 부끄러움을 느끼게 된다. 나는 성인이 된 후에도 내 인생의 수많은 날 동안 도움이 필요할 때마다 부끄러움을 느꼈다. 결국 아무리 적절한 상황일지라도 수치심을 기본적으로 갖고 있는 사람은 성적일 때도 부끄러움을 느끼게 된다.

일단 한 사람의 감정이 수치심에 매이게 되면 그 사람은 무감각해진다. 무감각은 모든 중독의 전제조건이다. 왜냐하면 중독만이 그 사람이 무엇인가를 느낄 수 있는 유일한 방법이기 때문이다. 예를 들어, 만성적으로 우울한 남자가 일 중독을 통해 업무에서만 대단한 성취감을 맛본다면 그는 일을 할 때만 감정을 느끼는 것이다. 알코올 중독자나 약물 중독자는 약물로 인해 기분이 좋아지는데, 그것은 약물이 기분을 바꿔 주기 때문이다. 음식 중독자는 배가 부를 때에만 포만감과 행복을 느낀다. 이러한 중독은 사람들에게 좋은 감정만을 느끼게 하고, 고통스러운 감정들은 회피하게 만든다. 정신적으로 상처받은 내면아이의 고통이나 상처가 중독 상태의 기분으로 대체되는 것이다. 수치심 중독으로 인한 정신적 상처는 내면으로부터 자신과의 단절을 가져온다. 그 사람은 자신의 눈에서조차도 아주 작아져 보인다. 그리고 그 자신이 스스로에게 멸시의 대상이 되고 만다.

어떤 사람이든 진정한 자기 자신이 될 수 없다고 믿게 될 때, 그는 더 이상 자신과 하나가 아니다. 중독은 그의 기분을 황홀하게 바꾸어 줌으로써 그 사람에게 자신과 하나가 되는 완전한 느낌을 준다. 기본적으로 수치심을 가지고 있는 사람은 자신의 진짜 감정을 느낄 때마다 부끄러움을 느끼게 된다. 그러므로 이런 고통을 피하기 위해서 무감각해져야 하는 것이다.

현실이 너무 힘들어 견딜 수 없을 때, 여러 가지 자아방어기제(ego defenses)를 통해서 고통에 대해 무감각해지려고 한다. 가장 보편적인 방어기제는 다음과 같다.

부정(denial) – '이건 실제로 일어난 일이 아니야.'

억압(repression) – '그건 절대로 일어난 적이 없어.'

분열(dissociation) – '무슨 일이 있었는지 기억나지 않아.'

투사(projection) – '그건 너한테 일어나는 일이지, 나한테 일어난 게 아냐.'

전환(conversion) – '그런 일이 일어난다고 느낄 때는 먹거나, 섹스를 한다.'

최소화(minimizing) – '벌써 일어나 버렸지만 괜찮아, 별일 아냐.'

기본적으로 자아방어기제의 역할은 고통으로부터 자신을 벗어나게 해 준다.

· 감정의 중요성 ·

연구심리학자인 실번 톰킨스는 감정의 중요성(primacy of emotions)을 주장함으로써 인간의 행동을 이해하는 데 크게 기여했다. 우리의 감정은 즉각적인 경험의 형태를 지닌다. 감정을 경험할 때 우리는 신체와 직접적으로 접촉하게 된다. 감정은 에너지의 형태이기 때문에 신체적이어서, 우리가 의식적으로 알아차리기도 전에 몸으로 표현된다.

톰킨스는 인간의 **타고난** 9가지의 감정들을 구분하면서, 이것이 사람의 다양한 얼굴 표정 속에서 잘 드러난다고 말하고 있다. 모든 아이는 얼굴 근육에 마치 입력이나 된 것처럼 이러한 표정들을 가지고 태어나는데, 연구 자료들에 의하면, 세계 어느 곳에 있는 사람이든, 어느 문화에서든, 모두가 같은 방식으로 감정을 표현한다고 한다. 이러한 감정들은 생물학적 생존을 위해 우리에게 반드시 필요한 기본적인 의사소통방식이라고 할 수 있다.

우리가 개발하는 만큼, 감정은 생각과 행동 그리고 의사결정을 위한 기본적인 밑바탕을 형성하게 된다. 톰킨스는 감정이 우리의 타고난 생물학적 동기가 된다고 보았다. 감정은 마치 차를 운전하기 위해 넣는 기름과 같이 '우리를 움직이는 에너지'이다. 그것은 우리의 삶을 풍성하게 하고 더욱 확장시킨다. 감정이 없다면, 사실상 어떤 것도 문제되지 않을 것이다. 그러나 감정이 있다면 어떤 것도 문제가 될 수 있다.

톰킨스의 이론에서 여섯 가지 주요한 감정들은 흥미, 기쁨, 놀라움, 걱정, 두려움, 분노다. 반면 수치심은 하나의 부수적 감정으로서, 일종의 방해요소처럼 초기단계에서 경험된다고 보았다. 수치심은 갑작스럽고 예기치 못한 상황에 노출되었을 때 나타나서는, 그 상황을 멈추어 버리거나 제한한다.

불쾌감과 혐오감은 인간의 타고난 방어적 반응들이다. 어떤 유독한 냄새를 맡았을 때, 불쾌감은 윗입술과 코를 올라가게 만들고 머리를 뒤로 젖히게 한다. 유해한 물질을 맛보거나 삼켰을 때, 혐오감은 침을 뱉거나 토하게 만든다. 인간의 다른 반응들처럼 불쾌감과 혐오감은 위험한 물질로부터 우리를 보호하는 생물학적인 장치이지만, 심리적인 불쾌감을 표현하는 데도 사용되곤 한다.

간단히 말해, 감정은 인간의 가장 근본적인 힘이다. 우리는 기본적인 욕구를 지키기 위해 감정을 갖고 있는 것이다. 우리의 욕구 중 하나가 위협받을 때, 감정적인 에너지는 우리에게 신호를 보내게 된다.

우리 대부분은 톰킨스가 말한 긍정적인 감정들-즐거움, 흥미로움, 또는 놀라움-을 느끼도록 허용한다. 적어도 이것이 좋은 감정들이라는 걸 알고 있기 때문이다. 그러나 두려움이나, 슬픔, 분노의 감정 등이 억압되었을 때는 흥분과 흥미로움 그리고 호기심의 감정들 역시 막혀 버린다. 이런 일이 이미 우리 부모에게 일어났다면, 그들은 자기 아이가 느끼는 것을 허락하지 않을 것이다. 결국 아이들은 지나치게 흥분하거나, 호기심을 가진다거나, 질문하는 걸 부끄러워하게 된다.

재평가 상담(Reevaluation Counselling)으로 알려진 하비 재킨스(Harvey Jackins)의 치료 모델은 '초기 고통에 관한 연구'와 매우 흡사하다. 재킨스는 심리적 외상의 경험을 동반한 감정이 차단당하면, 정신(mind)은 그 경험을 평가하거나 통합할 수가 없다고 주장한다. 감정에너지가 심리적 충격이 해결되는 걸 막아 버릴 때, 정신 그 자체는 기능할 수 있는 능력이 감소하게 된다. 시간이 지날수록 정신은 점점 더 감소되는데, 이는 유사한 경험들이 발생할 때마다 감정에너지의 방해가 강해지기 때문이다. 어떤 방식으로든 최초의 정신적 충격과 비슷한 경험을 할 때마다, 실제로 일어난 그 일과는 상관없이 어떤 강렬함을 느끼게 된다. 앞에서 이러한 현상을 '무의식적인 연령 퇴행(spontaneous age regression)'이라고 불렀는데, 이는 파블로프(Pavlov)의 유명한 개실험의 경우와 유사하다. 이 실험에서 개는 매번 먹이를 먹을 때마다 종소리를 들었는데, 어느 정도의 시간이 지나고 나자 종소리를 들으면 먹이가 없는데도 침을 흘리게 되었다. 마찬가지로 술에 취한 아버지가 크리스마스를 망쳐 버렸던 기억이 있다면, 우리는 크리스마스 캐럴을 들을 때마다 그때의 느낌을 포함한 초기 장면을 떠올리면서 강한 슬픔을 느끼게 될 것이다.

상처받은 내면아이는 어린 시절의 정신적인 충격으로 인한 슬픔에서 비롯된, 해결되지 않은 에너지로 가득 차 있다. 우리에게 슬픔이 있는 한 가지 이유는 과거의 고통스러운 사건들을 슬퍼함으로써 현재를 위해 우리의 에너지를 사용하기 위해서다. 우리가 슬퍼할 수 없다면 결국 그 에너지는 우리 내면에서 얼어붙어 버릴 것이다.

역기능적인 가족의 규칙들 중 하나는 **느끼지 말라**다. 이 규칙은 내면아이가 무엇을 느끼는지를 아는 것조차 금지시킨다. 또 다른 규칙은 **말하지 말라**다. 물론 이것 역시 감정의 표현이 금지되어 있는 상태다. 어떤 경우에는 특정한 감정만 표현할 수 있다. 각각의 가족마다 다양한 말하기 금지 규칙들을 가지고 있다.

우리 가족의 경우, 죄책감을 제외한 모든 감정이 금지되었었다. 감정적이라는 것은 약하다는 의미로 간주되었다. 나는 '너무 감정적으로 되지 말라.'는 말을 수없이 들었다. 나의 가정은 삼백 년 동안 서구사회를 지배해 온 '합리주의'가 남긴 부산물들을 붙들고 있는 여느 다른 서구의 가정들과 별반 다를 게 없었다. 합리주의는 이성(理性)이 최고라고 생각하는 믿음이다. 감정적이라는 건 이성적인 것보다는 덜 인간적이라고 여겨졌다. 감정을 부끄러워하고 억제하는 게 대부분의 서구 가정의 규칙이었다.

· 억압된 감정 ·

감정은 에너지이기 때문에 표현하려고 한다. 역기능 가정의 아이들에게는 자기 편이 되어 줄 사람도, 자기의 감정을 표현할 만한 대상도 없다. 그래서 아이들은 그들이 아는 유일한 방법인 '밖으로 표출하거나' 또는 '안에 갖고 있는 것' 외에는 감정을 표현할 방법이 없다. 이러한 억압이 초기에 자리 잡을수록 억압된 감정(repressed emotions)들은 더 파괴적이다. 표현되지 못하고, 해결되지 못한 이러한 감정들을 나는 '초기 고통'이라고 부른다. '초기 고통'을 다루는 작업은 최초의 정신적 충격을 재경험하는 부분과 억압된 감정들을 표현하는 부분을 포함하고 있다. 일단 이 작업이 이루어지고 나면, 그 사람은 억압된 감정을 더 이상 안으로나 밖으로 표출하지 않게 될 것이다.

최근까지도 초기 고통에 관한 연구를 뒷받침해 줄 만한 과학적 근거가 거의 없었다. 프로이트는 중요한 자아방어기제로서, 억압(repression), 분열(dissociation), 전이(displacement) 등에 대해 광범위하게 연구하였다. 그는 일단 이런 방어기제들이 형성되고 난 후에는 자동적으로 그리고 무의식적으로 작동한다고 주장했다. 그러나 프로이트는 이런 심리적인 기제들이 어떻게 작동하는지에 대해서는 정확하게 설명하지 않았다. 예를 들어, 고통스러운 감정들을 느끼지 않을 경우, 우리의 뇌에 어떤 일이 일어날 것인가?

물리치료사들이 그나마 이런 방어기제들이 작동하는 몇 가지 방식들을 설명해 주고 있다. 예를 들어, 근육이 긴장하면 감정이 무감각해진다. 또 화를 내면 이를 뿌드득거리거나 턱이 긴장되는 것을 종종 볼 수 있다. 감정은 그 사람의 호흡을 잠깐 동안 멈추게도 할 수 있다. 얕은 숨을 내쉬는 것은 감정적인 고통을 피하기 위한 일반적인 방법이기도 하다.

사람들은 공상에 빠짐으로써 감정을 멈추기도 한다. 나는 내 인생의 좋은 시절들을 분노에 대한 거의 공포증적인 두려움 속에서 보냈다. 분노를 폭발하는 것을 상상하면 그것은 버림받거나 벌을 받을 만한 끔찍한 일이었기 때문이다. 그리고 이런 상상을 하는 동안 나는 근육이 긴장되거나 얕은 숨을 내쉬곤 했다.

· 고통과 뇌 ·

오늘날 우리는 두뇌화학(brain chemistry)과 두뇌생리학(brain physiology)에 관한 연구를 근거로 자아방어기제를 이해하기 시작했다. 방어기제에서 벗어날 때 사람은 가장 초기 감정들과 접촉하게 된다. 초기 고통을 다루는 작업은 단지 과거의 미해결된 감정들을 느낄 수 있도록 해 줌으로써 놀라운 치유효과를 가져온다. 과연 어떻게 이러한 치유가 일어나는가?

두뇌연구가(Brain researcher)인 폴 맥린(Paul D. MacLean)은 '뇌모델'을 통해 정신적 외상이 우리에게 어떤 영향을 미치는지 잘 보여 주고 있다. 맥린에 의하면, 뇌는 세 부분으로 나뉘어 있으며 이 뇌들은 진화적 발달과정을 거친 '인간 진화의 유산'이라고 할 수 있다. 가장 오래된 원시적인 뇌는 파충류형 뇌, 혹은 본능적인 뇌다. 이 뇌는 안전과 생존을 위한 가장 기초적인 전략과 관계가 있다. 예를 들어, 도마뱀은 아주 단순한 인생을 살고 있다. 매일 아침마다 일하러 나가서는 모기에 물리지 않고 몇 마리의 모기와 파리를 잡아먹기를 바라면서 그의 하루는 반복된다. 혹 잔디와 바위 사이로 꽤 괜찮은 길을 발견했다면 죽을 때까지 그 길로만 다닐 것이다. 이러한 반복은 생존의 가치를 지닌다. 이러한 본능적인 뇌는 호흡과 같은, 몸의 자동적인 신체적 기능들을 유지해 주기도 한다. 우리가 결혼하자마자 배우자의 오래된 습관들과 충돌하게 될 때 우리 안에 있는 이 도마뱀 같은 기질이 나타난다고 할 수 있다.

우리 안에 있는 또 다른 뇌는, 전문용어로 대뇌변연계(limbic system)라고 불리는 원시 포유류(paleomammalian)형 혹은 감정의 뇌다. 따뜻한 피를 가진 포유동물에게는 감정적인 에너지가 생긴다. 이 대뇌변연계는 흥분, 즐거움, 분노, 두려움, 슬픔, 기쁨, 부끄러움, 역겨움, 혐오감과 같은 감정들을 가지고 있다.

가장 세련된 뇌조직은 신피질(neocortex)형 뇌 혹은 사고를 관장하는 뇌다. 이백만 년 전부터 형성되어 온 이 뇌는 인간에게 판단력과 언어사용능력, 계획수립능력, 복잡한 문제해결능력 등을 제공한다.

맥린에 따르면, 세 가지 뇌조직들은 독립적이면서도 뇌 전체의 균형을 유지하려고 하는데, 뇌체계의 균형은 고통을 최소화하려는 욕구에 의해서 조절된다고 한다.

때때로 인생에 고통이 찾아와도 뇌에는 별다른 문제가 없다. 뇌는 스스로의 균형을 유지하기 위해서 감정을 표현하기 때문이다. 고통이 극에 달했을 때는 분노를 폭발하거나, 슬퍼서 울거나, 두려움에 떠는 식으로 감정을 표출한다. 과학자들은 실제로 눈물이 감정적인 흥분으로 인해 생긴 스트레스성 화학물질을 없애 준다는 점을 증명했다. 따라서 우리가 감정 표현을 억제하도록 배우지만 않는다면, 뇌는 감정의 표현을 통해 자연스럽게 균형을 찾아 나아갈 것이다.

역기능 가정에서 자란 아이들은 세 가지 방식으로 감정 표현을 억제하는 법을 배운다. 첫째, '반응하지 않는다.' 말 그대로 전혀 감정을 드러내지 않는 방식이다. 둘째, 감정을 표현하고 그 감정의 이름을 붙이는 법을 배울 만한 건강한 모델이 없다. 셋째, 감정을 표현하는 것을 부끄럽게 여기거나 감정을 표현함으로써 벌을 받게 된다. 역기능 가정의 아이들은 이런 말들을 종종 듣는다. '정말 따끔한 맛을 봐야겠구나!' '소리지르지 마. 안 그러면 정말로 혼내 줄 테다.' 실제로 그 아이들은 무서워하거나, 화내거나, 울었다는 이유로 혼나곤 한다.

감정 표현이 금지되거나 또는 스트레스가 가중되고 만성화될 때 우리의 뇌는 어려움을 겪게 된다. 이러한 외상적인 스트레스가 생겼을 때 뇌체계는 균형을 유지하기 위해서 특별한 조치들을 취하게 하는데, 이것이 바로 자아방어기제다.

초기 외상의 흔적

아이들의 감정이 초기에 금지되었을수록 그 상처는 더 깊다. 뇌성숙의 순서는 기본적으로 뇌형성의 진화적인 순서를 따라간다는 증거들이 늘어나고 있다. 신경화학자들은 본능적인 뇌가 임신 후반기와 출산 후 초기에 지배적으로 형성된다고 주장하고 있다.

대뇌변연계는 최초 6개월 동안에 작동하기 시작한다. 이 감정형 뇌는 중요한 초기 유대감이 형성되도록 도와준다.

신피질형 뇌 역시 초기에 개발되는데, 사고형 뇌가 건강하게 발달하기 위해서는 적절한 환경과 자극이 필요하다. 피아제는 아이들의 지적 발달에 관한 연구에서, 거의 6~7세 전까지는 아이들에게 논리적인 사고를 발견하지 못했다고 보고하고 있다 (비록 피아제의 몇몇 연구결과들에 대한 의문이 제기되고 있지만, 7세가 전환점이 되는 것으로 보인다).

본능적인 뇌가 생존의 주제와 관련이 있으며 반복에 의해 조절된다는 사실을 고려해 본다면 영구적인 흔적이라는 표현이 이해가 된다. 신경과학자인 로버트 이삭슨 (Robert Isaacson)은 외상적인 기억들은 지워지기 어렵다고 주장한다. 본능적인 뇌는 배우고 잘 기억하지만, 좀처럼 잊어버리지 않기 때문에 미래를 결정할 만한 영구적인 외상의 흔적을 남기는 것이다. 가장 민감한 시기인 생후 1년 동안, 아이를 살아남게 만든 뭔가가 그의 마음 깊이 생존요소로서 각인될 것이다.

강박적인 반복

많은 신경학연구는 프로이트로부터 지금까지의 모든 심리치료사들의 주장들-신경증 환자들은 반복하려는 충동을 가지고 있다는 사실-을 뒷받침하고 있다.

또한 이러한 연구결과들은 앞에서 언급한, 심각한 과잉반응에 대해서도 설명하고 있다. 뇌연구가들의 주장에 의하면, 스트레스적인 경험은 신경세포의 흔적들을 확대시키기 때문에 어떤 자극이 주어졌을 때 유기체가 성숙한 성인으로서 어떻게 반응해야 할지를 왜곡시켜 버린다고 한다. 계속되는 고통스러운 경험들은 뇌에 새로운 회선을 새기는 것과도 같아서 나중에는 다른 사람들이 알아채지 못할 고통스러운 자극으로 점점 자리 잡게 된다는 것이다.

이러한 주장은 어린 시절에 핵심적인 인격요소가 일단 갖추어진 후에는 그것이 이후 계속해서 일어나는 사건들을 만들어 나가는 민감한 필터로서 작동한다는 이론을 뒷받침해 준다. 상처받은 아이가 망가지는 것은 바로 이러한 경우에 해당한다. 상처받은 내면아이를 가진 성인이 고통스러운 사건과 비슷한 상황을 경험했을 때 바로 초기 반응과 같은 반응들이 나타나는 것이다. 하비 재킨스(Harvey Jackins)는 이것을 고장난 녹음기에 비유하고 있다. 실제로는 사소하고 아무것도 아닌 일에 지나치게 격렬한 감정으로 반응하는 것이다. 이것은 내부에 여전히 있기 때문에 외부에 있지도 않은 것에 반응하는 경우라고 할 수 있다.

지금 이 글을 쓰면서 나는 유람선을 타고 유럽의 여러 도시를 여행하고 있다. 이 배가 이틀 전 프랑스의 르 하브레(Le Havre)에 도착했을 때 딸아이는 두 시간이 더 걸리는 관광버스를 타느니, 차라리 기차를 타고 파리까지 가는 게 어떠냐고 제안했다. 이 아이는 아주 자발적이고, 호기심 많고, 또 모험을 좋아하는 건강한 아이였다. 나는 딸아이의 제안에 주춤해져서는 그때부터 걱정되기 시작했다. 혹시 기차가 탈선하지는 않을까, 기차가 늦어져서 우리를 기다리지 않고 배가 그냥 떠나지는 않을까 하는 등의 불안 때문에 그날 밤에는 잠자리에서 몇 번이나 뒤척거렸다. 딸아이의 단순한 제안이 내 안의 극심한 과잉반응을 불러일으킨 것이다.

· 방어기제와 차단된 뇌 ·

초기 고통을 다루는 작업은 어린 시절의 정서적인 고통이란 무감각해지거나 억압된다는 가설에 기초하고 있다. 그것은 **제대로 해결되지 않은 채 밖으로 표출되곤 한다.** 물론 우리의 억압기제(자아방어기제)는 정서적인 고통이 거기 있다는 것을 알지 못하도록 막기 때문에 해결되기란 더더욱 어렵다.

상담에서 '네가 모르는 것을 네가 알 수 없다.'라는 표현이 있다. 우리는 감정을 밖으로 혹은 안으로 표출하거나 다른 사람들에게 투사한다. 비록 우리가 그것을 느낄 수도 없고 미해결된 채 남아 있지만, 감정은 나름대로 표현되려고 한다. 감정을 밖으로 혹은 안으로 표출하고, 투사하는 행동들은 상처받은 아이가 감정을 표현하는 유일한 방법이다. 하지만 이런 행동들은 영원한 해결방법이 아니다. 상처받은 아이의 핵심 문제인 강박적 행동은 내가 술을 끊었을 때도 끝나지 않았다. 강박증은 술에서 일로 대체되었을 뿐이었다.

상처받은 아이의 초기 고통이 치유되기 전까지 만족되지 않는 욕구 때문에 나는 흥분과 기분전환을 찾아 계속해서 바깥으로 표출하고 있었다. 나의 자아방어기제들은 그런 감정들을 억압했다. 10여 년 전에서야 나는 세대 간에 걸쳐 우리 가족사를 지배해 온 육체적·비육체적인 근친상간과 알코올 중독, 상호의존증의 주된 패턴들을 발견하게 되었다. 가족과 어린 시절에 대한 환상과 부인을 포기하고 나서야 비로소 나의 초기 고통에 대한 작업이 가능하게 되었다.

로날드 멜잭(Ronald Melzack)의 뇌연구는 자아방어기제들이 어떤 작용을 하는지를 잘 보여 준다. 그는 고통을 억압하는 '적응된 생물학적 반응(adaptive biological response)'을 발견하고는, 이를 '신경세포의 문(neuronal gating)'이라고 부르고 있다. 그는 세 개의 뇌 안에 있는 세 개의 다른 뇌체계는 촉진작용과 억압작용 모두를 실행할 수 있는 상호 연결조직을 가지고 있다고 주장하였다. '신경세포의 문'은 세 가지 체계 사이의 정보가 조정되는 방식이다. 어쩌면 억압은 생각과 감정의 뇌 사이에 있는 문에서 제일 먼저 일어날지도 모른다. 간단하게 말해서, 변연계에 있는 감정적인 아픔이 압도적으로 뻗어 나갈 때, 자동장치는 신피질 안에서 문을 닫아 버린다. 이것은 마치 옆방에서 아주 시끄러운 소음이 흘러나올 때, 당신이 그쪽으로 걸어가서 방문을 닫아 버리는 것과 같다.

프로이트는 인간이 성숙해짐에 따라 일차적인 자아방어기제들은 더욱더 세련된 2차 방어기제로 통합된다고 확신했다. 이런 2차 방어기제들은 사고의 특성을 띤다. 예를 들면, 합리화, 분석, 상세화, 최소화(과소평가) 등이다.

변연계에 대한 이삭슨의 최근 연구는 이러한 이론을 뒷받침해 준다. 그에 의하면, 신피질(사고의 뇌)의 문체계(gating system)는 과거의 기억들과 습관들을 극복하는 기능을 하며, 신피질은 억압된 과거와 깊은 관계가 있다고 보고하고 있다. 이러한 습관들과 기억들은 과도한 스트레스와 정신적 외상으로 인해 만들어진 깊게 파인 흔적들(신경세포의 경로)을 포함한다. 따라서 사고의 뇌는 내면세계에서 발생하는 소음이나 신호에 의해 방해받지 않고 작동할 수 있다.

세 부분으로 나누어진 지능

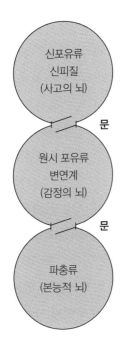

우리가 지금까지 억압이라고 부르는 것은 신경세포의 문. 특별히 사고와 감정의 뇌 사이의 문 때문에 생긴 것이다.

그러나 이러한 신호들은 사라지지 않는다. 그 대신에 연구자들은 그것이 변연계 안에서 닫힌 신경조직들의 주위를 계속해서 맴돌고 있다는 가설을 세웠다.

그래서 자아방어기제는 긴장과 고통을 우회하지만, 긴장과 고통은 없어지지 않고 계속 남아 있는 것이다. 긴장과 고통은 억압되고 저지된 채, 일종의 불균형적인 모습으로 피질(皮質) 아래에 새겨져 있다. 해방과 통합을 기다리면서…….

초기 외상의 에너지는 생물학적 체계를 통해 긴장을 퍼지게 하는 전기 폭풍과도 같이 남아 있다. 그래서 겉으로는 아주 이성적으로 보이는 사람들도 감정적으로 격렬하게 휩싸인 채 살곤 한다. 초기 고통이 해결되지 않는 한 그들의 폭풍은 계속될 것이다.

· 초기 고통 연구 ·

초기 고통의 연구는 최초로 억압된 감정을 실제적으로 경험하는 과정이다. 나는 이것을 노출과정(uncovery process)이라고 부른다. 반드시 이 과정을 통해서 '다음 단계의 변화'인 감정의 해결이라는 깊은 변화가 일어난다. 변화의 첫 번째 단계는, 하나의 강박적 행동을 다른 강박행동으로 바꾸는 것이다. 두 번째 단계는, 그 강박적 행동을 그만두는 것이다. 이것은 내 자신의 강박증을 치료하던 방식이었다. 외롭고 상처받은 나의 내면아이가 초기 고통에서부터 해방되기 전까지 나는 강박적으로 행동을 표출해 왔다. 12단계 프로그램에 참석해 드디어 알코올 중독을 조절할 수 있게 되었지만 여전히 밖으로 표출하는 행동들은 계속되고 있었다. 비록 내 머리로는 내가 교수이며, 신학자이자 치료사로 남아 있었지만, 나는 계속해서 바깥으로 표출하고 있었다. 구할 수 있는 새로운 책이란 책들은 닥치는 대로 읽어 보고, 내 문제에 대해 상담도 받고 있었지만 여전히 나는 바깥으로 표출하기만 했다. 더 높은 깨달음을 추구해 보기도 했다. 예를 들면, 고대 샤머니즘의 방법들이나 에너지 치유, **'기적을 경험하는 과정(A Coruse in Miracles)'**을 공부해 보기도 하고, 또 어떤 때는 몇 시간씩 명상과 기도도 해 보았지만 여전히 바깥으로 표출하기만 했다. 심지어 이러한 더 높은 자각에서조차도 강박적이었다. 내가 간과하고 있었던 사실은 바로 나 자신이 내 안에 있는 비탄에 잠긴 작은 소년의 외로움을, 아버지와 가족 그리고 어린 시절을 잃어버린 데 대한 해결되지 못한 그 아이의 슬픔을 받아들여야 한다는 점이었다. 나는 초기 고통을 받아들여야만 했다. 이것이 바로 칼 융(Carl Jung)이 말한 '진정한 고통(legitimate suffering)'이다.

애도 작업으로서의 초기 고통

다행스러운 사실은 초기 고통의 연구가 자연적인 치유 과정을 가지고 있다는 것이다. 슬픔이 바로 '치유 감정(healing feeling)'이다. 만일 슬퍼하는 걸 허락받는다면 우리는 자연스럽게 치유될 것이다.

슬픔은 모든 범위의 인간 감정을 포함한다. 초기 고통이란 미해결된 갈등이 축적된 것으로 그 에너지가 시간이 지날수록 눈덩이처럼 불어난 것이다. 상처받은 내면아이는 자신의 슬픔을 어떻게 할 방법이 없었기 때문에 움츠려 있다. 그의 모든 감정은 수치심 중독에 묶여 있다. 이러한 수치심 때문에 제일 먼저 '대인관계의 다리(interpersonal bridge)'의 단절이 일어났다. 바로 최초의 양육자를 신뢰할 수 없다는 믿음을 가지게 된 것이다. 사실상, 우리는 누구에게도 의지해서는 안 된다는 믿음을 가지게 되었다고 할 수 있다. 고립과 다른 사람을 신뢰하는 데 대한 두려움은 수치심 중독으로 인한 주된 두 가지 결과다.

대인관계의 다리를 회복하기

중독적으로 부끄러워하는 감정을 치유하기 위해서는 우리 자신이 숨어 있는 곳으로부터 나와야 하며, 다른 사람을 믿어야 한다. 이 책에서 내가 바라는 것은 이 책을 읽는 당신이 나를 믿고, 자기 자신을 믿는 것이다. 당신의 상처받은 내면아이가 숨어 있지 않고 나오려면 당신이 자신을 지켜 줄 것이라고 그 아이가 믿어야 한다. 또한 그 아이는 버림받고, 무시당하고, 학대받고, 곤란에 빠진 자신의 고통들을 알아줄 수 있는 협력적이고, 그를 비난하지 않고 자기 편이 되어 줄 사람이 필요하다. 이러한 것들이 초기 고통의 작업에서 필수적인 요소들이다.

당신이 애도 작업(grief work) 과정에서 내면아이의 편이 될 수 있음을 믿기 바란다. 솔직히 말한다면, 당신은 나나 다른 누구도 완전히 믿을 순 없을 것이다. 만약 위험이 닥치거나 서로를 밀쳐야 하는 상황이 생긴다면, 나 역시 나 자신을 먼저 구하느라 정신이 없을 것이다. 그러나 적어도 당신은 자기 자신을 믿을 수 있다. 조 코뎃(Jo Courdet)은 『실패로부터 얻은 충고』에서 다음과 같이 멋지게 표현했다. **"당신이 알고 있는 모든 사람 중에서 당신만이 당신을 절대로 떠나거나 잃어버리지 않을 유일한 사람이다."**

당신이 받은 학대를 확인하기

이제부터 내가 하는 말을 믿기 바란다. 당신이 지금까지 받아 온 수많은 합법적인 교육은 사실상 학대였다! 만약 당신이 창피를 당하거나 무시당하고, 늘 부모를 돌보아야 했던 것을 최소화하거나 합리화시키려고 애쓴다면, 이제 당신은 이런 것들이 바로 당신의 영혼에 상처를 입혔다는 사실을 받아들일 필요가 있다. 여러분 중에 몇몇은 이미 신체적·성적 또는 정서적인 학대의 심각한 희생자일 것이다. 왜 이러한 명백한 학대를 확인할 필요가 있는가? 이상한 것은 더 많은 학대를 받았을수록 사람들은 자기가 잘못됐다고 생각하면서 부모를 더 이상화시킨다는 사실이다. 이것이 앞에서 말한 '환상적인 유대'(the fantasy bond)의 결과다. 모든 아이는 자기 부모를 이상화시킨다. 이것이야말로 아이들이 살아남는 방법이기 때문이다. 그러나 학대받은 아이가 부모를 이상화시키려면, 학대에 대한 책임이 자기에게 있다고 믿어야만 한다. 그 아이는 '내가 버릇없는 나쁜 아이이기 때문에 우리 부모님이 날 때린 거야.' '내가 순종하지 않았기 때문에 나한테 소리를 지른 거야.' '모든 게 나 때문이다. 엄마, 아빠는 아무 문제 없고 다 괜찮은데, 내가 잘못이야.'라는 등의 생각들을 갖게 된다. 부모에 대한 이상화는 자아방어의 핵심이다. 이것은 분명히 버려져야만 한다. 물론 그렇다고 당신의 부모가 나빴다는 게 아니다. 단지, 그들도 상처받은 아이에 불과할 뿐이다. 당신보다 5배나 더 큰 78kg의 네 살짜리 아이와 당신보다 4배나 더 큰 57kg의 네 살짜

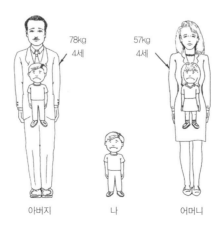

아버지   나   어머니

리가 당신의 부모라고 한번 상상해 보라. 아마도 당신의 내면아이는 그것을 상상할 수 있을 것이다. 부모는 그들이 아는 최선의 방법으로 당신을 대한 것이지만, 네 살짜리 아이가 이해할 수 있는 방식은 아니었다.

충격과 우울

혹시 이 모든 게 당신에게 충격적이라면 좋은 현상이다. 왜냐하면 충격은 바로 슬픔의 시작이기 때문이다. 충격 뒤에는 우울함이 오고, 뒤이어 부정이 온다. 부정은 우리의 자아방어기제를 뒤로 밀어내 버린다. 그것은 주로 계약/조건의 형태로 온다. "글쎄, 그리 나쁘진 않잖아. 적어도 내 몸을 뉘일 세 평의 땅과 지붕이 있는 방이라도 있으니까."

이건 정말로 심각하다. 부모가 당신의 참 모습을 찾지 못하게 함으로써 당신이 정신적인 상처를 받게 되는 것은 당신에게 일어날 수 있는 최악의 일이다. 아마 당신은 화를 냈을 때, '앞으로 절대로 내 앞에서 소리 지르지 말라!'는 말을 들었을 것이다. 이로 인해 당신은 자신의 모습을 찾는다는 것이 옳지 않으며, 화내는 것도 옳지 않다고 배우게 되었다. 두려움, 슬픔 그리고 기쁨도 마찬가지다. 비록 느낌이 좋았다고 하더라도 당신의 성기를 만지는 것도 옳지 않다. 목사님이나 선생님 같은 분들을 싫어하는 것도 옳지 않다. 당신이 생각하는 그대로 생각하거나, 원하는 것을 원하거나, 느꼈던 그대로 느끼거나, 또는 상상했던 그대로 상상하는 것도 옳지 않다. 때론 당신이 보았던 것을 보거나, 냄새 맡았던 것을 냄새 맡는 것도 옳지 않다. 당신 자신의 모습이 되거나 다른 사람들과 다르게 되는 것도 옳지 않다. 지금 내가 말하고 있는 것을 이해하고 받아들인다는 것은 당신의 정신적인 상처를 확인하고 인정하는 것이며, 이것은 모든 상처받은 내면아이의 핵심에 놓여 있는 것이다.

분노

흔히 충격과 우울 다음에 오는 감정은 분노다. 이것은 정신적인 상처에 대한 당연한 반응이다. 부모는 아마도 그들이 할 수 있는 최선을 다했겠지만, 초기 고통에 관한 연구에서는 그들의 의도를 다루지 않는다. 중요한 것은 실제로 일어났었던 일이다. 만약 그들이 차를 뒤로 빼다가, 갑자기 당신의 다리를 치었다고 상상해 보라. 당신은 평생 동안 다리를 절고 다닐 것이고, 왜 그런 일이 일어났는지 이해할 수 없을 것이다. 당신에게 일어난 일들을 당신이 알아야 할 권리가 있는가? 당신은 상처받고 고통 가운데 있을 권리가 있는가? 두 가지 질문에 대한 대답은 망설일 것도 없이 '그렇다' 다. 누군가 당신에게 했던 일이 고의로 한 것이 아니어도, 당신이 화를 내는 것은 당연하다. 솔직히 말해, 만일 당신의 상처받은 내면아이를 치유하고 싶다면 화를 내야만 한다. 내 말은 당신이 소리를 지르거나, 큰 소리를 내는 것만을 뜻하지 않는다. 중요한 것은 잘못된 협정이나 거래에 대해서는 분노해도 된다는 사실이다. 나는 내게 일어난 일에 대해 부모님에게 책임이 있다는 생각을 감히 해 본 적이 없다. 나는 그들 안에 있는 두 명의 상처받은 성인아이들이 할 수 있는 최선을 다했다는 것을 안다. 그 렇지만 내가 정신적으로 아주 깊은 상처를 받았다는 것과 그것이 나에게 평생의 상처 라는 결과를 가져왔다는 것도 안다. 개인적으로 나는 우리 모두에게 책임이 있다고 생각한다. 이 말은 곧 우리 자신과 다른 사람에게 행하던 것을 멈출 책임이 우리 모두 에게 있다는 것이다. 이제 나는 우리 가족체계를 억압하는 그 어떤 장애나 학대도 절 대로 허용하지 않을 것이다.

상처와 슬픔

분노 다음에 오는 것이 상처와 슬픔이다. 누군가 우리를 속였다면, 그러한 기만행 위에 대해서 슬퍼해야 한다. 또한 우리의 잃어버린 꿈과 열망에 대해 슬퍼해야 한다. 마지막으로 우리는 충족되지 못한 발달상의 욕구들에 대해서도 슬퍼해야 한다.

후회

상처와 슬픔 뒤에 후회가 뒤따른다. 우리는 '그때 그 일이 그렇게 되지 않고 다르게 일어났더라면, 아마도 난 다르게 행동했을 텐데……. 아버지를 더 많이 사랑했더라면, 얼마나 아버지가 필요했는지를 말했더라면, 아버지는 나를 떠나지 않았을 텐데…….'라는 말을 한다. 근친상간과 신체적 학대의 피해자들을 상담하면서 들었던 믿기 어려운 충격적인 사실은 자신들이 당한 학대에 대해서 이들이 죄책감을 느끼고 후회한다는 사실이다. 그들은 어떤 식으로든 모든 게 자기 책임이라고 생각한다. 우리가 누군가의 죽음을 슬퍼할 때, 어떤 때는 후회하는 게 자연스러운 감정이다. 이를테면 죽은 그 사람과 좀 더 많은 시간을 보냈더라면 하면서 말이다. 그렇지만 어린 시절에 버림받은 것에 대해 슬퍼할 때는, 당신의 상처받은 내면아이가 할 수 있었던 것은 아무것도 없었다는 사실을 알 수 있도록 도와주어야 한다. 아이의 아픔은 자신에게 일어났던 일에 관한 것이지 자기 자신에 관한 것이 아니기 때문이다.

수치심 중독과 외로움

슬픔의 가장 깊은 핵심감정은 수치심 중독과 외로움이다. 우리는 부모가 우리를 버린 것에 대해서 부끄러워하고 있다. 우리가 뭔가 잘못되었고, 마치 더럽혀진 것처럼 느낀다. 이러한 수치심은 우리를 외로움으로 이끈다. 우리의 내면아이는 결함이 있고 부족하다고 느끼기 때문에 새로 만들어진 거짓자아로 참자아를 덮어 버리려고 한다. 그리고는 거짓자아와 자신을 동일시하는 것이다. 결국 그의 참자아는 혼자 남겨져 고립되어 버린다. 이 아픈 감정의 마지막 단계에 머무르는 것이 애도과정에서 가장 힘든 부분이다. 그렇지만 치료에서 '빠져나갈 수 있는 유일한 방법은 통과하는 것뿐이다.' 수치심과 외로움의 단계에 머무르는 것은 힘들다. 그러나 이런 감정들을 받아들임으로써 우리는 다른 방법으로 빠져나올 수 있다. 우리는 깊숙이 숨어 있던 자아와 만나게 될 것이다. 아시다시피, 우리가 다른 사람들로부터 숨는다는 것은 우리 자신으로부터 숨었다는 것이다. 수치심과 외로움을 받아들일 때 가장 진정한 자아와 만나기 시작한다.

· 감정을 느끼기 ·

모든 감정은 느껴야 할 필요가 있다. 발버둥 치며 날뛰어야 할 필요가 있고, 흐느껴 울거나 엉엉 울어야 할 필요가 있으며, 두려움으로 벌벌 떨 필요도 있다. 이 모든 것은 시간이 걸린다. 감정의 회복이란 과정이지 하나의 사건이 아니다. 그러나 거의 즉시 나아지곤 한다. 내면아이와의 만남—누군가 자기를 위해 있어 주고 혼자 내버려 두지 않는다는 것을 아이가 알게 되는 것—은 아이에게 기쁨과 즉각적인 안심을 주기 때문이다. 슬픔을 쏟아 내는 애도의 시간이 실제로 얼마나 걸리는지는 사람마다 다르다. 슬픔의 과정이 얼마나 걸릴지 아무도 정확히 말할 수 없다. 다만, 당신의 방어기제를 어떻게 버려야 할지를 아는 것이 해결의 열쇠다. 사실 방어기제에서 계속 벗어나 있을 수는 없다. 당신의 애도 작업을 하기에 안전하지 않은 사람들과 장소들이 존재하기 때문이다. 그러므로 당신은 때때로 안전한 환경이 필요할 것이다.

슬픔의 단계들이나 결과는 좋았다가도 나빠지는 등 기복적인 현상을 보일 수 있다. 아마 상처를 인정했다가도, 며칠 후에는 회피하는 당신 자신을 발견할지도 모르겠다. 그래도 당신은 이런 주기 속에서 계속해서 앞으로 나아가야 한다. 감정의 느낌은 중요한 것이다. 당신이 느낄 수 없는 것을 치유할 수는 없다. 당신이 오래된 감정을 경험하고, 내면아이를 위해 당신이 거기에 있게 될 때, 치유는 자연스럽게 일어난다. 감정을 다루는 작업을 할 때는 안전한 치유적 환경이 매우 중요하다. 제일 좋은 방법은 파트너와 같이 하거나 그룹작업이 좋다. 제2편을 시작할 때 제안했던 주의사항을 상기하기 바란다. 이 작업이 끝난 후, 나눌 수 있는 사람이 있으면 더 효과적이므로 누군가를 미리 준비해 두라. 너무 조급해하지 않는 게 좋다. 상처받는 데는 오랜 시간이 걸리고, 이를 치유하는 데는 더 많은 시간이 필요하다. 혹시 치료 도중에 당신이 감정적으로 압도된다고 느낄 때는 즉시 중단하라. 그리고 지금까지 해 온 작업을 전체적으로 다시 점검해 보길 바란다. 만일 압도되는 감정이 지속된다면 상담전문가를 찾아 도움을 요청하길 바란다.

04

당신 안의 갓난아이
치유하기

어머니의 인격 안에 깃들어 있는 여성(女性)은 우리가 최초로 접촉하는 존재다. …… 모든 것은 존재의 진정한 융합(fusion)과 함께 시작된다. …… 아이는 어머니의 연장이며, 그 둘 사이에는 뚜렷한 경계가 없다. 거기에는 신비스러운 공유가 존재하며, 어머니로부터 아이에게로 그리고 아이로부터 어머니에게로 심리적인 기류가 흐르고 있다.

– 칼 스턴(Karl Stern) –

어머니가 자신의 몸과 충분히 접촉하지 않게 되면, 아이에게 본능을 신뢰하는 데 필요한 유대감을 줄 수가 없다. 그 아이는 어머니의 품 안에서 쉴 수 없게 되며, 결국 자기 몸 안에서조차 쉴 수 없게 된다.

– 매리언 우드먼(Marion Woodman) –

신생아기
(공생적 유대)
나는 너다(I AM YOU)

나이 : 0~9개월

발달단계의 양극 : 기본적인 신뢰감 대 불신감(Basic Trust vs. Mistrust)

자아의 힘 : 희망(Hope)

힘 : 존재(Being)

관계적 이슈 : 건강한 자기애(Healthy Narcissism),

상호의존(Co-dependence)

· 의심의 지표 ·

다음의 질문들에 '예' 또는 '아니요'로 답하라. 각각의 질문을 읽은 후, 잠시 동안 당신에게 느껴지는 감정들과 만나라. 만약 '예'라는 쪽으로 더 강하게 느꼈다면 '예'로, 아니라는 느낌이 더 강하다면 '아니요'로 대답하라. 어떤 질문에 '예'라고 대답했다면, 당신 내면의 놀라운 갓난아기가 상처받은 것이라고 의심할 수 있다. 물론 상처에는 정도가 있다. 그 상처의 정도를 0에서 100까지의 수치로 잡아 본다면, 당신은 그 사이의 어딘가에 해당된다. '예'라는 쪽으로 강하게 느낄수록 당신 안에 있는 갓난아기는 그만큼 더 상처받았다고 할 수 있다.

질문 내용	예	아니요
1. 현재 혹은 과거에 음식 섭취와 관련된 중독에 빠져 본 적이 있습니까? (예: 과식, 과음 또는 과다한 마약 복용 등)		
2. 자신의 욕구를 충족하는 능력이 스스로에게 있다는 것을 믿기 어렵습니까? 그래서 다른 사람이 당신의 욕구를 채워 주어야 한다고 믿습니까?		
3. 다른 사람을 잘 믿지 못합니까? 다른 사람을 통제하거나 관리하려고 합니까?		
4. 신체적인 욕구들에 대한 몸의 신호를 잘 느끼지 못합니까? 예를 들어, 허기를 느끼지 않는데도 식사를 한다거나, 자신이 얼마나 피곤한지를 잘 모르는 편입니까?		
5. 신체적인 욕구들에 무관심한 편입니까? 규칙적인 식사나 운동을 소홀히 합니까? 긴급한 상황이 아니면 병원에 가지 않습니까?		
6. 혹시 버림받을까 봐 두렵습니까? 연인관계가 끝났을 때 절망적으로 느껴 본 적이 있습니까?		
7. 애정문제 때문에 자살을 생각해 본 적이 있습니까? (예: 애인이 떠났다거나, 배우자가 이혼을 요구해 왔을때 등)		
8. 어디를 가도 사람들과 잘 어울리지 못하고 소외감을 느끼는 편입니까? 사람들이 당신을 환영하지도 않고, 좋아하지도 않는다고 느낍니까?		
9. 사회생활에서 가능한 한 남들의 이목을 피하려고 노력하는 편입니까?		

10. 다른 사람들(친구, 애인 배우자, 아이, 부모 등)이 당신을 떠날까 봐 두려워서 대인관계에서 지나치게 유용한 사람이나 꼭 필요한 사람이 되려고 노력합니까?		
11. 가장 선호하고, 주로 성적 공상에 빠지는 성관계는 오럴 섹스입니까?		
12. 어루만져 주거나 안아 주는 것을 많이 원합니까? (이것은 종종 당신이 다른 사람의 동의 없이 그들을 만지거나 안는 것으로 나타납니다.)		
13. 가치를 따지고 계속해서 평가하려는 강박적인 욕구를 갖고 있습니까?		
14. 종종 다른 사람을 때리고 그들에게 빈정대곤 합니까?		
15. 자신을 고립시킨 채, 오랜 시간 동안 혼자 있곤 합니까? 다른 사람들과 관계를 맺는 것이 다 소용없는 짓이라고 종종 느껴집니까?		
16. 잘 속는 편입니까? 다른 사람들의 의견에 대해 한 번쯤 생각해 보고 받아들이기보다 그냥 그대로 받아들이는 편입니까?		

· 정상적인 신생아기 ·

이 세상에 태어날 때 우리는 구체적인 욕구들을 가지고 태어났다. 이 책의 100쪽에 나와 있는 도표에서는 건강한 자기를 개발하기 위해 필요한 기본 구조들이 대략 소개되어 있다. 이러한 구조들은 일종의 안내서라고 할 수 있다. 물론 이 세상 어디에도 똑같은 사람은 없다는 점에서 인간발달에 대한 획일적인 접근은 피해야 할 것이다. 그러나 그럼에도 불구하고 우리 모두가 공유하는 부분이 있다. 탁월한 상담가인 칼 로저스(Carl Rogers)는 "가장 개인적인 것이 가장 일반적인 것이다."라는 말을 한 적이 있다. 내가 이해하기로 이 말의 의미는 나 자신의 가장 깊은 인간적인 욕구와 두려움, 열정 같은 것을 그것이 많든 적든 간에 모든 사람과 나눌 수 있다는 것이다. 그리고 무엇보다도 놀라운 사실은 내가 나의 비밀들을 나눌 때 다른 사람들이 나에게 공감한다는 점이다.

대인관계의 다리

어린 시절 발달단계에 필요한 각각의 의존적인 욕구들을 설명하기 위해서는 앞서 안내서에서 제시했던 기본 구조들을 활용할 수 있다. 신생아 때 아이는 이 세상으로 부터 환영받을 필요가 있다. 그는 자신의 거울이 되어 줄 어머니와 같은 양육적인 존 재와 연결되어야 한다. 신생아기는 어머니나 다른 양육자에게 완전히 상호의존되어 있다는 점에서 공생적 단계(symbiotic stage)라고 불린다. 아이는 자신에 대해 알아 가 고, 또 기본적인 신체적 생존욕구를 충족하기 위해서 그들(어머니나 다른 양육자)에게 전적으로 의존할 수밖에 없다. 이 단계에서 아이는 미분화되어 있다. 이 말은 아이가 자연적으로나 무의식적으로는 자신과 일치하지만, 자아가 존재한다는 것을 의식적 으로 안다거나 그것을 반영할 만한 능력은 아직 갖고 있지 않다는 뜻이다. 아이가 '나 됨'이라는 자아를 찾기 위해서는 어머니라는 존재의, 반영하는 목소리와 눈이 필요 하다. 아이는 '나'라는 존재 이전에는 '우리'였다. 인생은 존재의 진정한 융합에서 비 롯되는 것이다. 아이의 운명은 어머니가 되는 그 사람에게 달려 있다. 요람을 흔드는 그 손은 사실은 세상을 흔드는 것이다. 어머니가 아이를 위해서 존재해 준다면 아이 는 그녀와 유대관계를 맺게 된다. 이 유대관계가 바로 앞으로의 모든 관계의 기반이 될 '대인관계의 다리(The Interpersonal Bridge)'를 만들게 될 것이다. 만약 이 다리가 상 호 존중과 가치 위에 세워졌다면 새로운 관계들이 만들어질 설계도가 형성된 셈이다. 그러나 아이가 부당하게 부끄러움을 느낀다면 다리는 무너질 것이고, 아이는 자신이 다른 누군가에게 기댈 수 있는 권리가 없다고 믿게 될 것이다. 결국 이로 인해 아이는 음식, 약물, 성 등의 병리적 관계들에 집착하게 될 것이다.

건강한 자기애

우리 모두에게는 우리를 진지하게 수용해 주는 어머니와 같은 존재가 필요하다. 우리의 모든 부분이 훌륭하다고 확신시켜 주고, 무슨 일이 일어나도 우리를 위해 있어 줄 것이라는 믿음을 주는 그런 존재가 필요하다. 이런 필요들은 앨리스 밀러(Alice Miller)가 말한 '건강한 자기애적 양식들'을 의미한다. 여기에는 바로 나의 모습 그대로 사랑받고 존중받음, 특별한 돌봄과 대우를 받는 것, 어머니가 떠나지 않으리라는 확신을 갖는 것, 진정으로 보살핌을 받는 것 등등이 모두 포함된다. 어린 시절에 이런 필요들이 모두 충족되었다면 성인이 된 이후 더 이상 이것을 찾아 헤맬 필요가 없게 될 것이다.

좋은 돌봄

어머니가 자신의 역할을 잘하기 위해서는 '나됨'이라는 인식과 연결되어 있어야 한다. 어머니 자신을 잘 사랑할 줄 알아야 한다. 이것은 그녀가 자신의 모든 부분을 괜찮게/편안하게 받아들인다는 걸 의미한다. 특별히 자신의 몸을 긍정적으로 받아들이고, 편안해할 필요가 있다. 만일 어머니가 자기 몸에 대한 긍정적인 인식이 없다면 아이에게 신체적인 편안함을 줄 수 없다. 어머니가 스스로에게 편안하지 않다면 아이에게도 타고난 자신감을 줄 수가 없다. 에릭 프롬(Erich Fromm)은 어떻게 어머니가 지닌 내면의 적대적인 삶의 태도가 자녀로 하여금 삶의 태도에 있어서 특별히 몸이 가진 본능적인 정열에 대하여 스스로 두려워하게끔 영향을 끼치는지에 관해 서술했다.

반영

본능적인 삶은 뇌의 가장 원시적인 부분에 의해 통제를 받는다. 이것은 먹고, 자고, 접촉하고/만지고, 배출하는 것과 육욕성, 신체적인 즐거움이나 고통 등과 관련이 있다. 이 장 첫 부분에 있는 신생아기에 관한 표에서 보여 주듯이 인생의 시작단계에서는 '나는 너', 혹은 '나는 다른 사람'인 셈이다. 다시 말해서, 나는 어머니라는 존재와 직접 연결되어 있다. **나는 어머니가 느끼는 대로 느낀다.** 어머니가 싫어하는 것은 나도 싫어하게 된다. 결국 어머니가 나에 대해 느끼는 대로 나는 자신에 대해 느끼게 된다.

신생아 때는 감정이 먼저다. 어머니가 어머니로서의 역할을 잘했는지는 문제되지 않는다. 중요한 것은 어머니가 아이에 대해 어떻게 느끼는가다. 그러므로 만일 당신의 어머니가 원치 않는 임신으로 어쩔 수 없이 결혼해야 했었고, 그로 인해 분노하고 있다면, 당신은 뼛속 깊은 곳에서부터 그것을 알고 있다.

접촉

갓난아기였던 당신은 안기고 싶거나 신체적 접촉이 필요할 때마다 안겨야 하고 신체적인 접촉을 해야만 했다. 배가 고플 때는 젖을 먹어야 한다. 예정된 시간에 맞춰 주어지는 수유(授乳)는 지난 세대들의 잔혹행위였다! 샘 킨(Sam Keen)에 의하면, 선(禪)의 대가들(Zen masters)은 모든 아이가 이미 선천적으로 알고 있는 깨달음-즉, 피곤할 때는 자고, 배고플 때는 먹는 완전한 상태-에 이르기 위해 수십 년을 수행한다고 한다. 선의 경지와도 같은 이러한 행복한 상태가 체계적이고도 계획적으로 파괴되어 왔다는 사실이 얼마나 아이러니한가. 또한 갓난아기인 당신은 청결해야 하며 누군가가 목욕도 시켜 줘야 한다. 아직까지 신체적인 기능들이 근육의 통제대로 움직이지 않기 때문에 당신은 양육자에게 전적으로 의존하고 있다. 이것이 바로 의존적인 욕구들이다. 이것들은 당신 혼자서는 결코 할 수 없는 일들이다.

반응

아이는 주위의 환대와 평화롭고, 따뜻한 목소리들을 들을 필요가 있다. 정답게 소곤소곤거리는 소리들, 여러 가지의 감탄사 그리고 안전함을 보장해 주는 확신에 찬 목소리가 필요하다. 무엇보다도 이 세상을 신뢰할 수 있고, 이 세상에서 자신의 존재 의미를 믿는 한 사람을 경험할 필요가 있다. 에릭 에릭슨은 이러한 최초의 발달 과제를 '존재의 내면인식의 확립'이라고 가정하였는데, 이것은 외부세계에 대한 신뢰를 그 특징으로 한다. 칼 로저스에게 있어서 가장 중요한 인식은 '현실은 우호적이다.'

다시 말해서 현실은 신뢰할 만하다는 것이다. 기본적 신뢰감 대 불신감이 곧 최초의 발달 과제다. 이러한 양극이 신뢰의 측면 쪽으로 결정될 때, 기본적인 자아의 힘이 생기며, 이러한 힘은 희망(hope)의 기초를 형성한다. 만약 세상이 기본적으로 믿을 만하다면 '나는~이다(I am).'로 되는 것이 가능하다. 즉, 내가 필요로 하는 것들이 이 세상에 존재한다는 것을 믿을 수 있게 된다.

팜 레빈은 이 단계에서 '존재의 힘'이 발달한다고 보았다. 만약 앞에 열거한 그런 요소들이 부여된다면 아이는 그저 자기 자신의 존재 자체를 즐길 수 있게 된다. 이렇게 바깥세상이 안전하다면, 그리고 부모가 스스로의 자원과 부부간의 사랑, 지지를 통해 자신들의 필요를 충족해 간다면, **나는 나 자신이 될 수 있다**. 그리고 내가 그들을 기쁘게 해야만 한다거나, 살아남기 위해서 싸우지 않아도 된다. 나는 그저 나 자신을 만족하게 하고, 또 나의 필요를 충족할 수 있게 된다.

· 부모되기-세상에서 가장 힘든 일 ·

좋은 부모가 된다는 건 정말 어려운 일이다. 어느 누구에게든지 이 일은 가장 힘든 일임에 틀림없다. 좋은 부모가 되기 위해서는 정신적으로 건강해야 한다. 자신의 자원을 통해 필요를 충족해야 하며, 그 과정에서 배우자나 자신을 도와줄 수 있는 다른 중요한 사람도 있어야 한다. 무엇보다도 당신의 상처받은 내면아이를 치료해야 한다. 내면아이가 아직도 상처받은 상태로 있다면 당신은 겁에 질려 상처받고 이기적인 내면아이와 함께 자녀를 돌보아야 할 것이다. 그리고 아마도 부모가 당신한테 했던 대로 당신 아이에게 똑같이 하거나, 아니면 그 반대로 하게 될 것이다. 어느 쪽이든 간에 당신은 자신의 상처받은 내면아이가 꿈꾸던 완벽한 부모 노릇을 하려고 노력할 것이다. 설령, 정반대로 한다 해도 당신의 아이에게 똑같은 상처를 입히는 결과를 낳는다. '병든 상태에서 180도 돌려봐도 결국 제자리일 뿐'이라는 말도 있지 않은가.

나는 지금 우리 부모세대들을 탓하려는 게 아니다. 그들 역시 나름대로 엄청나게 어려운 일, 부모되기를 잘 해내려고 애를 쓴 상처받은 성인아이였다. 나의 경우, 비록 부모님은 잘못된 교육을 받고 자라셨지만 종종 올바른 자녀양육을 하신 분들이었다. 어머니에게는 규칙적인 수유(授乳)가 너무나 고통스러운 일이었지만 전문가의 충고를 따를 수밖에 없었다. 그러나 내가 칭얼대며 울 때는 '전문가'의 충고를 어기고 나를 달래 주었다. 이것 역시 그녀에게는 힘든 일이었음에 틀림없다. 그렇지만 그 순간은 구제와 온정이 가득한 순간이었다. 이러한 행동은 바로 기본적인 양육을 이해하고 있는 그녀 안의 놀라운 아이가 동기가 되었기 때문에 가능한 일이었다.

지금까지 어떤 부모도 완벽하지 않았고, 어떤 부모도 완벽할 수는 없다. 중요한 것은 자녀에게 상처를 주지 않기 위해서는 우리 안의 상처받은 내면아이를 치료하려고 노력해야 한다는 점이다.

· 성장장애 ·

프리츠 펄스(Fritz Perls)는 신경증을 '성장장애(growth disorder)'로 설명하고 있다. 나 역시 그 의견에 동의한다. 이 용어는 상처받은 내면아이의 수치심 중독과 이로 인해 나타나는 상호의존증의 문제를 적절하게 표현하고 있다. 각각의 발달단계에 필요한 욕구들이 충족되었더라면 우리는 상호의존적인 성인아이가 되지 않았을 것이다. 이러한 성장적 욕구들이 신생아 때 충분하게 채워지지 않았기 때문에 심각한 문제가 야기된 것이다. 나는 이 장의 시작 부분에 제시된 의심지표에서 이러한 몇 가지 문제들을 기술했다. 이것은 '자기애적 박탈(narcissistic deprivation)'이라는 말로 요약된다. 우리는 우리에게 필요했던 반영이나 모델을 얻지 못했다. 우리는 무조건적인 사랑을 받지 못했다. 결과적으로 우리는 기본적인 신뢰감을 키우지 못했다. 결국 이것은 섭식중독에 빠진 사람들에게 나타나는 만족할 줄 모르는 갈망으로 굳어진다. 또한 계속해서 무엇인가에 확인받고자 하는 욕구로 나타난다. 마치 그렇게 확인받지 못하면 존재하지 않는 것처럼. 그 밖의 다른 결과로도 나타난다. 계속해서 안아 주고, 만져 주기를 바라는 욕구는 물론이고, 구강기 때 성에 지나치게 몰입하는 것, 몸으로부터 오는 신호인 신체적인 욕구들을 하찮게 여기는 것, 또는 마치 젖먹이처럼 '뭔가를 통째로 삼켜 버리는' 경향 등이다. 무엇보다도 신생아기에 욕구들이 충족되지 않았을 때는 자기 자신을 부끄러워하고, 깊은 곳에서부터 자신이 뭔가 잘못되었다고 느끼게 된다.

자라지 말라

어쩌면 당신은 부모의 자기애적 상처를 돌보기 위해 아이로 그냥 머물러 있도록 배웠는지도 모르겠다. 당신이 부모에게 완전히 복종하는 아이였다면 어머니와 아버지는 아이인 당신이 언제나 부모인 자신들을 아주 중요하게 여긴다고 믿을 것이다. 그분들의 부모가 그랬던 것처럼 그들 역시 당신이 결코 자기들을 떠나지 않으리라고 확신할 것이다. 당신은 그들의 가치와 존중감을 확인시켜 주는 계속적인 근원이 될 것이다. 결국 당신은 그들의 잃어버린 자기애적 욕구들을 채워 주고 있는 것이다.

정서적인 유기

역기능 가정의 아이들은 정서적 박탈감으로 인해 자신이 버림받았다고 느끼고 있다. 정서적인 유기/버림받음에 대한 자연스러운 응답은 뿌리 깊은 수치심 중독으로서, 이로 인해 원초적 분노와 아픔의 감정이 내면 깊숙이 자리 잡게 된다. 갓난아이였던 당신에게는 이것을 슬퍼할 수 있는 방법이 없었다. 당신 편이 되어 줄 수 있는 사람이나 당신의 아픔을 알아줄 수 있는 사람이 없었다. 당신이 울고 있을 때, 이 모든 부당함에 대해 분노하고 있을 때, 당신을 안아 줄 수 있는 사람이 아무도 없었다. 결국 살아남기 위해, 당신의 최초의 자아방어기제가 자리 잡게 되었고, 당신의 감정적 에너지는 얼어붙었고, 풀리지 않은 채 남아 있게 되었다. 당신의 충족되지 못한 욕구들은 갓난아이 때부터 계속해서 채워 달라고 고함치고 있다. 지금 당장 가장 가까운 술집으로 뛰어가 보라. 그러면 그곳에서 다른 성인아이들의 이런 푸념들을 듣게 될 것이다. '난 목이 말라, 간절히 원해, 사랑받고 싶어, 중요한 사람이 되고 싶어, 이해 받고 싶단 말이야.'

· 보고하기 ·

당신의 상처받은 내면의 갓난아이를 치료하기 위한 첫 번째 단계는 보고하기 (debriefing)라고 불리는 과정이다. 어떤 사람이 엄청난 심리적 충격을 받았을 때, **그것에 대해 이야기한다는 것은** 아주 중요하다. 보고하기는 최초의 감정들을 아직 경험하지 않았다는 점에서 초기 고통의 작업은 아니다. 그러나 이것이 당신의 초기 고통의 작업을 시작하는 방법이다.

나는 당신의 가족체계에 대해 당신이 얻을 수 있는 모든 정보를 수집하도록 권하고 싶다. 예를 들어, 당신이 태어났을 때 어떤 일이 있었는지, 어머니나 아버지는 어떤 가정에서 자랐는지, 그들이 성인아이였는지 등등. 각각의 발달단계에 따라―이 경우 지금은 신생아기이다―가능한 한 최대한 정확하게 이런 정보들에 대해 적어 놓는 것이 좋다. 아마 이렇게 적다 보면 어떤 아픔을 느끼게 될지도 모르겠다. 그렇지만 여기서는 당신의 어린 시절에 있었던 사실들에 대해서 가능한 한 분명하게 알아내는 데 초점을 맞추라.

케넬라(Qwenella)의 사례를 보자. 그녀의 부모가 결혼하게 된 동기는 바로 '그녀' 때문이었다. 당시에 그녀의 부모는 겨우 열일곱 살과 열여덟 살이었다. 그녀의 어머니는 육체적·정신적 근친상간의 피해자였지만 한 번도 치료를 받아 본 적이 없었다. 아버지는 알코올 중독자였다. 케넬라는 자기가 아기 침대에 누워 있을 때, 그녀가 태어난 걸 저주하던 아버지의 말을 기억하고 있다고 적고 있다. 어머니는 자기 인생을 딸이 망쳐 버렸다면서 그녀를 탓했다. 그녀의 부모는 모두 엄격한 가톨릭 가정에서 자랐기 때문에 어떠한 피임법도 거부했다. 어머니에게 있어 성관계는 결혼관계에서의 의무일 뿐이었다. 스물네 살이 되었을 때, 그녀는 이미 네 명의 아이를 갖게 되었다. 네 명의 아이와 무책임한 알코올 중독자 남편을 둔 스물네 살의 엄마를 한번 상상해 보라. 원치 않은 임신에서 생긴 아이였기에 케넬라는 어머니의 분노와 멸시의 대상이었다. "넌 왜 이렇게 못생겼니?" "넌 아무것도 될 수 없을 거야."라는 어머니의 말을 그녀는 아직도 생생하게 기억하고 있다. 가족체계이론에서, 케넬라는 **잃어버린 아이, 엄마의 속죄양** 그리고 **희생자**의 역할을 수행했다고 할 수 있다. 이러한 역할들을 통해 역기능 가정의 구성원들은 자신들의 필요를 충족한다. 더 이상 아이를 원치 않는 가정이나 이미 너무 많은 아이가 있는 가정에서 태어난 **'원치 않는 아이'**가 가족 내에서 중요한 구성원이 되는 법을 배우는 길은 바로 '자신을 잃어버리는 것'이다. 사실상 가족들은 그 아이에게 "애야, 우린 널 가지는 걸 원치 않았단다." "우린 지금도 너무 많은 애가 있잖아."라고 말하고 있다.

그래서 케넬라는 완벽하게 **작은 소녀**가 되는 법을 배웠다. 그녀는 지나치게 복종적이며, 공손하고, **도움이 되려고 하는 아이**였다. 그녀는 자신이 갓난아기였을 때 방 안에 오랫동안 혼자 누워 있으면서도 울거나, 소리를 내지 않았었다고 적고 있다. 좀 더 커서는 어머니나 다른 가족을 귀찮게 하지 않으려고 오랜 시간 동안 방에서 혼자 놀았다. 이것이 바로 **잃어버린 아이의 전형적인 행동**이다. 케넬라는 성장해서도 일과 사회생활에서 이러한 패턴을 계속해서 되풀이했다. 치료받지 않았다면 아마도 무덤까지 이런 패턴을 끌고 갔을 것이다.

· 친구와 함께 당신의 신생아 시기에 대해 나누기 ·

당신의 신생아기에 대해 알고 있는 만큼 충분히 적었다면, 이제 다른 사람에게 이야기하고, 큰 소리로 읽어 주는 것이 중요하다. 만약 당신이 지금 치료를 받고 있는 중이고, 당신의 담당 치료사가 이 책에 있는 과제를 해도 좋다고 허락했다면, 당신이 쓴 것을 당신의 치료사와 함께 나누어 보라. 혹시 당신이 12단계 프로그램에 참여 중이라면, 당신의 후원자와 함께 나누어 보라. 당신이 정말로 신뢰하는 사람—예를 들어, 목사님이나 친한 친구—이 있다면 그와 같이 해도 좋다. **중요한 것은 누군가가 당신의 이야기를 들어 주고, 갓난아이인 당신이 겪은 최초의 아픔을 이해해 주는 일이다.** 그 사람은 갓난아기인 당신의 존재를 반영하고 보여 주어야 한다. 혹시 그가 당신에게 의문을 제기한다거나, 논쟁을 벌이거나 충고를 하려 한다면, 당신의 필요를 채우기 어렵다. 당신에게는 그저 당신의 이야기를 들어 주는 사람이 필요하다.

부모나 다른 가족들과 같이 하는 것은 권하고 싶지 않다. 그들이 개인적으로 치유 프로그램에 참여하고 있다면 함께 하는 것을 고려해 볼 수 있겠지만, 그렇지 않다면 피하는 것이 좋다. 특히 갓난아이 때 당신이 실제로 학대를 받은 경험이 있다면, 이 점을 꼭 확인할 필요가 있다. **치료받지 못한 가족 구성원은 당신이 경험했던 그런 잘못된 최면상태에 여전히 있다고 볼 수 있으므로** 그들은 당신의 아픔을 인정하거나 확인할 수 없을 것이다.

당신의 갓난아이 때가 고통스럽지 않았을 가능성도 있다. 나의 워크숍에 참여한 많은 사람들이 사실은 그들이 이 세상에서 환영받았던 존재였다는 것을 발견했다. 부모가 성인아이였을지라도, 그들은 **원하는** 아이였던 것이다. 그러나 오래지 않아, 그다음 발달단계에서 상처를 받게 된 것이다. 바로 부모의 자기애적 결핍이 나타나기 시작하면서부터다.

· 감정을 느끼기 ·

당신이 '**잃어버린 아이**'라면, 아마도 갓난아이 때의 어떤 감정들을 아직도 지니고 있을 것이다. 갓난아이 때의 모습이 찍힌 사진이 있다면, 그 사진을 오랫동안 쳐다보라. 혹 사진이 없다면, 주위에 있는 갓난아이를 오랫동안 바라보라. 어떤 방법이든 상관없다. 단지 그 아이의 '생에 대한 에너지'에 주목해 보라. 여기 자신의 운명에서 살아남기를 원하는 진정 순수하고 놀라운 한 아이가 있다. 이 아이는 태어나게 해 달라고 하지 않았다. 그저 갓난아이로서, 성장하고 자라기 위해 필요한 음식이나 사랑과 같은 양육을 원했을 뿐이다. 이렇게 소중한 어린아이를 세상에 태어나게 해 놓고서는 그 아이를 원치 않는다고 상상해 보라.

원치 않는 아이라면 차라리 고아원에 보내는 게 더 정직한 방법일지도 모르겠다. 혹은 입양이 아이를 위해 더 나을지도 모르겠다. 적어도 입양을 한 부모님들은 그 아이를 원하니까.

· 편지 쓰기 ·

이런 상상을 해 보라. 당신은 현명하고 부드러운 어른이고, 아이를 입양하고 싶어 한다. 당신이 입양하고 싶어 하는 그 아이는 바로 갓난아이 때의 당신이다. 당신은 그 아이에게 편지를 써야 하는데, 물론 그 아이는 글을 읽을 줄 모른다. 그러나 그 아이에게 편지를 쓰는 일은 아주 중요하다(**당신 안의 소중한 아이**를 정말로 치유하고 싶지 않다면, 편지를 쓰지 않아도 좋다. 그러나 나는 당신이 편지를 쓸 것이라고 믿는다. 그렇지 않다면 당신은 이 책을 구입하지 않았을 것이다). 편지를 길게 쓸 필요는 없다. 한두 문장 정도면 충분하다. **당신의 놀라운 내면아이**에게 이렇게 말해 주라. 나는 너를 정말로 사랑하고 있고, 네가 여자아이(또는 남자아이)인 게 너무 기쁘다고. 그리고 너를 정말로 원하고, 기꺼이 내 시간을 내서 네가 성장하고 자라는 걸 도와주겠다고. 그 아이가 필요로 하는 것이 무엇인지 당신이 이미 알고 있고, 당신이 그 아이에게 그것을 줄 것이라는 확신을 주라. 그리고 그 아이를 유일하고 소중한 존재로 보기 위해 당신의 모든 노력을 다하겠다는 확신을 심어 주라. 편지를 마친 다음 당신이 쓴 그 편지를 천천히, 큰 소리로 읽으면서 당신이 어떻게 느끼는지 살펴보라. 당신이 울고 싶거나 슬픈 감정이 든다면, 느껴지는 대로 그렇게 하라.

다음의 글은 내가 나의 내면아이에게 쓴 편지다.

> 사랑하는 어린 존에게
>
> 네가 태어나서 정말 기쁘단다. 널 정말로 사랑하고, 네가 언제나 나와 함께 있기를 바란단다. 네가 남자 아이라서 얼마나 기쁜지 모르겠다. 네가 성장하는 데 내가 많이 도와줄게.
>
> 네가 나에게 얼마나 소중한 존재인지 네가 알았으면 좋겠구나.
>
>   -너를 사랑하는 어른 존으로부터

갓난아이에게서 온 편지

이상하게 들릴지 모르겠지만 이번에는 당신의 갓난아이가 당신에게 편지를 쓸 것이다. 이 편지를 쓸 때는 당신이 주로 쓰는 손이 아닌 다른 손을 사용해야 한다. 즉, 오른손잡이라면 왼손으로 편지를 써야 하고, 왼손잡이라면 그 반대다. (이 기법은 우리 두뇌의 통제적이고 논리적인 부분이 아닌 덜 지배적인 부분과 접촉하게 해 준다. 이 방법은 당신의 내면아이의 감정과 더 쉽게 만나도록 해 준다.) 물론 아이는 편지를 쓸 수 없다. 그러나 한번 시도해 보라. 기억할 점은 그 아이가 편지를 쓰더라도 많이는 쓰지 못할 것이다. 아마도 간단한 한 문단 정도일 것이다. 내가 쓴 아이의 편지가 여기에 있다.

> 어른 존에게
>
> 당신이 나를 데리러 와 줬으면 좋겠어요.
>
> 나도 누군가에게 소중한 사람이 되고 싶어요.
>
> 난 혼자 있기 싫어요.
>
>   -당신을 사랑하는 어린 존으로부터

· 선언문 ·

비록 갓난아이의 욕구가 다 충족되진 않았더라도 상처받은 내면의 갓난아이 또한 여전히 원래의 에너지를 갖고 있다. 그 아이에게는 지금까지 받아 보지 못했던 그런 돌봄이 아직도 필요하며 이 세상에 태어난 걸 환영받아야만 한다. 지금까지 당신이 갖지 못한 것을 주는 방법은 『선언적인 확신』을 통해서다. 팜 레빈은 『힘의 주기(Cycles of Power)』라는 책에서, 각각의 발달단계에서 필요한 확신들을 제시하고 있다. 갓난아이는 말의 실제 의미를 이해하진 못하지만 비언어적인 부분들을 이해한다. 만일 어머니가 당신이 사내아이라서, 혹은 당신을 원치 않았기 때문에 실망했었다면 굳이 말하지 않아도 당신은 이미 그것을 알고 있다. 당신이 여자 아이라서 실망했었다는 말을 아버지가 한 번도 하지 않았다 하더라도 당신은 이미 알고 있다. 어느 누구도 당신에게 원치 않는 아이였다는 말을 하지 않았더라도 **당신은 이미 알고 있다.**

어떤 이들은 자신이 원치 않는 아이였다는 말을 직접 듣기도 한다. 어떤 내담자는 자기를 임신했을 때 어머니가 자살하려고까지 했었다는 이야기를 들었다고 한다. 다른 사람은 어머니가 자기를 가졌을 때 아버지가 낙태시켜 버리라고 한 말을 들었다고 한다. 나는 이런 끔찍하고 믿을 수 없는 이야기를 지금까지 셀 수도 없이 많이 들어 왔다.

말의 힘은 정말 강력하다. 친절한 말 한마디는 하루를 행복하게 만든다. 반면 비판적인 말은 일주일 내내 우리를 우울하게 만들 수 있다. **막대기와 돌은 당신의 뼈를 부러뜨리지만, 험담은 당신에게 그보다 더 큰 상처를 입힌다.** 다시 한번 말하지만, 능력 있는 말은 당신의 초기 아픔을 만져 놀라운 치유를 일으킬 수 있다.

긍정적이고 확신에 찬 말은 우리의 존재를 강하게 해 주고, 내면의 상처를 치유할 수 있다. 팜 레빈은 "확신에 찬 선언적인 메시지는 혼수상태에 있는 환자의 심장과 호흡 속도까지 변화시킬 수 있다."고 말했다.

긍정적인 메시지를 반복하는 것은 **정서적인 영양제**와도 같다. 당신은 어떤 긍정적인 말을 들어 본 적이 있는가? 그런 긍정적인 말들이 당신 내면의 갓난아이가 자라고 성장할 수 있도록 도와줄 것이다. 긍정적인 메시지들의 반복은 이제 깊고 본능적인 변화를 일으킬 것이며, '초기 고통의 치유작업'의 첫 번째 단계에 영향을 줄 것이다. 나는 팜 레빈의 핵심적인 모델을 사용하되, 갓난아이의 다른 욕구들을 포함하기 위해 '갓난아이 때의 선언문'을 확대 적용해 보았다.

묵상을 하는 동안, 당신이 내면아이에게 해 줄 수 있는 사랑스러운 말들을 적어 보았다. 내면아이는 부드럽고 슬기로운 어른인 당신에게서 이 말들을 듣게 될 것이다 (어떤 방법이든 당신이 가장 좋아하는 방식으로 하길 바란다).

이 세상에 온 것을 환영한다. 널 오랫동안 기다려 왔어.

네가 여기에 있어서 너무 좋다.

난 네가 지낼 만한 아주 특별한 곳을 마련해 놓았단다.

네 모습 그대로를 사랑한다.

무슨 일이 생겨도, 널 떠나지 않을 거야.

네가 필요한 게 무엇이든 다 괜찮아.

네가 갖고 싶어 하고 네게 필요한 걸 언제든지 줄게.

네가 남자아이 (또는 여자아이) 라서 너무 기쁘다.

널 보살펴 주고 싶구나. 난 그럴 준비가 다 되어 있다.

널 먹이고, 목욕시키고, 옷을 갈아입히고, 너와 시간을 보내는 게 너무 좋다.

이 세상에서, 너와 같은 아이는 없다. 넌 독특하다.

네가 태어났을 때, 하나님도 웃으셨단다.

· 내면의 갓난아이 묵상 ·

이 묵상을 하려면 다른 사람에게 방해받지 않는 한 시간 정도의 시간이 필요하다. 손수건이나 휴지를 준비해 두면 좋다. 팔과 다리는 편안한 자세로 의자에 앉으라. 이 연습과제를 할 때, 당신이 신뢰할 수 있는 다른 사람에게 미리 말해 두라. 물론 이 작업에 대해 이해할 수 있는 사람이어야 한다. 묵상이 끝났을 때 그 사람과 같이 당신이 했던 작업을 확인해 보기 바란다. 또한 이 장의 서론에서 말한 유의사항을 다시 한번 기억하길 바란다. 다음과 같은 경우에는 이 작업을 피하도록 권한다.

- 정신적 질병으로 진단을 받은 적이 있거나 정신병력이 있는 경우
- 강간을 포함한 성적 학대의 희생자이지만 아직 치료받지 못한 경우
- 심각한 정서적 충격을 받은 경우
- 중독의 회복단계에 있지만 일 년간의 금주/금단 기간이 지나지 않은 경우
- 치료사의 허락을 받지 않은 경우

혹시 이 묵상에 대한 종교적인 거부감을 갖고 있다면, 여기에는 반(反)종교적인 어떤 부분도 없다는 사실을 말하고 싶다. 사실 하루에도 몇 번이나 우리가 황홀상태를 왔다 갔다 한다는 걸 알고 있는가? 내가 당신에게 요구하는 것 중 당신이 아직 한 번도 해 보지 않았거나 어떻게 해야 할지 모르는 부분은 하나도 없다. 다만, '자발적인 연령 퇴행(spontaneous age regression)'을 통해 상처받은 내면아이의 문제가 부분적으로 드러난다는 점을 기억하라. 연령 퇴행을 포함한 이러한 묵상을 할 때 당신 자신이 이 과정을 통제하고 있으므로 언제든지 압도당하는 느낌이 있을 때는 그만둘 수 있다. 필요하다면 묵상 도중에 그만두어도 상관없다.

이 묵상의 도입 부분은 모든 발달단계에서 공통적으로 사용될 것이다. 녹음기에 녹음을 하고, 표시된 각 구절 사이는 약 15초간 침묵으로 중단하라.

자, 이제 조용하게 앉아 지금 당신 주위에 무엇이 있는지 알아차립니다. …… 시간과 공간 속에 당신을 놓아 두세요. 당신이 앉아 있는 의자 밑 부분과 등 부분을 느껴 보세요. …… 입고 있는 옷의 감촉을 느껴 보세요. …… 지금 들리는 여러 가지 소리들을 들어 보세요. …… 방 안의 공기를 느껴 보세요. …… 지금 이 순간에는, 당신이 가야 할 곳

도, 당신이 해야 할 일도 없습니다. …… 아직 눈을 감고 있지 않다면, 이제 눈을 감아 보세요. …… 당신의 호흡을 느껴 봅니다. …… 공기가 안으로 들어오고, 나가는 것을 느껴 보십시오. …… 숨이 들어오고 나갈 때 당신의 코에서 어떤 느낌이 듭니까. …… 지금 당신의 생각이 방해를 받고 있어도 괜찮습니다. 그런 방해는 TV 프로그램을 보는 동안, 갑자기 화면 밑부분에 폭우나 폭풍이 올 거라는 자막이 뜨는 것과 같은 것입니다. 중요한 것은 단지 그것을 알아차리는 것입니다. 그냥 스쳐 지나가도록 내버려 두세요. …… 계속해서 호흡을 하는 동안, 당신이 원하는 만큼 당신의 의식을 잡고 있을 수 있습니다. …… 아니면 당신이 아는 편안한 방법으로, 의식을 놓아도 좋습니다. …… 이제 당신은 아이로서 잡는 법과 놓아 주는 법을 배웠습니다. …… 그리고 이제는 얼마나 붙잡고 있어야 하는지, 얼마나 놓아야 하는지를 확실히 알게 되었습니다. …… 갓난아이처럼 호흡할 때, 완전한 균형을 이루는 법을 배웠습니다. …… 숨을 들이쉬고 …… 그리고 당신의 피가 깨끗하게 정화되도록 숨을 오래 잡고 있습니다. …… 숨을 내쉬면서 …… 공기가 빠져나가는 것을 느낍니다. …… 갓난아이로서 어머니의 젖꼭지를 어떻게 빠는지를 배웠습니다. …… 젖병을 빠는 법도 압니다. …… 그리고 따뜻한 우유를 맛보는 동안 숨을 내쉽니다. …… 당신은 이제 젖병을 어떻게 잡아야 하는지를 배웠습니다. …… 다 마시고 나서, 그 병을 놓아 버리는 것도 배웠습니다. …… 그다음에는 침대 모서리를 잡는 법을 배웠고…… 그리고 뒤로 누우려고 할 때는 그것을 놓아야 한다는 것도 배웠습니다. …… 여기서도 당신은 얼마나 붙잡고 있고, 언제 놓아야 하는지를 알게 됩니다. …… 그리고 당신이 정확하게 필요한 것을 찾아낼 수 있다고 자신을 믿을 수 있게 됩니다…….

자, 지금쯤이면 눈꺼풀이 무겁게 느껴질 수 있습니다. …… 그렇다면 그냥 눈을 감고 있으면 됩니다. …… 당신의 입도 무겁게 느껴질지 모릅니다. …… 손과 팔도 그렇게 느껴질지 모릅니다. …… 아마 손을 전혀 움직일 수가 없다는 느낌이 들 수도 있습니다. …… 그리고 당신의 다리와 발도 무겁게 느껴져…… 다리를 움직일 수가 없는 것처럼 느껴질 수도 있습니다. …… 아니면 반대로 온몸이 마치 떠오르는 것처럼 느껴질 수도 있습니다. …… 당신의 손과 팔이 마치 새의 날개처럼 느껴질 것입니다. …… 당신이 무엇을 느끼는지 이제 확실하게 알 수 있습니다. 나른함이든 부드러움이든 …… 그리고 그것이 무엇이든, 당신에게 가장 좋은 상태입니다 …….

이제, 당신은 어린 시절의 어떤 기억으로 되돌아갈 준비가 되었습니다. …… 학교에 간 첫날을 한번 기억해 보세요. …… 그때 가장 친했던 친구 …… 좋았던 선생님, 이웃에 살던 사람들 …… 당신이 학교에 들어가기 전에 살던 집은 어땠는지 기억해 보세요. …… 무슨 색깔이었는지 …… 아파트였는지 …… 주택이었는지 …… 도시에 살았는지 …… 아니면 시골에서 살았는지 ……. 이제 집 안의 방들을 떠올려 보세요. …… 당신이 주로 어디서 시간을 보냈나요? …… 특별한 방이 있었습니까? …… 식탁은 어디 있나요? …… 저녁 식탁에 누가 있는지 한번 둘러보세요. …… 식탁에 앉아 있는 건 어떤 느낌입니까? …… 그리고 그 집에 살고 있는 건 어떤 느낌이었나요?

이것은 각각의 발달단계의 공통적인 도입 부분이다. 특정 단계와 관련된 설명은 각 단계마다 다르다.

자, 이제 당신이 태어나던 당시, 가족들이 살던 집을 한번 상상해 보세요. …… 당신이 잠들던 방도 상상해 보세요. …… 당신이 얼마나 예쁜 아기였는지도 보세요. …… 당신이 웅얼거리고, 울고, 웃던 목소리도 들어 보세요. …… 당신이 작은 그 아기를 꼭 안아 주는 상상을 해 보세요. …… 당신은 부드럽고 현명한 어른으로 거기에 있습니다. …… 당신은 당신의 갓난아이 시절을 보고 있습니다. …… 거기에 누가 또 있나요? …… 어머니? …… 아버지? …… 이 집에서, 이 사람들에게서 태어난 게 어떻게 느껴지나요? …… 이제 당신이 작고 소중한 갓난아이가 되어 이 모든 것을 다 보고 있다고 상상해 보세요. …… 성인이 된 당신을 보고 있습니다. …… 당신을 마치 마술사나 마법사로 볼 수도 있고, 아니면 그냥 당신 그대로 볼 수도 있습니다. …… 당신을 사랑하고 있는 존재가 있다는 걸 한번 느껴 보세요. 이제 어른인 당신이 갓난아이인 당신을 들어 올려서 안고 있는 상상을 해 보세요. 그리고 다음과 같은 확신에 찬 말을 부드럽게 들려주세요.

이 세상에 온 것을 환영한다. 널 오랫동안 기다려 왔어.

네가 여기에 있어서 너무 좋다.

난 네가 지낼 만한 아주 특별한 곳을 마련해 놓았단다.

네 모습 그대로를 사랑한다.

무슨 일이 생겨도, 널 떠나지 않을 거야.

네가 필요한 게 무엇이든 다 괜찮아.

네가 갖고 싶어 하고 네게 필요한 걸 언제든지 줄게.

네가 남자아이 (또는 여자아이) 라서 너무 기쁘다.

널 보살펴 주고 싶구나. 난 그럴 준비가 다 되어 있다.

널 먹이고, 목욕시키고, 옷을 갈아입히고, 너와 시간을 보내는 게 너무 좋다.

이 세상에서, 너와 같은 아이는 없다. 넌 독특하다.

네가 태어났을 때, 하나님도 웃으셨단다.

이 말을 들을 때, 당신에게 느껴지는 것이 무엇이든 그대로 느껴 보세요…….

자, 이제 어른인 당신이 갓난아기인 당신을 내려놓습니다. …… 그가 당신을 절대로 떠나지 않을 것이라고 약속하는 것을 들어 보세요. …… 그리고 이제부터 그는 항상 당신을 위해 존재할 것입니다. …… 이제 당신은 어른인 원래의 자신으로 되돌아갑니다. …… 당신의 작고 소중한 어린 자신을 보세요. …… 당신은 이제 막 그 아이를 치유했습니다. …… 집으로 돌아온 듯한 귀향(homecoming)의 느낌을 한번 느껴 보세요. …… 그 작은 아이는 사람들에게 사랑받으며, 이제 다시는 혼자 있지 않을 것입니다. …… 이제 그 방에서 걸어 나오세요. 그 집 주위를 천천히 거닐면서, 당신이 걸어온 자리를 한번 돌아보기 바랍니다. …… 기억의 뒤안길로 천천히 걸어 보세요. …… 초등학교를 지나 …… 십 대를 거쳐 …… 청년기를 지나고 있습니다. …… 이제 지금 당신이 있는 그 자리로 걸어갑니다. …… 당신의 발가락을 느껴 보세요. …… 그걸 움직여 보세요. …… 당신의 다리에서부터 올라오는 힘을 느껴 보세요…… 깊은 숨을 들이쉬면서 당신의 가슴에서 힘을 느껴 보세요. …… 참았던 숨을 내쉬면서 소리를 내 보세요. …… 당신의 팔과 손가락에서 나오는 힘을 느껴 보세요. …… 손가락을 움직여 보세요. …… 어깨, 목 그리고 턱에서 나오는 힘도 느껴 보세요. …… 자, 당신의 팔을 뻗어 보세요. …… 당신의 얼굴과 존재 전부를 느껴 보세요. …… 이제 깨어나 의식을 자연스럽게 되찾으시기 바랍니다. …… 그리고 천천히 눈을 뜨십시오.

잠시 동안 앉아서 당신이 방금 경험한 것을 기억해 보기 바란다. 느껴지는 대로 느껴 보라. **당신을 가장 감동시킨 선언문**이 무엇이었는지 더듬어 보고, 그것에 주목해 보라. 그 말들에 반응하여, 그 단어들을 충분히 느껴 보도록 하라. 당신의 반응이 분노라면, 그냥 화가 나는 그대로 느끼면 된다. 예를 들어, 당신은 이렇게 생각할 수도 있다. "이건 완전히 바보 같은 짓이야. 하나의 게임에 지나지 않아. **날 정말로 원했던 사람은 아무도 없었어!**" 그렇다면 그저 화나는 그대로 당신을 내버려 두고, 그 느낌을 느껴 보라. 소리 지르고 싶다면 그렇게 하라! 베개를 테니스 라켓이나 야구방망이로 때리고 싶다면 그렇게 하라. 그런 반응들이 지나가고 당신의 기분이 괜찮아지면, 그때의 생각이나 느낌을 적어 보도록 하라. 배우자나 후원자 또는 친구에게 이야기해도 좋다. 그러나 기억해야 할 중요한 사실은 **성인인 당신이 갓난아이인 자신을 돌볼 수 있다는 점**이다.

어떤 사람들은 이 안내서에 따라 자신의 마음속에 뭔가를 떠오르게 하는 것이 너무 어렵다고 호소한다. 우리 모두가 지각할 수 있지만, 그렇다고 모든 사람이 쉽게 영상화할 수 있는 것은 아니다. 우리는 각자 세상을 다르게 지각하는 방법을 가지고 있다. 당신에게 원래 시각적인 경향이 강하다면, 당신은 아마 이렇게 말할 것이다. '아주 좋아 보이는데요.' '그걸 하고 있는 나 자신을 그려 볼 수 있어.' 하지만 당신에게 본래 청각적인 경향이 강하다면 이렇게 말할 것이다. '그거 아주 좋게 들리는데.' '뭔가가 나한테 그걸 하라고 말했어.' 운동감각을 타고 난 사람은 이렇게 말하는 경향이 있다. '나한테 딱 맞는 느낌이야.' '그걸 하려고 움직인 거야.' 그러니 뭔가를 떠올린다는 것이 어렵더라도 걱정하지 말라. 어쨌든 당신은 자신의 방법대로 그것을 지각할 것이다.

때때로 사람들은 자신의 상처받은 내면아이를 보지도, 듣지도, 느끼지도 못한다.

그 이유는 이 작업을 하는 동안 **그들이 그 아이가 되어 버렸기 때문이다. 그들은 그 상처받은 아이의 상태에 실제로 머물러 있다.** 당신에게 이런 일이 일어났다면 묵상으로 다시 돌아가서 당신이 어른인 당신을 보게 하고, 어른인 당신이 당신 자신에게 풍성한 사랑의 선언문들을 들려주도록 하라.

어떤 사람들은 그 아이를 집으로 데리고 오면, 그 아이가 자신들에게 새로운 짐이 될까 봐 지레 겁먹는다. 그것은 당신이 이미 너무 많은 책임을 지고 있다는 증거다. 그러나 내면아이와 만나는 데는 그저 하루에 몇 분이면 충분하다. 당신이 그 아이를 실제로 먹이거나, 입히거나, 돌봐 줄 필요가 없다. 게다가 당신의 내면아이를 사랑하고 돌봐 주는 것은 오히려 당신에게 시간을 더해 주는 방법이다. 지금까지 당신이 자신에게 해 보지 않은 방식으로 말이다.

어떤 사람들은 갓난아이인 자신의 모습을 보고 나서 화를 내거나 혐오감을 느낀다. 이것은 심각한 수준의 수치심 중독을 보여 준다. 우리는 부끄러움을 당했던 그대로 자기 자신을 부끄러워한다. 만일 당신의 지금 삶의 태도가 갓난아기인 당신의 연약한 모습을 받아들이지 않는다면, 당신 역시 그런 식으로 자기 자신을 받아들이지 않을 것이다. 당신이 이 작업을 하는 동안 분노나 경멸감 또는 혐오감을 느꼈다면, 당신은 자신의 약하고 상처받기 쉬운 부분을 수용할지에 대해 결정해야 한다. 나는 이것이야말로 당신의 진정한 부분이라고 확신한다. 이것은 우리 모두에게 있는 부분이다.

당신이 자신의 가장 연약하고 무기력한 모습을 기꺼이 받아들이기까지는 온전하고 진정으로 능력 있는 당신이 될 수 없다. 당신의 에너지와 강점들은 당신의 다른 부분을 거부하게 될 것이다. 이 내적 전쟁이 그치려면 당신의 많은 시간과 에너지, 그리고 능력이 요구된다. 역설적으로 보이지만 당신의 강점은 바로 당신의 약점을 받아들일 때 나타나게 된다.

이제 당신은 갓난아이인 자신을 치유했으므로 그 아이에게 며칠 동안 선언문을 반복해서 들려주어야 한다. 그 갓난아이를 꼭 껴안아 주는 장면을 그려 보면서 큰 소리로 외쳐 보라. '이제 넌 여기에 있단다! 지금까지 그리고 앞으로도 이 세상에 너와 같은 아이는 없단다. 아무도 널 흉내 낼 수 없어. 넌 유일하고 독특한 아이야.' 이때 **가장 가슴에 뜨겁게 와닿았던 선언문도** 덧붙여 말해 주라. 바로 당신이 가장 듣고 싶어 했고, 들어야 했던 말들이다. 그리고 당장 공원으로 나가 보라. 공원에 앉아서 잔디와 꽃들, 새들, 나무들, 동물들을 지켜보라. 그들은 모두 이 우주에 속한다. 그리고 그들은 창조에 꼭 필요한 부분이다. 그리고 당신도 거기에 속해 있다. 당신도 새나 벌들 그리고 나무와 꽃들과 같이 이 우주에 꼭 필요한 존재다. 당신은 이 지구에 속해 있다. **당신을 환영한다!**

파트너와 같이 하기

이 연습과제들은 파트너와 같이 해도 좋다. 이때 두 사람 모두 아주 특별한 방식으로 상대를 위해 있어 줄 필요가 있다. 내면아이는 당신이 갑자기 떠나지 않으리란 것을 알아야 하기 때문에 두 사람 모두 이 과제를 하는 동안 서로를 위해 있어 줄 것을 약속해야 한다. 그렇다고 해서 당신이 상대방을 위해서 특별한 뭔가를 하거나, 그를 변화시키거나 치료하려고 할 필요는 없다. 그저 서로를 위해서 **옆에 있어 주기만 하면** 된다. 한 사람은 이야기를 하고 다른 한 사람은 선언문을 읽어 주는 역할을 담당하게 된다. 내가 제시한 선언문들을 그대로 사용하도록 권하고 싶다(최근 워크숍에서, 어떤 여성이 그룹 안의 한 남자에게 확신을 준다고 하면서 그만 감정적으로 휩쓸려 버린 일이 있었다. 그녀는 "이 세상에 온 걸 환영해요. 당신에게 너무 끌려요. 당신과 사귀고 싶어요."라고 말해 버린 것이다. 물론 갓난아이가 된 그가 자기 어머니의 역할을 하는 사람에게 들을 만한 말은 아니었다). 한 사람이 확신을 주는 역할을 경험했다면, 이번에는 역할을 바꾸어 보길 바란다.

이렇게 연습과제를 같이 할 때 당신의 파트너에게 확신을 주는 동안 그를 붙잡아 주거나 포옹해 주는 것도 괜찮다. 물론 사전에 조심스럽게 상대방에게 확인을 해야 한다. 대부분의 성인아이들은 신체적 경계선이 침범당한 경험이 있다. 따라서 시작하기 전에 파트너가 당신을 어떤 식으로 포용하고, 붙잡아 주기를 바라는지를 알려 주어야 한다. 물론 그 사람이 당신을 신체적으로 접촉하는 것이 싫다면 분명하게 말해 주라.

자, 이제 당신이 이 연습과제를 시작할 준비가 되었다면 파트너에게 묵상의 전체 도입 부분을 읽어 주라. 천천히, 조심스럽게 읽어 주기 바란다. 음악을 좋아한다면 조용한 음악을 틀어 놓고 해도 좋다. 스티븐 할펀(Steven Halpern)의 '자장가 모음곡(Lullaby Suite)'을 추천한다. "이제 그가 당신에게 다음과 같은 선언문을 부드럽게 말하는 것을 들어 보세요."라는 문장을 읽고 난 후, 당신은 **파트너에게 그 선언문을 큰 소리로 말해 주면 된다.** 그런 후 연습과제를 끝내도록 하라. 혼자 이 작업을 하는 것과 파트너와 같이 하는 것의 차이점은 파트너가 있을 때는, 그가 선언문을 큰 소리로 읽어 주고 당신이 원하는 방식대로 당신을 어루만져 주거나 안아 줄 수 있다는 것이다. 당신 차례가 끝나면 파트너와 바꿔서 해 보라.

그룹작업

내가 이끄는 내면아이 워크숍에서 대부분의 치유작업은 그룹으로 행해진다. 나는 그룹작업이 가장 효과적인 치료형태라고 확신한다. 워크숍이 끝날 때쯤 나는 참가자들에게 그들이 다른 사람들에게 가장 중요한 자원이 되었다는 사실을 상기시켜 준다. 나는 사람들이 스스로 무엇인가를 이루어 낼 수 있다는 사실을 알게 되기를 바란다.

그러나 치유 과정 동안에는 항상 훈련된 치료사들을 대기시켜 놓는다. 혹시라도 어떤 사람이 감정적으로 압도당하는 만약의 경우를 대비해서다. 압도당한다는 것은 감정에 지나치게 빠져들게 되거나 중독적으로 부끄러워하는 상태로 돌아갔을 때 생길 수 있는 현상이다. 이러한 감정들은 자연스러운 감정들보다 훨씬 불안정하다. 사실 누구도 자연스러운 감정들로 인해 압도당하는 사람은 없다.

이후의 제안들은 다음과 같은 사람들에게 해당된다.

- 치유그룹을 인도하려는 치료사들이나 전문상담가들

- 상호 자조를 돕는 CODA, ACOA, 또는 다른 회복그룹(recovery group)의 구성원들
- 개인 성장을 진지하게 추구하는 사람들과 내가 제공한 안내서를 따르는 사람들

그룹이 만들어지려면 적어도 5명에서 9명 미만의 인원이 필요하다. 그룹에는 남녀가 섞여 있어야 하며, 이성(異性)이 최소한 두 사람 이상은 있어야 한다. 그 이유는 우리의 부모가 어머니, 아버지로 구성되어 있으며, 우리는 남녀 모두의 목소리를 들을 필요가 있기 때문이다.

그룹의 구성원들끼리 서로를 잘 모른다면 이렇게 해 보도록 권한다.

A. 연습과제를 시작하기 전에, 그룹에 있는 사람들끼리 얼마간의 시간을 같이 보내도록 하라. 한 시간 반 정도의 만남을 적어도 세 번은 가지라. 첫 번째 만남에서는 자신들을 소개하는 시간을 갖고, 상처받은 내면아이를 갖게 된 사연들을 서로 나누라. 그리고 같이 밖에 나가서 상쾌한 바람을 쐬도록 한다. 다음 만남에서는 한 사람씩 돌아가면서 자신의 가족적 배경과 어린 시절에 대해 약 10분간 나누는 시간을 갖도록 하라. 이때 가급적 시간을 지키는 편이 좋다. 세 번째 만남은 좀 더 자발적인 만남이 되도록 하라. 그렇지만 각자 이야기할 수 있는 시간을 적어도 10분 정도 주는 것은 잊지 말라. 원한다면 여기서 한 시간 반 이상의 시간을 보내도 괜찮지만, 최대한의 효과를 얻기 위해 어느 정도의 구조화는 필요하다. 10분이라는 시간구성은 특별히 중요하다. 몇몇 상처받은 아이들은 말하는 걸 멈추지 않을 것이고, 어떤 히스테리 환자들은 자신들이 주목받고 있다는 것을 확인하려고 끊임없이 감정적인 소음을 만들 것이다.

B. 모든 사람이 같이 시간을 보내고 난 후에, 이제 한 사람씩 자신이 이 모든 과정에 끝까지 참여할 것이라는 서약을 해야 한다. 과정은 갓난아이 때부터 청년기까지 어린 시절의 다섯 가지 발달단계를 포함하고 있다. 다시 한번 강조하지만, 상처받은 내면아이가 가장 알아야 할 필요가 있는 것은 누군가 자신을 위해 있어 주는 것이다. 개개인 모두가 참여할 수 있는 그룹 모임 날짜를 잡으라.

C. 다음은 신체적 경계선을 명확하게 긋는 것이다. 이것은 구성원 각자가 자신의 신체적인 경계선과 성적인 경계선을 분명하게 밝히는 것이다. 그룹에 있는 어떤 사람이 성적인 농담으로 당신을 불편케 한다면 그것에 대해서 말해야 한다. 당신이 성적인 강박증세를 갖고 있다면, 그룹의 구성원들에게 결코 그렇게 하지 않겠다는 약속을 당신 자신에게 해야 한다. 단지 그룹의 누군가에게 이성적인 매력을 느낀다고 해도 같은 약속을 해야 한다.

각각의 구성원들은 자신이 다른 사람을 도와주고 그들이 감정을 느낄 수 있도록 지지해 주기 위해 거기에 있다는 것을 깨닫는 것이 중요하다. 그룹의 구성원들이 할 일은 서로의 거울이 되어 주고 반영해 주는 것이다. 예를 들어, '네 입술이 떨리는 걸 보았고, 네가 울 때 너의 슬픔을 느꼈어.' 또는 '네가 어린 시절을 이야기할 때 난 화가 났어(또는 무서웠어, 슬펐어).' 그러나 치료를 하려고 하거나, 충고한다거나 또는 노력하고 있는 사람을 고쳐 보려고 하는 시도는 금물이다. 비디오녹음기를 재생해서 지금 관찰한 것을 다시 본다고 상상해 보라. 분석이나 토론, 충고는 당신을 머리/이성에 가두어 버려 감정이 흘러나오는 것을 막는다. 당신이 토론하거나 충고하게 되면, 다른 사람이 자신의 감정을 쏟아 내는 것을 방해하게 될 것이다.

많은 성인아이는 누군가를 돌봐 주게 될 때 자신이 중요한 사람이 된다고 배웠다. 그래서 그들은 거의 중독적으로 남을 도와주고 그들을 바로잡아 주려고 한다. 종종 이런 말들을 통해 다른 사람을 그의 감정에서 벗어나게 만들어 버리곤 한다. '긍정적인 면을 좀 봐라.' '자, 그럼 이제 너의 대안을 한번 들어 볼까?' 또는 '왜(너의 아버지가 왜 술을 드신다고 생각을 하니?)?'라는 질문을 한다. 반면 감정을 드러내는 가장 좋은 표현들은 다음과 같다. '지금 기분이 어떠니?' '네가 보기엔 어땠니?' 또는 '너의 슬픔에 대해서 말해 주겠니? 뭐라고 하고 싶니?' 이런 말들은 사람들이 자신의 감정을 표현하도록 격려한다.

잊지 말라. 이것은 초기 고통을 다루는 작업이다. 우리는 종종 해결되지 못한 우리 자신의 감정 때문에 사람들이 그들 안에 있는 감정을 꺼내지 못하게 막아 버린다. 예를 들면, 당신이 흐느껴 울기 시작하면 나 자신의 해결되지 못한 슬픔이 건드려진다. **내가 당신의 울음을 멈추게 하면, 나는 더 이상 나 자신의 아픔을 느낄 필요가 없을 것이다.** 그러나 단지 드러난 감정을 멈추게 하는 그런 도움은 당신에게 결코 유익하지 않다. 오히려 그렇게 하는 것이 당신을 혼란스럽고 미치게 만들지도 모른다. 아마도 당신이 어렸을 때도 늘 이런 식이었을 것이다. 누구보다도 당신을 잘 도와준다고 자부하는 당신의 위로자인 내가, 당신이 감정을 느끼는 걸 막음으로써, 사실상 당신에게 가장 필요한 도움을 막고 있었던 것이다.

　남을 잘 돕는 사람들은 항상 그들 자신을 돕고 있는 것이다. 도와줌으로써 타인에게 중요한 사람이 되는 법을 배웠기 때문에 그들은 다른 사람들을 돕는 일을 통해 자신의 깊은 무능함을 극복하려 한다.

　물론 진정한 도움도 있다. 다른 사람들이 자기 자신이 되도록 내버려 두는 것, 그들이 자신의 감정을 갖도록 도와주고, 그런 감정을 가졌을 때 그 감정들을 인정하는 것이다. 이렇게 인정해 주라. **'나는 널 보고 있고, 네 말을 듣고 있어. 그리고 있는 그대로 널 소중히 여긴단다. 너의 존재를 받아들이고 존중한단다.'**

　당신이 역기능적이고 수치심에 기반을 둔 가정에서 자랐다면 이런 방식대로 당신이 다른 사람을 위해서 존재하기란 어렵다. 우리 중 누구도 완벽하게 그렇게 할 수 있는 사람은 없다. 개인뿐만이 아니라 어떤 단체도 완벽하게 하지 못한다. 다만, 당신이 자신의 부족함을 깨닫고 있는 순간, 당신이 그 사람에게 하는 말이 그 사람이 아닌, 바로 당신 자신에게 한 말이라는 걸 단지 인정하기만 하면 된다.

　그러나 당신의 파트너나 그룹 구성원이 이 작업을 하다가 감정적으로 지나치게 압도되면 작업을 중단하라. 그리고 그 사람에게 당신의 눈을 쳐다보면서 몇 가지 짧고 사실적인 질문들에 답하게 하라. '내 셔츠는 무슨 색이죠? 어디에 사시나요? 어떤 차를 가지고 계세요? 그 차는 무슨 색인가요? 방 안에 지금 몇 명이나 있죠? 그들의 이름은 뭐죠?' 이런 질문들은 그 사람에게 지금 현재에 대한 감각에 다시 집중할 수 있게 해 준다. 사람들이 감정적으로 압도당했다고 느낄 때는 내면의 상태에 붙들려 있는 것이다. 오래 전에 얼어붙어 쌓여 온 감정들의 저장고를 다시 경험하고 있고, 과거의 힘에 붙잡혀 있는 것이다. 따라서 그들이 현재로 다시 돌아올 수 있도록 도와주어야 한다. 이러한 질문들은 그들을 현재로 인도하게끔 해 준다.

이제 이 연습과제들을 시작할 준비가 되었다면, 우선 그룹 구성원 중에서 묵상테이프에 녹음할 만한 가장 평화로운 목소리를 가진 사람을 뽑으라. 그 사람이 '자, 이제 당신은 이 모든 것을 바라보고 있는 작고 소중한 어린아이가 되었다고 상상해 보세요.'라는 말을 읽는 부분까지 녹음하면 된다. **선언문은 녹음하지 않도록 하라.** 그 대신 그룹 구성원들에게 그 선언문 목록을 나누어 주라. 그룹원들에게 각자의 왼쪽 엄지손가락과 왼쪽 손가락의 하나를 마주 대도록 하라. 그런 상태로 약 30초간 있다가 손가락을 떼게 하라. 이제 계속해서 146쪽에 나와 있는 '이제 그 방에서 걸어 나오세요. 그집 주위를 천천히 거닐면서…….'라는 부분의 묵상을 녹음하고 끝까지 계속하면 된다.

이제 녹음한 내용을 그룹원들을 위해서 다시 틀어 보라. 그것이 끝났을 때 사람들은 자기 집에서 태어날 때 어떤 느낌이었는지 재경험을 했을 것이다. 그리고 각자 자신들의 왼쪽 엄지손가락과 다른 손가락으로 이 감정들을 머물게 할 수 있다. 앵커는 과거의 경험을 연상시키는 어떤 감각적인 자극이다(옛날 노래가 좋은 예일 것이다. 우리는 옛날 노래를 들으면서 열다섯 살 때의 추억이나 옛 친구들을 떠올리게 된다. 얼굴 표정도 앵커의 일종이다. 아버지가 당신에게 트집 잡기 전에 일정한 방식으로 눈살을 찌푸렸다면, 다른 누군가가 당신에게 비슷한 방식으로 눈살을 찌푸렸을 때 오래된 감정이 건드려진다). 가장 자동적인 앵커는 정신적 외상에서 비롯된다. 제9장에서는 앵커를 이용해 전체적인 재구조화를 시도하는 연습과제를 하게 될 것이다.

다음에 할 일은 의자 하나를 중앙에 놓고 그룹원들이 동그랗게 서도록 한다. 그룹원들은 돌아가면서 원의 가운데 서게 될 것이다. 각자 자기 차례가 되었을 때 원 안으로 들어가서 제일 먼저 할 일은 신체적인 경계선을 만드는 것이다. 예를 들면, 자신에게 그룹원들이 얼마큼 가까이 앉을 수 있는지, 또 자신이 원한다면 그들이 어떻게 안아 주고, 만져 주고, 쓰다듬어 주어야 하는지에 대해 말해야 한다. 중앙에 있는 사람은 그의 왼쪽 엄지손가락과 다른 손가락을 맞대면서 묵상을 시작한다. 즉, 묵상을 하는 동안 만들어 낸 앵커에 접촉함으로써 시작하게 되는 것이다. 그 목적은 초기 갓난아이 때의 기억에 접근하기 위해서다. 당신에게 해 주고 싶은 말은 당신이 생각하는 이상으로 항상 당신의 기억들과 접촉할 것이라는 점이다. 상호의존적인 사람들은 보통 자신들이 이 연습과제를 제대로 해내지 못할 것이라고 생각한다. 자신을 그룹에 있는 다른 사람들과 비교하지 않도록 조심하라. 당신에게 있는 상호의존성을 만들어 낸 수치심 중독은 당신의 부모가 지녔던 아이들에 대한 고정적인 기대와 이미지—즉, 아이들은 이러저러해야만 한다고 믿고 있는—와 당신에 대한 비교의 결과로 생긴 것이다.

당신의 머릿속에서 맴도는 혼잣말들을 조심하라. '그래, 내가 제대로 못 하고 있다는 걸 나도 알아.' '내 앞사람은 흐느껴 울었는데, 난 눈물조차 나지 않잖아.'등의 말들이다. 당신이 자신에게 해야 할 말은 바로 '난 지금 이 과제를 내게 필요한 그대로 정확하게 하고 있어.'라는 말뿐이다.

일단 당신이 중앙에 서서 자신의 신체적 경계선을 만들고, 당신의 앵커와 접촉하게 되면 이 과정이 시작된다.

그룹원들이 145~147쪽에 나와 있는 목록 중에서 자신들이 선택한 선언문을 당신에게 천천히, 애정을 담아 하나씩 선포할 것이다. 약 20초 간격으로 뒷사람이 선언문을 말하도록 한다. 이런 식으로 확신 주기를 그룹이 세 바퀴 돌 때까지 반복한다. 물론 몇 가지 선언문들은 반복될 수도 있다. 중앙에 앉아 있는 사람을 위해 휴지를 준비해 두라. 지원그룹의 모든 사람이 세 번의 선언문을 다 말한 다음, 중앙에 앉아 있는 사람이 몇 분간 그대로 더 앉아 있게 하라. 시간이 좀 지나면, 그 사람의 어깨를 가볍게 두드려 주는 식으로 신호를 줘서 그룹으로 다시 결합하도록 해 주라. 주의할 것은 모든 그룹 구성원들의 순서가 다 끝나기 전에는 이 과제를 하면서 느낀 것을 말하지 않도록 한다. 모두가 다 마쳤을 때, 각자 중앙에 서서 경험한 것을 같이 나누도록 하라. 각자의 경험들은 독특하고 유일하다는 점을 기억하라.

자신들의 경험을 나눌 때, 다음과 같은 사항들에 초점을 맞춰 주기 바란다.

• 중앙에 있는 사람에게 어떤 선언문을 주었는가? 거기에 어떤 패턴이 있었는가?

혹시 같은 선언문을 몇 번씩 되풀이하지는 않았는가? 당신이 말한 선언문은 종종 당신이 가장 듣고 싶어 했던 것이다.

- 당신이 들었던 선언문 중에서 당신의 힘, 분노, 슬픔 또는 두려움을 바로 없애 버린 말들이 있었는가? 예를 들면, 많은 여성은 '네가 여자아이라서 너무 기쁘단다.'라는 말을 들으면 흐느끼곤 한다. 어떤 사람들은 '넌 얼마든지 네 시간을 가질 수 있단다.'라는 말에 울음을 터트린다. 높은 수위의 감정에너지에 주의하라. 높은 수위의 감정이나 감정적인 강도는 바로 감정에너지가 막힌 곳이다. 이러한 높은 감정에너지의 확신이 어쩌면 당신의 인생에서 가장 필요한 양식일지도 모른다.

- 남자와 여자의 목소리에 유의해서 들어 보라. 남자의 목소리가 당신의 두려움, 분노, 또는 슬픔을 건드리는가? 여자의 목소리에서 어떤 특별한 감정을 느끼는가? 이것은 여러분이 다음의 치유작업을 준비하는 데 아주 중요한 자료가 될 것이다. 내면아이에게 필요한 특별한 양육의 종류들을 아는 것이야말로 당신이 그 아이를 돌보는 데 아주 중요하다.

모든 순서를 다 끝내고 자신들의 이야기를 모두 나누었다면, 그룹작업은 여기에서 끝난다.

다음 그림은 나의 갓난아기가 치유된 모습을 상상해서 그려 본 것이다.

자, 이제 당신 역시 당신의 갓난아이의 모습을 회복했다. 이제 다음 단계인 유아기
로 넘어가도록 하자.

05

당신 안의 유아를
치유하기

발끝으로 다니는 사람은 제대로 설 수 없다.
성큼성큼 걷는 사람은 제대로 걸을 수 없다.

– 중국 속담 –

유아기
(대립적 결속)
나는 나다(I AM ME).

나이: 9~18개월(탐험의 단계)
18개월~3세(분리의 단계)

발달단계의 양극: 자율성 대 수치심과 의심(Autonomy vs. Shame & Doubt)

자아의 힘: 의지력(Willpower)

힘: 감각과 행동(Sensing and Doing)

관계적 이슈: 심리적 탄생(Psychological Birth),
반(反)-의존(Counter-Dependence)

· 의심의 지표 ·

다음 질문에 '예' 또는 '아니요'로 답하라. 각 문제를 읽고 난 후, 잠시 기다리며 어떤 느낌이 드는지 느껴 보라(어떤 느낌인지 그 느낌을 느껴 보라). 긍정의 느낌이 강하게 들면 '예', 부정의 느낌이 더 강하게 들면 '아니요'로 답하라. 당신이 '예'라고 대답했다면, 지난날 당신의 놀라운 내면아이가 상처받았다고 의심해 볼 수 있다. 상처의 정도를 1에서 100으로 잡는다면, 당신은 그 사이 어디쯤에 있다고 보면 된다. '예'가 많을수록 유아로서의 당신이 더 많은 상처를 받았다고 할 수 있다.

질문 내용	예	아니요
1. 자신이 진정으로 무엇을 원하는지 잘 모를 때가 있습니까?		
2. 새로운 장소에 가 보고 경험하는 것에 대해 두려워하십니까?		
3. 새로운 경험을 시도하는 게 두렵습니까? 만일 새로운 경험을 시작한다면 항상 다른 사람이 먼저 시도할 때까지 기다리는 편입니까?		
4. 버림받을까 봐 몹시 두려워합니까?		
5. 곤란한 상황에서 당신이 어떻게 해야 할지 누군가 말해 주기를 원합니까?		
6. 누군가 당신에게 어떤 제안을 했을 때, 꼭 그렇게 해야 한다고 느낍니까?		
7. 어떤 경험에 실제로 집중하기가 어렵습니까? 예를 들면, 관광 여행지에서 재미있는 구경을 하는 도중에도 관광버스가 당신을 놔두고 떠날까 봐 걱정이 됩니까?		
8. 당신은 걱정이 아주 많은 사람입니까?		
9. 자발적으로 행동하는 게 어렵습니까? 예를 들면, 당신이 기분이 좋고 그렇게 하고 싶은데도 불구하고 사람들 앞에서 노래하는 게 창피합니까?		
10. 권위 있는 사람들과 종종 갈등을 일으킵니까?		
11. 욕할 때 똥구멍, 똥개, 똥파리 등과 같이 배변이나 방뇨, 성기에 관한 단어들을 주로 사용하는 편입니까? 혹은 화장실과 관련된 농담을 즐겨 합니까?		
12. 남자나 여자의 엉덩이 부분에 집착하는 편입니까? 다른 성관계보다는 주로 항문섹스를 즐기고 그와 관련된 성적 공상에 빠져 있습니까?		
13. 돈, 사랑, 감정이나 애정 표현에 인색하다는 소리를 종종 듣습니까?		

14. 깔끔함과 청결함에 대한 강박관념을 가지고 있습니까?		
15. 다른 사람이나 자기 안에 있는 화를 두려워합니까?		
16. 가급적 갈등을 회피하려고 합니까?		
17. 다른 사람에게 싫다고 거절했을 때 왠지 미안한 감정이 듭니까?		
18. 직접적으로 거절하기보다 소극적이며 다양하고, 교묘한 간접적인 방식으로 거절하는 편입니까?		
19. 가끔 상황에 맞지 않게 제멋대로 행동하거나 심하게 난폭해집니까?		
20. 종종 다른 사람을 지나치게 비판하는 편입니까?		
21. 같이 있을 때는 그 사람에게 잘하지만, 함께 있지 않을 때는 그를 비판하거나 험담합니까?		
22. 어떤 일을 성취했는데도, 그것을 받아들이고 즐기지 못하는 편입니까?		

이 질문들은 유아기에 관한 것이다. 문제 1번부터 9번까지는 생후 9개월부터 18개월까지의 시기에 관한 질문으로서 유아기의 첫 번째 단계에 해당된다. 이 시기에 아기는 기어다니고, 만지고, 맛보고, 호기심이 많아서 자기 주변 세계를 열심히 탐험한다.

문제 10번부터 22번까지는 생후 18개월부터 3세까지의 시기에 관한 질문이다. 이 시기를 분리단계(separation Stage)라고 부른다. 대립적인 결속으로 인한 반(反)의존(counter-dependence)의 단계라고 할 수 있다. 대립적 결속의 시기에서 아이는 특별히 부모가 무엇을 하라고 했을 때 주로 "싫어요." "내가 할래요." "안 할 거예요."라고 말한다. 이렇게 아이가 부모의 말을 거역하기는 하지만 그러나 항상 부모의 시야 안에 있다. 아이는 여전히 부모에게 구속되어 있지만 부모로부터 떨어져 나와 자기 자신이 되기 위해서는 부모와 대립해야만 한다.

이러한 분리의 과정을 '제2의 탄생(second birth)' 혹은 '심리적 탄생(psychological birth)'이라고 부른다. 이것이야말로 '나됨'의 진정한 시작인 것이다.

자, 이제 우리의 힘을 시험해 봄으로써 우리가 과연 누구인지를 발견하고, 우리 주변을 탐색하는 여행을 시작해 보자. 생후 9개월 된 아이에게 세상은 탐구할 만한 흥미로운 것들로 가득 차 있는 '풍요로운 감각의 장(場)'이다. 생후 9개월 안에 아이에게 기본적인 신뢰감이 형성된다면, 그 아이는 자연스럽게 주변 환경을 탐색하기 시작할 것이다. 특별히 아이는 보고, 만지고, 맛보려고 할 것이다.

에릭 에릭슨은 이것을 '흡입(incorporation)단계'라고 부른다. 아이는 '모든 것을 잡으려'고 하고 그의 삶 안으로 흡수하려고 한다. 아이들에게 있는 이런 기본적인 호기심들이 제대로 충족된다면 창조적인 모험이나 위험을 감수할 수 있게 하는 미래의 자원이 될 것이다.

이 시기는 또한 아이들에게 매우 모험적인 시기이기도 하다. 왜냐하면 아이는 흥미롭게 보이는 거무칙칙한 물건들과 전기 소켓의 다름을 구별할 줄 모르기 때문이다. 탐색시기에 있는 아이들에겐 계속적인 보호관찰이 필요하기 때문에 부모는 대단한 인내력을 가지고 돌보아야 한다. 이러한 상황을 잘 다루려면 부모 자신이 정서적인 균형을 잘 유지할 수 있어야 한다.

탐구력과 독립하려는 욕구는 아이들의 근육이 발달하기 시작하면서 점점 강해진다. 아이는 기는 법을 배우게 되고, 곧 걷기 시작한다. 이것은 자연스러운 현상이다. 에릭슨은 근육의 발달을 '잡는 시기'와 '놓는 시기'로 구분한다. 우리 모두는 잡는 것과 놓는 것의 균형을 배워야만 한다. 걸음마, 먹고 배설하기, 장난감을 가지고 놀기, 그네 타기, 수영, 달리기 등을 배우려면 잡는 것과 놓는 것 사이의 균형이 필요하다. 아이는 근육의 힘과 의지력이 발달하면서 이러한 균형을 배우게 된다.

아이가 적절하게 잡고(예: 넓은 공공장소에 있을 때는 보호자의 손을 꼭 잡는 것) 놓는 것(예: 유아용 변기에 앉았을 때, 배설을 잘하는 것)을 할 수 있을 때 훌륭한 의지력을 가지게 될 것이다.

잡는 것과 놓는 것은 정서적인 균형과도 관련이 있다. 아이의 타고난 생명력은 아이들로 하여금 자신의 모습이 되게 하고, 자신만의 방식대로 할 수 있도록 해 준다. 처음에 아이들은 정서적인 균형을 갖고 있지 않다. 자율성을 향한 아이들의 본능적인 욕구는 지나치게 반동적이다. 아직까지 그들은 무엇을 할 수 있고 없는지를 시험해 보지 않은 상태다. 이 단계에서 아이들은 절대론자가 되려 하고 작은 '독재자'처럼 행동하기도 한다. 원하던 것을 얻지 못했을 때는 막 화를 내곤 한다. 아이들에게 필요한 것은 나이에 맞는 한계를 지정해 주며, 안정감 있고 참을성 많은 부모다. 이 시기의 아이들에게는 양쪽 부모 모두가 필요하다. 남자아이의 경우, 어머니의 손길을 너무 많이 필요로 하므로 육아 부담에 지친 어머니에게 휴식이 필요한 경우가 있다. 이럴 때 아버지는 어머니를 도와주고 건강한 한계를 정할 필요가 있다. 아버지는 개인주의의 상징이고, 어머니는 협력의 상징이다.

어머니와 아버지는 분노를 건강하게 표현하고, 갈등을 해결하는 좋은 기술들을 보여 주는 모델이 되어야 한다. 갈등 해결은 건강한 친밀감을 형성하는 데 아주 중요하다. 아이들은 부모가 갈등을 해결하는 모습을 보아야 한다. 즉, 아이들에게 필요한 것은 부모가 불일치를 해결하고, 솔직한 감정을 표현함으로써 정직한 관계를 만들어 가는 모습을 보는 것이다.

아이들은 독립심을 표현하고, 다름을 발견할 필요가 있다. 처음에 그들은 기분 좋고 즐거운 것만 원한다. 그래서 어머니와 아버지가 한계를 정해 주려고 하면 갈등이 일어나게 된다. 아이들은 부모에게 화를 내도 부모가 자기를 버리거나 떠나지 않는다는 것을 배울 필요가 있다. 그들은 갈등을 해결하는 법과 모든 일이 항상 자기가 원하는 대로되지 않을 수도 있다는 것을 배워야 한다. 또한 '아니요/안 돼'라고 말했을 때는 그에 따른 중요한 결과가 있으며, 양쪽 모두를 다 가질 수는 없다는 사실도 배울 필요가 있다. 예를 들어, 아이가 '아니요, 안 갈래요.' 하고서는, 모든 식구가 다 수영장을 가는 것을 알고 다시 '네, 갈래요.'라고 말할 수는 없다는 것이다. 이러한 교훈들은 유아기 시절에 수치심과 의심이 발달되면서 배우게 되는 것이다.

건강한 수치심은 단순한 한계의 감정이다. 이것은 우리가 인간이며 완전하지 않다는 것을 알게 해 준다. 그렇다고 해서 너무 많은 수치심을 가질 필요는 없다. 단지 우리가 신이 아님을 깨달을 정도면 충분하다. '수치심은 영혼의 호위병'이라고 독일의 철학자 니체(Nietzsche)는 말했다. 한편 의심은 우리를 보호해 준다. 의심은 이층 창가에서 뛰어내리는 게 안전하지 못할지도 모른다는 생각을 갖게 하고, 그런 의심이 결국에는 이층에서 뛰어내리는 것을 막아 준다. 그리고 그 대신 안전을 위해 난간을 세우게 된다.

이 시기의 목표는 올바른 **의지력**을 갖는 일이다. 의지력은 우리로 하여금 **행동의 힘**을 발달시킨다. 어떤 일도 잡는 것과 놓는 것 사이의 균형이라는 훈련 없이는 제대로 할 수가 없다. 누군가 "자유의 모든 가면 중에서 훈련이 가장 신비스러운 것"이라는 말을 한 적도 있다. 우리에게는 자유로워지는 훈련이 필요하다.

건강한 의지력 없이는 훈련이란 있을 수가 없다. 언제 적절하게 잡고 있어야 하고, 언제 놓아야 하는지를 알 수가 없기 때문이다. 때때로 부적절하게 놓아 버리거나(예: 멋대로 행동하는 것), 부적절하게 잡고 있게 되는 경우(예: 계속해서 쌓아 놓기, 지나친 통제, 강박적이거나 중독적으로 되는 것)가 있다. 그러나 적절하게 잡는 법을 배운 아이들은 성실과 사랑에 대한 좋은 기반을 가지게 되며, 적절하게 놓는 법을 배운 아이들은 삶의 변화에 슬퍼할 줄 알며, 언제 앞으로 나아가야 하는지를 안다.

균형 잡힌 의지력 외에 건강한 자율성의 중요한 결과 중 하나는 **대상항상성**의 성취라고 할 수 있다. 이것은 생후 3세 된 모든 아기가 누구도–자신의 부모뿐만 아니라 자신도–완벽하지 않다는 것을 알아야 한다는 것을 의미한다. 건강한 수치심을 갖고 있다면 이렇게 이해할 수 있을 것이다. '엄마와 아빠는 인간이다. 그래서 항상 내가 원하는 대로 하거나, 내가 원하는 것을 줄 수 없다. 그들이 건강하다면 내게 필요한 것을 줄 것이다. 그들이 내게 한계를 정할 때면 난 종종 화가 난다. 그러나 그건 내가 균형이 무엇인지 배우는 한 방법이다.' 대상항상성은 사실상 우리에게 이 세상을 불완전한 현상으로 보게 한다. 같은 부모인데도 어떤 때는 기쁨을 주지만, 어떤 때는 그렇지 않다는 것을 아이들이 깨닫게 될 때, 그 부모는 변함없는 존재로 남게 된다. 아이가 볼 때 그들이 좋고 나쁠 순 있지만 말이다. 또한 아이는 자기도 양극성을 갖고 있다는 사실을 알게 될 것이다. 어떤 날엔 아주 행복하고, 어떤 날에는 아주 슬프다. 행복하거나 슬프거나 자신은 여전히 같은 사람이다. 이러한 교훈을 배우지 못한 성인 아이들은 엄격한 절대론자가 되는 경향이 있다. 그들은 전부 아니면 전무라는 극단적인 사고를 한다.

아이들은 자율성을 성취하면서 자신만의 경계선을 만들기 시작한다. 내 것이 무엇이고 네 것이 무엇인지를 아는 것은 좋은 대인관계를 형성하는 데 중요하다. 유아기 때 아이는 '그건 내 거야.'라는 말을 많이 한다. 무엇이 자기 것이고, 무엇이 다른 사람들 것인지를 알기 위해서다.

· 성장장애 ·

이 단계에서는 부모가 건강한 경계선을 갖고 있는 게 특별히 중요하다. 그뿐만 아니라, 의지력에 대한 강한 인식을 갖고 있어야 한다. 앞에서 언급한 대로 의지력은 건강한 경계선의 요소를 형성하는 자아의 힘이다. 게다가 의지력은 당신이 적절할 때 그것을 표현하고 억제함으로써 당신의 감정을 조절할 수 있게 한다. 예를 들어, 누군가 당신의 모자 위에 여행가방을 얹었다면 그럴 때는 당신의 감정을 표현해야 한다. 그러나 경찰이 속도위반으로 차를 세웠다면 그때는 감정을 억눌러야 하는 상황이다. 또한 의지력은 당신 자신에게나 다른 사람에게 '아니요.'라는 표현을 할 수 있도록 해준다. 가장 중요한 것은, 의지력이란 건강한 균형감각 위에 견고하게 세워져야 한다는 점이다.

성인아이인 부모는 건강한 균형감각을 갖고 있지 않다. 그래서 그들은 '아니요.'라는 말을 언제 해야 할지 모르거나, 아니면 무조건 '아니요.'라고 말해 버린다. 때때로 '좋다.'는 말을 했다가도, 다시 일관성 없이 교묘한 방식으로 '아니요.'라고 말을 바꾸어 버린다.

유아기 때 나는 지나치게 잡는 법을 배움으로써 이 문제를 해결하려 했다. 완전히 **순종적인 아이**가 됨으로써 나의 자율성을 억눌러 버렸다. 나는 어머니에게는 **'어린 심부름꾼'**이었고, 할머니에게는 **'착한 아이'**였다. 지나치게 순응해 버리면서 나의 **놀라운 아이**는 숨어 버리고 말았다.

그래서 나는 나 자신의 다른 면-분노, 어질러 놓는 것, 크게 웃는 것 등-을 표현하려고 하면 부끄러움을 느꼈다. 화장실에 가는 건 내게 악몽 그 자체였다. 누군가 내가 화장실에서 무엇을 하는지 다 알고 있는 것 같아 수년 동안 화장실을 가는 게 두려웠다. 어릴 때는 가족들을 하나하나 찾아다니면서 화장실에 들어오지 말라고 당부하고 나서야 화장실에 갈 수 있었고, 들어가서는 화장실 문을 꼭 잠그곤 했다. 이런 것을 정상적이고 본능적인 행동이라고는 할 수 없을 것이다. 나는 항상 화장실 안의 수도꼭지를 틀어 놓아서 소변보는 소리를 들을 수 없게 했다. 더 큰 볼일을 볼 때면 차라리 음악밴드를 고용하고 싶을 정도였다.

나는 내 몸이 악하거나 더럽다고 생각했다. 내가 가진 종교적 전통에서는 인생을 마치 눈물의 계곡과 같다고 보았다. 인생이란 죽음에 도달하기 위해 사람이 참고 견뎌야 하는 길이었으며, 죽음은 이 모든 걸 다 해냈을 때에야 오는 것이다. 내가 자란 환경에서는 신부님과 수녀님의 검은 제복과 수치심과 죄의식을 고백하는 캄캄한 고해실이 신의 상징이었다.

나의 부모 역시 이러한 종교적 전통의 **영적 희생자**였다. 아버지는 **경계선이 없는 사람**이었다. 그의 마음속에는 수치심이 기본적으로 깔려 있었다. **중독적으로 부끄러워하는 사람**은 자기에게 괜찮은 점이 하나도 없다고 믿고 있다. 수치심을 기본적으로 갖고 있다는 것은 곧 아무런 경계선이 없는 것으로, 이것이 당신을 중독에 빠지게 한다. 아버지는 여러 가지에 중독되어 있었다. 그는 '싫다.'는 말을 못 했다. 나중에 내가 반항할 만큼 컸을 때는 나 역시도 아버지처럼 하고 있었다.

어머니는 **의무에 속박된 사람**이었다. **착한 여자, 착한 아내, 착한 어머니**라는 역할에 지나치게 순응하고 있었다. 이러한 의무감이 지닌 문제점은 그것이 엄격하고, 판단적이며, 완벽주의적이라는 데 있다. 그러나 감사하는 것은, 만약 어머니의 의무감이 없었다면 난 살아남지 못했을 것이다. 그런 점에서 아이를 키울 때는 잡고 있는 것이 놓아주는 것보다 낫다(속박이 유기나 방치보다 낫다). 그럼에도 불구하고 완벽주의적이고 의무적으로 속박하는 도덕관은 **수치심에 기반을 둔 아이**를 만들어 내게 된다.

의무감에 매인다는 것은 기쁨을 누릴 수 있는 권리가 없다고 느끼는 것이다. **의무감에 매인 어머니**들은 자신이 좋아하는 행동을 할 때 죄책감이 생기기 때문에 즐거움을 싫어한다. 의무는 인간의 '행동'을 만들어 낸다. 매리언 우드먼(Marion Woodman)이 말했듯이 "뭔가를 계속 해야만 하는 **완벽주의자**가 그냥 가만히 있다는 것은 존재하기를(숨 쉬는 것을) 멈추는 것과 같다."

이 시기의 성장장애는 균형의 상실을 의미한다. 나 자신의 상처받은 내면아이를 발견하기 전까지 나는 지나치게 잡고 있거나 아니면 쉽게 놓아 버리곤 했다. 나는 성직의 길을 준비하는 신앙심 있는 **독신주의자**이거나, 아니면 성적 탐닉을 추구하는 알코올 중독자였다. 나는 **좋은 사람**이었거나 아니면 **나쁜 사람**이었다. 그러나 단 한 번도 둘 다는 아니었다. 마침내 치유의 과정에서 내가 깨달은 것은 내가 좋은 사람이었을 때가 나쁜 사람이었을 때보다 결코 더 낫지 않았다는 사실이다. 항상 다른 사람을 기쁘게 하는 것, 항상 '**착한 아이**'가 된다는 것은 비인간적이다. 내가 기억하기로 우리 가족의 규칙 중 하나는 '좋은 말을 안 하려거든 아예 아무 말도 하지 말라.'였다. 이 규칙은 월트 디즈니(Walt Disney)의 만화 밤비(Bambi)의 엠퍼(Thumper) 때문에 유명하다. 그러나 엠퍼는 토끼였다.

이 시기에 상처받은 아이의 성장장애는 다음과 같이 요약할 수 있다.

정신적인 상처: 나됨의 부정　자신의 있는 모습 그대로가 되는 것은 바람직하지 않다. 정신적인 상처는 종종 이 시기에 시작된다.

병적인 수치심　병적인 수치심은 당신의 어떤 부분에 대해서도 괜찮다고 말하지 않는다. 당신이 느끼고, 행동하고, 생각하는 모두가 잘못되었다. 당신은 인간으로서 결함 있는 존재다.

공격적 행동　훈련이 없으면 공격적인 행동이 나온다. 공격적인 행동을 하는 사람은 결과에 상관없이 원하는 것을 얻으려고 하면서도 자신의 무책임한 행동에 대해서는 책임지려고 하지 않는다.

강박적인 과잉통제　지나치게 순응하면서 당신의 내면아이는 **사람들을 기쁘게 하는 사람**이 되어 버렸다. 당신은 문자 그대로 판단하는 법을 배웠다. 자신뿐만 아닌 다른 사람에 대해서 비판적이고 단정적이다.

중독　당신의 내면아이는 싫다는 말을 할 수 없다. 당신은 중독자다. 주로 과음하거나, 과식, 과용 또는 지나치게 섹스를 한다.

고립　당신의 내면아이는 고립된 채 혼자다. 혼자 있는 것만이 당신이 경계선을 가지고 있다고 느끼는 자신을 방어하는 유일한 방법이다. 어느 누구와도 관계를 맺지 않음으로써 **아무에게도 상처받지 않으려** 한다.

　균형의 부족　경계의 문제. 당신의 내면아이는 잡는 법과 놓는 법의 균형을 배운 적이 없기 때문에 다음과 같은 세 가지 특징을 드러낸다. 첫째, 돈이나, 감정, 칭찬 또는 사랑에 인색하고, 거칠고 무분별하며, 전혀 통제 불가능이다. 자신뿐만 아니라 모든 것에 대해 줘 버리는 경향이 있다. 둘째, 엄격한 규율로 자신의 아이를 지나치게 통제하거나, 사실상의 한계를 제대로 정해 주지 않아 지나친 복종이나 방종을 유도할 수도 있다. 또는 자녀양육에서 균형이나 일관성 없이 이랬다저랬다 할지도 모른다. 셋째, 심각한 관계적인 문제에 부딪힐 수 있다. 다른 사람과의 관계에서 빠져 버리거나, 얽히게 되거나, 속임에 빠지거나(이 경우, 떠날 수도 없다) 또는 고립되고 외로워지는 것이다.

　유아기는 내면아이가 가족체계에서의 역할을 받아들이는 시기는 아니지만, 역할을 선택하는 일정한 경향이 정해지는 때다. 나의 내면아이는 분리와 버림받음에 대한 분노를 경험하게 되자 사람들을 즐겁게 하거나 보호하려는 경향을 개발시켰다.

· 보고하기 ·

　당신의 유아기에 대한 정보들을 얻기 위해 다음의 질문들에 대답해 보라.

1. 당신이 두세 살 때 옆에 누가 있었는가? 아버지는 어디에 있었는가? 당신과 자주 놀아 주었는가? 같이 시간을 보낸 적이 있는가? 부모님은 이혼하지 않고 결혼생활을 유지하고 있었는가? 당신의 어머니는 어디에 계셨는가? 그녀는 인내심이 있는 편이었나? 당신과 시간을 함께 보냈는가? 혹시 둘 중 한 사람이나 두 사람 모두 중독에 빠져 있었는가?	(답)

2. 부모는 당신에게 어떤 벌을 주었는가? 만약 육체적인 벌이었다면, 정확하게 어떤 벌을 받았었는지 자세히 써 보라. 정서적으로는 얼마나 무서웠는가? 아버지가 집에 돌아오시면 매를 맞거나 벌을 받을 거라는 말을 들어 본 적이 있는가? 당신의 허리띠나 회초리를 당신이 직접 (만들어) 가지고 온 적이 있는가?	(답)
3. 손위 형(오빠)이나 누나(언니)가 있는가? 그들은 당신을 어떻게 대했는가?	(답)
4. 당신을 위해 주는 사람은 누구였나? 겁을 먹고 있거나 울고 있을 때 안아 준 사람은 누구였나? 화가 났을 때, 단호하지만 친절하고 부드러운 한계를 만들어 준 사람은 누구였나? 당신과 같이 놀아 주고, 웃어 주고, 즐거운 시간을 보낸 사람은 누구였나?	(답)

유아기 때 사건들을 가능한 한 많이 써 보라. 당신이 아이였을 때는 몰랐지만, 지금은 알고 있는 가족의 어떤 비밀들에 대해 주의하라. 예를 들면, 아버지가 섹스 중독자였고, 바람을 많이 피웠는가? 부모 중의 한 사람이 혹시 육체적·성적·정서적 학대의 피해자인데도 아직 치료받지 못했는가? 내가 아는 한 남자는 마흔이 되어서야 자기 어머니가 육체적 · 비육체적인 **근친상간의 희생자**였다는 사실을 알게 되었다. 그는 수년 동안 자신을 성적으로 표출해 왔었다. 그는 주로 **근친상간의 피해자**인 여성과 만나는 경향이 있었다. 그는 자기 어머니와 지나친 유대를 갖고 있었는데, 내 생각에는 어머니의 미해결된 근친상간의 문제가 그를 통해 표출되어 온 것으로 보인다.

가족의 비밀은 항상 그 가정의 중독적인 수치심과 관련된다. 당신은 그 부분에 대해서 가능한 한 충분히 이해할 필요가 있다. 당신이 쓴 글 중에서 당신이 부끄러워하고 창피해하는 방식에 집중해 보라. 당신의 모든 느낌, 욕구, 소망이 억압되는 방식에 초점을 맞추라. 혹은 가정 내에 규율이 없거나, 통제를 받지 않음으로써 당신이 잘못된 권한을 행사하지는 않았는지 살펴보라. 또한 당신에게 한계에 대해서 알려 줄 만큼 당신을 충분히 생각해 주는 사람이 없었거나, 주고받는 것에 대해서 가르쳐 줄 만큼 챙겨 주는 사람은 없었는지, 당신의 행동에 대해서 책임을 져야 한다고 가르쳐 주는 사람은 없었는지 생각해 보라.

정신적인 상처를 받은 사건을 기억하고 있다면 적어 보라. 가능하면 구체적이고 자세하게 써야 한다. 예를 들어, 오빠가 잘못된 행동을 했는데도 당신이 억울하게 벌을 받은 적이 있다면 적어 보라. '오빠와 나는 낡아빠진 인형 두 개를 가지고 놀고 있었다. 하나는 너덜너덜했고, 속이 다 삐져나와 있었다. 인형의 색깔은 파란색과 빨간색이었지만 세세한 부분은 다 바래 있었다. 갑자기 오빠가 내 인형을 잡더니 인형의 팔을 뜯어 버렸다. 그리고 곧바로 엄마한테 달려가서는 내가 자기 인형의 팔을 잡아 뜯어 버렸다고 고자질했다. 오빠는 엄마의 **'총애아'**였다. 엄마는 즉시 달려와 내 등과 엉덩이를 때렸다. 난 너무 아팠고, 내 방으로 달려가 엉엉 울었다. 등 뒤에서 오빠의 웃음소리가 들려 왔다.'

　세세하게 기억나지 않더라도 기억할 수 있는 모든 내용을 적어 보라. 치료에서는 이런 표현이 있다. '**자세하게 설명할 수 있다면** 당신은 실패하지 않을 것이다.' 자세한 설명이란 실제 경험에 아주 가깝기 때문에 당신의 진짜 감정과 더 가까이 만날 수 있다. 예를 들어, 최근 워크숍에서 만난 한 여성이 생후 18개월부터 네 살 때까지 아버지로부터 성폭행을 당했다는 이야기가 당신에겐 그리 충격적으로 들리지 않을 것이다. 끔찍하다는 생각을 할지는 모르지만 당신에게 실제 정서적인 반응은 없을 것이다. 그러나 내가 당신에게 그녀의 아버지가 구체적으로 어떻게 했는지를 자세히 이야기해 준다면, 당신은 이 여성이 느낀 끔찍한 배신감과 아픔을 느낄 수 있을 것이다.

· 친구와 함께 당신의 유아기를 나누기 ·

　앞에서도 말했듯이, 양육적이고 지지적인 사람과 당신의 유아기에 대해 나누는 것이 아주 중요하다. 여기에서의 초점은 소위 '끔찍한 두 가지' 행동이란 마치 낮에 이어 밤이 오는 것같이 자연스러운 현상이라는 것이다. 생후 9개월이 되면 모든 아이는 기어다니면서 탐색을 하기 시작한다. 생후 18개월이 되었을 때는 '싫다'는 의사표현을 하고, 자신이 원하는 대로 되지 않을 땐 '화'를 내기 시작한다.

　두 살짜리의 행동은 '나쁘다'거나 '좋다'는 것과는 **아무 상관이 없다**. 원죄교리와 아무 상관이 없다. 많은 아이가 최초의 부모였던 아담과 이브의 죄 때문에 우리가 악하게 태어났다고 교육받았으며, 우리 안에는 악하고 이기적인 성향이 있기 때문에 규율과 체벌은 반드시 필요하다고 배웠다.

어떤 아이가 거칠게 놀고 있는 걸 본다면, 당신은 상상력을 펼쳐서 그 아이가 나쁘고, 악한 성향을 가지고 있다는 결론을 내릴지도 모르겠다. 그러나 아이를 때리고, 벌주고, 권리를 빼앗으려고 하는 것은 바로 부모 자신의 상처받은 내면아이다. 그들의 상처받은 아이가 이런 행동을 하는 것은 버림받을지 모른다는 두려움에 지나치게 순응한 것이거나 복수하고 싶은 욕구에서 나온 것이다. 자기 부모에게 하고 싶었던 그런 일들을 자기 아이들에게 하고 있는 것이다.

유아기 때의 아이들은 도움이 필요하며 미성숙할 뿐만 아니라 다루기도 어렵다. 그러나 그들이 도덕적으로 악하지는 않다. 피아제는 이성적인 시기는 대략 일곱 살이 되어야 시작되며, 도덕에 대한 합법적인 인식은 이 나이 이전에는 가능하지 않다는 것을 밝혀냈다.

당신의 후원자와 함께 유아기 때 당신이 어떤 상처를 받았는지 이야기를 나누어 보라. 당신의 이야기를 그에게 들려주고, 당신을 위해서 거기에 있어 달라고 요청하라. 당신의 소중하고 작은 유아가 겪은 아픔과 상처를 확인하고 인정하기 위해서는 협력자가 필요하다.

혹시 당신이 가해자라면, 당신은 자신의 학대를 인정할 필요가 있다. 설령 그 누구도 당신에게 그런 한계를 정해 주거나 어떤 자기-책임의 훈련을 가르쳐 주지 않았다 하더라도 공격적 행위는 절대로 정당화될 수 없다. 물론 가해자들도 처음에는 다 피해자였다. 제3부에서는 당신의 상처받은 내면아이를 훈련시킬 수 있는 몇 가지 방법들을 제시하려고 한다. 당신은 자신의 양심을 발달시키기 위해서 많은 노력을 해야 할 것이다.

후원자에게 당신이 받은 학대에 대해 이야기하는 것은 당신의 병적인 수치심을 줄여 주는 하나의 방법이 될 수 있다. 병적인 수치심은 고립을 만들고, 침묵을 조장하게 된다. 수치심을 많이 가진 아이일수록 다른 사람에게 의지할 수 있는 자격이 없다고 느낀다. 왜냐하면 상처받은 아이는 한 번도 자신의 욕구를 충족해 보지 못했고,

가장 도움이 필요한 순간조차 창피를 당했기 때문이다. 어쩌면 사람들에게 자기 이야기를 들어 달라고 하는 것조차도 협력자를 귀찮게 만드는 일이라고 느낄지도 모른다. 그러나 분명한 사실은 당신에게는 사랑받고 양육받을 권리가 있다는 것이다.

기억하라. 당신의 귀중하고 상처받은 내면아이를 위해서 당신이 이 일을 하고 있다. 당신의 가슴 깊은 곳에서 들려오는 그 아이의 속삭임에 귀를 기울여 보라.

· 자신의 감정을 느끼기 ·

유아기 때의 아기 사진을 갖고 있다면 꺼내 보라. 그때 당신은 얼마나 작고 순수한 아이였는가. 그리고 주위에서 그 또래의 아이를 찾아서 그 아이와 함께 시간을 보내 보라. 이 시기의 발달단계에 맞는 정상적인 모습을 주의 깊게 관찰해 보라. 이때의 당신은 에너지로 가득 차 있으며 소란스럽고 다루기 힘든 게 지극히 정상적이다. 유아는 사물에 집착한다. 호기심 많고, 물건에 흥미를 가지고 있다. 아이인 당신은 자기만의 인생을 시작하기 위해서 '싫다.'는 말을 한다. 당신은 불안정하고 미숙하기 때문에 화를 내기도 한다. 당신은 순수하고, 아주 예쁜 아이다. 당신이 유아 시절에 어떤 일을 겪었는지 초점을 맞추어 보라. 당신에게 어떤 감정이 올라오는지 느껴 보라.

· 편지 쓰기 ·

당신의 갓난아기에게 했던 것처럼 유아인 자신에게 편지를 써 보라. 이 편지는 어른인 당신—내 경우 친절하고 현명한 천사—이 쓰는 것이다. 내가 나의 유아에게 쓴 편지 가운데 하나를 읽어 보겠다.

> 사랑하는 어린 존에게
>
> 난 네가 몹시 외롭다는 걸 알고 있단다. 네가 한 번도 너 자신이 되어 보지 못한 것도 알고 있다. 화를 내면 지옥의 끔찍한 불에 탈까 봐 화내는 것도 무서워했지. 여자애처럼 보일까 봐 울거나 무서워할 수도 없었지. 아무도 네가 얼마나 놀라운 작은 아이인지, 네가 정말로 무엇을 느끼는지를 모르는구나.
>
> 나는 미래에서 왔단다. 그리고 네가 아는 어떤 사람보다 너를 잘 알고 있단다. 너를 사랑하고, 언제나 네가 나와 함께 있기를 바란다. 그냥 네 모습 그대로 있게 해 줄게. 너에게 균형감각을 가르쳐 주고, 네가 화내고, 슬퍼하고, 무서워하고, 기뻐할 수 있도록 내버려 둘게. 내가 너와 항상 함께할 수 있도록 해 주렴.
>
> —사랑하는 어른 존으로부터

이 글을 썼을 때 나는 나의 내면아이의 외로움과 슬픔을 느꼈다.

유아에게서 온 편지

자, 이제 당신의 상처받은 내면아이에게 편지를 쓰게 하자. 기억할 것은 당신이 평상시 사용하는 손이 아닌 다른 손을 사용하여 글을 써야 한다는 점이다. 오른손잡이이면 왼손을, 왼손잡이이면 오른손을 사용하라. 다음은 내 워크숍에 참여한 어떤 사람이 쓴 편지다.

> 큰 리처드에게,
>
> 제발 와서 나를 데리고 가 줘요.
>
> 나는 옷장 안에 벌써 40년 동안이나 갇혀 있었어요.
>
> 너무 무서워요. 날 도와줘요.
>
> —작은 리처드로부터

편지를 다 쓴 후, 조용히 앉아서 어떤 감정이든 그대로 느껴 보라. 당신이 친한 친구나 배우자 또는 치료사와 같이 있다면 편지를 큰 소리로 읽어 주라. 당신을 반영해 줄 수 있는 다른 사람과 함께 큰 소리로 읽을 때 아주 강력한 효과가 일어난다.

· 선언문 ·

이제 당신은 다시 한번 과거로 돌아가 당신의 유아기 시절의 내면아이를 찾아서 그 아이가 들었어야만 할 그런 확신의 말을 해 주어야 한다. 이 선언문은 당신이 내면의 갓난아기한테 해 준 것과는 다르다.

당신의 유아는 다음과 같은 확신을 들어야 한다.

작은 _____야, 넌 호기심이 많지? 그건 좋은 일이란다. 물건을 갖고 싶어 하거나, 보고, 만지고, 맛보는 모두가 다 괜찮단다. 네가 해 보고 싶은 대로 할 수 있도록 안전한 환경을 만들어 줄게.

네 모습 있는 그대로를 사랑해.

작은 _____야. 내가 지금 여기 있는 것은 너에게 필요한 것을 주기 위해서란다. 하지만 네가 날 돌봐 줄 필요는 없다.

네가 보살핌을 받는 건 아주 당연하다.

작은 _____야. 싫다는 말을 해도 괜찮다.

작은 _____야. 난 네가 너 자신이 되고 싶어 하는 게 무척 기쁘다.

우리 둘 다 화가 날 수도 있지만, 이건 지극히 당연한 거야. 우리는 그 문제를 해결하려고 함께 노력할 거야.

네 방식대로 뭔가 하려고 할 때, 겁이 나는 건 당연하다.

네가 원하는 대로 되지 않을 때 슬퍼해도 괜찮단다.

어떤 일이 생겨도 난 널 절대로 떠나지 않을 거야.

넌 언제나 너 자신의 모습을 갖고 있을 수 있고, 내가 언제나 널 위해서 있다는 걸 믿어 줘.

> 말하고 걷는 법을 배우는 네 모습을 지켜보는 게 얼마나 좋은지……. 네가 독립하려 하고, 쑥쑥 자라는 걸 지켜보는 게 얼마나 행복한지…….
>
> 널 사랑해. 넌 정말 소중하단다. 작은 _____야.

이 선언문을 천천히 읽고 그 의미를 마음 깊이 새겨 보라. 자, 이제 당신은 유아인 자신을 치유할 준비가 되었다.

· 유아 명상 ·

아마도 당신에게는 테이프의 명상 전체 도입 부분이 녹음되어 있을 것이다. 혹시 갖고 있지 않다면 143쪽으로 돌아가, 명상의 시작 부분을 녹음하라. 녹음은 '그 집에서 살고 있는 게 어떤 느낌이 듭니까?'라는 부분이 나올 때까지 하면 된다(혹시 당신이 이 책을 여기서부터 읽기 시작했다면, 142쪽의 지시를 반드시 읽어 보아야 한다).

이제 다음 부분을 일반적인 도입문에 이어서 계속해 보라.

> 당신이 그 집 밖을 걷고 있다고 상상해 보십시오. 당신은 모래상자 안에서 놀고 있는 작은 유아를 보았습니다. …… 그 아이의 인상을 자세히 관찰해 보세요. …… 눈은 무슨 색인지 …… 머리카락은 무슨 색인지 …… 어떤 옷을 입고 있는지 …… 아이에게 말을 걸어 보세요. …… 하고 싶은 말이 있다면 무엇이든 말해 보세요. …… 자, 이제 당신이 그 모래상자 안으로 들어가 그 아이가 되어 보세요. …… 이렇게 작은 아이가 되어 보는 게 어떤 느낌인가요? …… 이제 어른인 당신을 한번 쳐다보세요.
>
> 이 어른을 친절하고 현명한 천사라고 생각하고, 그가 당신에게 천천히 말해 주는 선언문을 들어 보세요. 편안하게 느껴진다면, 그 천사의 무릎에 앉아도 좋습니다.

만일 파트너와 같이 하고 있다면, 여기서 174~175쪽에 나와 있는 선언문을 파트너에게 말해 주라(그는 어른인 자신을 보고 있지만, 목소리는 당신의 목소리를 듣고 있다). 당신이 혼자서 이 작업을 하고 있다면 당신의 목소리로 선언문들을 녹음해야 한다. 선언문마다 약 20초간 멈추라. 선언문을 들은 후, 당신의 내면아이가 느낄 수 있도록 약 2분간의 시간을 주고, 다시 계속하면 된다.

> 당신이 어른인 자신을 안고 싶다면, 그렇게 하세요. 어른인 자신을 포옹함으로써 다시 어른이 된 것 같은 느낌을 가져 보세요. 그리고 다시 유아인 자신을 안아 보도록 하세요. 아무 근심도 없고, 모험심 많고, 호기심 많은 당신 자신의 부분을 사랑하겠다고 약속해 주세요. 아이에게 이렇게 말해 주세요. 난 절대로 널 떠나지 않을 거야. …… 언제나 널 위해서 여기 있을게. …… 당신은 이제 막 유아인 당신을 치유했다는 것을 깨닫습니다.
>
> 고향에 돌아온 듯한 그런 느낌을 한번 느껴 보세요. …… 당신의 작은 유아는 사랑과 돌봄을 받고, 다시는 혼자 있지 않을 것입니다. …… 이제 그 집을 떠납니다. …… 당신의 기억의 선을 앞으로 당겨 보세요. …… 당신은 지금 초등학교 운동장을 걸어서 지나가고 있습니다. 운동장을 둘러보세요. 그네도 보이고 …… 이제 사춘기 때 당신이 가장 좋아했던 오래된 아지트를 지나고 있습니다. …… 그리고 2년 전 기억까지 걸어서 지나옵니다. …… 자, 이제 지금 여기에 있는 당신을 느껴 보세요. …… 당신의 발가락을 만져 보세요. …… 그것들을 흔들어 보세요. …… 이제 다리를 통해서 올라오는 힘을 느껴 보세요. …… 깊은 숨을 들이마시면서, 가슴에 느껴지는 에너지를 느껴 보세요. …… 숨을 내쉬면서 소리를 내 보세요. …… 팔과 손가락에 느껴지는 힘을 느껴 보세요. …… 손가락을 흔들어 보세요. …… 어깨와 목 그리고 턱에서 오는 힘도 느껴 보세요. …… 팔을 쭉 뻗고 …… 얼굴을 느껴 보고, 존재 전체를 충분히 느껴 보세요. …… 자, 이제 깨어 있는 평상시의 의식을 찾습니다. …… 눈을 떠 보세요.

잠시 동안 앉아서 지금의 경험을 다시 떠올려 보라. 무엇을 느끼든 그대로 느껴 보라. 아무것도 느껴지지 않아도 괜찮다. 그중에 어떤 말이 당신에게 가장 큰 힘이 되었는가? 어디에서 특별한 감정들이 올라왔는가? 지금 기분은 어떤가? 무엇을 깨달았는가?

당신이 가장 강하게 느꼈던 감정이나 지금 느끼고 있는 감정을 적어 보라. 당신의 후원자와 나누어도 좋다.

파트너와 같이 하기

당신이 이 연습과제를 파트너와 같이 하고 있다면 각자의 상처를 확인하는 시간을 가져야 한다. 서로가 서로에게 거울이 되어 반영해 주면서 다른 사람이 말하는 것을 확인해 주어야 한다.

두 사람은 교대로 돌아가면서 명상 가운데로 서로를 안내할 것이다. 본문에서 보는 것처럼 커플이 함께 하는 경우, 각자의 파트너가 선언문을 큰 소리로 읽어 준다는 점만 다르다. 그리고 두 사람 모두에게 편안한 방식으로 서로를 안아 주거나 보살펴 줄 것이다. 더 자세한 내용이 필요하다면 파트너에게 151쪽에 있는 연습과제의 도입 부분을 읽어 주라.

그룹작업

150쪽에 나와 있는 그룹작업의 도입 부분을 읽으라. 당신이 명상의 전체 도입 부분을 녹음했다면 그룹에서 정한 녹음자에게 다음의 선언문을 계속해서 녹음하도록 하라.

자, 이제 당신이 그 집 밖을 걷고 있다고 상상해 보십시오. 당신은 모래상자 안에서 놀고 있는 작은 유아를 보았습니다. …… 그 아이의 인상을 자세히 관찰해 보세요. …… 눈은 무슨 색인지 …… 머리카락은 무슨 색인지 …… 어떤 옷을 입고 있는지 …… 아이에게 말을 걸어 보세요. …… 하고 싶은 말이 있다면 무엇이든 말해 보세요. …… 자, 이제 당신이 그 모래상자 안으로 들어가 그 아이가 되어 보세요. …… 이렇게 작은 아이가 되어 보는 게 어떤 느낌인가요? …… 이제 어른인 당신을 한번 쳐다보세요. …… 이 어른이 당신에게 천천히 말해 주는 선언문을 들어 보세요. 만약 안전하다고 느껴진다면 그의 무릎에 앉아도 좋습니다.

선언문은 녹음하지 않도록 하라. 그룹원들에게 선언문의 목록을 나눠 주고, 152쪽에 나와 있는 안내서를 참고하여 앵커를 만들어 보라. 이 장 안에 써 있는 것처럼 명상의 끝부분까지 계속해서 읽으라. 그리고 나서 녹음한 내용을 다시 들어보고, 152~154쪽에서 설명한 것처럼 그룹을 원으로 만들어 선언문을 주는 연습과제를 해 보라.

당신 안에 있는 어른이 당신의 내면에 있는 작고 상처받은 유아를 돌볼 수 있다는 점을 기억하라. 다음 그림은 내가 생각해 낸 나의 내면의 유아의 모습이다.

이제 앞으로 더 나아가야 할 때다. 지금 당신이 개최하는 귀향 파티에 유치원 시기의 당신을 불러내 보자!

06

당신 안의 학령전 아이를
치유하기

그대 자신이야말로 진실이다.

― 윌리엄 셰익스피어(William Shakespeare) ―

미취학기/유치원 시기

(초기 정체성)

나는 나다. < 남자
여자

(나는 어떤 사람인가.)

나이: 3~6세

발달의 양극: 주도성 대 죄책감(Initiative vs. Guilt)

자아의 힘: 목적(Purpose)

힘: 상상력과 감정(Imaging and Feeling)

관계적 이슈: 독립(Independence)

· 의심의 지표 ·

다음 질문에 '예' 또는 '아니요'로 답하라. 각 문제를 읽고 나서, 잠시 동안 당신에게 무엇이 느껴지는지 살펴보라. '예'라는 느낌이 강하게 들면 '예'로, 그렇지 않다는 느낌이 강하면 '아니요'로 대답하라. 당신이 어떤 질문에 '예'라고 답했다면, 과거 당신의 놀라운 내면아이가 상처받았으리라고 의심해 볼 수 있다. 물론 상처에는 정도가 있다. 그 정도를 1에서 100으로 본다면, 당신은 그 사이 어디쯤엔가 있을 것이다. 당신의 답에 '예'가 많을수록 유치원 시기 아이인 당신은 더 많은 상처를 받았다고 할 수 있다.

질문 내용	예	아니요
1. 심각한 정체성 문제를 겪고 있습니까? 이 문제에 대한 이해를 돕기 위해서는 다음의 질문을 참고하라. 당신은 누구인가? 이에 대한 대답이 쉽게 나오는가? 당신의 성적인 선호가 무엇이든 간에 자신이 정말 남자라고 느껴지는가? 또는 여자라고 느껴지는가? 당신의 성을 과장하지는 않는가? (예를 들면, 지나치게 남자답게 행동하거나 혹은 섹시하게 보이려 한다든지)		
2. 합법적인 상황에서 섹스를 하고 있는데도 죄책감이 느껴집니까?		
3. 어떤 순간에 자신이 무엇을 느끼는지 알기가 어렵습니까?		
4. 가까운 사람들—배우자, 아이들, 직장동료나 친구 등—과 의사소통을 하는 데 혹시 문제가 있습니까?		
5. 주로 자신의 감정을 통제하려고 노력하는 편입니까?		
6. 주위에 있는 사람들의 감정을 통제하려고 합니까?		
7. 화가 났을 때 울어 버립니까?		
8. 놀라거나 다쳤을 때 화를 냅니까?		
9. 자신의 감정을 표현하는 데 문제가 있습니까?		
10. 타인의 감정이나 행동들에 대해 당신이 책임져야 한다고 믿습니까? (예를 들면, 당신이 다른 사람을 슬프게 하거나 화나게 할 수 있다고 생각합니까?) 또한 당신 가족 중 누군가에게 일어났던 일에 대해 죄책감을 느낍니까?		
11. 당신이 어떤 식으로 행동한다면, 다른 사람을 변화시킬 수 있다고 믿습니까?		

12. 무엇인가를 소망하고 느낀다면 실현될 것이라고 믿습니까?		
13. 불명확한 메시지나 모순되는 의사소통을 확인하지도 않고 그냥 받아들이는 편입니까?		
14. 추측이나 확인되지 않은 가정을 마치 사실인 양 말하곤 합니까?		
15. 부모의 결혼이나 이혼문제가 당신 책임이라고 생각하십니까?		
16. 부모를 기쁘게 하기 위해 성공하려고 노력합니까?		

· 정상적인 유치원기 ·

대략 3세가 되면, 아이들은 다른 사람들에게 '왜요?'라고 물으면서 쉴 새 없이 질문하기 시작한다. 아이들이 바보나 말썽꾸러기라서 그런 게 아니라 창조주가 만든 생물학적인 계획의 일부분이기 때문이다. 아이들이 질문을 하는 것은 삶의 에너지인 생명을 갖고 있기 때문이다. 그것은 아이들을 넓게 펼쳐져 있는 세상으로 미는 힘과도 같다.

지금까지 당신의 발달을 종합해 보자. 당신은 이 세상이 당신을 환영하며, 세상에서 당신의 욕구를 충족할 수 있다고 충분히 믿고 있다. 또한 당신은 충분한 의지력을 발달시켰고 당신 자신을 믿을 수 있는 훈련을 내면화하였다.

이제 당신은 자신이 누구이며, 당신의 인생을 어떻게 살아갈 것인지에 대한 상상력을 발달시켜야 한다. 자신이 누구인지를 안다는 것은 바로 정체성을 획득하는 것이다. **정체성(Identity)**이란 당신의 성별, 스스로에 대한 믿음, 당신의 환상들을 가리킨다. 유치원기의 아이들은 알아야 할 것이 너무 많기 때문에 '**왜**'라는 질문을 끊임없이 반복한다. 물론 다 자란 어른들도 그런 질문에 대한 답을 아직도 모르고 있지만 말이다.

자신이 누구인지 그리고 자기 인생에서 정말로 무엇을 하고 싶은지 알아낸다는 것은 사실 어려운 일이기 때문에 아이들에게는 자신들을 도와줄 특별한 보호 장치가 필요하다. 이 특별한 보호 장치가 바로 '**자기중심성(egocentrism)**'이다. 아이들은 천성적으로 자기중심적이다. 그렇지만 그들이 이기적인 것은 아니다. 자기중심성이란 생물학적 사실일 뿐 그들이 선택한 것은 아니다. 사실 6세 이전의 아이들은 타인의 관점으로 세계를 바라본다는 것을 전혀 이해할 수 없다. 이 시기의 아이들이 감정적으로 동정심이 많을 수는 있지만 진정으로 다른 사람을 공감할 수는 없다. 적어도 16세 전에는 이것이 가능하지 않다.

유치원기의 아이들은 또한 마술적인 사고를 한다. 그들은 현실을 환상에서 분리해 내기 위해 현실을 시험하느라 무척 바쁘다. 이것은 그들의 힘을 발견해 가는 하나의 방법이기도 하다. 시험을 해 본다는 것은 아이가 얼마만큼의 힘을 가지고 있는지를 알아내는 것이다.

이때의 아이들은 매우 독립적이기도 하다. 질문하기에 바쁘고, 믿음을 만들고, 미래를 상상하고, 세상이 어떻게 돌아가고 무슨 일이 일어나는지 알려고 한다. 아이들이 원인과 결과에 대한 좀 더 세련된 인식을 개발할수록 자신이 어떤 영향을 미칠 수 있는지를 배우게 된다. 이것은 아이들에게 아주 자연스럽고 건강한 일이며, 여기에 모든 시간을 보내게 된다.

부모가 할 일은 아이들을 가르치고, 그들의 모델이 되는 것이다. 아버지가 남성의 모델이 된다면, 어머니는 여성으로서의 모델이 된다. 어머니와 아버지는 건강한 성적 모델뿐만 아니라 건강하고 친밀한 관계모델이어야 한다. 나아가 어머니와 아버지는 명료하게 말하기, 들어 주기, 원하는 것을 요청하기, 갈등 해결 등과 같은 건강한 의사소통기술의 모델이 되어야 한다.

남자아이들은 아버지와 유대감을 가질 필요가 있다. 이것은 아버지가 아들과 함께 시간을 보낼 경우에만 생긴다. 유대감은 감정적 교류뿐만 아니라 신체적인 접촉도 요구한다. 아버지란 여자아이들에게도 매우 중요한 존재이지만, 남자아이들에게는 반드시 필요한 존재다. 여자아이들은 이미 어머니와 결속되어 있으며 어머니로부터의 독립이 필요하다. 남자아이도 어머니와 결속되어 있지만, 근친상간의 금기 때문에 여자아이들과 같지는 않다. 오히려 남자아이는 어머니의 투사된 성으로부터 자신의 남성을 지켜야 할 입장이다.

어린 남자아이는 아버지에게 결속되어 있기 때문에 아버지처럼 되고 싶어 한다. 그리고 아버지의 행동을 모방하기 시작한다. 어쩌면 커서 아버지처럼 되고 싶다고 말을 하거나, 가상적인 놀이에서는 상징적으로 아버지처럼 행동할지도 모른다. 어떤 소년들은 존경하는 인물이나 닮고 싶은 영웅을 찾으려 할 것이다. 나의 영웅은 야구선수였다. 나는 야구 카드를 모으거나, 가장 좋아하는 팀의 유니폼을 입고 다니곤 했다. 사인 볼은 내가 가장 아끼는 소장품이었다. 마찬가지로 어린 여자아이들은 어머니의 행동을 모방하기 시작한다. 아마 아기 인형을 유모차에 태워서 밀고 다니거나, 우유를 먹이는 그런 놀이를 할 것이다. 또 정장을 입어 보거나 화장을 해 보면서 아주 재미있어할지도 모른다.

동성애에 관한 생물학적 경향 또한 이 시기에 나타나기 시작한다. 최근 동성애를 병리적이거나 성장장애가 아닌 선천적인 경향으로 보는 연구결과들이 증가하고 있다(수년 동안 동성애자들을 치료하면서, 나는 이들 대부분이 자신의 초기 성적 경향을 확실하게 알고 있다는 사실을 발견했다). 물론 이 책에서 나의 관심은 '모든 사람의 상처받은 내면아이'다. 대부분의 남성 동성애자들은 지나친 수치심을 갖고 있는데, 이는 전통적인 남성다움이나 그러한 행동들을 보이지 않는 남아들에게 나타나는 특별히 강하고 만성적인 부끄러움과도 같다. 만약 당신이 동성애자라면, 당신 안의 상처받은 유치원 시기의 아이는 자신의 모습 그대로 되는 것이 얼마든지 괜찮고 당연하다는 말을 들을 필요가 있다.

· 유치원 시기 자아의 힘 ·

에릭슨은 유치원 시기 자아의 힘(ego strength)을 목적이라고 부르면서, 목적의 힘은 정체성의 인식에서 생긴다고 믿는다. 만약, 이 시기에 건강한 발달이 이루어진다면, 아이는 "나는 세상을 믿을 수 있어요, 나는 나 자신을 믿고, 또 내가 특별하고 유일하다는 걸 알아요. 나는 남자(여자)아이예요. 내가 정말로 무엇을 하고 싶은지 잘 알진 못하지만, 내 미래를 그려 볼 수는 있어요."라고 말할 것이다.

힘은 정체성을 가지는 데서부터 나온다. 시작할 수 있고, 선택할 수 있는 그런 힘이 나오는 것이다. 건강한 아이라면 이렇게 생각할 것이다. '나는 나일 수 있고, 모든 인생이 내 앞에 놓여 있다. 나는 엄마처럼 행동할 수도 있고, 아빠처럼 행동할 수도 있다. 나는 엄마나 아빠 같은 사람이 되는 걸 꿈꿀 수 있다. 어른이 되는 꿈을 꾸고, 내 인생을 만들어 가는 꿈을 꿀 수 있다.'

· 성장장애 ·

이 단계의 성장장애는 역기능 가정에서 장기간에 걸친 역기능적인 결과들을 야기한다. 아이들은 부모를 건강한 성인모델로 보고 있다. 그러나 부모가 수치심에 기반을 둔 상호의존적인 성인아이라면, 건강하고 친밀한 관계를 형성하는 것은 불가능할 것이다.

성인아이들은 오래전에 진정한 자신의 모습을 묻어 버리고 '나됨'이라는 인식을 잃어버렸기 때문에 배우자에게 자신의 모습을 보여 줄 수 없다. 성인아이가 결혼을 할 때는 부모의 모습이 투사된—부모의 긍정적인 면과 부정적인 면을 다 가지고 있고, 가족체계의 역할을 보완할 수 있는—배우자를 고르게 된다. 예를 들어, **'영웅적인 보호자'**는 종종 **'피해자'**와 결혼하게 된다. 이것은 자신들의 역할을 그대로 유지할 수가 있기 때문이다. 이들은 서로에게 엄청난 가치를 가지는데, 그들이 헤어지려고 할 때 아주 명백하게 드러난다. 둘 중의 한 사람, 아니면 두 사람 모두 상대방 없이는 살 수 없다고 애원하면서 자살을 시도할지도 모른다. 흔히 침몰의 이슈를 가진 성인아이는 주로 버림받음의 이슈를 가진 성인아이와 결혼하곤 한다. 버림받을까 봐 두려워하는 사람이 더욱 가까이 다가올수록 침몰의 두려움을 가지고 있는 사람은 도망가게 된다. 헤어짐의 시간이 지난 후, 침몰의 두려움을 가진 사람이 외로움을 느끼게 되면서 버림받을까 봐 두려워하는 파트너를 얼마 동안 가까이 오도록 허락한다. 버림받을까 봐 두려워하는 파트너는 과거 헤어짐의 시간을 기억하고는, 곧 그 사람을 소유하려고 하고, 파트너를 침몰시켜 버리면서 그를 다시 도망가게 만든다. 이러한 시소놀이는 결혼생활 내내 계속될 것이다. 한 사람이 패턴을 만들면 다른 사람은 거기에 반응하는 것이다.

앞에서 본 두 사람의 성인아이 그림을 기억하는가? 78kg의 네 살짜리 아이와 56kg의 네 살짜리 아이의 그림이었다. 당신과 나는 30kg의 네 살짜리 아이였다. 우리는 정확하게 똑같은 일이 우리 부모에게도 일어났었다는 사실을 기억해야 한다. 어머니와 아버지 안에 있는 상처받은 아이는 어느 누구도 그들이 바라던 부모가 될 수 없다는 걸 깨달았을 때, **자신들의 부모가 해 주지 않았던 것을 자녀들에게 주려고 한다.**

라벤더 가족을 보라. 브론코 라벤더(Bronco Lavender)는 세일즈맨이면서 성 중독자였다. 그는 거의 집에 있지 않지만, 집에 있을 때는 아내 글로리(Glory-성 중독자였고 목사였던 아버지가 신의 '영광'이 깃들라는 뜻으로 지어 준 이름)와 매우 친밀한 관계처럼 보이려고 한다. 글로리는 심각한 상호의존증 환자로 자신의 성경공부 리더와 바람을 피우고 있었다. 브론코와 글로리 사이에는 세 명의 자녀가 있었는데, 두 아들은 열여섯 살과 열세 살이었고, 딸은 열한 살이다. 뛰어난 운동선수인 큰아들은 학교에서 '스타'였으며, **아버지의 '가장 친한 친구'**였다. 하지만 이 아이는 열두 살부터 열네 살까지 여동생을 성적으로 학대했었다. 여동생은 심각한 비만으로, 어머니의 끊임없는 잔소리에 시달리고 있었다. 내가 라벤더 가족을 처음 만난 것은 바로 이 아이의 체중문제로 치료를 받으러 왔을 때였다. 둘째 아들은 어머니가 애지중지하는 **'총아'**였다. 운동과도 거리가 먼 이 아이는 예술적이며, 매우 '종교적인 아이'라서 어머니를 기쁘게 했다. 아버지는 이 아이를 좋아하지 않았을 뿐 아니라 '계집애'나 '바보'라고 심하게 놀리곤 했다. 그는 바로 **아버지의 '희생양'**이었다. 다음에 라벤더 가족의 가계도가 있다.

이 가족 구성원 중 어느 누구도 진정한 정체성을 갖고 있지는 않았다. 남편과 아내 둘 다 비육체적 근친상간의 희생자였지만 치료받지 못한 상태였다. 두 사람 모두 '이성 부모의 대리 배우자'였다. 브론코의 아버지는 알코올 중독자로, 그가 세 살 때 그를 버렸다. 그는 **어머니의 자랑과 기쁨**이 되었다. 그들은 모든 것을 함께했다. 어머니는 종종 아들 앞에서 옷을 갈아입었고, 그가 샤워를 하고 있을 때 화장실을 사용하곤 했다. "엄만 나를 자기 인생으로 만들어 버렸어요." 브론코는 흐느끼면서 이렇게 말했다. 어머니는 이미 돌아가셨지만 종종 브론코는 "이제 세상에 좋은 여자는 더 이상 없다."며 한탄했다.

글로리는 아버지에게 **신이 주신 선물**이었다. 주일에 아버지가 설교를 하는 동안에도

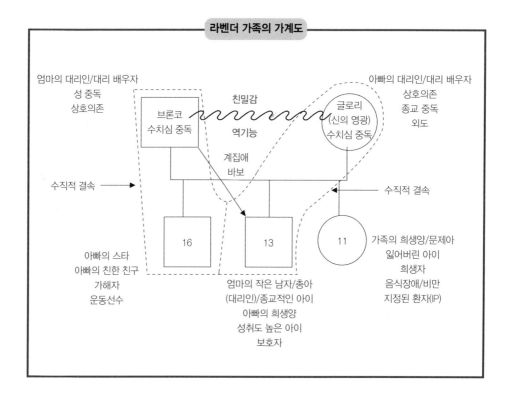

라벤더 가족의 가계도

엄마의 대리인/대리 배우자
성 중독
상호의존

친밀감

브론코
수치심 중독

역기능

글로리
(신의 영광)
수치심 중독

아빠의 대리인/대리 배우자
상호의존
종교 중독
외도

계집애
바보

수직적 결속 →

← 수직적 결속

16

13

11

아빠의 스타
아빠의 친한 친구
가해자
운동선수

엄마의 작은 남자/총아
(대리인)/종교적인 아이
아빠의 희생양
성취도 높은 아이
보호자

가족의 희생양/문제아
잃어버린 아이
희생자
음식장애/비만
지정된 환자(IP)

그녀는 강대상 가까이에 있었다. 어머니는 대부분 아파서 누워 있는 **우울증 환자**였다. 글로리는 식사와 청소 등을 도맡아서 했으며, **아버지의 '행복'**이었다. 열한 살이 될 때까지 그녀는 아버지와 같이 잤다. 아버지와 육체적 성관계는 없었을지라도 그녀는 분명히 **'대리 배우자'**였다.

브론코와 글로리 모두 부모의 외로움을 채우는 데 이용되었다. 이용당하는 느낌이 어떤 것인지 생각해 보라. 이용은 학대다. 그것은 끊임없는 분노와 아픔의 원인이 된다. 그들은 부모를 이상화하면서 그 토대 위에 자신들을 놓고는 스스로 성인(聖人)이 될 만하다고 느끼고 있었다. 기만과 부인에 빠져 있는 것이다. 그들에게는 '나됨'이라는 자의식이 없었다. 어떻게 그런 의식을 가질 수 있겠는가? 아무도 그들을 위해 있어 주지 않았고, 진정한 자신의 모습이 될 수 있는 방법도 없었다. 단지 부모의 필요와 외로움을 돌봐 줘야 했다. 이것이 바로 **비육체적 성적 학대**(nonphysical sexual abuse)다.

브론코와 글로리는 자신들의 정신적인 상처를 결혼생활에 그대로 갖고 와서는 새로운 가족체계에서도 똑같은 역기능적인 역동을 계속해 나갔다. 브론코는 여자들을 사랑했다가 버리는 패턴을 반복하면서 성적인 학대를 표출하곤 했다. 그는 여자를 버릴 때마다 자기를 통제했던 어머니에 대한 상징적인 승리를 확인했다. 물론 이것은 무의식에서 일어나는 일들이다. 그는 어머니를 이상화시켰기 때문에 자신이 어머니에게 화가 나 있다는 것조차도 몰랐다. 글로리는 브론코의 외도로 인한 수치심으로 거의 망가져 있었다. 나는 그녀가 아버지에게 이용당했으며, 결국 아버지는 교회에 있는 다른 여성들도 이용했다는 사실을 깨닫도록 도와주었다. 그러나 글로리는 광적인 신앙심으로 자신의 깊은 분노와 슬픔을 감추었다. 또한 글로리는 작은아들과의 관계에서 비육체적인 성적 경계선을 넘어 버렸다. 아이는 **엄마의 '예민한 작은 남자'**였다. 그녀는 그 아이와 성경에 대해 토론하거나, 성경을 묵상하면서 오랫동안 함께 산책하곤 했다. 큰아들이 아버지의 수치심과 아픔을 돌보는 동안, 이 아이는 어머니의 상처받은 내면아이의 빈 공간을 채워 주고 있었다. **딸은 가족 모두의 분노와 고통, 외로움과 공허감을 채우기 위해서 먹기 시작했다.** 그녀는 아버지와 어머니의 '걱정거리'이자 가족의 '문제아'였고, 치료받기 위해 맨 처음 그들이 데려온 '**지정된 환자**(identified patient)'였다.

라벤더 가족을 주일날 교회에서 만난다면 아무런 문제가 없어 보인다. 어느 누구도 이 가정이 지닌 고통의 깊이를 눈치채지 못할 것이다. 하지만 라벤더 가족은 구성원 중 어느 누구도 **정체성**을 갖고 있지 않다. 그것은 유치원 때 채워져야 할 **발달적 욕구**가 충족되지 않았기 때문이다.

라벤더 가족의 사례는 정신적인 상처가 어떻게 결혼생활에서의 친밀감에 장애를 일으킬 수 있는지를 보여 주는 좋은 예다. 아이들이 부모의 허전함을 채울 때, 건강하지 않은 수직적 또는 수평적인 세대 간의 결속은 특히 아이들의 성 정체성을 파괴한다. 수직적 결속은 앞에서 언급한 아버지와 아들, 어머니와 딸의 결속과는 다르다. 수직적 결속은 역할 혼동을 일으켜 가족체계에서 아들이나 딸이 이성 부모의 자리를 차지하는 부적절한 결과를 낳는다.

라벤더 부부는 아이들이 생각하고, 느끼고, 상상할 수 있는 환경을 만들어 주는 데 실패했다. **아이들이 부모의 결혼생활을 돌봐 주었기 때문에 사실상 그들이 가정을 유지하**

고 있었다. 결국 이 시기 아이의 발달 욕구들—독립적이고 호기심 많고, 자신들의 개성을 시험하고, 질문하고, 사물에 대해 생각하는—은 채워질 수가 없게 된다. 모든 역기능 가정들처럼 라벤더 가족도 동반의존적이었다. 게다가 모든 구성원이 외향적이었다. 누구도 자신의 내면 신호에 관심을 가질 만한 시간이 없었다.

이러한 방식 속에서 각기 다른 수준으로, 모든 역기능 가정에서는 아이들의 '나됨'이라는 인식을 침해한다. 거기에는 화학적 중독, 일 중독, 또는 폭력이 있을 수 있다. 이 경우 부모 중 한 사람은 어떤 장애에 빠져 있고, 다른 배우자는 그에게 상호의존적으로 중독되어 있으며, 아이들은 정서적으로 버림받는다. 더 심각한 것은 가족체계의 위험하고 잘못된 균형을 유지하기 위해 은밀하거나 공공연한 욕구에 빠지는 것이다. 역기능 가정에서는 누구도 자신의 모습이 될 수가 없다. 모든 사람은 **체계의 필요**를 돌봐야 한다.

이로 인해 나타나는 가장 보편적인 결과는 역기능 가정의 구성원들에게 **경직된 역할들**이 정해진다는 것이다. 이런 역할들은 마치 연극 대본과도 같다. 각자 어떻게 행동해야 할지, 또 허락되고 허락되지 않은 감정이 무엇인지를 그 사람에게 지시한다. **유치원 시기에 가장 보편적으로 왜곡된 역할들**은 다음과 같다. **지나치게 책임감 강한 아이**(Superresponsible One), **지나치게 성취지향적인 아이**(Overachiever), **성취도 낮은 아이**(Underachiever), **반항아**(Rebel), **사람들을 즐겁게 해 주는 아이**(People Pleaser), **착한 아이**(Nice Guy), **연인**(Sweetheart), **보호자**(Caretaker), **가해자**(Offender) 등등.

이러한 개인 정체성의 결핍 때문에 역기능 가정들은 중독적인 죄책감의 지배를 받게 된다. 건강한 죄책감은 양심의 수호자다. 이것은 건강한 수치심으로부터 발전되며, 건강한 수치심의 도덕적 차원이기도 하다. 유아기의 수치심은 전(前) 도덕적이며 거의 전(前) 언어적이라고 할 수 있다. 내면화된 가치인식이 있기 전에는 도덕성이 존재할 가능성은 없다. 가치는 생각과 감정으로부터 나온다. 가치란 양심이 발달했음을 가정하는 것이다. 유치원 시기가 끝날 때쯤 아이들은 양심이 싹트면서 진정한 도덕성이 시작되는 것이다.

역기능 가정의 아이들이 건강한 양심이나 건강한 죄책감을 발달시킨다는 것은 거의 불가능하다. 개별화 과정을 발달시킬 수 없기 때문에 아이들의 자연스러운 감정들은 금지되고, 그 대신 중독적인 죄책감이 발달하게 된다. 심리적인 자기(psychological self)에게는 죽음의 전조처럼 들리는 말이다. 중독적인 죄책감은 무력한 상황에서 힘을 가지는 방법이다. 이것은 타인의 감정이나 행동에 대한 책임이 자신에게 있다고 속삭인다. 심지어 자신의 행동이 타인에게 피해를 주고 그들을 힘들게 한다고 말한다. '자, 봐라. 네가 무슨 짓을 했는지, 너 때문에 엄마가 아프잖아.' 이것은 결국 당신에게 과도한 책임감을 지우는 결과를 낳는다. 중독적인 죄책감은 유치원 시기 당신의 내면아이가 가장 심각한 상처를 받는 방식이다.

· 보고하기 ·

발달단계를 거치는 동안 자신의 이야기를 쓰는 것이 효과적이긴 하지만, 대부분의 사람은 7, 8세 이전의 기억을 거의 갖고 있지 않다. 이 시기에 당신은 여전히 마술적이고 비논리적이며 자기중심적인 사고를 가지고 있다. 그러한 사고는 의식이 전환되는 상태와도 같다. 그럼에도 불구하고 가능한 한 모든 것을 떠올려 보라. 정신적으로 충격적인 사건은 뚜렷하게 기억날 것이다. 이러한 사건은 대부분 생명에 위협적인 일들이어서 강력한 흔적을 남긴다. 이 시기에 당신이 겪었던 충격적인 사건들을 모두 써 보라. 구체적이고 상세하게 적어야 한다는 점을 명심하라.

또한 당신의 가족체계에 대해 가능하면 많이 적어 보라. 아버지는 무슨 일을 했는가? 어머니는 무슨 일을 하고 있었나? 부모의 결혼생활이 어떠했는지 알고 있는가? 가족에 대한 느낌이나 예감에 주의를 기울여 보라. 그 예감이 맞다고 가정하고, 그것이 가족들을 더 잘 이해하는 데 도움이 되는지 살펴보라.

내 내담자 중의 어떤 남성은 자기 외할머니가 그녀의 아버지로부터 근친상간을 당했을지도 모른다는 느낌을 갖고 있었다. 외할머니는 농장에서 자랐고, 7형제 중 유일한 여자였다. 그는 외할머니가 그녀의 아버지에 대해서 이야기하는 것을 한 번도 들어 보지 못했다고 한다. 그녀는 대인공포증이 있었고, 아주 신경질적이었다. 남자를 싫어하는 듯이 보였으며, 자신의 증오심을 세 딸에게 심어 주었다. 세 딸 중 한 명이 바로 이 남자의 어머니였다. 이 남자는 근친상간 피해자에게 나타나는 모든 감정적인 증상을 다 드러냈다. 그는 시를 적어 보내거나 값비싼 선물을 사 주는 등 여자들을 황홀케 할 정도로 유혹하면서, 성적으로 표출했다. 그러다가 드디어 그 여자들이 자신이 쳐 놓은 그물에 걸려 넘어왔을 때는, 주로 화를 내면서 그들을 버렸다.

비록 자기 외할머니가 근친상간을 당했었다는 명백한 증거는 없지만, 그는 자신의 가족사를 쓰면서 마치 그녀가 그런 것처럼 적었다. 그러자 조각그림이 맞춰지는 것처럼 많은 부분이 이해되었다.

유치원 시기 당신의 상처받은 아이의 내력을 적을 때, 그 당시 당신을 위해서 누가 곁에 있어 주었는지 자신에게 물어보라. 당신이 가장 동일시하려고 한 역할모델은 누구였는가? 누가 남자(여자)가 되는 법을 처음 가르쳐 주었는가? 성과 사랑, 친밀함에 대해서 가르쳐 준 사람은 누구인가?

· 형제와 자매들의 학대 ·

지금까지 손위 형제들의 학대를 다루지 않았지만, 이것은 당신의 발달에 아주 중요한 영향—비록 지금까지는 묵인되어 왔지만—을 줄 수 있다. 아마도 당신을 괴롭히는 형제나 자매가 있었거나, 이웃집 아이가 당신을 놀리거나 괴롭혔을 수도 있다. 단지 놀리는 것조차도 심각한 학대가 될 수도 있으며, 만성적인 괴롭힘은 어린아이에게 악몽 그 자체다.

유치원 시기 당신의 모습에 대해서 기억나는 만큼 적어 보라.

· 유치원 시기의 내면아이를 친구와 함께 나누기 ·

제4장과 제5장과 같은 방법을 사용하면 된다. 특별히 기억나는 폭행이나 학대당한 사건이 있다면 거기에 초점을 맞추라. 다음 사항들은 고통스러운 감정의 여러 원인이다.

- 또래아이들과의 성(性) 놀이
- 육체적·감정적 근친상간
- 질문을 했는데 윽박지르거나 무시하는 것
- 친밀함에 대한 빈약한 역할모델
- 죄책감을 느끼게 하는 것
- 정서교육의 결핍

· 감정을 느끼기 ·

이제 이 시기의 모습이 담긴 사진을 찾아보라. 그 사진을 보면서 어떤 감정이 드는 지 느껴 보라. 사진이 없다면 유치원 아이들과 시간을 보내라. 그들이 얼마나 놀라운 아이들인지 느껴 보라. 이 아이들이 결혼관계에서 배우자의 책임을 지고 있다거나, 육체적인 학대를 당했다고 생각해 보라. 이 아이들의 활기와 질문하기 좋아하는 모습 들이 억눌려 있다고 생각해 보라. 어쩌면 당신은 유치원 나이 때에 갖고 놀던 오래된 인형, 장난감 등을 아직도 갖고 있을지도 모르겠다. 그렇다면 거기에서 아직 **당신을 위한 에너지**가 느껴지는지 보라. 어떤 느낌이 들든 간에 그 에너지가 당신에게 그대로 머물게 하라.

· 편지 쓰기 ·

이 발달단계에서 당신은 세 통의 편지를 쓰게 될 것이다. 첫 번째 편지는 성인인 당 신이 유치원 시기의 상처받은 내면아이에게 쓰는 것이다. 당신이 그 아이와 같이 있 고 싶고, 그 아이에게 필요한 관심과 지도를 기꺼이 주겠다고 말해 주라. 아이가 하고 싶은 모든 질문을 언제든지 당신에게 질문할 수 있다고 말해 주라. 무엇보다도 당신 이 그를 사랑하며, 소중히 여긴다는 말을 해 주어야 한다.

두 번째와 세 번째 편지는 유치원 시기 당신의 상처받은 내면아이에게서 온 것이다. 명심할 점은 당신이 주로 쓰는 손이 아닌 다른 손을 사용해야 한다. 이 편지는 당신의 부모 앞으로 온 것이다. 이 편지는 두 문단으로 구성되는데, 하나는 어머니에게, 다른 하나는 아버지에게 보낸 것이다. 상처받은 내면아이가 정말 원했고, 꼭 필요한 것인데도 받지 못한 것을 부모에게 말하도록 하라. 이것은 비난하는 편지가 아니다. 다만 상실을 표현하는 것이다. 내 워크숍에 참여한 한 남자의 편지를 보자.

> 사랑하는 엄마, 아빠에게
>
> 아빠, 난 아빠의 보호가 필요했어요. 난 항상 무서웠어요. 아빠가 나랑 함께 놀아 주기를 바랐어요. 얼마나 아빠랑 같이 낚시하러 가고 싶었는지 몰라요. 아빠가 나에게 세상에 대해 가르쳐 주었으면 얼마나 좋았을까. 아빠가 술만 안 마셨으면 너무 행복했을 텐데.
>
> 엄마, 엄마에게 칭찬받고 싶었어요. 나를 사랑한다고 말해 주시길 바랐어요. 내가 엄마를 돌보지 않고. 엄마가 날 돌봐 주셨으면 얼마나 좋았을까요.
>
> —사랑하는 로비로부터

이때 당신의 후원자에게 편지를 큰 소리로 읽어 주는 것이 중요하다.

다음의 편지는 유치원 시기 당신의 상처받은 내면아이가 어른인 당신에게 쓰는 것으로, 어른인 당신이 쓴 편지에 대한 답장이다. 친구가 필요하다는 내면아이의 갈망을 알게 되었을 때 당신은 놀랄지도 모르겠다. 당신이 원한다면 이 편지들을 후원자나 파트너 또는 그룹 사람들과 나눌 수 있다.

파트너와 함께 작업하고 있다면, 각자 상대에게 자신의 편지를 읽어 주라. 서로의 편지를 다 듣고 난 후, 어떤 감정을 느꼈는지 나누라. 당신이 화가 났거나 무서웠다면, 있는 그대로 이야기해 주라. 당신이 느낀 그 감정은 상대에 대한 것이라기보다는 당신에 대한 것이지만, 어쨌든 솔직한 반응이다. 또한 파트너에게 당신이 알아차린 감정에 대해 피드백을 주라. 예를 들면, 이렇게 말할 수 있을 것이다. '나는 당신의 진정한 슬픔을 보았어요. 당신 눈가에는 눈물이 고여 있었고, 입은 굳게 다물어져 있었어요.' 그러나 '이런, 당신은 무척이나 화가 났었어요.'와 같은 말은 하지 않는 게 좋다. 결론을 내리거나 해석을 하기보다는, 그가 화났었다는 결론을 내리게 된, 당신이 보고 들은 것을 말해 주면 된다. 또한 그가 그렇게 무시당하고 학대받은 것이 얼마나 끔찍한 일인가를 말해 줄 수 있다. 이 작업은 그의 아픔을 확인하고 인정하게끔 도와준다. 한 사람이 연습과제를 끝냈으면 차례를 바꿔서 해 보라.

이 연습과제를 그룹으로 하고 있다면, 각자 돌아가면서 자신들의 편지를 읽고, 그룹에 있는 다른 사람들이 피드백을 해 주라.

· 역기능적인 가족체계의 역할 ·

유치원 시기 당신의 상처받은 내면아이가 가족 안에서 중요한 사람이 되기 위해 선택한 역할들을 확인하고 적어 보라. 내 경우에는 '스타' '성취욕이 높은 아이' '보호자' '착한 아이'였다. 당신의 역할들은 가족 드라마(family drama)의 한 부분을 차지한다.

역할을 수행하기 위해 어떤 감정들이 억압되었는지 자신에게 물어보라. 각본은 당신이 일정한 방식으로 역할을 수행하도록 요구한다. 어떤 감정들은 각본에 따라 허락되지만, 어떤 감정들은 금지되었다. 내 역할은 나에게 늘 기분 좋고, 웃고, 행복해 보이도록 요구했으며, 무서워하거나, 슬퍼하거나, 화내는 것은 금지했다. 또한 '스타'가 되거나 무엇인가를 '이루어 내어야'만 내 존재가 중요해질 뿐, 절대로 평범하거나 도움을 요청할 수 없었다. 나는 강해져야만 했다. 내가 뭔가를 해내지 못했을 때는 마치 행동력을 제거당한 듯한 느낌이 들었다. 결국 나는 **행동에 대한 중독자**가 되고 말았다.

당신의 인생에서 역할로 인해 야기된 파괴적인 결과들을 느껴 보라. 역할은 어린 시절의 진정한 자기를 잃어버리게 만든다. 역할을 계속하는 동안 당신은 정신적인 상처에서 벗어날 수가 없다. **어쩌면 죽을 때까지 자신이 누구인지 알지 못할지도 모른다.**

유치원 시기 상처받은 아이를 고치기 위해서는 가족체계 내에서의 경직된 역할을 포기해야 한다. 그 역할들은 당신이 중요한 사람이라는 것을 절대로 느끼게 해 줄 수 없으며, 가족 내의 다른 구성원들을 결코 도와줄 수 없다. 생각해 보라. 당신이 그 역할을 함으로써 가족 중 누군가에게 정말로 도움이 된 적이 있는가? 이제 눈을 감고 더 이상 역할들을 할 수 없다고 상상해 보라. 그 역할을 포기하는 게 어떻게 느껴지는가?

보호자 역할을 그만두는 데 도움이 되는 새로운 세 가지 행동들을 생각해 보자. 예를 들어, 누군가 당신에게 도움을 요청할 때, '싫다.'고 말할 수 있다. 좀처럼 남에게 부탁하기 어려운 일을 도와 달라고 다른 사람에게 요청할 수 있다. 또한 지금 당신이 당면한 문제를 생각해 보고 그 분야의 전문가에게 도와 달라고 할 수 있다. 이러한 행동들은 상처받은 아이의 순응적인 역할을 바꾸고 진정한 당신의 모습과 만날 수 있도록 도와줄 것이다. 사실 진정한 당신의 모습은 다른 사람들을 도와주는 걸 좋아한다. 일단 당신이 경직된 역할을 포기하고 나면 다른 사람들을 도와주기 시작할 것이다. 더 이상 당신이 사랑받고 소중한 존재라는 걸 확인받기 위해 해야만 했던 역할로서가 아니라 남을 돕는 일이 즐겁기 때문이다.

이제 나머지 역할들도 앞에서 말한 방식을 활용해 보라. 그 역할 때문에 포기해야만 했던 감정들을 만나 보라. 이렇게 함으로써 유치원 시기에 상처받은 내면아이의 진정한 감정을 치유하게 될 것이다.

· 연습 ·

가족체계의 그물화가 당신 인생에 끼친 상처들을 모두 적어 보라. 당신이 해야 했던 역할들 때문에 잃어버린 감정들과 접촉해 보라. 이것을 당신의 후원자나 파트너 또는 그룹 사람들과 나누라. 이런 역할 찾기는 초기 고통을 찾아내는 데 큰 도움이 된다. 당신의 역할이 무엇이었는지 확실히 밝혀지면, 당신이 억압했던 감정들이 무엇이었는지 알게 될 것이다. 이 억압된 감정들이야말로 바로 당신의 원래 고통이다. 세대 간에 걸쳐서 결속된 혼란스러운 역할 안에서, 당신은 어린 시절을 포기했어야만 했다.

· 선언문 ·

유치원 시기에 상처받은 내면아이를 위한 선언문은 다음과 같다.

작은 _____ 야, 나는 네가 자라는 모습을 지켜보는 게 기쁘단다.

네가 울타리를 시험해 보고, 그 한계를 발견할 수 있도록 내가 너를 위해 여기 있어 줄게.

네가 너 자신에 대해 생각하는 건 당연하다. 너 자신의 느낌에 대해서 생각해 보고, 네가 생각하는 것에 대해 느껴 보는 것은 당연한 일이야.

나는 활기찬 네 모습을 보는 것이 좋아.

나는 네가 성에 대한 호기심을 갖는 것이 좋아.

네가 남자아이와 여자아이가 어떻게 다른지 알고자 하는 것은 당연한 거야.

내가 너 자신이 누구인지 알 수 있도록 도와줄게.

나는 너의 있는 그대로의 모습을 사랑한다. 작은 _____ 야.

네가 다른 사람과 달라도 괜찮아.

너 자신의 관점을 갖는 건 좋은 일이야.

꿈이 현실이 될까 봐 두려워하지 말고 맘껏 상상해.

내가 너에게 환상과 현실을 구분하는 법을 가르쳐 줄게.

나는 네가 남자(여자)아이라서 너무 기뻐.

네가 커서도, 우는 건 괜찮아.

너의 행동의 결과에 대해서 아는 것은 너에게 좋은 일이야.

네가 원하는 것을 요구하렴.

혼동되는 게 있으면 언제든지 물어봐도 돼.

부모의 결혼생활에 대해서 너는 아무 책임이 없어.

아버지를 네가 책임지지 않아도 돼.

어머니를 네가 책임지지 않아도 돼.

가족문제에 대해서 네가 책임질 필요가 없어.

부모님의 이혼에 대해서 네가 책임지지 않아도 돼.

너 자신 그대로 사는 것은 좋은 일이야.

· 유치원 시기의 아이에 대한 묵상 ·

143~145쪽에 있는 전체 도입문을 사용하라. "그 집에서 살고 있는 건 어떤 느낌이었나요?"라는 문장의 뒤에 아랫부분을 덧붙이면 된다. 약 20초의 여유를 두라.

이제 다섯 살 난 당신의 내면아이를 바라봅니다. …… 그 아이가 집 밖으로 걸어 나가 뒤뜰에 앉아 있는 모습을 바라본다고 상상해 보세요. 아이에게 걸어가 인사해 보세요. "안녕?" …… 아이는 무슨 옷을 입고 있습니까? …… 그 아이가 인형이나, 다른 장난감을 가지고 있습니까? …… 아이에게 가장 좋아하는 장난감이 무엇인지 물어보세요. …… 좋아하는 애완동물이 있는지 물어보세요. …… 그 아이에게 당신은 미래에서 왔고, 당신이 필요할 때마다 언제든지 곁에 있어 주기 위해서 여기에 왔다고 말해 주세요. …… 자, 이제 당신 자신이 유치원 시기의 내면아이가 되어 봅니다. …… 그리고 현명하고 친절한 천사인 당신을 쳐다보세요. …… 친절하고 애정 어린 당신의 얼굴을 바라보세요. …… 어른인 당신이 아이인 당신에게 "원한다면, 와서 내 무릎에 앉아도 좋다."고 말하는 걸 들어 보세요. …… 만약 당신이 싫다면 그렇게 하지 않아도 괜찮습니다. …… 이제 어른인 당신이 해 주는 부드럽고, 친절한 선언문을 들어 보세요.

195~196쪽에 있는 선언문들을 녹음하라. 마지막 선언문을 다 읽은 후, 약 1분간 멈추라.

그 아이가 무엇을 느끼든 그대로 느끼게 하세요. …… 이제 다시 천천히 어른인 당신으로 돌아갑니다. …… 유치원 시기의 내면아이에게 당신이 지금 여기에 있으며, 그에게 많은 것을 이야기해 줄 거라고 말하세요. …… 아이가 당신을 절대로 잃어버리지 않을 것이고, 당신이 결코 그 아이를 떠나지 않을 것이라고 말해 주세요. …… 이제 아이에게 작별 인사를 하고, 기억의 선을 따라 앞으로 걸어갑니다. …… 당신이 가장 좋아하던 극장, 아이스크림 가게를 지나고…… 학교를 지납니다. …… 고등학교 운동장을 지나…… 현실로 돌아오는 자신을 느껴 보세요. …… 발의 움직임을 느껴 보고…… 발가락을 움직여 보세요. …… 당신의 몸을 통해 전해 오는 에너지를 느껴 보세요. …… 손을 느끼고…… 손가락을 움직여 보세요. …… 당신의 상체를 통해서 오는 에너지를 느껴 보세요. …… 깊은 숨을 들이마시고…… 내쉴 때는 소리를 내어 보세요. …… 당신의 얼굴에서 힘을 느껴 보세요. …… 지금 어디에 앉아 있는지 느껴 보세요. …… 입고 있는 옷을 느껴 보세요. …… 자, 이제 천천히 눈을 뜨세요. …… 몇 분간 그대로 앉아 있으면서 당신이 경험한 것을 느껴 보세요.

당신이 원한다면, 당신의 후원자와 이 명상을 나누어 보라.

파트너와 같이 하기

149~150쪽에 나와 있는 안내문대로 당신의 파트너와 같이 이 과제를 해 보라. 서로에게 명상을 읽어 주고, 선언문을 큰 소리로 말해 주라. 신체적인 편안함을 느끼는 범위 내에서 안아 주거나 어루만져 줄 수 있다.

그룹작업

앞의 그룹 연습과제처럼 선언문은 그룹 구성원 모두에게 돌아가면서 주어져야 한다(150쪽의 안내문을 참고하라). 그룹에서 명상을 녹음하는 사람은 본문 윗부분에 나와 있는 단락을 "그리고 현명하고 친절한 천사인 당신을 쳐다보세요. …… 친절하고 애정 어린 당신의 얼굴을 바라보세요……."라는 부분까지 추가로 녹음해야 한다.
그런 다음 "이제 아이에게 작별 인사를 하고, 기억의 선을 따라 앞으로 걸어갑니다……."라는 문장을 시작하면서 명상을 마치라.

명심할 사항은 그룹의 모든 사람이 연습과제를 마친 후, 그것에 대해 서로의 생각을 나누어야 한다는 점이다.

자, 이제 막 당신은 유치원 시기의 당신의 상처받은 내면아이를 치유했다. 이제 성인인 당신이 유치원 시기의 아이를 돌봐 줄 수 있다는 사실을 기억하라.

혹시 이 연습과제들을 하는 도중에 당신이 공포감을 느꼈다면, 당신의 상처받은 내면아이에게 당신이 언제나 곁에 있어 줄 것이라고 안심시켜 주라. 오랫동안 얼어붙은 감정을 처음으로 느꼈을 때 불안해질 수 있는데, 그 감정들이 낯설고, 때론 압도적이거나 통제할 수가 없기 때문이다. 내면아이에게 당신이 결코 떠나지 않으며, 그 아이를 돌볼 수 있는 모든 방법을 찾아낼 것이고, 아이가 자신의 필요를 채우는 걸 도와주겠다고 말해 주라. 다음은 치유된 유치원 시기의 내면아이의 모습을 그려 본 것이다.

우리가 서로에 대해 더 많이 알아 갈수록 그 아이가 단지 도움만 필요로 하는 아이가 아니라 같이 지내기에 무척이나 재미있는 아이라는 사실을 발견하게 될 것이다.

07

학령기 아이를
치유하기

마치 엄지손가락 지문처럼 사람마다 세계를 바라보는 지도는 독특하다. 이 세상에 똑같은 사람은 한 사람도 없다. 누구도 한 문장을 같은 방식으로 이해하는 사람은 없다. ……
그러므로 다른 사람을 대할 때, 사람은 이러해야 한다는 식으로 당신의 관점에 끼워 맞추려고 해서는 안 된다.

– 밀턴 에릭슨(Milton Erickson) –

학령기
(잠복기)

나는 능력이 있다(I AM CAPABLE).

나이: 7세~사춘기까지

성장의 양극성: 근면성 대 열등감(Industry vs. Inferiority)

자아의 힘: 능력(Competence)

힘: 지식(Knowing), 배움(Learning)

관계적 이슈: 건강한 상호의존(Interdependence), 협력(Cooperation)

· 의심의 지표 ·

다음 질문에 '예' 또는 '아니요'로 대답하라. 각 문제를 읽고 난 후 어떤 느낌이 드는지 잠시 동안 생각해 보라. 긍정의 느낌이 강하게 들면 '예', 부정의 느낌이 더 강하게 들면 '아니요'로 대답하라. 당신이 '예'로 대답했다면, 당신의 학령기 내면아이가 상처받았다고 의심해 볼 수 있다. 상처에는 여러 정도가 있다. 그 정도를 1에서 100으로 본다면, 당신은 그 사이 어디쯤 있다고 생각하면 된다. 당신의 답에 '예'가 많을수록 학령기 아이인 당신은 더 많은 상처를 받았다고 할 수 있다.

질문 내용	예	아니요
1. 종종 다른 사람과 자신을 비교하면서 자신이 열등하다고 생각하십니까?		
2. 남녀에 상관없이 좋은 친구가 더 많이 있었으면 하십니까?		
3. 사교적인 상황에서 종종 불편함을 느끼십니까?		
4. 그룹의 구성원이 되는 게 불편하게 느껴집니까? 혼자 있을 때 가장 편안하다고 느껴집니까?		
5. 가끔 지나치게 경쟁심이 강하다는 말을 듣습니까? 꼭 이겨야 한다고 생각하십니까?		
6. 같이 일하고 있는 사람들과 종종 충돌이 일어납니까?		
7. 회의를 할 때, 쉽게 포기해 버린다거나 또는 당신의 방식만 주장하는 편입니까?		
8. 원리원칙을 따르는 정확하고 엄격한 자신이 자랑스럽습니까?		
9. 쉽게 미루는 편입니까?		
10. 어떤 일을 끝내는 게 어렵습니까?		
11. 명확한 지시 없이도 그 일을 어떻게 하는지 알아야 한다고 생각하십니까?		
12. 실수할까 봐 많이 두렵습니까? 어쩔 수 없이 실수했을 때 심한 수치심을 느끼십니까?		
13. 다른 사람에게 자주 화를 내거나 그들을 비판합니까?		
14. 기본적인 삶의 기술이 부족하십니까? (예: 읽기능력, 말하기능력, 문법과 글쓰기능력, 산술 계산능력 등)		

15. 다른 사람들이 당신에게 한 말들을 생각하거나 분석하는 데 많은 시간을 보냅니까?		
16. 자신이 못생겼거나 열등하다고 생각하십니까? 　만약 '예'라고 답하셨다면 옷이나 물건, 돈 또는 화장으로 그것을 감추려고 하십니까?		
17. 스스로에게나 다른 사람들에게 거짓말을 많이 하는 편입니까?		
18. 당신이 무엇을 하든 간에 늘 부족하다고 느낍니까?		

· 정상적인 학령기 ·

학교에 들어가면서 당신은 가족체계를 떠나서 '사회화와 기술의 구축'이라는 새로운 단계로 들어서게 된다. 현실검증, 정체성 확립과 함께 몇 가지 능력들을 키워 나가면서 세상에 대한 준비를 하게 되는 것이다. 적어도 12년 동안 학교는 당신의 가장 중요한 환경이 될 것이다. 학령기는 강한 성 에너지가 잠시 잠잠해진다는 의미에서 '잠복기(latency period)'라고 불린다(성 에너지는 사춘기 때 다시 격동하기 시작한다).

학령기 동안 아이의 생물학적 리듬은 생존기술들을 배울 수 있는 단계를 마련한다. 믿음과 희망, 자율성과 의지력, 주도성과 목적 등과 같은 초기 자아의 힘을 마련함으로써 성인으로서의 인생을 위해 준비할 수 있는 모든 것을 배우게 된다. 가장 중요한 기술은 사회화 기술로, 아이는 협동, 상호의존 그리고 건강한 경쟁의식을 배워야 한다.

게다가 한 아이의 인생을 준비하기 위해서는 읽기, 쓰기, 셈하기 등의 학문적인 기술도 필요하다. 그러나 이런 기술들이 자신을 알고, 사랑하고, 가치를 주는 것보다 더 중요하지는 않다. 사실 좋은 배움을 위해서는 건강한 자기존중감이 중요하다.

학교에서 배우는 기술은 우리의 미래에 대해서 자유롭고 자발적으로 생각하게 한다. 학교는 우리의 자의식을 검증하도록 도와주는 장(場)이다. 학교 교과과정에 적응해서 제대로 배우게 된다면 우리는 새로운 능력을 인식하게 되며, 자신이 근면하고 유능하다는 것을 느끼게 된다. 이것이 바로 학교에서 개발될 필요가 있는 **'자아의 힘'**

이다. 우리가 유능하다면, 근면해질 것이고, 세상에서 우리가 있을 자리를 창조해 낼 수 있을 것이다. 학령기의 과업 성취는 우리에게 새로운 힘과 희망에 대해 인식하게 해 준다. "나는 유능하기 때문에 내가 선택한 대로 될 수 있다."

학령기에는 공부뿐만 아니라 놀 수 있는 시간도 있어야 한다. 아이들의 놀이는 성장에 아주 중요한 부분이다. 아이들은 모방과 적응을 통해 배운다. 적응에는 상징적인 연기도 포함된다. 소꿉장난, 엄마, 아빠 놀이는 아이들의 정신적 발달에서 중요한 부분을 차지하고 있다. 아이들에게 놀이는 아주 중요한 일이다.

· 구체적인 논리적 사고 ·

8~9세 아이들의 경우, 논리적으로 생각할 수 있는 능력이 있긴 하지만, 아직까지는 구체적 사고에 머물러 있는 상태다. 사춘기가 되어서야 아이들은 추상적인 사고나 사실과 모순되는 명제를 생각할 수 있다. 이 시기가 되면 아이들은 이상화하거나 우상화하기 시작하는데, 이때 이상화는 사실과 상반되는 가설을 만드는 것이다.

학령기 아이들은 구체적이고 논리적이다. 혹시 '국기에 대한 맹세'를 배웠던 걸 기억하는가? 그때 당신은 이해하지도 못하는 말들을 했었다. 학령기 아이들은 사고과정에 있어서 자기중심적이다. 이러한 자기중심성은 주로 부모의 실수를 끄집어 낸다거나 자기가 부모보다 더 똑똑하다고 생각하는 데서 나타난다. 이런 '인지적 자만심'은 이 시기 아이들에게 나타나는 많은 흥미로운 현상들을 설명해 주는 핵심 요소다. 이 시기의 아이들은 종종 자기가 입양되었거나 주워 온 아이라는 상상을 한다(만일 아이들이 부모들보다도 더 똑똑하다면, 다른 곳에서 주워 왔다는 이 말이 입증되겠지만). 학령기 아이들의 농담은 주로 바보 같은 어른에 대해서다. 피터팬 이야기가 이 시기 아이들의 마음을 끄는 것은 등장인물들이 절대로 자라지 않고, 바보 같은 어른이 되지도 않기 때문이다.

아이들이 지닌 자기중심성의 중요한 측면은 '어른들은 호의적'이라는 믿음 때문이다. 아이들은 이 가설을 만들어 놓고, 어떤 상황에서든 이 믿음을 붙들고 있다. 언젠가 나에게 초등학교 관리자 그룹을 도와 달라는 요청이 들어온 적이 있다. 그들은 자신들이 어떤 교사를 해고하려고 하자, 6학년 학생들이 집단적으로 거세게 항의하는 상황에 당황해하고 있었다. 가장 이상했던 점은 아이들이 이 선생님을 아주 싫어했다는 사실이다. 나는 이것이야말로 어른인 선생님이 잘못했을 리 없다는 아이들의 자기중심적인 가설의 사례라고 본다. 이것은 왜 상처받은 학령기의 내면아이가 부모나 선생님, 심지어 가해자들을 옹호하거나 변호하려고 하는지를 설명해 준다. 물론 어떤 아이들은 너무나 끔찍한 정신적 충격으로 인해, 마침내 그들을 학대한 성인 가해자들이 뭔가 잘못되었다는 걸 깨닫게 된다. 그러나 이것은 예외적인 경우다.

　당신 내면의 학령기 아이는 즐겁고, 쾌활하고, 매력적인, 작은 아이다. 이 아이는 친구들과 가까이하고 싶고, 열정적이며, 배우는 데 호기심이 많다.

· 성장장애 ·

　그렇다면 왜 많은 아이가 학교에 가기 싫어하며, 학교가 지루하고, 재미없고, 강압적인 곳이라고 생각할까? 한 가지 이유는 교육이 종종 정신적인 상처의 원인이 되기 때문이다. 대부분의 공립학교에서는 아이들을 나이에 따라 수평적으로 배정한다. 이것은 모든 10세 아동이 똑같은 성숙의 단계에 있다는 가정에 근거하고 있다. 물론 획일적인 발상이다. 당신의 학령기 내면아이는 단지 잘못된 때에, 잘못된 학년에 있는 것만으로도 상처받을 수 있다. 학교와 감옥은 이 세상에서 유일하게 '해야 할 일보다도 시간이 더 중요한' 곳이다. 당신과 내가 같은 시간에 그곳을 향해서 출발했는데 내가 당신보다 1시간 먼저 도착을 했다고 해서 당신이 그곳에 도착하는 데 실패한 것은 아니다. 하지만 학교에서는 당신이 또래의 다른 아이들만큼 빨리 산수를 배우지 못하면, 당신은 산수에서 낙제한 것이다. 산수가 살아남는 데 필요한 기술은 전혀 아니지 않는가? 여기에서의 위험은 당신의 내면아이가 미숙하다고 낙인찍히는 상처를 받을지도 모른다는 점이다.

　점수체계는 그 자체로 아주 수치스럽고 불행한 제도다. 이것은 아이에게 암기하고 성취하도록 계속해서 압력을 넣는다. 이것은 분명히 완벽주의적이다. 이것은 정신적으로 상처받는 방식 안으로 인간을 적응시켜 버린다. 모든 완벽주의체계에서 당신은 절대로 그 기준에 도달할 수 없다. 이것은 중독적인 수치심을 만들어 내고, 이로 인해 당신에게 항상 부족하다는 느낌을 준다. 당신은 곧 당신이고, 아무도 당신과 같을 수 없다면, 당신을 누구와 비교하겠는가? 사실 모든 완벽주의체계는 우리를 타인과 비교하게 만든다.

아이들이 학교에서 낙제하게 되면, 이것은 그들에게 커다란 아픔을 준다. 열등한 사람이라는 느낌은 아이들에게 자신이 뭔가 잘못되었다는 상처를 준다. 아이들이 학교에서 좋은 성적을 얻는다고 해도, 그 역시 문제를 야기한다. 그들은 인생의 모든 부분에서 최고를 지향하는 성과중심적인 인간이 되어 버리기 때문이다.

가족체계처럼 학교체계 역시 역기능적이다. 우리가 누구인지 확인할 수 있는 환경을 전혀 제공해 주지 못한다. 우리를 독특한 존재로서 대해 주지도 않는다. 이 세상에 누구도 나와 같은 사람은 없다. 밀턴 에릭슨(Milton Erickson)이 말한 것처럼 이 세상에 똑같은 문장을 똑같은 방식으로 이해하는 사람은 없다. 당신의 학령기 내면아이는 완벽주의 학교체계에 순응해야 하는 걱정들 때문에 상처받고 파괴되었다. 성공의 기회를 쳐다보며 무기력하게 있다 낙오자가 되어 버리거나, 체제순응상태에 빠지는 과정에서 천천히 영혼이 살해당한 것이다.

학교에서는 창조성과 독특함보다는 획일성과 암기력에 대해서 보상한다. 전 과목 A학점을 받는 우등생으로 길러진 많은 사람이 정작 자신의 진정한 능력을 개발해 보지도 못했다. 나는 내 인생의 대부분을 뭔가를 해야 하고, 성취해야 한다는 것 때문에 받은 상처를 치유하는 데 보냈다. 얼마나 많은 A학점을 받았는가는 나의 정신적인 상처를 치료하는 데 아무 소용이 없었다. 내면 깊은 곳에 있는 상처받은 그 아이는 여전히 혼자였고, 부족하다고 느끼고 있었다.

우리 중 많은 이는 전 과목 A학점을 받으려고 애쓰느라 너무 바빴기 때문에 사회적인 기술을 배운 적이 없다. 학점으로 인한 엄청난 스트레스와 부담 때문에 학교에서 재미있게 놀 여유도 없었다. 또한 우수한 성적이 또래 친구들의 집단문화로부터 종종 안전을 보장해 준다는 걸 알고 있었기 때문에, 결국 우리는 이중구속에 매인 셈이다.

지금의 내 인생의 가장 창조적인 면은 쾌활하고 호기심이 강하다는 것이다. 나는 이 책을 쓰는 게 재미있다. 강의하고, 배우고, 지난 몇 년 동안 텔레비전 시리즈를 제작하는 작업도 흥미로웠다. 지금 내가 하고 있는 대부분은 단순히 뭔가를 알고 싶다는 욕구나 소망이 동기가 된 '우연한 배움'의 산물이다. 이러한 흥미로운 작업의 핵심에는 경이로움이 있다. 우연한 배움은 당신 안의 놀라운 아이가 자연스럽게 움직이는 것이다. 유아 시절 당신은 호기심 어린 눈으로 세상을 탐험하면서 우연한 배움을 시작하게 되었다. 그러다가 대부분의 우리가 그러했듯이, 아마 당신도 체계에 의해 움직이도록 강요당했을 것이다. 재미도 없는 것을 억지로 배우거나 순응하도록 길들여지는 것이다.

불행하게도 거의 20여 년 전 내가 고등학교 교사였던 시절에 시작된 교육개혁의 커다란 진보는 우리의 상처받은 학령기 내면아이에게는 현재 전혀 도움이 되지 않는다.

용기 있고, 창조적이며, 교육적인 수많은 교사가 있지만, 한편으로는 무섭고 학대적인 많은 교사도 존재하고 있다. 나는 그런 부류의 사람들과 같이 교육현장에 있었기 때문에 누구보다도 잘 알고 있다. 이들은 자신의 상처받고 화가 난 학령기의 내면아이를 학생들에게 투사시킨다. 어쩌면 당신의 내면아이도 이로 인해 고통받았을지 모르겠다. 또래 친구들이 **당신을 위로해 주었을지 모르지만 그들에겐 뭔가를 바꿀 만한 힘이 없었다.**

어떤 경우에는 당신의 반 친구들이 바로 당신을 괴롭힌 주인공이었을 것이다. 학령기 아이들이 얼마나 잔인해질 수 있는지는 윌리엄 골딩(William Golding)의 소설 『파리대왕(Lord of the Flies)』에 잘 묘사되어 있다.

최근 거의 40년 만에 초등학교 때의 친구랑 연락이 닿게 되었다. 우린 오랜만에 만나 그동안의 삶에 대한 밀린 얘기들을 나누었다. 그러던 중에 서서히 그의 괴로웠던 어린 시절의 조각들이 기억나기 시작했다. 공부에서 천재적인 실력을 발휘했던 그는 두꺼운 안경을 끼고, 운동에는 전혀 소질이 없는 전형적인 모범생이었다. 그의 초반기 인생은 학교의 덩치 큰 아이들로부터 끊임없이 괴롭힘을 당하는 나날들의 연속이었다. 매일매일이 마치 수치스러운 구덩이에 빠지는 것 같았었다. 그는 종종 교회의 헌금함에 숨어서, 왜 그 아이들이 자기를 때리고, 놀리고, 그토록 힘들게 하는지 알게 해 달라고 하나님께 기도했다. 왜? 그는 또래집단의 한 일원이 되고 싶을 뿐인데……. 그의 이야기를 들으면서 나는 연신 눈물을 닦아 냈다. 나 자신이 너무도 부끄러웠다. 왜냐하면 그 애 주위에 아무도 없을 때만 그의 친구가 되어 주었기 때문이었다. 또래집단에서 왕따를 당한다는 건 악몽 그 자체였다. 난 아이들의 놀림이 나에게 돌아올까 봐 두려웠기 때문에 위험을 무릅쓰면서까지 감히 그와 함께 있을 수는 없었던 것이다. 그는 나와의 우정을 잊지 않고 있었다. 참으로 슬픈 일이었다. 지금은 그가 이 모든 아픔을 멋지게 이겨 내서 기쁘지만, 그렇다고 그의 내면아이에게 뿌리 깊은 상처가 없는 건 아니다.

그와 이야기하면서, 이 잔인한 또래집단으로부터 왕따당했던 다른 아이들에 대한 기억들이 떠올랐다. 아주 뚱뚱했던 여자아이, 코가 이상하게 생긴 아이, 신체장애아 그리고 운동을 못하던 남자애들이 바로 그 희생자였다. 나의 상담 파일에는 신체적, 문화적인 수치심으로 인생이 얼룩져 있는 남자와 여자들의 기록들로 가득 차 있다. 그들의 아름다운 '존재'는 단지 그들이 멕시코인이거나 외국인 또는 유태인이라는 이유 때문에 거절되었다. 그들은 말을 더듬는다든가, 서투르다든가, 옷을 잘못 입는다는 **이유 때문에 괴롭힘을 당했다. 아이들 역시 문화적인 완벽주의 속에서 육체적인** 측정 막대기를 휘두르고 있는 셈이다.

비록 어떤 아이들은 서툴고 미숙해 보일지 모르지만, 사실 어떤 아이라도 아름답지 않은 아이는 없다. 그 아이들은 단지 거칠고 아직 미완성인 존재이며, 자신들의 능력을 개발하기 위해서 우리의 존중과 도움을 받을 만한 충분한 가치가 있는 존재다.

· 보고하기 ·

아마, 지금쯤이면 당신은 개인사(個人史)를 쓰는 데 꽤 능숙해졌으리라. 혹시 당신이 어떤 단계의 과제를 하고 있다가 갑자기 전 단계와 관련된 기억들이 떠오른다면, 그것을 즉시 적어 놓고 가능한 한 빨리 확인하도록 하라. 일단 당신이 이 작업을 시작한 후 시간이 지날수록 지나간 기억들이 조금씩 떠오르는 것은 지극히 당연하다. 당신의 상처받은 내면아이와 접촉하면 할수록 어린 시절에 더 많이 몰입할 수 있게 되며, 의식 상태로 돌아왔을 때는 점점 더 많은 것을 기억하기 시작할 것이다.

학령기로 들어오면 흔히 기억은 더 선명하다. 이제 당신의 학령기 내면아이의 이야기를 적어 보자. 이 시기는 대략 6세에서 사춘기 초기—보통 중학교 2학년 정도—까지만 해당된다는 점에 유의하라. 다음 장에서 다루게 될 사춘기 시절에는 완전히 새롭고, 세련된 정신적 능력이 나타날 것이다. 학령기 시기를 일 년 단위로 생각해 보는 것도 도움이 될 것이다. 당신에게 도움이 된다면 다음 제목들을 참고해 기록해 보라.

중요한 어른들

부모뿐만 아니라 여기에는 선생님, 목사님, 교회 선생님, 선배들이 포함된다. 각 사람의 이름을 쓰고 그들이 양육적인 사람이었는지 아니면 정신적인 상처를 갖고 있었는지를 적어 보라. '양육적'이라는 말은 그 사람이 정말로 당신을 위해서 존재했고, 당신 모습 그대로를 가치 있게 여겼다는 뜻으로, 당신의 '나됨'을 증진시켰다는 의미다. 반면 정신적으로 상처받았던 사람들은 당신을 중독적으로 부끄럽게 만든 이들이다.

획기적인 사건들

해마다 일어났던 사건들 중에서 가장 중요한 사건 세 가지를 적어 보라. 예를 들면, 나는 이렇게 적어 보았다.

일곱 살 때: 1. 일 학년이 되었다.

2. 어느 날 바지에 오줌을 쌌고, 반 아이들 앞에서 창피를 당했다.

3. 다른 때보다 아버지가 집에 많이 있었다.

> 여덟 살 때: 1. 이 학년으로 진급했다.
>
> 2. 크리스마스 선물로 녹음기를 받았다.
>
> 3. 아버지가 차를 잃어버렸다. 할아버지의 차가 파손되었다.

이런 식으로 생각나는 목록들을 약 14세 때까지 적어 보라. 앞의 글에서 나타나듯이 내 경우 7, 8세 때에는 특별한 정신적인 충격이 없었다는 점을 발견할 수 있다. 자, 이제 여러분 자신의 기억들을 떠올려 보라. 즐거운 기억이든, 좋지 않은 기억이든 상관없이 무엇이든지 떠오르는 기억들을 적어 보라.

충격적인 사건들

이것은 당신의 인생에서 가장 심각한 정신적인 상처를 가져온 경험들이다. 예를 들어, 내가 열 살 때 아버지는 어머니와 최초로 별거하기 시작했다. 그 기간은 해가 갈수록 점점 더 길어졌다.

아마도 당신은 다소 사소해 보이는 과거의 몇몇 사건들을 오랫동안 기억하고 있을 수도 있다. 왜 그런지 알 수 없지만 그 기억이 항상 남아 있다면, 어떤 부분에서 폭력의 가능성을 의심해 볼 수도 있다. 한 예로, 나는 여섯 살 때의 작은 사건을 아직도 기억하고 있다. 이웃에 사는 한 십 대 형이 일곱 살이었던 우리 누나에게 자기 성기를 만지게 했던 것이다. 무슨 일이 일어났는지 확실하게 알진 못했지만, 왠지 아주 나쁜 걸 목격했다는 느낌이 들었다. 그것은 2년 후, 옆집에 살던 두 명의 여자애들과 같이 병원놀이/성적 놀이를 하던 것과는 달랐다. 우리는 모두 같은 나이였고, 우리의 놀이는 대부분 상징적이었다. 하지만 누나에게 일어났던 일은 정말로 끔찍한 학대였다. 이제야 나는 왜 그 기억에 그토록 사로잡혀 있었는지 이해하게 되었다.

· 학령기 아이의 이야기를 후원자와 나누기 ·

당신의 이야기를 친구나 배우자, 후원자 또는 치료사에게 읽어 주라. 이 시기에 일어난 학대에 대해 이해할 수 있는 충분한 시간을 스스로에게 주라. 특별히 학교체계 그 자체가 정신적인 상처라는 점에 초점을 두라. 왜 당신이 학교에서 자신의 모습이 될 수 없었는지 구체적으로 생각해 보라. 선생님들이나 친구들에게 받은 학대가 있다면 녹음하라.

· 감정을 느끼기 ·

저학년 때의 사진을 몇 장 구해 오라. 매 학년마다 찍은 사진을 다 구할 수 있다면 가장 이상적이다. 학교에서 찍은 단체사진도 좋다. 구해 온 사진들과 당신이 기록한 그 시기의 다양한 사건들을 맞추어 보라. 나의 경우 여러 사진 속에서 내 얼굴 표정이 어떻게 달라지는지를 알게 되었다. 종종 인생의 특정 시기에 당신의 얼굴 속에서 슬픔과 아픔을 엿볼 수 있을 것이다. 사진은 당신의 억눌린 정서적 아픔이나, **아무런 감정 없는 무표정한 얼굴을 보여 줄 것이다. 약 8세나 9세 정도가 되면 우리는 더 세련된 자아방어기제**를 개발하기 시작한다. 생각하는 법과 오랜 감정이나 현재의 감정을 차단하는 법을 배운다.

· 신화나 옛날이야기 적기 ·

이 연령 수준에서는 새롭고도 매우 효과적인 글쓰기 연습을 소개하려고 한다. 바로 당신의 어린 시절에 대한 신화나 옛날이야기이다(만일 앞에서 해 오던 편지 쓰기가 특별히 당신에게 효과적이라면, 그 형식도 계속해서 사용하라. 전 장에서처럼 3통의 편지—한 통은 당신의 학령기 아이에게, 또 한 통은 학령기 아이인 당신이 어른인 당신에게, 나머지 한

통은 부모님과 선생님께―를 쓰라. 당신이 그들에게 필요로 했지만 받지 못했던 것이 무엇이었는지에 대해 쓰면 된다).

신화나 옛날이야기는 학령기 동안 일어났던 어떤 한 사건이나, 당신에게 아주 강력한 영향을 준 초기의 사건에 초점을 둔다. 신화나 옛날이야기의 장점은 당신의 이성적인 사고 두뇌에서 나온다는 점이다. 당신의 이야기는 아빠 곰이나 엄마 곰과 같은 동물 이야기일 수도 있고, 신들(gods)에 관한 것이나 아니면 왕과 왕비에 관한 것일 수도 있다.

이야기는 두 부분으로 나뉘어야 한다. 첫 번째 부분은 '옛날 옛날에……'라는 식으로 시작하면서, 당신이 선택한 어떤 사건들을 기술해야 한다. 그 사건들이 어떻게 정신적인 상처를 주었는지에 중점을 두면서 이야기를 풀어 나가라. 두 번째 부분은 '그리고 그(그녀)가 자랐을 때,'로 시작되며, 그 정신적 상처가 이후의 인생에 어떤 파괴적인 결과를 가져왔는지에 중점을 두고 서술하라.

당신의 인생에서 극적으로 두드러진 정신적인 충격을 받은 사건이 떠오르지 않아서 조바심을 낼 필요는 없다. 어쩌면 당신은 만성적으로 우울하거나 불안했던 어린 시절을 갖고 있거나 말할 기회조차 무시당했을 수도 있다.

이미 눈치챘겠지만 제1부의 끝부분에 있던 '다정한 난쟁이(Tender Elf)'의 우화는 나 자신에 대해서 쓴 신화를 각색한 것이다. 여기서 워크숍의 참가자 중 한 남자의 이야기를 들어 보자.

이 남자의 인생에서 일어난 일들은 이러하다. 부자였던 아버지는 파티에서 술에 취해 그의 어머니를 임신시킨 일로 인해 어머니와 결혼했다. 만약 아버지가 어머니와 결혼하지 않으면 소송을 하겠다고 외할아버지가 협박했던 것이다. 그들이 결혼하고 6개월 후, 아버지는 어머니랑 이혼했다. 아버지는 어머니에게 엄청난 위자료를 지불하는 대신, 다른 도시로 이사 갈 것을 요구했다.

어머니의 나이는 당시 열여덟 살이었고, 약물 중독의 초기단계에 있었다. 게다가 섹스 중독에도 빠져 있었다. 그녀는 나이 많은 시골 여인에게 돈을 주면서 아들을 돌봐 달라고 맡겼다. 그녀는 아들을 남겨 둔 채 몇 달씩 나가 있을 때도 있었다. 결국 그녀는 재혼을 하고, 다른 곳으로 이사를 가 버렸다. 아들을 완전히 버려둔 채……

나의 내담자는 그 나이 많은 시골 여인에게서 신체적·성적·정서적인 학대를 받았다. 학교에서는 낙제생이었으며, 열일곱 살 때 집에서 도망쳐 나왔다. 그때부터 그의 인생은 삼류 인생의 멜로드라마 같았고, 여성들과는 **학대적인 관계**를 갖게 되었다.

　다음은 그가 쓴 이야기다.

　옛날 옛날에 존이라는 이름을 가진 강한 왕이 살고 있었습니다. 그는 그레첸이라는 비천한 농부의 딸과 결혼했습니다. 어느 날 술이 잔뜩 취한 왕이 그녀와 잠자리를 같이했고, 그녀가 임신을 하게 되면서 결국 왕은 그녀와 결혼을 하게 된 것입니다.

　왕에게는 아주 창피한 결혼이었기 때문에 그레첸은 숨어 지내게 되었습니다. 그러다 마침내 그녀는 어떤 외딴 섬으로 추방당하게 되었습니다.

　그 부끄러운 결혼이 낳은 아이 역시 존이라고 불렸습니다. 그의 어머니는 존 왕의 사랑을 계속 간직하고 싶었기 때문에, 만약 왕이 이 어린 왕자를 보고 그녀가 그 아이에게 왕의 이름을 지어 주었다는 것을 알게 되면, 왕이 다시 돌아올지도 모른다고 생각했던 것입니다. 그래서 어느 날 그녀는 아들을 왕에게 보여 주려고 왕을 찾아갔습니다.

　그렇지만 존 왕은 노발대발하였습니다. 그는 그 어린 왕자가 왕가의 피를 이어받았다는 걸 알고 있었지만, 천한 그레첸은 그의 부끄러움을 떠올렸기 때문에 그녀를 싫어했습니다. 결국 왕은 그레첸과 어린 존을 수백 리 떨어진 바다 건너 다른 나라로 보내 버리라고 명령했습니다. 그 대가로 그레첸은 많은 돈을 받았고, 아들 존에게 출생의 비밀에 대해 말하지 않기로 맹세하고 말았습니다.

　그레첸은 어린 존을 미워하게 되었습니다. 왜냐하면 그 아이는 그녀가 하고 싶은 일을 막는 방해물이었기 때문입니다. 그녀는 많은 남자를 만나면서 인생을 즐기고 싶었습니다. 그녀는 자기가 쫓겨난 게 모두 존 때문이라며 아이 탓을 하기 시작했습니다. 결국 그녀는 시골의 어느 한 노파에게 돈을 주고는 존을 맡겨 버렸습니다. 그 노파는 존을 때리고, 아주 적은 양의 양식만을 주곤 했습니다.

　진정한 왕가의 핏줄을 타고났음에도 불구하고, 어린 존은 자신이 이 늙고 가난한 여자의 사생아라고 믿으며 자랐습니다. 입고 다니는 누더기 같은 옷 때문에 그는 다른 아이들에게 놀림거리가 되었습니다. 학교에서 그는 모든 면에서 낙제생이었습니다. 선생님들의 질문에 대답하는 게 너무 무서웠기 때문입니다. 게다가 집에서 허드렛일을 하기에도 너무 바쁘고 힘들었기 때문에 공부할 시간이 전혀 없었습니다.

(그리고) 그가 좀 더 성장하자, 집에서 도망쳐 나왔습니다. 그는 돈이 한 푼도 없었고, 학교도 중도에 그만두었기 때문에 찾을 수 있는 직업이라곤 상점에서 바닥을 쓸고 닦는 일밖에 없었습니다. 그는 여자를 사귀기 시작했습니다. 그는 한 여자와 헤어지자마자 바로 다른 여자를 만나는 패턴을 반복했습니다. 그리고 관계가 깊어지려고 하면 매번 거절당하곤 했는데, 그가 만났던 모든 여자는 그에게 빈정대거나 그를 무시하곤 했습니다.

여러분이 자신의 이야기를 다 썼다면, 이제 그 이야기를 후원자에게 읽어 주는 것이 아주 중요하다. 이 이야기는 당신 안의 버림받은 느낌을 알게 해 주는 데 도움이 된다. 그뿐만 아니라 당신의 충족되지 못한 발달상의 의존욕구와 그 결과로 나타난 당신 인생사 사이의 어떤 연관성을 발견하도록 도와줄 것이다.

'성인아이'의 이슈는 '우리가 진정 누구인가'에 대해서라기보다 '우리에게 무슨 일이 일어났는가'에 대한 주제임을 우리가 이해하게 될 때, 수치심 중독은 치유될 수 있다. 우리의 충족되지 못했던 어린 시절의 욕구들이 어떻게 표출되었는지를 보는 것이 수치심 중독을 줄이도록 돕는다. 만일 파트너와 함께 이 과제를 하고 있다면, 교대로 서로에게 읽어 주라. 파트너가 자신의 이야기를 당신에게 읽어 줄 때, 당신의 느낌에 대해 말해 주라. 괜찮다면 그를 안아 주거나 돌봐 주라.

그룹으로 이 과제를 하고 있다면, 각자 돌아가면서 그룹원들에게 자신의 이야기를 읽어 주라. 한 사람이 끝나고 나면, 그 사람에게 눈을 감고 있게 하고, 구성원 모두가 그 사람에게 진심에서 우러난 느낌을 이야기해 주라.

· 역기능적인 가족체계의 역할 ·

학령기 동안 당신이 했던 새로운 역할들을 떠올려 보고 제6장의 193~198쪽에서 했던 것처럼 연습해 보라. 이 연습을 할 때는 세대 간에 걸쳐 결속된 역할에 주로 중점을 두라고 제안하고 싶다. 왜냐하면 바로 이러한 역할들 때문에 당신은 건강한 성역할모델을 잃어버렸기 때문이다. 이 시기에 종종 나타나는 역할들은 **엄마의 작은 남자, 엄마의 대리 남편, 엄마의 가장 친한 친구, 엄마의 엄마, 아빠의 작은 공주(아기 인형), 아빠의 대리 아내, 아빠의 가장 친한 친구, 아빠의 아빠 등이다. 대리 배우자나 부모의 부모 역할** 등은 이성 간의 결속에만 한정되지 않는다는 점에 주목할 필요가 있다. 즉, 여자아이가 **엄마의 대리 남편**이 될 수 있고, 남자아이가 **아빠의 대리 아내**가 될 수 있다. 이 모든 경우 아이가 자신의 부모를 돌봐 주고 있다. 이것은 자연의 섭리를 역행한 것이다.

이런 역할들이 평생에 걸쳐 배태시키는 파괴적인 결과들을 보라. 지미(Jimmy)의 아버지는 알코올 중독자였고, 그가 일곱 살 때 가족을 버렸다. 그때 그의 어머니는 스물일곱 살이었다. 그녀는 아직 미숙했고, 지미 말고도 다른 두 아이가 있었다. 지미는 셋 중의 중간이면서, 첫째 아들이었다. 그는 여덟 살 때부터 자기가 할 수 있는 모든 잡일을 시작했다. 그의 어머니에게 아주 커다란 도움이 되었음은 물론이다. 또한 그는 어머니와 몇 시간씩이나 같이 앉아서는, 어머니가 자신의 인생에 대해서 한탄하고 우는 동안 위안이 되어 주곤 했었다. 그에게 어머니는 마치 성스러운 존재와도 같았으며, 자신이 무슨 일을 해도 그녀를 만족시켜 줄 수 없을 거라고 생각했다. 그런데 지미가 깨닫지 못했던 게 있었다. 지미가 울 때마다 그의 어머니는 그에게 창피를 주거나, 딴 곳으로 주의를 돌려 버려 그의 감정을 없애 버리곤 했던 것이다. 어머니는 그가 얼마나 훌륭한 할아버지를 두었는지, 이렇게 먹을 것이 풍부한 집에서 사는 게 얼마나 행운인지를 이야기하곤 했다. "지미, 라틴아메리카에서 사는 아이들은 지금도 굶고 있단다."

지미는 스물두 살 때 선불교에 귀의하면서 독신 수도승이 되었다. 어머니는 그를 자랑스러워했으며, 종종 그를 찾아오곤 했다. 몇 년의 시간이 흐른 뒤 지미는 수도원을 떠났고, 여러 여자와 사귀기 시작했다. 그가 만난 여자들은 모두 도움이 절실하게 필요한 불쌍한 여자로, 그는 여자들의 구세주가 될 수 있었다. 마흔여섯 살 때는 아이가 셋 있는 버림받은 스물일곱 살의 여자와 불운한 결혼을 했다. 결혼생활은 갈등의 연속이었으며, 점점 늪에 빠지는 것 같았다. 그는 의붓자식들을 미워하기 시작했다. 그는 다른 여자와 바람이 났고, 거의 십 년 동안 통제 불능 상태로 성적인 행동을 표출하였다. 결국 그의 아내는 그와 이혼했다.

지미의 이야기는 대리 배우자 역할의 전형적인 예다. 그들은 종종 종교인이 되거나 독신 수도승이 되곤 하는데, 그런 식으로 자기 어머니에게 충실하게 남아 있는 것이다. 이들은 이미 자기 어머니에게 헌신했기 때문에 다른 여성에게 헌신한다는 건 절대 있을 수 없는 일이다. 헌신할 대상을 찾아 날아다닌다는 의미에서 이들을 **'날아다니는 소년들'**이라고 부른다. 또한 이들은 결코 자라지 않기 때문에 **'피터팬'**으로 불리기도 한다. 사실 그들은 어머니를 절대로 떠나지 못한다.

지미가 나를 찾아왔을 때, 그는 외로움과 분노로 꽉 차 있었다. 그의 나이 쉰두 살이었다. **대리 배우자** 역할은 그에게 값비싼 대가를 치르게 했다. 그는 어머니처럼 아주 불쌍한 여자를 돌볼 때에만 자신의 존재가치를 느꼈다. 그는 한 번도 마음속 깊은 곳에서 누군가와 이어져 있다고 느껴 본 적이 없었다. 사실상 그는 자신의 모습 그대로를 사랑받아 본 적이 없었다. 그의 진정한 자신, 즉 상처받은 일곱 살의 내면아이를 한 번도 인정한 적이 없었음은 물론이다.

이런 복잡하게 얽힌 역할들을 벗어 버릴 교정 작업들은 12장에서 제시될 것이다.

· 선언문 ·

당신의 학령기 내면아이를 위한 선언문은 다음과 같다.

> 작은 _____야, 넌 학교에서도 너의 모습 그대로일 수 있단다. 너 스스로가 바로 자신의 편이 돼 주는 거야 나도 널 도와줄게.

네가 하고 싶은 대로 하는 법을 배운다는 것은 좋은 거야.

그리고 뭔가를 하기 전에 먼저 생각해 본 다음 시도해 보는 게 좋단다.

너의 판단을 믿어 보렴. 그리고 네가 선택한 것에 대한 결과를 받아들일 수 있어야 해.

네가 원하는 대로 할 수 있고, 다른 사람들과 의견이 달라도 상관없단다. 난 네 모습 그대로를 사랑한단다.

작은 _____야. 너의 느낌들을 믿어 봐. 만약에 무섭다면 내게 말하렴.

무서움이란 아주 당연한 감정이란다. 우린 그것에 대해 함께 이야기할 수 있어.

넌 친구들도 선택할 수 있단다.

다른 아이들과 같은 스타일의 옷을 입을 수도 있고, 너만의 스타일대로 입어도 괜찮단다.

넌 네가 원하는 걸 받을 만한 자격이 충분히 있어.

무슨 일이 있어도 난 반드시 너와 같이 있을 거야.

사랑한다. 작은 _____야.

· 학령기 명상 ·

다음에 오는 부분을 전체 도입문에 추가하라. 매 간격마다 약 20초간 멈추라.

학교에 입학하던 날, 당신의 가정은 어떤 분위기였습니까? ⋯⋯ 입학 첫날을 기억합니까? ⋯⋯ 매 학년마다 첫날이 어땠는지 기억납니까? ⋯⋯ 점심 도시락을 싸 가지고 다녔습니까? ⋯⋯ 학교 가방은요? ⋯⋯ 학교는 어떻게 갔습니까? ⋯⋯ 혹시 학교에 가는 것이 무섭거나 끔찍했습니까? ⋯⋯ 그곳에 당신을 괴롭히던 불량배들이 있었습니까? ⋯⋯ 가장 좋아했던 선생님은 누구였습니까? ⋯⋯ 남자 선생님이나 여자 선생님이 있었습니까? ⋯⋯ 학교 운동장을 한번 그려 보세요. ⋯⋯ 운동장에서 뛰어노는 당신이 보입니까? ⋯⋯ 그 아이는 무엇을 하고 있습니까? ⋯⋯ 어떤 옷을 입고 있습니까? ⋯⋯ 그 아이에게 걸어가 보세요. 그리고 당신이 그 아이가 된다고 상상해 보세요. ⋯⋯ 지금 당신은 어른인 당신을 쳐다보고 있는 어린 학생입니다. …… 아이인 당신은 어른인 당신을 아주 현명하고 온화한 천사라고 생각하고 있습니다. …… 자, 여기서 어른인 당신의 목소리를 들어 보세요. …… 따뜻하고 애정 어린 목소리로 당신에게 이야기하고 있습니다…….

혼자일 경우: 상처받은 학령기 내면아이를 위해서 선언문을 녹음하라.
파트너와 작업할 경우: 파트너에게 선언문을 말해 주라.
그룹작업의 경우: 여기에서 멈추고, 앵커를 뽑는다.
혼자이거나 파트너와 함께 작업할 경우: 선언문이 끝난 후, 명상을 계속하라.

당신에게 느껴지는 것을 그대로 느껴 봅니다. 그리고 당신의 인자한 천사에게 작별 인사를 하세요. 당신이 원한다면 그를 안아도 좋습니다. …… 자, 이제 천천히 어른인 당신의 모습으로 다시 돌아옵니다. …… 당신의 학령기 내면아이에게 당신이 이제부터 언제까지나 함께 있겠다고 이야기해 주세요. …… 언제나 당신을 믿어도 좋다고 말해 주세요…….

그룹의 경우: 앵커를 뽑은 후, 다음 부분을 추가하라. 이 결론 부분은 모든 사람- 혼자 하거나, 파트너와 함께 하거나, 그룹작업 모두-을 위한 것이다. 매 간격마다 약 10초간 멈추라.

자, 이제 시간이 흘러갑니다. 당신의 고등학교를 바라보세요. …… 무슨 색깔입니까? …… 고등학교 시절 당신의 가장 친한 친구를 쳐다보세요. …… 십 대 때 제일 좋아하던 노래를 들어 보세요. …… 자, 이제 당신의 청년기로 걸어 나갑니다. …… 지금 당신이 살고 있는 집이 보입니다. …… 당신의 방도 보입니다. …… 지금 여기에 있는 자신을 느껴 보세요. …… 발가락을 움직여 보세요. …… 다리에서부터 올라오는 힘을 느껴 보세요. …… 자, 숨을 깊게 들이마십니다. …… 숨을 내쉴 때는 '휴우' 하고 소리를 냅니다. …… 손가락을 움직여 보세요. …… 몸과 마음이 회복되어 여기 있는 당신 자신을 충분히 느껴 보세요. …… 눈을 떠도 좋습니다.

당신이 혼자라면 이러한 경험들에 대해 숙고해 보라. 당신이 어떤 감정을 느끼는지 적어 보라. 파트너와 함께라면 이 경험들이 어땠는지 파트너와 이야기를 나누어 보라. 그룹으로 경험한 경우, 돌아가면서 이 경험들이 어땠는지 나누어 보라.

　이제 당신의 학령기 아이를 치유했다. 당신이 그 아이를 돌봐 줄 수 있다. 다음은 치유된 나의 학령기 내면아이의 모습이다.

08

당신 자신을 다시 세우기
─새로운 청소년기

내가 하는 일이 바로 나다. 그것 때문에 내가 왔다.

― 제럴드 만리 홉킨스(Gerald Manley Hopkins) ―

청소년기

(재생)

나는 유일한 나다(I AM MY UNIQUE SELF).

나이: 13~26세

발달단계의 양극: 자아정체감 대 역할 혼란(Identity vs. Confusion)

자아의 힘: 충실성(Fidelity)

힘: 재생의 힘(Regeneration)

관계적 이슈: 가족으로부터의 독립(Independence from Family)

· 의심의 지표 ·

　다음의 질문에 '예' 또는 '아니요'로 답하라. 각 문제를 읽고 난 후, 어떤 느낌이 드는지 잠시 동안 생각해 보라. 긍정의 느낌이 강하게 들면 '예'로, 부정의 느낌이 더 강하게 들면 '아니요'로 대답하라. 당신이 '예'라고 대답했다면, 과거 당신의 청소년기의 놀라운 내면아이가 상처받았다고 의심해 볼 수 있다. 상처에는 여러 정도가 있다. 1에서 100까지의 척도 중 당신은 그 어딘가에 있을 것이다. 당신의 답에 '예'가 많을수록 청소년아이인 당신은 더 많은 상처를 받았다고 할 수 있다.

질문 내용	예	아니요
1. 권위를 가진 사람들(상사, 경찰, 공무원 등)과 종종 갈등을 일으킵니까?		
2. 다른 사람들이 쉽게 받아들이는 것 같은 '쓸데없는 규칙이나 규정들' 때문에 화가 납니까? (다른 사람들이 '쓸데없는 규칙이나 규정들'을 쉽게 받아들이는 거 같아서 화가 납니까?)		
3. 부모님 앞에서는 금방 복종하는 아이(혹은 반항하는 아이)의 역할로 바뀝니까?		
4. 자신이 누구인지 혼란스럽습니까?		
5. 자신의 인생 스타일이 유별나며 순응적이지 않기 때문에 남들보다 낫다고 느낍니까?		
6. 어릴 적 종교를 지금도 의심 없이 믿고 있습니까?		
7. 이성하고만 친밀한 관계를 형성할 수 있습니까?		
8. 일 관계가 아닌 이성과의 관계는 모두 성적이거나 로맨틱합니까?		
9. 인생에서 직접적인 행동을 취하기보다는 연애소설이나 공상과학 소설을 탐독하는 공상가입니까?		
10. 가끔 다른 사람들에게 '좀 더 성숙해져라.'는 말을 듣는 편입니까?		
11. 상황이 보편적인 윤리나 규범과는 어긋나게 진행되고 있을 때, 자신의 의견을 말하기가 힘듭니까?		
12. 정신적 지도자나 영웅을 맹목적으로 따르거나 이교(異敎), 사이비종교 등에 깊이 빠져 있습니까?		

13. 앞으로의 계획에 대해 많은 말을 하지만 정작 실행은 거의 하지 않는 편입니까?		
14. 남들이 경험하지 못한 일들을 겪었기 때문에 아무도 당신의 고통을 이해할 수 없다고 믿고 있습니까?		

사춘기가 시작되면서 어린 시절은 막을 내리게 된다. 사춘기는 우리의 첫 번째 재순환과정의 시작을 나타낸다. 앞에서 언급했듯이 팜 레빈의 책 『힘의 주기』에 의하면, 우리는 주기적으로 점점 변화하고 있다. 인생은 일정한 주제와 패턴을 반복하는 과정이다. 각각의 재순환과정은 전 단계 위에서 세워져서는 좀 더 세련된 적응을 요구한다. 또한 각각의 재순환과정은 위기의 때이기도 하다. 모든 위기는 상처받기 쉬운 예민함이 증가하면서도 잠재력이 커지는 때이다. 만약 중요한 도전들이 극복되었다면, 재생은 과거가 다시 재형성되었을 때 나타나게 될 것이다.

· 정상적인 청소년기 ·

청소년기(adolescence)의 중요한 과업들이 건강하게 성취되느냐는 어린 시절에서 발달된 자아의 힘에 달려 있다. 그러나 '의식적인 정체성'의 형성이라는 청소년기의 과업은 에릭 에릭슨이 지적한 것처럼 '어린 시절의 …… 동일시의 합(合) 이상'이다. 청소년기의 정체성은 '재형성된 정체성(reformed identity)'이다. 이것을 형성하기 위해서 우리는 유전적인 능력과 자아의 힘 그리고 사회문화적 역할이 제공하는 기회 속에서 초기에 계발된 기술들을 통합할 필요가 있다. 에릭슨은 이 새로운 자아정체성을 다음과 같이 정의한다.

> 자아정체성은…… '직업'에 대한 확실한 약속에서 증명되듯이 과거에 준비된 내적 동일성과 연속성(이 책에서는 '나됨'이라 표현함)이 타인에 대한 개인적인 의미의 동일성, 연속성과 조화를 이룬다는 확립된 자신감이다.

이것은 당신의 내면아이의 '나됨'이라는 인식이 두 가지 방법으로 확인되어야 함을 의미한다. 하나는 친밀한 관계에 있는 중요한 타인의 눈에 반영되는 과정을 통해서, 그리고 다른 하나는 그 사람의 존재를 높여 주는 의미 있는 직업을 통해 확인되어야 한다고 할 수 있다. 성인 정체성의 두 기둥은 바로 프로이트가 말한 성숙의 두 가지 징표인 사랑과 일이다.

청소년기 동안 상처받은 내면아이는 비행이나 타락을 야기하는 파괴적인 힘이 될 수 있다. 심지어 건강한 내면아이를 가진 사람도 여전히 어린 시절의 수많은 전쟁을 다시 치러 내야 한다는 점에서, 정상적인 청소년기는 인생의 주기에서 가장 격렬한 시기 중의 하나다.

이제 나는 청소년기라는 단어를 사용해 일반적인 청소년기의 특징들을 살펴보고자 한다.

Ambivalence(모순)

Distancing from parents(부모로부터의 거리)

Occupation(직업)

Loneliness(외로움)

Ego identity(자아정체성)

Sexual exploration(성적 탐구)

Conceptualization(개념화)

Egocentric thinking(자기중심적 사고)

Narcissism(자아도취/자기애)

Communication frenzy(열광적인 의사소통)

Experimentation(실험)

모순

청소년기의 모순적인 특성은 J. D. 샐린저(J. D. Salinger)의 책 『호밀밭의 파수꾼(The

Catcher in the Rye)』에서 훌륭하게 묘사되어 있다. 주인공인 열여섯 살의 홀든 카우필드(Holden Caulfield)는 어른이 되고 싶었다. 그는 술이나 여자, 갱 두목 등으로 비치는 어른의 세계에 대한 환상을 갖고 있었다. 동시에 그는 어른의 삶에 대한 두려움이 있고, 피비(Phoebe)라는 어린 여동생과 그녀의 친구들의 보호자가 되려는 환상을 갖고 있었다. 자기보다 어린 아이들과 같이 있거나 그들을 보호하려는 것은 어른들의 세계에 직면해야 하는 두려움으로부터 자신을 지켜 준다. 홀든의 머리색의 반은 회색빛이었다. 그는 아동기와 성인기라는 두 세계 사이에서 살고 있었다. 모순은 바로 이 두 세계들 사이를 왔다 갔다 하는 것이다.

모순은 또한 청소년기의 특징인 감정적인 격동이나 자유분방한 분위기와도 관계가 있다. 안나 프로이트(Anna Freud)에 의하면, 청소년기 아이들이 하루는 부모의 존재를 증오하다가도, 그다음 날이면 그들과 진정으로 가슴 깊은 대화를 하고 싶어 하는 것은 지극히 당연한 현상이라고 한다.

부모와의 거리

부모와 거리를 두는 현상은 청소년기의 정상적인 특징이다. 청소년들이 집을 떠나기 위해서는 자신의 부모에게 무관심해져야 한다. 예일대학교 심리학자 테오도르 리츠(Theodore Lidz)는 "사회생활에서 세대 간의 갈등이란 당연한 것"이라 주장했다. 기원전 800년경, 헤시오드(Hesiod)는 혼란스러운 청춘기를 보내면서, 다음 세대에서는 도대체 무슨 일이 일어날지에 대해 궁금해했다. 공교롭게도 나는 어제 한 가게에서 어떤 여성이 이와 비슷한 말을 하는 것을 들었다.

또래집단은 청소년들이 거리두기를 성취할 수 있는 수단이다. 또래집단이 새로운 부모가 된다는 점에서 나는 '또래집단 부모(peer group parent)'라고 부르고 싶다. '또래집단 부모'는 매우 엄격하고 규칙에 속박되어 있다. 예를 들면, 몇 년 전에는 '오리꼬리'형 머리 스타일이 널리 유행했었다. 또 내 또래아이들은 바깥쪽에 봉합선이 있고 권총 주머니가 있는 맞춤복 바지를 입고 다녔다. 그리고 우리처럼 옷을 입지 않은 다른 십 대 아이들을 '구식'이라고 놀리곤 했다.

직업

몇몇 연구결과에 의하면, 십 대들의 마음속에 있는 가장 큰 고민은 바로 '직업'이었다. 어떤 종류의 일을 해야 할지, 어디에 자신들의 에너지를 투자해야 할지, 자기 자신을 어떻게 돌보아야 할지, 성인이 되면 어디서 일해야 할지 등등에 대해서다.

생존에너지는 우리의 인생에서 어떤 종류의 일을 하면서 살아야 할 것인지에 대해서 고민하게 한다. 그 선택은 문화마다, 세대마다 다르다. 과거에는 직업적인 선택들이 대단히 한정되어 있었으며, 미리 결정되어 버리곤 했었다. 그 시절에는 인생이 단순했다.

외로움

청소년기는 항상 외로운 시기다. 아무리 많은 또래의 친구가 있어도 내면의 공허함을 느낀다. 젊은이는 아직 자기가 누구인지, 어디로 가야 할지를 확실히 알지 못한다. 왜냐하면 막 새롭게 생겨난 '추상적 사고능력'으로 인해 미래(가설)가 '인생에서 처음으로' 문제가 되기 때문이다. 젊은이가 미래에 대해서 숙고할 때, 그는 부재(不在)라는 인식을 경험하게 된다. 만약, 그가 상처받은 내면아이를 갖고 있다면 그 경험은 더욱 강렬해질 것이다.

청소년기에 새롭게 나타난 인지구조는 자기반성능력이다. 즉, 자의식이 생기는 것이다. 청소년들은 '생각한다는 것'에 대해서 생각할 수 있다. 그러기 때문에 '나는 누구인가?'라는 질문이 가능한 것이다. 그들은 자신의 모습을 고통스럽게 알게 된다. 자의식은 '2차 성징'의 출현에 의해 강화된다. 새로이 경험된 성적인 감정은 매우 강력하지만 신체적인 변화는 아직 미숙하다. 그렇기 때문에 그들은 왠지 부끄럽고 이상한 느낌을 갖게 되는 것이다.

자아정체성

나는 이미 자아정체성에 대한 에릭슨의 정의를 설명하였다. '나는 누구인가?'와 '나는 어디로 갈 것인가?'라는 질문은 청소년기의 새로운 정신적 능력의 산물이다.

성적 탐구

'2차 성징'의 출현과 함께 강력한 새로운 에너지가 나타나게 된다. 이 에너지는 그 자체로 확장하는 인생의 활기다. 니체는 "인생은 스스로를 갈망한다."고 선언했다. 생식기적 성은 종족을 보존하는 힘이다. 성충동이 없다면 100년 안에 모든 종족은 멸종할 것이다.

십 대 아이들은 자연스럽게 성을 탐구할 것이다. 최초로 생식기적 자위행위가 그들의 숨통을 열어 준다. 실명의 위험, 손의 사마귀, 심지어 성기가 작아질 것이라는 경고도 이러한 충동 앞에서는 무기력해 보인다. 어둠 속에서 그 행위를 한다고 해서…… 도대체 누가 알겠는가? 종종 다른 형태의 성적 탐구도 있다. 예를 들면, 상호 자위행위, 이성을 애무하는 것 그리고 최종적으로는 성교다.

생식기에 대한 탐구는 건강한 정체성 형성에 아주 중요하다. 왜냐하면 성은 우리가 무엇을 가졌는가에 대해서라기보다는 우리가 누구인가에 대한 부분이기 때문이다. 우리가 어떤 사람을 쳐다볼 때 가장 먼저 주목하게 되는 것이 바로 그 사람의 성별이다.

개념화

이 시기에는 학령기 아동에게 '구체적이고 문자적 사고'를 넘어 '추상적이고 논리적으로 생각할 수 있는 능력'이 나타난다. 사춘기 전의 아이에게는 불가능하지만 청소년들에게는 사실에 반대되는 명제를 받아들이는 것이 가능하다. 예를 들어, 미래에 대한 생각은 사실에 반대되는 명제를 받아들이는 능력을 요한다. 나는 누구며, 어디로 가고 있는 것인가? 나의 가능성은 무엇인가? 청소년 시기에 정체성에 대한 생각은 곧 가능성에 대한 생각이다. '만약 내가 의사가…… 변호사가…… 또는 목사가 된다면…….' 등등의 가능성을 생각해 보는 것이다. 이러한 가정들은 사실들에 제한되지 않는 가설들의 발생을 포함하고 있다.

이러한 새로운 인지구조의 또 다른 표현은 이상화다. 청소년들은 꿈꾸는 사람들이다. 꿈과 이상은 우리를 자극하는 모델을 만들어 낸다. 또한 청소년들은 자신들의 우상에 집착한다. 영화배우나 록 가수들이 가장 흔한 경우지만 어떤 청소년들은 직업에 대한 동기부여를 위해 정치가나 지식인을 우상화하는 경우도 있다. 십 대 아이들은 특성상 종교적이며, 청소년기는 가장 종교적인 준비가 잘된 시기다. 영적인 우상은 종종 청소년기의 핵심적인 강박증이 되기도 한다.

청소년들의 이상화나 우상화는 사이비종교나 어떤 운동(주의)으로 발전할 수 있다. 하레 크리슈나(Hare Krishnas), 중국의 홍위병, 히틀러에 의한 독일 청년들의 동원 등이 그 실례다. 이 모든 사례는 긍정적이든 부정적이든, 청소년들이 어떤 주의나 운동에 빠지는 방식들을 증명해 준다. 어떤 주의에 대한 이러한 헌신은 에릭슨이 '충실성'이라고 부른 자아강도를 기본으로 한다. 이것은 성인에게 있어 중요한 힘이다.

자기중심적 사고

전(前) 단계의 자기중심성과는 달리 청소년들은 다른 사람들의 관점을 충분히 이해할 수 있는 능력을 갖고 있다. 그들의 자기중심성은 자신들이 스스로에 몰두하는 것과 마찬가지로 부모들도 그들에게 그럴 것이라는 믿음으로 이루어져 있다. 청소년들은 특징상 과대망상적이다. 우연히 쳐다만 보아도 가차 없이 어떤 평가적인 판단으로 해석해 버린다. 일반적인 각본을 보자. 십 대인 셜리(Shirley)는 자신이 짝사랑하던 남자아이에게 무시를 당했다. 그녀는 완전히 풀이 죽은 채 거절당했다는 느낌을 안고 집으로 돌아왔다. 엄마는 그녀에게 무슨 일이 있었는지 물어보았다. 셜리는 "그냥 날 혼자 내버려 둘 수 없어요?"라고 소리 지르고는 자기 방으로 들어가 버렸다. 데이비드 엘카인드(David Elkind)는 청소년들의 이러한 자기중심적인 사고를 두 가지 측면에서 보았는데, 하나는 '상상의 관중'이고 다른 하나는 '개인적인 우화'다. 이 두 가지 모두 과장된 사고방식이다. 셜리는 엄마가 조금 전에 자기가 거절당하고 창피당한 장면을 목격했다고 생각한다. 청소년기의 아주 심한 자의식은 '모든 사람이 나를 쳐다보고 있다.'는 믿음에서 나온다. 만약 그 아이가 수치심을 기본적으로 갖고 있다면, 그의 자의식은 고통스럽게 더욱 강렬해질 것이다.

'개인적인 우화'는 한 사람의 인생은 완전히 특별하다는 믿음이다. 청소년들은 '아무도 내가 겪은 일을 경험하지 못했을 것'이라고 스스로에게 말한다. 이것은 결국 '아무도 나를 이해하지 못해.' '아무도 나를 사랑하지 않아.' '누구도 우리 부모 같은 사람들과는 살아 보지 못했을 거야.'라는 생각으로 이어진다. 혹시 톰 소여(Tom Sawyer)의 죽음에 대한 엉뚱한 공상을 기억하는가? 톰은 아줌마와 다른 어른들이 자신의 임종 자리에 모여 있는 걸 본다. 그들은 모두 눈물을 펑펑 흘리며 울고 있다. 이제야 그들은 이 아이가 얼마나 특별하고, 비상한 아이였었는지를 알게 된다. 이러한 우화는 보통 주인공이 진정한 친밀감을 형성하게 될 때 끝이 난다. 사실상 친밀한 관계에서 일어나는 나눔은 사람들에게 그들의 경험이 얼마나 평범한 것인지를 보게 해 준다.

자아도취/자기애

청소년들은 자아도취에 빠져 있다. 그들은 거울에 비친 자신들의 모습에 사로잡혀 있으며, 자기 모습을 쳐다보면서 오랜 시간을 보내곤 한다. 이것은 바로 그들의 강한 자의식에서 비롯되었다. 그뿐만 아니라, 이것은 초기의 자기애적인 욕구들이 재순환된 것이기도 하다.

열광적인 의사소통

『호밀밭의 파수꾼』에서 홀든은 언제나 누군가에게 전화를 걸곤 한다. 계속해서 누군가에게 전화상으로 쓸데없는 말들을 하곤 한다. 그에겐 끊임없이 이야기하고 싶은 채워지지 않는 욕구가 있다. 자의식과 발달단계상의 외로움은 청소년들을 의사소통에 대한 욕구로 이끈다. 친구에게 계속해서 이야기하는 것은 누군가와 연결되어 있고, 또 누군가가 자신을 원하고 있다는 그런 느낌을 갖게 해 주기 때문이다. 지금도 생생하게 기억나는 장면은 당시 십 대였던 내 여동생과 차를 타고 갈 때, 그 애가 지나가던 남자 친구나 여자 친구의 이름을 미친 듯이 소리치며 부르던 모습이다.

실험

청소년들은 그들의 생각, 스타일, 역할, 행동을 가지고 아주 많은 실험을 한다. 종종 그러한 실험들은 부모의 생활양식이나 가치관과 부딪히곤 한다. 예를 들어, 어머니는 단정함을 대단히 중요하게 여기는데도, 사춘기인 딸은 긴 머리에 목욕도 자주 하지 않고 맨발로 걸어 다니면서 히피족으로서의 정체성을 지키려고 할 수 있다. 아버지는 지나치게 성취지향적인 일 중독자인데, 아들은 낙오자로서의 정체성을 가질 수 있다. 부모들은 무신론자인데, 아들이나 딸은 종교에 빠져 있거나 아니면 반종교적인 모습으로 자신들의 정체성을 확신할 수 있다.

실험은 청소년들의 지평선을 확장시켜 주며, 그들의 정체성을 확립하기 전에 다른 행동들을 시도해 보려는 방식이다. 대체로 청소년기는 이전 단계들의 통합과 재구성의 시기다. 그 사람의 모든 자아강도를 요약하는 시기다. 이러한 재구성을 통해서 새로운 정체성이 나타나기 시작한다.

· 성장장애 ·

청소년기는 인생 주기에서 가장 격동적인 시기일 것이다. 안나 프로이트는 청소년기에서의 정상적인 모습이 다른 시기에서는 대단히 신경증적인 증상으로 여겨질 수 있다고 지적했다. 비록 이전의 모든 단계에서 건강한 방식으로 해결되었음에도 불구하고, 심각하게 상처받은 내면아이에게서 나오는 문제들을 상상해 보라. 우리 중 많은 이는 굳이 상상할 필요가 없다. 지금도 그것들과 함께 살고 있지 않은가.

나에게는 모순적인 특징이 조울증적인 행동으로 나타났다. 거칠고 무분별한 행동의 표출은 곧바로 심각한 우울증으로 바뀌었다. 나는 결손가정의 아이들과 어울림으로써 나 자신에게서 멀어졌다. 우리는 난잡한 매춘행위나 술을 마시는 행동 등을 통해 엄격한 가톨릭 교육에 반항했다. 알코올에 반응하는 나의 유전적인 성향은 곧 나를 힘들게 했다. 열세 살 때부터 술을 마시면서 문제를 일으켰던 나는 곧 알코올로 인한 기억상실 증상을 나타내기 시작했다.

에릭슨이 지적한 것처럼 역할 혼동은 청소년기에서의 위험 요소다. 너무 많은 역할들을 실험하게 될 때, 청소년은 자신의 자아강도를 종합하는 맥락을 잃어버리게 된다. 십 대인 나는 끔찍할 정도로 혼란스러웠고 외로웠다. 아버지가 없었기 때문에 내게는 반항할 대상도, 역할모델로서 따를 수 있는 대상도 없었다. 그 대신 나는 역할모델로 반(反)영웅들을 택했다. 이것이 소위 '부정적 정체성'의 뒤에 숨어 있는 역동이었다. 나는 내가 누구인지를 몰랐기 때문에 나 자신을 내가 아닌 다른 존재와 동일시해 버렸다. 나는 이 사회의 모든 보수적이고 고지식한 사람들과는 달랐다. 우리 그룹의 아이들은 우리와 같지 않은 아이들을 놀리거나 우습게 여겼는데, 거기에는 거의 모든 사람이 포함되어 있었다. 부정적인 정체성을 가진 사람들은 낙오되거나, 인생의 비주류에 서서는 다른 사람들을 비웃곤 한다.

하지만 사실 나는 삶이 무서웠다(이 부분이 바로 치료과정에서 내가 발견하고 다루었던 모든 부정적인 정체성들에 해당된다). 존재하지도 않는 자아의 힘을 약하게 붙드는 것으로는 나 자신을 다시 세울 수 있는 방법이 전혀 없었다. 술에 취해 버리는 방법만이 성인이 되고 강해진 느낌을 줄 수 있었다. 내면의 허전함은 기분을 전환시키기 위해 할 수 있는 모든 방법을 사용하도록 나를 몰아갔다.

우리의 초기 고통과 충족되지 못한 어린 시절의 욕구들을 밖으로 표출하기 시작하는 시기가 바로 이 청소년기다. 비행청소년의 폭력은 상처받고 외로운 내면아이의 미분화된 분노를 입증한다. 범죄행위는 바로 어린 시절에 잃어버린 것을 다시 훔쳐 오는 방법이다. 마약은 역기능 가정에서의 외로움이라는 고통을 무감각하게 해 준다.

청소년들은 종종 가족들의 표현되지 못한 비밀들을 밖으로 표현하곤 한다. 성적인 표출은 성적인 에너지가 나타나는 이 시기에는 아주 자연스러운 현상이다. 성적 수치심을 가진 엄마의 엄격한 성적 억압은 딸 아이의 때 이른 성적인 문란함으로 드러날

지도 모른다. 아버지의 비밀스러운 외도는 어쩌면 십 대 아들에 의해서 표출될 수도 있다. 외로움과 분노를 가진 부모의 친밀감장애는 자녀가 학교에서 낙제하는 양상으로 표출될 수도 있다.

청소년들은 종종 **가족의 희생양**이 되곤 한다. 그들은 '**지정된 환자**(I.P.)'로 낙인찍히지만, 사실은 그들이 가족을 돌보고 있는 것이다. LA에서 마약남용 프로그램을 운영하면서, 나는 마약문제를 가진 청소년들의 부모들이 건강한 결혼생활을 유지하고 있는 경우를 한 번도 본 적이 없다. 부모들은 다세대적인 질병을 가지고 있었다. 그들의 결혼은 성인아이의 결혼이었으며, 자녀들은 사실 그들을 치료받게 하려고 문제를 일으키고 있었다. 대부분의 십 대들이 밖으로 표출할 때 주로 그 아이들이 속한 역기능적인 가족과 직접적으로 연관된 경우가 많았다.

또한 무시되었던 발달상의 의존적인 욕구들에 대한 문제도 있다. 청소년기는 개인의 정체성이 확인되기 시작하는 때다. 역기능 가정의 아이들은 아마도 그들의 정체성을 확인할 수 없을 것이다. 왜냐하면 청소년기가 시작될 때 그들에게는 '나됨'이라는 인식이 없기 때문이다.

우리 가족의 경우, 알코올 중독자인 아버지가 우리를 버리면서, 남은 가족 구성원 간에는 아주 심각한 과잉 밀착관계를 형성하고 있었다. 우리 가족의 그물화(Family Enmeshment)는 다음 그림에서 잘 나타난다.

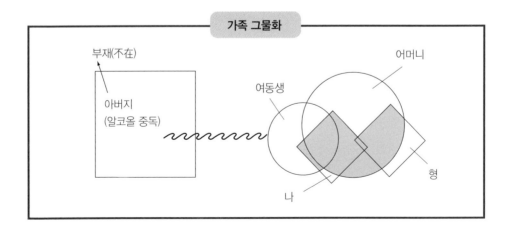

가족 그물화

앞의 그림에서 보는 것처럼 우리 가족 중 누구도 온전하게 분화된 자기를 갖고 있지 못했다. 우리 각각은 다른 가족 구성원들의 일부였다. 그래서 우리 중 누군가가 어떤 감정을 느끼면 다른 가족 구성원들도 똑같이 느꼈다. 엄마가 슬프면 우리 모두가 슬펐다. 엄마가 화가 나 있으면 우리 모두도 그렇게 느꼈고, 엄마의 분노를 멈추게 하기 위해 애썼다. 내가 나 자신의 정체성을 만들기에는 기반이 너무나 빈약했다.

역할 혼동이 증대되면 고립감과 내적인 공허함이 증가한다. **한 사람이 가족체계에서 수행하는 가장 중요한 역할이, 이 시점까지는 정체성을 갖는 데 가장 유용한 방식이 된다.** 21세가 될 무렵 나는 완전히 혼란스러움에 휩싸여 있었으며, 성적인 수치심에 사로잡혀 있었다. 나는 공허하고 뭔가 안전하지 못하다고 느꼈으며, 두렵고 분노에 차 있었다. 게다가 취업에 대한 걱정으로 불안했다. 지금도 잊히지 못하는 장면이 있다. 그때 나는 시내를 걸어 가면서 이 많은 사람이 어떻게 직장이며, 차와 집을 다 갖고 있을 수 있는지 궁금해하면서, 나는 절대로 잘할 수 없을 거라는 느낌에 압도당했었다. 내 안의 뿌리 깊은 수치심 때문이었다. 결국 나는 가족체계 안에서 나에게 주어진 역할에 굴복할 수밖에 없었다.

나는 계속해서 **스타**가 되었다. 나는 고학년의 학생회장이었으며, 학교신문의 편집장이었고, 공부 잘하는 우등생이었다. 이런 역할들에 더해서 알코올 중독에다, **'아버지가 없는 아이들'**의 또래집단에 속해 있었다. 그렇지만 가장 중요한 내 역할은 **'보호자'**였다. 왜냐하면 그 역할이야말로 내가 정말로 중요한 존재임을 느낄 수 있는 방법이었던 것이다. 아버지가 돌아가시자 나는 집안의 **'작은 남자'**가 되었다. 나는 동생들의 **'작은 부모'**였다. 가족을 돌봄으로써 나는 **'중요한 사람'**이 되었다. 그리고 나의 청년기의 정체성 문제를 해결하는 방법으로 독신 성직자가 되기를 선택했다. 검은 사제복과 로마 가톨릭교회의 칼라를 걸치는 것은 나에게 즉각적인 정체성을 갖게 해 주었다. 갑자기 나는 '존 신부'가 되었다. 나는 이제 **'영혼들의 보호자'**가 된 것이다. 이 세상 누구에게나 가장 고귀한 일, 이것은 하나님의 사역이 아닌가. 그리고 독신은 내가 지불해야 할 대가였다.

사제의 길을 선택함으로써 나는 나의 가족, 나의 종교, 나의 스승인 모든 수녀님과 신부님이 칭송하는 뭔가를 하는 것이었다. 그것은 아주 고귀한 희생이었으며, 관용과 선함의 표시였다. 또한 그 길은 우연히도 직업에 대한 나의 두려움을 해결해 주었고, 가족체계에서의 내 역할을 유지시켜 주었다. 나는 **스타**였고, **보호자**였으며, 성스러운 어머니인 교회와 결혼함으로써 나의 어머니를 절대로 떠날 필요가 없게 되었다. 그러나 이러한 **잘못된 정체성** 밑바닥에는 외롭고, 혼란스럽고, 두려움에 떨고 있는 작은 소년이 버려져 있었다.

· 보고하기 ·

자신이 누구인지를 모른다는 것은 이 세상에서 가장 큰 비극이다. 청소년기 동안 주어진 엄격한 가족체계에서의 역할은 당신의 가장 의식적인 정체성이 될 것이다. 사실 이런 역할들은 중독이 되어 버린다. 그 역할을 함으로써 당신은 자신이 중요하다고 느낄 것이다. 그 역할을 하지 않는 것은 당신의 초기 고통—정신적인 상처의 핵심—을 묶고 있는 수치심 중독이라는 깊은 저장고를 건드리게 될 것이다. 당신이 '나됨'을 잃었을 때 당신이 중요한 존재라는 것도 잃게 된다.

당신의 청소년 시절의 내력을 적으면서 상처받은 내면아이가 어떻게 청소년기를 타락시켰는지에 초점을 두라. 그리고 정신적 상처—사랑하는 사람이 없었다거나, 외로움, 또래집단의 압력과 거절, 가족에 대한 상처 등—에 대해서 자세하게 적어 보라.

· 청소년기의 내력을 후원자와 나누기 ·

당신의 청소년 시절의 내력을 후원자와 나누는 것이 중요하다. 청소년기의 당신은 상처받은 내면아이가 성인의 인생을 시작하기 위해서 순응한 방식이라고 할 수 있다. 즉, 당신의 최종적인 역할들은 당신의 상처받은 아이의 내력을 확인해 주는 일종의 메타포(metaphors)와도 같다. 당신의 최종적인 역할들은 상처받은 아이의 내력을 확인해 주는 것으로 이해할 수 있다. 당신에게 도움이 되는 최선의 결정을 내리기 위해서는 확인이 필요하다.

· 감정을 느끼기 ·

당신의 청소년아이를 치유하기 위해서는 정말 집을 떠날 필요가 있다. 또한 당신의 모든 발달단계에서의 아이들을 불러모아야 한다. 그러기 위해서 한 가지 제안을 하겠다. 당신이 주인으로서 당신의 청소년아이와 함께 성대한 귀향 파티를 여는 것이다. 이를 위해 다음의 명상을 활용할 것이다.

· 귀향의 명상 ·

녹음기에 다음의 내용을 녹음하라. 다니엘 코비알카(Daniel Kobialka)의 '집으로 돌아가기(Going Home)' 테이프를 배경 음악으로 사용하라. 각 간격마다 약 20초의 여유를 두라.

자, 이제 눈을 감고 당신의 호흡에 집중해 보세요. …… 당신이 숨을 들이마실 때 아랫배를 부드럽게 당겨 보고, 숨을 내쉴 때는 배를 내밀어 보세요. 넷을 세는 동안 숨을 들이마시고, 다시 넷을 셀 동안 숨을 참고 있다가, 여덟을 세는 동안에 천천히 숨을 내쉬어 보세요. …… 몇 번을 반복해서 해 보시기 바랍니다. …… 넷을 셀 동안 숨을 들이마시고, 다시 넷을 셀 동안 숨을 멈추고, 열여섯을 셀 동안 숨을 내쉬고…… 그다음에는 넷을 셀 동안 숨을 들이마시고, 다시 넷을 셀 동안 숨을 멈추고, 그리고 서른둘에서 숨을 내쉬어 보세요. …… 이것을 3번 반복해 보세요. …… 이제 보통의 숨 쉬기를 다시 시작합니다. 당신이 숨을 내쉴 때 3이라는 숫자에 집중해 보세요. …… 그것을 바라보고, 색칠해 보거나, 마음의 귀로 '3'을 들어 보세요. …… 자, 이제 2라는 숫자에 집중해 보세요. …… 그리고 이제 숫자 1에 집중해 보세요. …… 이제 당신은 숫자 1이 문이 되는 걸 보고 있습니다. …… 문을 열고 안으로 들어가 보세요. 양쪽으로 문이 나 있는 나선형의 긴 복도를 따라 걷고 있습니다. …… 당신의 왼쪽에 '작년'이라고 말하는 문이 보입니다. …… 그 문을 열고 안을 들여다봅니다. 작년에 당신에게 있었던 좋았던 장면들을 바라보세요. …… 문을 닫고 당신의 오른쪽에 있는 다음 문으로 가세요. …… 그 문을 열고 거기에 당신의 청소년기 아이가 서 있는 모습을 봅니다. 그 아이를 껴안아 주세요. 그리고 그가 겪은 일이 무엇인지 당신이 다 알고 있다고 말해 주세요. …… 이제는 집을 떠날 시간이라고 아이에게 말해 주세요. 이제 혼자가 아니라 당신이 옆에서 도와줄 거라고 말해 주세요. …… 또한 당신과 함께 갈 것이고, 당신의 모든 아이, 즉 당신의 갓난아이, 유아, 유치원기 아이, 학령기 아이들을 같이 찾을 거라고 말해 주세요. …… 당신의 청소년아이와 함께 복도 끝까지 걸어가 문을 열어 보세요. …… 이제 당신의 기억 속에 어릴 때 당신이 살던 집을 바라봅니다. …… 그 집 안으로 들어가 당신의 갓난아이가 있던 방을 찾아보세요. …… 당신의 청소년아이가 당신의 갓난아기를 안아 보세요. …… 이제 다시 복도로 나와서 당신 왼쪽의 첫 번째 문을 열고, 당신의 유아를 바라봅니다. …… 그 아이 손을 잡고 다시 복도로 걸어 나옵니다. …… 그다음은 당신의 오른쪽에 있는 첫 번째 문을 열어 유치원기의 아이를 봅니다. …… 그 아이를 바라보세요. …… 그 아이가 어떤 옷을 입고 있습니까? 그 아이의 손을 잡고 그 방을 나옵니다. 이제 당신은 학령기 아이를 찾았습니다. …… 그 아이는 무엇을 입고 있나요? …… 그 아이에게 당신의 청소년아이의 손을 잡게 하고 그 집을 걸어 나옵니다. …… 지금 당신은 청소년아이의 옆에 서 있습니다. 누가 당신의 갓난아기를 안고 있습니까? …… 당신의 학령기 아이는 청소년아이의 팔을 붙잡고 있습니다. …… 당신은 당신의 유아와 유치원기 아이의 손을 잡고 있습니다. …… 이제 당신의 갓난아기가 유아가 되는 것을 보세요. ……이제 당신의 유아가 자라서 유치원기 아이가 되는 것을 보세요. …… 이제 그 아이가 학령기 아이가 되는 것을 보세요. …… 이제 그 아이가 청소년이 되었습니다. …… 당신과 당신의 청소년아이가 나란히 서 있습니다. …… 이제 청소년 시절에 당신이 살던 집 앞에 부모님이 나와 계시는 걸 봅니다. …… 당신과 청소년아이는 그들에게 작별 인사를 합니다. …… 그들에게 당신들 모두가 지금 떠난다고 말해 주세요. …… 또한 그들이 당신들을 위해서 최선을 다 했다는 걸 알고 있다고 말해 주세요. …… 그들을 상처받은 사람으로 바라봅니다. …… 그들이 당신을 버린 것에 대해 용서하세요. …… 이제 당신이 자신의 부모가 될 것이라고 말해 주세요. …… 그 집에서 이제 걸어 나옵니다. …… 당신의 어깨 너머로 계속해서 그들의 모습을 바라보세요. …… 그들의 모습이 점점 작아지고 있습니다. …… 그들의 모습이 보이지 않을 때까지 바라보세요. …… 자, 이제 당신은 앞을 바라볼 때입니다. 당신을 기다리는 애인, 배우자, 친구를 바라보세요. …… 만약 당신에게 치료사가 있다면 그 치료사를 거기에서 볼 수도 있습니다. …… 만약 당신에게 지지 그룹이 있다면 그 그룹을 봅니다. …… 당신이 하나님을 믿는다면 그분을 바라봅니다. …… 그들 모두를 안아 보세요. …… 이제 당신은 그들의 지지와 격려를 느낄 수 있습니다. …… 이제 당신이 혼자가 아님을 알게 됩니다. …… 당신이 새로운 가족을 가지게 된 걸 알게 됩니다. …… 이제는 당신의 청소년아이가 당신과 하나가 됩니다. …… 어린 시절의 당신 모습 중에서 어느 나이이든 선택하여 당신 안의 그 아이를 바라보세요. …… 당신이 그를 지켜 줄 거라고 말해 주세요. …… 당신이 그 아이를 사랑하고 돌봐 줄 새로운 부모가 되어 주겠다고 말해 주세요. …… 그 아이가 겪은 아픔이나 고통에 대해서 다른 누구보다도 당신이 잘 알고 있다고 말해 주세요. …… 앞으로 그 아이가 살아가면서 누구를 만나게 되든, 당신만큼은 절대로 그 아이 곁을 떠나지 않겠다고 말해 주세요. …… 매일 그를 위해서 시간을 낼 것이고, 함께 시간을 보내겠다고 말해 주세요. …… 온 마음을 다해 그를 사랑한다고 말해 주세요…….

자, 이제 마음의 시야를 넓혀 봅니다. …… 3이라는 숫자를 보세요. …… 당신의 발가락을 느끼면서…… 그것들을 한번 움직여 보세요. …… 2라는 숫자를 봅니다. …… 다리에서부터 상체 끝까지 올라오는 힘을 느껴 보세요. ……. 팔에서 힘을 느껴 보세요. …… 손을 움직여 보세요. …… 그 힘이 머리와 뇌로 올라가는 걸 느껴 보세요. …… 이제 1이라는 숫자를 봅니다. 눈을 천천히 뜨면서 기지개를 펴 보세요…….

이제 당신은 전체적인 내면의 가족체계를 회복했다. 당신은 이제 집으로 돌아온 것이다!

· 용서 ·

당신의 상처받은 내면아이를 회복하는 과정은 용서의 과정이다. 왜냐하면 용서는 바로 우리가 이전과 같이 될 수 있도록 해 주기 때문이다. 그것은 과거를 치유하고 현재를 위해 우리의 힘을 자유롭게 해 준다.

용서(forgiveness)는 감정적이거나 피상적인 과정이 아니다. 우리가 받은 엄청난 상처들은 인정되고 확인되어야 한다. 진정한 아픔을 인정하게 될 때 우리의 부모를 신화화하는 작업을 그만둘 수 있다. 그제야 그들을 진정으로 상처받은 한 인간으로서 보게 된다. 그들이 자신들의 상처를 표출하는 성인아이였었다는 걸 알게 된다. 샘 킨이 이런 말을 했다.

> 내가 나의 과거를 비신화화하고 모든 인간행동의 모순성과 비극성을 인정하게 되자, 이전에 나에게 일어난 일들의 의미를 바꿀 수 있는 새로운 자유를 발견하게 되었다. 용서만이 나에게 과거를 받아들이고 과거의 손상된 상처들로부터 자유로워질 수 있도록 해 준다. '분별력과 용서 그리고 감사'는 마치 연금술과도 같다. 과거를 운명에서 행운으로 전환시켜 주며, 또한 나 자신을 통제할 수 없는 원인들의 희생자의 자리에서 과거를 재구성하는 참여자가 되도록 변화시켜 주었다.

애도 작업은 반드시 필요하다. 프리츠 펄스(Fritz Perls)가 말했듯이, "나 자신의 모습이 되기 전까지는 아무것도 변화되는 건 없다." 부모를 비신화화하는 작업을 통해서만이 우리에게 행해졌던 진정한 상처를 이해할 수 있게 된다. 또 우리에게 행해졌던 진정한 상처를 이해하게 될 때, 침해당했던 우리의 감정들을 소유할 수 있도록 스스로에게 허락하게 된다. 그런 감정들을 느끼는 것이 바로 초기 고통에 대한 작업이다. 일단 우리가 그런 감정들과 연결되어 표현하게 되면, 앞으로 나아갈 준비가 된 것이다. 더 이상 과거의 미해결된 과제를 수행하지 않아도 되기 때문에 우리의 현재는 더 이상 오염되지 않는다. 이제 우리의 에너지는 우리의 인생에 힘을 실어 줄 수 있다. 우리는 이제 현재를 살 수 있으며 미래를 창조할 수 있다.

용서는 우리로 하여금 부모를 떠나게 해 준다. 우리의 얼어붙은 슬픔은 우리를 거기에서 벗어나지 못하게 하는 깊은 분노를 만들었다. 분노는 우리에게 똑같은 감정들이 계속해서 되풀이되게끔 한다. 이로 인해 우리의 상처받은 아이는 부모로부터 절대로 분리되어서는 안 된다는 결론을 내린다. 하지만 그들을 미워하는 데 은밀한 방식으로 우리의 힘을 사용하는 한, 우리는 그들에게 얽매여 있을 수밖에 없다. 이것은 우리가 성장하기를 회피할 수 있는 빌미를 제공해 준다.

용서는 우리의 분노를 치유하고, 우리 안에 내면화된 부모의 수치심 어린 목소리로부터 놀라운 아이를 분리할 수 있게 해 준다. 용서는 우리가 내면에서부터 집을 떠날 수 있는 길이다.

일단 상처받은 내면아이를 회복한 후에는 부모와의 관계에서 중대한 결정을 내려야 한다. 만약 그들이 살아 계시다면, 앞으로 어떤 식으로 관계를 지속해 나아갈 것인지에 대해서다. 아직도 부모가 계속해서 우리에게 상처를 주는 가해자라면, 분명한 결정은 부모에게서 멀리 떨어져야 한다는 것이다. 나는 당신이 그분들의 운명까지 책임질 수 없다는 사실을 받아들이도록 권면하고 싶다. 왜냐하면 나는 그런 부모들이 다 자란 자신들의 자녀들을 계속해서 학대하는 사례들을 수없이 목격했기 때문이다.

만약 당신의 부모가 그들의 상처받은 내면아이에 대한 어떠한 책임도 지려고 하지 않는다면, **당신이 바로 당신 인생의 주인이라는 사실을 기억해야 한다. 당신은 부모를 돌보기 위해서 이 세상에 태어나지 않았다.** 지금의 내 말은 연로하시거나 몸이 불편한 부모에 대한 이야기가 아니다. 나는 자신의 내면의 상처에 대해 전혀 책임을 지지 않으려는 그런 부모를 이야기하고 있다. 여러분은 자신의 성인자아가 부모와의 건강한 경계선을 가지도록 결정을 내리게 해야 한다. 잊지 말라. 당신의 내면아이는 이제 당신을 신뢰하고 있다. 그 아이는 당신이 자신을 지켜 줄 것이라고 믿고 있다.

대부분의 사람은 상처받은 아이를 회복한 후, 오히려 부모와 더 새롭고 소중한 관계를 맺게 된다. 이제 당신은 내면아이의 새로운 부모가 되어 줌으로써 그 아이가 과거를 마무리하고, 공간을 채워 나아가도록 도와주게 된다. 그 아이는 새로운 희망, 자율성, 목적, 독창력, 능력 등을 느낄 때, 자신만의 정체성을 확립할 수 있다. 그러고 나면 그 아이는 자신의 부모와 건강한 관계를 형성할 수 있게 될 것이다.

제3부

상처받은 내면아이를 성장시키라

최초의 상황에서 실제로 아이를 만났다면,
무엇을 할 수 있을지 상상해 보라…….
지금 그 아이는 혼란스러워하면서 불안해하고 있다.
어떻게 하면 그 아이에게 꼭 필요하면서도
따뜻한 배려를 해 줄 수 있을까?
앉아서 그 아이와 이야기해 보라.
아이의 말을 잘 들어주라.
무엇이 아이를 힘들게 하는지 알아보고,
아이가 이해할 수 있도록 도와주라.
아이를 달래 주고 품에 안아 주라.
얼마 동안 아이와 놀아 주기도 하고,
사물에 대해 설명해 주고, 상황을 설명해 주고,
이야기를 들려주라.
이것이야말로 가장 오래된,
최고의 치료법이다.
이것은 근거 없는 상상이 아니다.
단지 친절함과 인내만 있으면 된다.
―론 쿠르츠(Ron Kurtz)―

들어가며

당신의 상처받은 내면아이를 치유했으니, 이제 그 아이를 성장시키는 일이 남았다. 아이의 후원자로서, 당신은 아이를 지켜 주고 그 아이를 위해 싸워야 할 것이다. 상처받은 내면아이는 자기를 지켜 줄 만한 잠재력과 힘이 있는 누군가가 필요하다. 만일 당신이 아이를 돌보고 보호해 주는 부모가 되어 준다면, 그 아이는 자신을 치유하는 과정을 시작할 수 있다. 당신의 내면아이를 성장시킬 수 있는 방법은 당신 자신에게 새로운 부모가 되는 일이다. 이것은 아이에게 진정한 자신의 모습을 회복하는 교정 작업이 가능하도록 해 준다. 당신의 교정적인 경험(corrective experience)의 핵심은 바로 내면아이에게 새로운 허락과 보호를 제공하는 것이다.

초기 고통을 다루는 작업은 당신 안에 있는 원래의 놀라운 아이인 진정한 자기와 만나는 경험이었다. 그러나 당신이 그 아이를 치유한 후에도, 해야 할 작업이 아직 남아 있다. 왜냐하면 당신의 놀라운 아이는 초기 발달단계에서 억압되어 있었기 때문에 각각의 발달단계에서 반드시 배웠어야 할 과제들을 배울 기회가 아직 없었다. 대부분의 상처받은 내면아이의 문제는 이런 학습결핍에서 비롯된 것이다. 이제 이러한 결핍들은 교정될 수 있다.

교정적인 경험은 재교육의 형태를 띤다. 내면아이의 후원자로서, 당신은 훌륭한 규율을 가지고 그 아이를 양육할 것이다. 훈련이란 단어의 라틴어 어원은 가르침과 배움을 의미한다. 내면아이는 적절한 때에 적절한 순서대로 배우지 못했던 가르침과 양육을 받아야만 한다. 이러한 훈련들을 통해 우리 안의 놀라운 아이가 충만하게 나타나게 될 것이다.

09

당신의 성인자아를 잠재력의
새로운 자원으로 활용하라

치료에 있어서 '세 가지 P'는
잠재력(Potency),
허락(Permission) 그리고
보호(Protection)이다.

― 에릭 번(Eric Berne) ―

상처받은 내면아이를 성장시키기 위해선 발달과정에서 부모가 준 규칙들을 거부할 수 있을 만큼 그 아이가 당신을 충분히 신뢰할 수 있어야 한다. 건강한 허가는 아이에게 진정한 자기가 되게 하며, 부모가 강요했던 오래되고 수치스러운 규칙들과 믿음들을 거부하도록 해 준다. 이러한 규칙들과 믿음들은 너무도 강력해서, 이를 거역할 때는 체벌이나 버림받을 수 있다는 위험을 감수해야 한다. 이것은 물론 내면아이에게는 끔찍한 일이다.

성인인 당신이 내면아이에게 부모의 믿음과 규칙들에 대해 거역할 수 있다는 허가를 주려면 부모에게 대항할 만한 충분한 힘이 당신에게 있음을 확신시켜 주어야 한다. 에릭 번(Eric Berne)은 이 힘을 '잠재력(Potency)'이라고 불렀는데, 바로 치료적 변화를 일으키는 첫 번째 'P'에 해당한다. 나는 종종 지혜롭고 인자한 천사가 되어 내면아이에게 다가가는 걸 좋아하는데, 천사란 아이들을 위해 아주 많은 일을 해 줄 수 있는 잠재력을 갖고 있기 때문이다. 내가 현명한 천사가 될 때, 내면아이는 나의 힘을 받아들이게 된다. 앞에서 당신에게 가장 고통스럽고 힘든 어린 시절에 어른인 당신이 거기에 있었다면 어떠했을지 상상해 보라고 제안한 적이 있다. 아마 당신의 내면아이는 당신을 하나님처럼 강한 존재로 보았을 것이다. 당신의 치유작업이 끝났다면, 상처받은 내면아이는 이미 당신을 신뢰하고, 당신의 잠재력을 믿을 것이다. 그럼에도 불구하고, 내면아이에게 당신의 힘과 능력을 가능한 한 많이 보여 줄 필요가 있다. 다음의 연습과제들이 이를 도와줄 것이다.

· 잠재력 목록 ·

당신이 아이였을 때는 원해도 가질 수 없었고 할 수도 없었지만 지금은 소유하거나 할 수 있는 열 가지의 목록들을 써 보라.

예: 1. 차를 갖고 있다.
    2. 차를 운전한다.
    3. 은행에 계좌를 가지고 있다.
    4. 은행계좌에 돈이 예금되어 있다.
    5. 내가 원하는 모든 아이스크림이나 사탕을 살 수 있다.
    6. 나를 위해 재미있는 장난감을 살 수 있다.
    7. 내 소유의 아파트나 집을 가지고 있다.
    8. 내가 하고 싶은 것은 뭐든지 할 수 있다.
    9. 허락을 받지 않아도 영화를 보러 갈 수 있다.
    10. 내가 원하면 애완동물을 살 수 있다.

이제 눈을 감고, 내면아이를 바라보라. (이때 아이가 몇 살이든 상관없다.) 그 아이를 볼 수 있게 되면(혹은 목소리를 듣거나 느낄 수 있을 때) 이 목록에 대해 아이에게 말해 주라. 아이는 대단히 감동받을 것이다.

· 용서 구하기 ·

내면아이와 신뢰감을 형성하고 잠재력을 키우는 또 다른 방법은 지난 몇 년 동안 아이를 내버려 둔 데 대해 용서를 구하는 일이다. 이를 위해서는 편지를 쓸 수 있다. 내가 쓴 편지는 다음과 같다.

> 사랑하는 어린 존에게
>
> 네 모습 그대로를 사랑한다고 말해 주고 싶다. 사춘기 내내 널 내버려 둬서 정말 미안해. 그땐 병이 날 정도로 술을 마셨지. 아무것도 기억할 수 없을 때까지 퍼마신 적도 있었지. 난 너의 소중한 인생을 계속해서 위험에 빠트리곤 했었지. 어린 네게 이 모든 일을 겪게 했구나. 내가 너에게 얼마나 끔찍한 일을 저질렀는지…… . 게다가 밤새도록 파티를 한다며 너에게 잠잘 시간도 충분히 주지 않았지. 나중에는 매일 끝없이 일에 빠져서 네게 놀 시간도 주지 않아…… . 그땐 완전히 너에게 무관심했었어. 하지만 이젠 난 널 사랑한단다. 너를 위해서 시간과 관심을 내어 줄 것을 약속할게. 네가 원할 땐 언제나 내가 네 곁에 있을게. 이제 난 너의 든든한 후원자가 되고 싶다.
>
> 사랑을 보내며, 어른 존이

다음은 당신이 주로 사용하는 손이 아닌 다른 손으로 내면아이에게서 온 답장을 써 보라.

> 사랑하는 어른 존에게
>
> 당신을 용서할게요. 그러니까 이젠 절대로 날 떠나지 말아 주세요.
>
> 사랑을 보내며, 어린 존이

치유의 순간부터 당신은 아이에게 항상 진실을 말할 필요가 있다. 물론 그 아이는 당신이 언제나 그 아이를 위해서 있어 줄 것이라는 말을 들어야 한다. 론 쿠르츠는 이런 말을 했다.

> 아이가 고통을 쏟아 내고 소리를 지르기 위해…… 침대를 치거나 때릴 필요가 없다. 그 아이에게 필요한 건 아주 간단하다. 바로 당신이 거기에 있어 주는 일이다.
>
> 아이를 위해 거기에 있어 주는 일. 이것은 그 아이에게 당신의 시간을 내 주고 관심을 표현하는 것을 의미한다. 혹시, 이 일을 의무감이나 당신의 만족을 위해서 시도해 볼 생각이라면 전혀 도움이 되지 않을 것이라고 충고하고 싶다. 당신은 그 아이가 무엇을 필요로 하는지 들어야 하고, 또 그것에 맞춰 반응할 필요가 있다. 아이는 당신에게 자신이 중요한 존재임을 알 필요가 있다.

· 아이에게 당신 안의 더 큰 힘에 대해 말해 주기 ·

또 다른 강력한 잠재적인 자원은 바로 당신 안의 더 큰 힘에 대해서 아이에게 말해 주는 것이다. 물론 이것은 당신이 먼저 그 힘에 대해 인정할 때 가능하다. 내가 아이에게 알게 해 주고 싶은 부분은 내 안에 나보다 더 큰 누군가가 존재하고 있다는 믿음 때문에 내가 안전하며 보호받고 있다고 느낀다는 사실이다. 나는 더 큰 존재를 하나님이라고 부른다.

대부분의 아이는 종교성을 타고난다. 그들은 신의 개념을 받아들이는 데 그다지 어려움을 느끼지 않는다. 나는 내면아이에게 하나님이 자신의 모습을 내게 보여 주었다고 말해 준다. 그는 예수라는 이름을 가진 인간으로 이 세상에 왔다. 예수는 나에게 하나님이 바로 내 어머니이자 내 아버지라고 한다. 그리고 내가 그와 친구가 될 수 있다고 한다. 또 하나님이 지금의 내 모습을 만들었으며, 그분은 나의 '나됨'이라는 자의식이 성장하고 확장되기를 원한다고 말한다. 그는 나에게 다른 사람을 판단하지 말고 용서하라고 한다. 무엇보다도 예수는 '나됨'의 모델이 되었다. 이것이 그가

"나는 진리다."라고 말한 이유다. 그는 진리 그 자체다. 그에게 말할 수 있고, 간구할 수 있어서 나는 그가 좋다. 종종 내가 아무 노력도 하지 않았는데도, 예수는 내가 원하는 것을 들어주곤 한다. 예수는 나의 있는 그대로를 사랑한다. 나보다 더 높은 힘인 하나님 역시 내 모습 그대로를 사랑한다. 사실 나의 '나됨'은 하나님의 '나됨'과 같다. 진정한 나 자신이 될 때, 나는 가장 하나님과 가깝다. 나는 하나님이 우리를 사랑하며, 항상 우리를 보호하고, 우리와 함께 있을 것이라는 사실을 내면아이에게 알려 주고 싶다. 예수의 또 다른 이름은 임마누엘(Emmanuel), 즉 "하나님이 우리와 함께 계시다."라는 뜻이다. 우리 둘보다 더 크신 그분을 부를 수 있는 힘을 내가 갖고 있다는 사실을 내면아이가 알게 해 주고 싶다.

· 당신 자신에게 새로운 어린 시절을 만들어 주기 ·

당신의 성인자아의 잠재력을 활용할 수 있는 또 다른 강력한 방법은 '당신의 내력 바꾸기'다. 이 방법은 '신경-언어 프로그래밍(Neuro-Linguistic Programming: NLP)'이라고 부르는 재구조화(remapping)모델의 하나로서, 리처드 밴들러(Richard Bandler)와 존 그린더(John Grinder) 그리고 그들의 동료들에 의해서 개발되었다. 지난 8년간 나는 이 모델을 사용해 왔다. 이 방법은 초기 고통에 대한 작업이 완전히 끝났을 때 대단히 효과적이다. 그러나 만약 해결되지 않은 슬픔이 여전히 남아 있다면, 이 방법은 또 다른 과정의 시도가 될 뿐이다. 이러한 사실은 또 다른 NLP 창시자인 레슬리 밴들러(Leslie Bandler)의 탁월한 저서인 『정서적인 볼모(Emotional Hostage)』에서 자세히 입증되고 있는데, 저자는 자신이 정교한 NLP기법들에 정통하며 이를 활용하고 있음에도 불구하고, 심각한 정서적인 문제들을 경험했다고 고백하고 있다.

'내력 바꾸기' 기법은 어린 시절의 구체적이고 충격적인 장면을 수정하는 데 놀라운 효과를 보여 준다. 실반 톰킨스가 말한 이러한 '구체화되고 통제적인 장면들'은 개인의 발달사를 만들어 내는 여과장치와도 같다. 이것은 우리의 고통과 표현되지 못한 감정들에 닻을 내려서 우리의 인생 내내 재생되곤 한다.

개인적인 내력을 바꾸는 작업은 마치 아이로서 원하지 않는 느낌을 받는 것과 같은 좀 더 보편적인 패턴을 띠기도 한다. 내력 바꾸기 기법은 인공두뇌학의 전제에 기반을 두고 있는데, 만일 상상된 경험이 아주 생생하고 구체적이라면, 뇌와 중앙신경조직이 실제 경험과 상상된 경험의 차이를 알아차리지 못한다는 가설이다. 그래서 레슬리 밴들러는 다음과 같이 주장한다.

> 사람들이 내적으로 형성된 경험들을 어떻게 왜곡할 수 있는지, 그리고 맨 처음 자신들이 그것을 만들어 냈다는 사실도 망각한 채 어떻게 그러한 왜곡에 영향을 끼칠 수 있는지에 대해 주목하기 시작하면서, '내력 바꾸기'의 엄청난 효과가 발견되었다.

사람들은 종종 미래에 일어날 일을 상상하면서 자신들이 만들어 낸 장면에 지레 겁을 먹곤 한다. 레슬리 밴들러가 지적한 것처럼 **질투**가 그 좋은 예다.

> …… 질투는 주로 자기 애인이 다른 사람과 함께 있는 모습을 상상하고는 스스로 만들어 낸 장면에 반응해 싫은 감정을 느낄 때, 그 결과 거의 항상 나타나는 하나의 경험이다.

그 사람은 기분 나쁘다고 느끼게 되고, 마치 그것이 사실인 양 그러한 느낌에 반응해서 행동하는 것이다.

성적인 환상의 위력을 생각해 보라. 성적 파트너나 성적인 장면의 이미지를 떠올리는 것만으로도 생리적으로 흥분될 수 있다.

'내력 바꾸기'는 이와 같은 과정을 의도적으로 활용한다. '내력 바꾸기'를 통해 성인인 당신이 가진 경험의 잠재력을 과거의 내적인 흔적들을 바꾸는 데 사용할 수 있다. 그 예들을 살펴보자.

신생아기

제2부에서 행했던 작업을 다시 떠올려 보라. 신생아 때 당신의 문제는 무엇이었는

가? 당신에게 꼭 필요한 선언문들을 들었는가? 당신에게 필요한 욕구들은 충족되었는가? 만약 그렇지 않다면, 다음 부분들을 검토해 보라.

성인인 당신이 가진 좋은 경험들로부터 얻을 수 있는 자원들을 살펴보라. 이것은 신생아인 당신에게 도움이 될 수 있다. 예를 들어, 아주 오래된 친한 친구를 만났을 때 당신이 환영받았던 경험을 떠올려 보라. 당신을 처음 보았을 때, 그의 얼굴에서 피어나는 기뻐하는 표정을 기억해 보라. 또는 당신을 위해서 준비된 깜짝 파티 장면을 떠올려도 좋다. 바로 당신이 주인공이었고, 주목받았던 그때를 생각해 보라.

'내력 바꾸기' 작업을 할 때, 나는 눈을 감고 1963년도로 돌아간다. 당시 신학교 1학년이었던 나는 그해가 끝나 갈 무렵 '올해의 인물'로 뽑혔다. 나는 아직도 그 장면을 생생하게 기억하고 있다. 그때의 뜨거운 박수갈채와 환호성이 들리고, 내 이름을 큰 소리로 외치며 웃고 있던 50여 명의 상기된 얼굴들도 보인다. 말리(Mally) 신부님, 가장 친한 친구였던 존 파렐(Jone Farrell)의 환한 얼굴……. 내가 그 감정을 느낄 때는, 나의 오른손 엄지손가락으로 다른 오른손 손가락 하나를 만지면서 약 30초간 잡고 있다. 30초 후에는 내 오른손을 편안하게 놔둔다. 지금 나는 환영받았던 경험에 대한 닻(anchor)을 내렸다. 그룹작업의 경우 제2부의 치유명상에서 이러한 종류의 닻 내리기를 경험했을 것이다. 당신이 왼손잡이라면, 왼손으로 당신의 자원 닻 내리기를 시도해 보라.

· 닻 ·

오른손 엄지손가락과 다른 손가락을 같이 만지는 방법은 일종의 신체감각적인 닻이나 자극이다. 앞서 나는 정신적인 외상의 경험과 관련된 두뇌생리학에 대해 언급한 적이 있다. 우리의 인생은 신경학적으로 각인된 경험의 결과물이라고 할 수 있는 오래된 닻들로 가득 차 있다. 이러한 닻은 정신적인 외상이 클수록 더 강력한 흔적을 남기게 된다. 새로운 경험이 이전의 외상경험과 유사할 때마다 초기 감정들이 건드려져서 초기의 닻이 자극되는 것이다.

모든 감각 경험은 이런 식으로 코드화된다. 우리는 시각적인 닻들을 가지고 있다. 예를 들면, 어떤 사람이 당신을 쳐다보는 모습이 어릴 적에 폭력적인 아버지가 당신을 때리기 직전에 쳐다보던 그런 눈길을 떠오르게 할 수도 있다. 비록 당신이 의식적으로 연결하지 않더라도, 이것은 강한 감정적인 반응을 일으킬 수 있다. 닻은 청각이나 후각 또는 미각적일 수도 있다. 목소리의 톤, 특정한 냄새 또는 특별한 음식 등도 어떤 감정들을 동반한 오랜 기억들을 떠올릴 수 있다. 노래는 가장 강력한 청각적인 닻이다. 아마도 운전을 하다가 라디오에서 흘러나오는 노래를 들으며 갑자기 오래전의 어떤 사람이나 장면이 떠오른 경험이 있을 것이다. 우리 인생은 이러한 닻들이 남긴 흔적들의 축적물이다. 그것이 즐거운 것이든, 고통스러운 것이든……

우리는 성인의 인생에서 얻은 실제적인 경험의 힘을 통해, 어린 시절 고통스러운 기억들을 바꿀 수 있다. 만약 신생아 시절 당신의 욕구가 충족되지 못했거나 당신이 잃어버린 아이였다면, **당신은 자신에게 새로운 신생아 시절을 만들어 줄 수 있다.** 이것은 지금 당신이 갖고 있는 힘과 관련된 실제 경험에 닻을 내림으로써 가능하다. 신생아 때 이런 힘을 갖고 있었더라면 더 좋았겠지만 말이다. 일단 이런 힘의 닻을 만들면, 신생아 시절 잃어버린 감정들에 닻을 내릴 수 있다. 우리는 신생아 시절의 경험을 실제로 바꾸기 위해서 두 가지 닻을 동시에 활성화시킬 수 있다. 이제 각 단계들을 살펴보자.

1단계

신생아 때 당신에게 필요했지만 받지 못한 경험 중에서, 성인이 되어 얻게 된 긍정적인 경험 세 가지를 생각해 보라. 내 경우는 다음과 같다.

A. 환영받고 있다는 경험

B. 지지받고, 안기는 경험

C. 누군가에게 무조건적으로 받아들여지는 경험

2단계

이제 눈을 감고 경험 A를 기억해 보라. 당신의 눈으로 보고 감정을 느끼면서, 실제로 거기에 있는 것처럼 느껴야 한다. 당신이 환영받고 있다는 기쁨을 느낄 수 있을 때, 손가락으로 신체감각적인 닻을 내려 보라. 약 30초간 그대로 있은 후 놓아 보라. 눈을 뜨고 주위에 무엇이 있는지 집중해 보라. 몇 분 동안 그대로 있다가, 다시 눈을 감고 이번에는 경험 B를 시도해 보라. 경험 A와 똑같은 방법으로 하면 된다.

이것을 **퇴적 닻 내리기**(stacking the anchor)라고 부른다. 퇴적은 자원 닻 내리기의 힘을 강렬하게 하며 그 강도를 증진시킨다. 이제 눈을 뜨고 몇 분 동안 방 안에 있는 물건들에 집중해 보라. 다시 눈을 감고 경험 C를 해 보기 바란다. 경험 A와 B의 방법대로 하면 된다.

자, 이제 당신은 긍정적인 성인의 자원에 닻을 내렸다. 우리는 이것을 Y의 닻(anchor Y)이라고 부를 것이다.

3단계

이제 당신은 신생아 시절의 느낌을 기억해 낼 필요가 있다. 제4장의 명상으로 다시 돌아가기 바란다. 당신이 아기 침대에서 있을 때의 부분까지 그 명상을 따라 해 보라. 혼자라는 느낌, 아무도 당신을 원하지 않는다는 느낌에 머물러 보라. 이것은 당신의 부정적인 닻이다. 당신이 오른손잡이라면, 왼손 엄지손가락으로 다른 왼손 손가락을 만짐으로써 왼쪽 손에 부정적인 닻을 내리라. 당신이 왼손잡이라면, 오른쪽 손에 닻을 내리면 된다. 이것을 X의 닻(anchor X)이라고 부르겠다.

4단계

이제 당신이 2단계에서 닻을 내린 그 힘을 당신의 신생아 시절로 가지고 올 것이다. 이것은 X의 닻과 Y의 닻을 동시에 만짐으로써 가능하다. 닻들을 잡고 있으면서, 당신 자신이 세상에 환영받고 있다고 느껴 보라. 따뜻한 포옹도 느껴 보라. 당신이 따뜻함과 힘으로 채워졌을 때, 두 닻을 내보내라. 눈을 뜨고 당신 스스로 무조건적이고 긍정적인 존중감을 느껴 보라.

5단계

약 10분 정도 앉아서 이러한 경험을 느끼면서, 자신을 거기에 동화시켜 보라. 당신은 이제 막 내면의 신생아를 성장시켰다. 당신은 초기의 신경학상의 흔적들을 나중에 더 양육적인 흔적들과 합친 것이다. 이제 당신이 낯선 환경에 들어가게 되어 당신의 신생아가 자극받게 될 때는, 새로운 경험인 XY를 느끼게 될 것이다. 물론 오래된 경험인 X가 여전히 나타나겠지만, 더 이상 지배적이지는 않을 것이다. 이제부터 당신 안의 신생아의 욕구들이 나타날 때, 당신은 더 많은 선택권을 가지게 될 것이다.

6단계

NLP에서는 이것을 **미래보측(future pace)단계**라고 부른다. 이는 미래의 어느 시점에 당신이 신생아의 필요를 자극하는 새로운 상황에 직면하는 장면을 상상하는 훈련과 관계있다. 예를 들면, 당신이 아무도 알지 못하는 파티를 가거나, 새로운 일을 시작하는 것 등이다. 당신의 긍정적 닻인 Y를 발사시켜 새로운 상황 속에 있는 당신을 상상함으로써, 당신은 그것을 미래보측하는 것이다. 그것을 잘 조종하는 당신 자신을 보고, 듣고, 느껴 보라. 이 연습을 마쳤다면, 이번에는 긍정적인 닻 없이 다시 상상의 장면으로 들어가 보라. 사실상 미래보측의 가치는 긍정적인 연극의 총연습과도 같다. 상처받은 내면아이를 가진 이들은 부정적인 총연습을 하려는 경향이 있다. 그래서 상처받고 버림받는 비극적인 상상을 만들어 내곤 한다. 미래보측은 우리 내면의 기대들을 새롭게 형성하는 방법을 제시해 준다.

마찬가지로 내력 바꾸기 같은 기본적인 기법은 유아기와 유치원 시절, 그리고 학령기의 기억들을 치유하는 데 사용될 수 있다. 다만, 여러분이 기억해야 할 사항은 각기 다른 외상의 사건들에는 성인자아의 각각 다른 자원들이 필요하다는 점이다. 한 예로 유치원 때 나는 한 친구를 막대기로 때린 일이 있었다. 다른 아이들의 부추김에 넘어가 이런 행동을 한 것이다. 그런데 내가 때린 그 아이의 아버지는 알고 보니 프로

레슬링 선수였다. 그날 밤 그 아이의 아버지는 나를 혼내 주려고 우리 집에 찾아왔다. 나는 그 사람이 아버지에게 고함지르며, 내가 허리띠로 매를 맞아야 한다고 말하는 소리를 들었다. 그때 나는 너무 무서워서 지하실에 숨었던 기억이 난다.

이 사건은 유치원 때 내 생일날 엄마랑 단 둘이서 아파트에 있었던 기억과는 전혀 다른 기억이다. 그때는 너무나 슬펐다. 나는 아버지가 어디 계신지 궁금했었고, 무척 보고 싶었다.

이처럼 각각의 다른 기억들은 각기 다른 힘의 닻을 요구한다.

이제 나의 어린 시절의 각 단계에서 내력 바꾸기의 예들을 살펴보자.

유아기

이 기간 동안 특별한 외상의 사건들은 기억나지 않지만, 유아기 단계에서의 의심 지표를 통해 유아기(toddlerhood) 때 충족되지 않은 욕구가 무엇인지 알 수 있다. 따라서 나는 발달단계 전체를 다루어 보았다.

① 성인기 때의 다음과 같은 경험들을 떠올려 본다.
    A. 어떤 일들을 하고 싶지 않다고 공손하게 거절했다.
    B. 내가 원하는 것을 얻으려고 노력했다.
    C. 정중하게 분노를 표현했다.
② 이러한 각각의 경험들을 통해서 나는 퇴적 닻 내리기를 시도한다.
③ 혼이 나는 장면을 상상하는 닻을 내린다. 거실에 있는 흥미로운 물건들을 보자 호기심이 발동해 그 물건들을 만졌다. '그만해.'라는 말을 들었을 때, '싫어요!'라고 소리치자 부모님에게 야단을 맞았다.
④ 동시에 두 가지 닻을 발사하면서, 다시 한번 그 장면을 상상해 보았다. 나는 싫다는 말과 함께 분노를 표현한 다음, 계속해서 내가 원하는 모든 물건을 만지며 놀았다.
⑤ 유아기 때 나의 독립의 주제에 대해서 생각해 보면서, 이러한 욕구들이 현재의

내 인생에 어떤 영향을 주었는지 살펴본다.

⑥ 스포츠 용품을 파는 상점 안에 서 있는 미래의 내 모습을 상상해 보았다. 내 마음에 드는 물건을 만져 보고, 판매원이 와서 도와줄 것이 없느냐고 물었을 때 괜찮다고 말한다.

유치원기

이 시기에서는 내가 때린 아이와 레슬러였던 그 아이의 아버지에 대한 두려움의 장면을 다룬다.

① 성인인 내가 지금 가지고 있는 힘이면서, 그 당시에 내가 갖고 있었더라면 좀 더 그 상황을 성공적으로 해결할 수 있는 힘을 생각해 본다. 예를 들면, 나는 다음과 같은 일을 할 수 있을 것이다.

A. 경찰을 부른다.

B. 내 안의 더 큰 힘을 가진 존재에게 보호해 달라고 요청한다.

C. 그 아이를 괴롭힌 데 대한 책임을 지고 사과한다.

② 나는 A, B, C로 구성된 닻을 긍정적인 자원으로서 모았다.

③ 그 아이의 아버지가 나를 혼내려고 찾아왔을 때, 두려움에 떨면서 지하실에 숨어 있던 장면에 닻을 내렸다.

④ 나는 두 가지의 닻을 발사하고, 기분이 나아질 때까지 그 장면들을 다시 반복하였다.

⑤ 내 인생에서 그 장면이 끼친 충격에 대해 생각해 보았다(나는 요란한 스타일의 사람들을 지나치리만큼 무서워한다).

⑥ 미래에 내가 싸움꾼에게 성공적으로 맞서는 장면을 본다.

학령기

나의 학령기(school-age)에 우리 가정은 서서히 무너져 가고 있었다. 그동안 내게 영향을 준 많은 외상적인 사건들이 있었지만 나는 열두 살 때의 크리스마스이브를 가장 큰 사건으로 꼽고 싶다. 그날 나는 온 가족이 함께 시간을 보낸다는 기대감에 부풀어서는 아버지를 기다리고 있었다. 아버지는 오후 1시까지 집에 들어오시기로 약속했었다. 그날 오후에 크리스마스트리를 사서 자정미사에 가기 전에 온 가족이 그 트리를 예쁘게 꾸미기로 계획을 했던 것이다. 하지만 아버지는 저녁 8시 반이 되어서야 집에 들어왔다. 술에 잔뜩 취해 비틀거린 채……. 그날 내내 아버지를 기다리면서 나는 화가 머리끝까지 치밀어 올라왔지만 아버지가 만취한 상태로 집에 들어왔을 때는 겁이 났다. 아버지가 어떤 행동을 할지 예측할 수가 없었기 때문이다. 결국 나는 내 방 침대로 기어 들어가 이불을 머리끝까지 뒤집어썼다. 누구와도 말을 하려고 하지 않으면서…….

① 이제 성인인 나는 그런 상황들을 조금 더 다르게 다룰 수 있는 힘이 있다고 생각한다. 예를 들면, 이제 다른 사람에게 정중하면서도 확고하게 내가 화가 난 것을 표현할 수 있다. 나는 이제 육체적으로 더 강해졌으며 독립적이다. 따라서 내가 통제할 수 없는 고통스러운 상황들을 떠날 수 있다. 또한 나는 이제 분명하게 표현하며, 꼭 필요한 말을 할 수 있다. 나의 내력 바꾸기 연습을 위해 다음과 같은 상황을 생각해 보았다.

A. 효과적이고 직접적인 방법으로 분노를 표현했다.

B. 고통스러운 상황에서 떠나 버렸다.

C. 권위를 가진 인물에게 논리적이고, 명확한 태도로 말하고 있다.

② 이 세 경험들을 가지고 퇴적 닻을 내린다.

③ 크리스마스이브 때 술에 취한 아버지에게서 물러나 버린 초기 장면에 닻을 내린다.

④ 두 가지 닻을 동시에 발사하면서 초기 장면들을 다시 반복한다. 나는 내 방에서

걸어 나와 아버지 앞에 선다. 그리고 이렇게 말한다. '아빠가 이러시는 게 마음이 아파요. 아빠가 많이 외롭고, 수치심으로 가득 차 있다는 걸 알아요. 그렇지만 아빠가 내 어린 시절과 크리스마스를 망치는 게 너무 힘들어요. 이제 더 이상 고통스럽게 여기 있지 않겠어요. 친구네 집에 가서 이번 크리스마스를 보내겠어요. 더 이상 아빠 때문에 저 자신이 창피해지고 싶지 않아요.'

   내가 아버지의 대답에 대해서는 상상하지 않는다는 점에 유의하라. 당신이 이런 장면들을 재현할 때는 오직 당신의 행동과 내면상태에 대해서만 집중해야 한다. 왜냐하면 당신이 다른 사람을 변화시킬 수는 없기 때문이다.

⑤ 그 장면이 내 인생 후반기의 대인관계에 어떤 영향을 끼쳤는지 생각해 본다. 그리고 이 오래된 닻이 얼마나 많은 분노와 외로움의 결과들을 가져왔는지 깨달았다. 이제야 이 오래된 기억들을 바꿀 수 있어서 너무 행복하다.

⑥ 분노를 표현할 수 있는 미래의 어떤 상황에 대해서 생각해 본다. 긍정적인 닻을 가지고 그 장면을 연습해 본다. 그리고 나서 이번에는 닻 없이 연습해 보았다. 나 자신이 강력하게 주장하고, 그 상황을 버텨 내는 게 좋게 느껴진다.

내력 바꾸기 기법을 가르칠 때 종종 제기되는 여러 가지 질문이 있다.

그 장면을 다루었는데도, 전혀 어떤 변화가 느껴지지 않는다면 어떻게 해야 하나?

   당신은 어쩌면 같은 장면을 여러 번 다루어야 할 수도 있다. 나의 경우 크리스마스이브 장면을 6번도 더 반복했었고, 12번씩이나 반복한 것도 있다. 당신이 기억해야 할 점은 초기 닻들이 아주 강력하다는 것이다. 그것들에 대항하기 위해서는 잘 구성된 새로운 닻들이 필요하다.

어떻게 하면 더 나은 자원 닻들을 만들 수가 있을까?

   효과적인 작업을 위해서는 자원 닻이 가장 중요하다. 잘 구성된 자원 닻들을 얻기 위해서는 시간과 연습이 요구된다. 잘 구성된 닻들의 전제조건은 다음과 같다.

① **고도의 강렬한 접근** : 이것은 당신이 긍정적인 자원을 강렬하게 경험할 때, 가장 좋은 자원 닻들이 만들어진다는 사실을 뜻한다. 내면의 기억들은 두 가지 방식으로 경험되는데, 즉 연결되는 기억과 분리되는 기억이다. 연결되는 기억들은 당신이 과거의 기억들을 실제로 경험할 때 나타난다. 분리되는 기억들은 당신이 과거의 기억들을 관찰할 때 나타난다. 한번 실험해 보자. 눈을 감고 정글 한가운데에 서 있는 당신의 모습을 상상해 보라. 덤불 밑 잔뜩 웅크리고 있던 커다란 호랑이가 당신을 향해 서서히 다가오는 걸 볼 수 있다. 당신의 왼쪽 저편에서는 아주 무시무시한 보아뱀이 공격할 자세를 취한다. …… 이제 당신의 몸이 떠올라 바로 그 자리에 와 있다. 당신의 하이킹 신발과 카키색 바지를 내려다보라. 고개를 들자 바로 당신 앞에 와 있는 호랑이를 본다. 으르렁거리는 울음 소리가 들린다. 당신이 뛰기 시작하자 당신의 왼쪽에서 무시무시한 보아뱀이 당신을 향해 막 달려든다. …… 자, 이제 눈을 떠 보라.

두 가지 연습에서 당신이 느낀 점을 비교해 보라. 첫 번째는 분리되는 내적 경험이었다. 그 느낌의 강도는 비교적 낮은 편이다. 두 번째는 연결되는 내적 경험이었다. 느낌의 강렬함은 훨씬 더 강력하다.

자, 이제 연결되는 기억들을 다루는 데 필요한 잘 구성된 닻을 만들어 보자. 오랜 닻들과 싸우기 위해서는 당신에게 강력한 에너지가 필요할 것이다.

② **때에 알맞은 적용** : 자원 닻은 그 에너지가 가장 높은 전압에 있을 때 시작할 필요가 있다. 이것을 잘 하려면 물론 연습이 필요하다. 나는 가능한 한 가장 높은 전압에서 닻을 내리기 위해서 약 30초에서 1분가량 나의 닻을 붙잡고 있곤 한다.

③ **중복** : 다행스럽게도 당신의 닻들을 시험해 볼 수 있다. 만약 당신이 긍정적인 닻을 내렸다면 언제 어느 때든지 발사할 수 있다. 당신은 자신의 엄지손가락과 다른 손가락을 만질 때마다, 그 자원에너지들이 움직이기 시작하는 것을 느낄 수 있다. 나는 항상 5분 정도 기다리면서 내 자원 닻들을 점검하곤 한다. 만약 높은 전압이 아니라면 다시 시도한다. 사실상 나는 자원 닻들이 확실하게 잘 구성되어

있는지 항상 확인하고 있다.

오래된 닻을 지우는 데 자원 닻들을 사용하고 나면 그것들은 어떻게 될까? 자원 닻은 희미해지기는 했어도 여전히 남아 있다. 만약 다른 사건들을 위해서 그것을 다시 사용하고자 한다면, 재조절할 필요가 있다. 당신은 몸의 어느 부분에서든 아주 다양한 방법으로 기억에 접촉할 수 있다. 나는 간편하다는 점 때문에 주로 손가락을 사용한다.

마지막 연습과제는 오래된 닻을 붕괴하는 것과 같이 당신의 개인적인 내력의 과거 조각들을 당신이 얼마나 잘 바꾸어 놓았는지를 확인하도록 도와줄 것이다. 이 연습과제는 부정적 닻 X를 시험해 보는 것과 관계있다. 자, 눈을 감고 약 2분 정도 호흡에 집중해 보라. 그리고 나서 왼손의 닻을 천천히 발사해 보라. 당신이 느끼고 경험하는 것에 집중해 보라. 만일 당신이 내력 바꾸기 과제를 잘 해냈다면, 이 부정적 경험은 다르게 느껴질 것이다. 아마 처음의 극적인 느낌과는 달리 조금 덜 강하게 느껴질 것이다. 강도의 감소, 이것이 바로 내가 내력 바꾸기 기법에서 현실적으로 기대하는 결과다. 인간의 모든 경험은 어떤 환경에서도 유용하다. 예를 들면, 폭력을 휘두르는 술주정꾼이나 신체적인 가해자가 당신을 화나게 할 때는 분노를 누르거나 피해 버리는 게 현명한 방법이다. 내면아이의 성장은 아이의 경험에서 뭔가를 없애 버리는 게 아니라 그 아이가 좀 더 융통성 있는 선택들을 할 수 있게 하는 것이다. 내력 바꾸기는 바로 이러한 작업을 한다. 이것은 당신의 내면아이가 다른 선택을 경험할 때 성인인 당신이 그 아이를 보호하도록 해 준다. 이것은 경직된 초기 경험들을 부드럽게 해 주는 것이다.

· 안전 닻 내리기 ·

성인인 당신의 힘을 이용해서 내면아이를 성장시키는 또 다른 방법은 바로 안전 닻(security anchor)을 만드는 것이다. 여기서는 당신이 인생에서 가장 안전하다고 느꼈던 때의 두세 가지 경험이 필요하다. 혹시 그러한 기억들을 생각해 내기 어렵다면, 그냥 완전하게 안전한 장면을 상상하면 된다. 안전 닻을 내리기 위해 내가 사용하는 세 가지 경험들을 소개한다.

- 수도원에 있으면서 내가 하나님과 완전히 하나라고 느꼈을 때
- 당시 나를 무조건적으로 사랑해 준 그분이 나를 따뜻하게 안아 주셨던 기억
- 내가 편안하게 생각하는 사람의 품에 안겨서, 뭔가를 해야 하고 어딘가에 가야 한다는 책임감이나 의무감도 없이 열 시간가량 푹 자고 깨어났던 기억

당신이 가진 세 가지의 안전했던 경험들에 대한 퇴적 닻을 내리라. 원한다면 더 많은 경험들을 사용해도 좋다. 이것은 영구적인 닻이다. 내 것으로 만들기 위해서 나는 일주일 내내 매일 30분씩 이것을 연습했는데, 대단히 효과적이었다. 내면아이가 두려워할 때마다 나는 이 닻을 발사하곤 한다. 이것은 어떤 두려운 상태에서든 나를 꺼내 준다는 점에서 놀라운 결과를 보여 주었다. 나에게 무서운 감정이 다시 생기려고 하면, 이 닻이 '두려움의 악순환'을 막아 준다. 그러면 얼마 동안은 안전함과 안도감을 느낀다. 때때로 이것은 내면아이의 두려움을 완전히 제거해 주기도 한다.

· 성인자아가 내면아이를 위해 · 새로운 아버지와 어머니를 찾아 주기

당신의 내면아이를 성장시키는 또 다른 방법은 당신의 성인자아가 내면아이를 돌봐 줄 수 있는 새로운 자원을 찾는 것이다. 나는 이 자원을 새로운 아버지와 어머니라고 부른다. 여기에서 중요한 이슈는 당신의 내면아이가 아닌 성인자아가 그들을 찾아야 한다는 점이다. 상처받은 내면아이가 그러한 선택을 하게 될 경우, 어릴 때의 버림받은 상태를 다시 경험할 위험이 있기 때문이다. 상처받은 내면아이는 그를 무조건적으로 사랑해 줄 수 있는 진정한 부모를 원한다. 그 아이에게 필요한 일은 그를 버

린 부모의 긍정적인 특성과 부정적인 특성을 모두 가진 어른을 찾는 것이다. 물론 이 것은 아주 커다란 실망을 안겨 줄 수 있다. 내면아이는 자기 부모를 신과 같이 존경할 만한 존재로 대신하려고 계획하지만, 이것은 실현 불가능하다. 제한된 인간의 능력 으로 어떤 대리 부모도 아이의 환상적인 기대를 채워 줄 수는 없다. 그러므로 상처받 은 내면아이는 실망하게 되고, 버림받았다고 느끼게 된다. 그러나 내면아이는 어린 시절은 이미 끝났고, 이제 절대로 다시 돌아갈 수 없으며, 새로운 부모를 실제로 가질 수 없다는 사실을 깨달아야 한다. 당신은 당신의 어린 시절과 부모의 상실을 애도해 야 한다. 당신의 아이는 성인인 당신이 새로운 부모가 될 것이라는 사실을 알 필요가 있다. 그러나 당신의 성인자아는 당신을 돌보고 당신의 성장을 자극할 수 있는 사람 들을 찾을 수도 있다. 예를 들면, 시인 로버트 블리(Robert Bly)는 새로운 나의 아버지 들 중 한 사람이다. 그는 영감 있고 통찰력이 있는 사람이다. 그는 나의 놀라운 아이 를 끌어내고, 내가 생각하고 느낄 수 있도록 자극했다. 그는 매우 섬세하고 친절하다. 비록 개인적으로 그를 잘 알지는 못하지만, 나는 그를 아버지로서 사랑하고 받아들였 다. 데이비드 신부님도 나의 또 다른 아버지였다. 그는 내가 신학교에서 보낸 마지막 날까지 무조건적인 지지와 긍정적 관심을 보여 주었다. 그 당시 나는 떠나기를 원했 지만 왠지 실패할 것만 같은 느낌 때문에 불안했다. 나는 너무나도 혼란스러웠으며, 수치심으로 가득 차 있었다. 데이비드 신부님은 그런 나의 영적인 상담자가 되어 주 셨다. 나 자신은 스스로를 학대하고 있었음에도 불구하고, 그분은 나의 잠재력과 한 인간으로서의 가치에 초점을 두면서 부드럽게 나를 격려해 주셨다. 찰스 위아트 브라 운(Charles Wyatt Brown) 신부님도 나의 아버지다. 내가 강사로서의 길을 막 걷기 시작 했을 때 나를 무조건적으로 받아 주셨던 분이다.

　나에게는 또한 성 어거스틴(Saint Augustine), 성 토마스 아퀴나스(Saint Thomas Aquinas), 프랑스 철학자 자크 마리탱(Jacques Maritain), 도스토옙스키(Dostoevsky), 키르 케고르(Kierkegaard), 니체(Nietzsche), 카프카(Kafka)와 같은 지성인 아버지들도 있다(사 실대로 말하면, 나의 아이는 이 지성인 아버지들을 참아 내고 있다. 이 아이는 이분들이 교육 적인 아버지라는 내 말을 믿긴 하지만, 그들이 정말 재미없다고 생각한다).

　나는 내면아이와 나를 위한 여러 어머니도 찾았다. 그중의 한 사람은, 탁월한 가족치료학자이며 치료가인 버지니아 사티어(Virginia Satir)다. 초등학교 시절 나에게 특별한 관심을 보여 주셨던 메리 휴버타(Mary Huberta) 수녀님도 계시다. 그분은 나를 소중하게 대해 주셨으며, 우리는 아직도 편지를 주고받고 있다. 나의 어머니들 중의 한 사람이 되어 준 오래된 여자 친구도 있다. 나의 영적 여정에서는 작은 꽃인 마더 테레사(Saint Teresa)가 모성적 양육의 모델이 되었다. 또 나는 예수의 어머니인 마리아(Mary)로부터 돌봄을 받아 왔다. 그녀는 진정한 하늘의 어머니다.

하나님은 나의 진정한 아버지다. 예수는 나의 아버지이자 나의 형제다. 예수는 나의 아버지이신 하나님이 얼마나 나를 무조건적으로 사랑하시는지를 보여 주셨다. 나는 탕자의 비유와 잃은 양 비유를 통해 치유를 경험했다. 그 이야기에서 목자는 잃어버린 한 마리의 양을 위해서 전체 양 떼를 떠난다. 제정신이 있는 목자라면 이런 짓은 하지 않을 것이다. 양 떼는 그의 세속적인 부를 상징한다. 한 마리의 양을 찾기 위해서 그의 모든 양 떼를 잃을 수 있는 위험을 감수한다는 게 얼마나 어리석고 무책임한 행동인가. 그러나 이 이야기의 요점은, 우리를 향한 하나님의 사랑은 바로 이러하다는 사실이다. 나의 내면아이는 때때로 잃어버린 양처럼 느껴진다. 그러나 내가 그 아이에게 하늘 아버지의 사랑과 보호를 보여 줄 때면, 아이는 기뻐서 춤추며 뛰논다.

지금 나에게는 아주 친한 네 명의 친구가 있다. 그들은 진정한 의미에서 나의 형제들이다. 때로는 그들이 나의 아버지가 되기도 한다. 수많은 날 동안 조지(George), 조니(Johnny), 마이클(Michael), 킵(Kip)은 두려움과 수치심으로 가득 찬 내 안의 작은 아이를 보살펴 주었다. 나를 무조건적으로 사랑해 줌으로써 나의 잠재력을 일깨워 주었다. 내면아이와 나는 그들이 언제나 나를 위해 있어 줄 것을 알고 있다. 최근에 나는 팻(Pat)을 그 명단에 넣었다. 그와 나 둘 다 워크숍 순회세미나를 다니고 있고, 베스트셀러 작가라는 점에서 우리는 다른 사람들과는 나누기 어려운 어떤 부분들을 공유하곤 한다. 우리의 성인자아는 다양한 방법을 통해 다른 성인들로부터 필요한 부분을 얻을 수 있고, 또 내면아이를 위한 교육도 하게 할 수 있다.

만일 우리가 내면아이를 치유하고 성장시키지 않는다면, 그 아이의 빈곤한 욕구는 끝없이 모든 것을 먹어 치울 것이다. 생각해 보라. 아이들은 항상 부모가 필요하다. 그리고 아이의 욕구는 결코 만족하지 못한다. 만약 우리의 내면아이를 그냥 내버려 둔다면, 우리 주위의 사랑하는 사람들이나 친구들은 그 아이의 채워질 줄 모르는 욕구 때문에 미쳐 버릴지도 모른다. 그러나 일단 우리가 초기 고통 작업을 다 마쳤다면, 우리는 성인자아를 신뢰하는 법을 배우고 우리에게 필요한 돌봄을 다른 성인들로부터 받을 수 있을 것이다.

여러 가지 이유로 지난번 내 생일은 유달리 외로웠던 하루였다. 하지만 그날 내 친구 조니(Johnny)는 나를 위해서 특별한 주문품을 선물해 줌으로써 나를 감격시켰다. 그는 나의 내적 상태에 아주 민감한 친구였으며 내가 골프광이라는 사실을 잘 알고 있었다. 보통 친구들과 생일선물을 교환하지는 않았기에 조니의 이 선물이 내게는 더더욱 특별하고 소중했다. 성인인 나에게 그것은 마치 아버지의 행동처럼 받아들였다. 그 선물 때문에 조니는 내게 아버지 노릇을 하게 된 것이다.

10

당신의 내면아이에게
새로운 허락을 해 주라

아이들의 행복을 생각하면서, 우리에게 부족했던 부분들을
아이들에게 제공해 줄 계획들을 세우곤 한다. ……그러다 첫째 아이가 태어나면,
육아란 사랑의 꿈보다는 훨씬 많은 게 요구된다는 현실에 직면하게 된다. ……
어느 날 문득, 절대로 하지 않겠다고 맹세했던 바로 그 일들을 하고 있는
자기 자신을 발견하게 되며 …… 때로는 현실에 굴복해 버리기도 한다. ……
우리는 원가족에서 배우지 못한 기술을,
그것도 아주 많은 기술을 다시 배워야 할 필요가 있다.
　　　　　　　－ 진 이슬리 클라크 & 코니 도슨(Jean Illsley Clarke & Connie Dawson) －

우리 자신의 내면아이가 지닌 엄청난 영적인 힘을 발휘하기 위해서는 훈련되어야만 한다.
　　　　　　　　　　　　　　　　　　　　　　　　　－매리언 우드먼(Marion Woodman) －

　일단 상처받은 내면아이를 성장시키는 작업을 시작하게 되면, 당신은 또 다른 딜레마에 부딪히게 된다. 바로 우리들 대부분은 역기능 가정 출신이기 때문에 부모로서 어떻게 내면아이를 양육해야 할지 모른다는 사실이다. 상처받은 내면아이는 유치하기 짝이 없다. 그 아이는 너무 과도한 훈련을 받았거나 혹은 거의 훈련을 받지 못했다. 따라서 상처받은 내면아이를 치유하기 원한다면 우리는 훌륭한 양육 훈련사가 되어야 한다. 새로운 규칙들을 내면화할 때 내면아이가 건강하게 성장할 수 있다. 따라서 당신의 성인자아는 어떤 것이 좋은 훈련인지에 대한 새로운 정보를 수집하고, 내면아이와 상호작용할 수 있는 새로운 기술들을 배워야 한다. 내면아이에게 '새로운

허락'을 주기 위해서는 당신의 성인자아의 잠재력을 사용해야 한다. 아이에게 필요한 새로운 허락은 기존의 양육 규칙들을 깨뜨려도 된다는 허락, 진정한 자신의 모습이 되어도 좋다는 허락, 놀아도 된다는 허락 등이다.

· 양육훈련 ·

누군가 "자유가 쓰고 있는 가면들 중에서 규칙이 가장 깨트리기가 어렵다."고 말한 적이 있다. 나는 이 표현을 좋아한다. 훈련 없이 내면아이는 진정으로 자유로울 수 없다. 스캇 팩(M. Scott Peck)은 이와 관련해 중요한 통찰력을 제공해 주었다. 그는 훈련이란 인생의 피할 수 없는 고통이 완화되도록 기어를 넣어 주는 기술들을 모아 놓은 것이라고 보았다. 이러한 관점은 내가 아이였을 때 배웠던 내용과는 무척 다른 주장이다. 나의 잠재의식 깊은 곳에서는 훈련이란 처벌과 고통을 의미할 뿐이었지만, 팩에게 있어 좋은 훈련이란 어떻게 하면 인생을 좀 더 품위 있게 살 수 있는가에 대한 가르침들을 모아 놓은 것이다. 좋은 훈련은 우리가 자신의 모습이 되도록 허락하는 규칙들을 포함하고 있다. 그러한 규칙들은 우리 존재를 강하게 해 주며 우리의 '나됨'을 보호해 준다. 이제 당신의 놀라운 내면아이를 가르치는 양육 규칙들을 소개하겠다.

① 당신이 느끼는 것을 느껴도 괜찮다. 느낌에는 옳고 그름이 없다. 그저 느낌일 뿐이다. 당신이 반드시 느껴야 한다고 말하는 사람도 없다. 느낌에 대해 말하는 것은 좋은 일이고 반드시 필요한 일이다.

② 당신이 원하는 것을 원해도 괜찮다. 당신이 반드시 원해야만 하거나 원해서는 안 되는 것은 없다. 당신 안의 생의 에너지와 접촉해 보라. 확장하고 성장하고 싶어질 것이다. 당신의 욕구가 채워지는 것은 필요하면서도 좋은 일이다. 당신이 무엇을 원하는지 물어보아도 괜찮다.

③ 당신이 보고 듣는 것을 보거나 들어도 괜찮다. 당신이 보고 들었던 것이 무엇이든, 당신이 보고 들은 것이다.

④ 장난치면서 재미있게 놀아도 괜찮다. 이것 역시 좋은 일이다. 성적인 놀이를 즐기는 것도 괜찮다.

⑤ 항상 진실을 말하는 것이 중요하다. 이것은 인생의 고통을 경감시켜 준다. 거짓말은 현실을 왜곡시킨다. 모든 형태의 왜곡된 생각들은 교정되어야 한다.

⑥ 당신의 한계를 인정하고 어느 순간까지 만족감을 미뤄 두는 것은 중요하다. 이것은 인생의 고통을 감소시켜 줄 것이다.

⑦ 균형 있는 책임감을 발달시키는 게 중요하다. 이것은 자신의 행동에 대한 결과는 받아들이되, 다른 사람이 한 일의 결과에 대해서는 책임지지 않는 것이다.

⑧ 실수를 저질러도 괜찮다. 실수란 우리가 그것을 통해 배울 수 있도록 도와주는 스승이다.

⑨ 다른 사람들의 감정, 필요, 욕구를 존중해야 한다. 다른 사람들에 대한 학대는 범죄이며 그 결과에 대한 책임을 져야 한다.

⑩ 문제가 있어도 괜찮다. 그 문제들은 해결될 필요가 있다. 갈등이 있어도 괜찮다. 갈등도 해결될 필요가 있다.

이 새로운 규칙들에 대해 간략하게 설명하겠다.

새로운 규칙 1

상처받은 내면아이는 오래된 가족 규칙들('말하지 말라, 감정을 표현하는 것은 약한 것이다' 등)을 깨트리는 것을 두려워한다. 이 부분에 주의하면서 아이에게 어떤 지침을 주어야 한다. 무엇보다도 그가 느끼는 것을 느끼도록 허락하고, 감정이란 옳거나 그른 것이 아니라는 점을 가르쳐 주어야 한다. 그렇지만 감정을 표현하는 데는 분명한 지침이 필요하다. 감정을 표현하기에 안전하지 않거나 부적절한 상황들이 있다. 예를 들어, 속도위반으로 벌금을 부과한 단속경찰관에게 감정을 표현하라고 내면아이를 격려하는 건 좋은 방법이 아니다. 당신의 부모에게 버림받은 느낌에 대해 말하는 것도 적절하지 않다. 이런 감정들은 제2부에서 제안한 방식으로 표현하도록 권하고 싶다.

내면아이는 감정을 표현하는 것과 감정적으로 행동하는 것의 차이를 배울 필요가 있다. 예를 들어, 분노는 완전히 정당한 감정이다. 분노는 우리의 기본적인 욕구나 권리가 침해되었거나 침해되려고 한다는 신호다. 이런 상황에서 분노를 표출하는 것은 정당하지만, 때리거나 저주하고 소리 지르고 물건을 부수는 등의 행동은 옳지 않다.

당신의 아이가 자유롭게 감정을 표현할 수 있는 안전하고 부끄럽지 않은 환경을 조성해 줄 필요가 있다. 비슷한 문제로 고민하는 후원자모임에 가입하는 방법도 고려해 볼 만하다.

나아가 감정이란 개인적인 힘의 일부임을 내면아이에게 가르칠 필요가 있다. 감정은 당신의 필요가 충족되도록 당신을 움직이는 정신적인 연료와도 같다. '어떤 위험이 존재할 때, 당신이 학대당할 때, 가치 있는 것을 잃어버렸을 때 감정은 당신에게 신호를 한다.'

새로운 규칙 2

이 규칙은 상처받은 내면아이가 자신의 필요나 욕구들을 갈망할 때마다 느끼게 되는 중독적인 수치심을 완화시켜 준다. 78kg의 네 살짜리 부모 그림을 기억하는가? 성인아이인 그들은 자신들의 필요나 욕구가 충족된 적이 없기 때문에 자녀가 도움을 요청하고 뭔가를 원한다는 게 그들을 화나게 만든다. 그래서 그 상황에서 자녀에게 창피를 주고 수치심을 느끼게 만든다.

결국 중독적으로 부끄러워하는 내면아이는 뭔가를 원할 권리가 자기에게 있다는 사실을 믿지 않는다. 당신은 그 아이가 무엇을 필요로 하고 원하는지를 주의 깊게 들어 줌으로써 그를 지지해 줄 수 있다. 그가 원하는 것을 항상 줄 수는 없지만, 들어 줄 수 있고 그가 그것을 원해도 된다고 허락해 줄 수 있다. 갈망과 욕구가 없다면 우리 삶의 에너지는 고갈되고 말 것이다.

새로운 규칙 3

세 번째 규칙은 역기능 가정에서 일어나는 기만과 거짓말들을 제거해 줄 것이다. 어린 주디(Judy)는 학교에서 돌아오자마자 엄마가 울고 있는 모습을 보았다. "엄마, 무슨 일이에요?"라고 묻자 엄마는 이렇게 말한다. "아무것도 아냐. 나가서 놀아라!" 어린 파커(Farquhar)는 이른 아침 아빠가 차고 안의 자동차 옆에 누워 있는 장면을 보았다. 호기심과 의혹에 가득 차서 엄마에게 왜 아빠가 차고에서 자고 있는지 묻는다. 엄마는 "아빠가 허리가 아파서……." 차고의 시멘트 바닥에서 잠을 자야 한다고 대답한다. 어린 빌리(Billy)는 엄마와 아빠가 싸우는 소리를 들었다. 잠에서 깨 부모의 방으로 건너가서 무슨 일인지 묻는다. 부모님은 "아무것도 아니야. 어서 자거라. 얘야! 꿈을 꿨나 보구나."라고 대답한다.

이런 종류의 메시지를 받은 아이들은 자신들의 감각을 믿지 않게 된다. 그러나 감각 정보 없이는 현실에서 살아가기 어렵다. 아이들은 감각이 발달되어 있다. 우리에게는 내면아이의 전문적인 감각기관이 필요하다. 그러기 위해서는 내면아이에게 이 세상을 보고, 듣고, 만지고, 탐험하도록 허락하여야 한다.

새로운 규칙 4

네 번째 규칙은 놀이에 관한 부분이다. 놀이도 하나의 존재 방식이다. 나는 놀이를 위해 시간을 비워 두는 법을 배웠다. 그 시간에는 골프를 치거나 낚시를 하거나 아무 것도 하지 않는다. 나는 그냥 여기저기 돌아다니는 걸 좋아한다. 이리저리 돌아다니고 아무것도 하지 않으면서 시간을 보내는 것은 어른들의 놀이형태이기도 하다. 우리가 내면아이에게 놀도록 허락할 때 우리의 존재 욕구는 충족된다.

어른들을 위한 다른 형태의 멋진 놀이는 성적인 놀이다. 성적인 놀이를 위한 가장 좋은 방법은 우리의 성인자아에게 부모자아를 문밖으로 안내하고는 문을 지키게 한

다음, 우리의 자연스러운 내면아이가 즐기도록 하는 것이다. 내면아이는 성유희를 하는 동안 만지고, 맛보고, 냄새 맡고, 보고, 이야기하기를 좋아한다. 특별히 아이가 성을 부끄러운 것이라고 배웠거나 쳐다보는 것조차 금지당했다면, 탐구하면서 시간 보내는 것을 무척 좋아할 것이다. 따라서 내면아이가 뛰어놀고 성적으로 놀도록 해 주는 게 매우 중요하다. 성인인 당신은 도덕적인 한계를 정할 필요가 있다. 그렇지만 그 범위 내에서는 많은 성유희를 즐기는 편이 좋다.

새로운 규칙 5

다섯 번째 규칙은 가장 중요하다. 일찍이 내면아이는 생존하기 위해서 순응하는 법을 배워 왔다. 역기능 가정에서는 많은 거짓말이 존재한다. 가족을 둘러싼 기만과 부정은 일종의 거짓말이다. 가족 구성원의 잘못된 역할 역시 거짓말이다. 가족생활 의 부끄러운 부분들을 숨기기 위해서는 거짓말이 필요하다. 역기능 가정에서 거짓말 은 생활방식이 되었기 때문에 내면아이가 이것을 배우지 않으려면 엄청난 노력을 해 야 한다.

상처받은 내면아이는 또한 현실이나 진실을 왜곡하는 사고방식을 갖고 있다. 모든 아이들은 마술적이거나 극단적으로 생각하는데, 이러한 사고방식들은 직면되어야 할 필요가 있다.

당신의 상처받은 내면아이는 또한 수치심에 기반을 두고 있다. 수치심에 근거한 사고는 교정되어야 한다. 당신이 내면아이와 대화할 때 유의해야 할 보편적인 인지왜 곡은 다음과 같다.

양극화된 사고(Polarized thinking) 상처받은 내면아이는 모든 것을 극단적으 로 이해한다. 둘 중 한쪽만 존재할 뿐 중간이란 없다. 사람이나 사물은 좋거나 그렇지 않으면 나쁘다. 예를 들어, 어떤 사람이 매일, 매 순간마다 자기와 함께하지 않으면 그 사람이 자기를 싫어한다고 생각한다. 이것은 극단적인 생각으로 유아기 단계에서 대상항상성(object constancy)의 문제가 잘못 해결된 결과다. 극단화는 무기력한 상태에 빠져들게 한다. 내면아이에게 모든 사람은 좋기도 하고 나쁘기도 하며, 극단적인 것은 없다는 사실을 가르쳐 줘야 한다.

파국적 사고(Catastrophizing)　상처받은 내면아이는 부모 안에 있는 상처받은 내면아이로부터 두려워하고 절망하도록 배웠다. 성인아이인 부모에게는 자녀양육에 대한 부담이 때론 견디기 어려울 만큼 힘든 일이다. 그들은 끊임없이 불안하게 주의를 줌으로써, 결국 당신이 초조하고 걱정하도록 최면을 걸어 놓았다. 단지, 당신에게는 실험하고 탐험하는 데 안전한 환경과 보호가 필요한데도, '위험해, 조심해, 그만, 안 돼, 빨리 해'와 같은 고함소리가 당신을 두려움으로 몰아넣었다. 이렇게 세상은 두렵고 위험한 곳이라고 배웠으니, 내면아이가 지나치게 경계하는 것도 놀랄 만한 일이 아니다. 당신은 내면아이가 여러 가지를 실험해 보고 모험을 시도하도록 허락하여야 한다. 또 아이를 안심시켜 주고 당신이 그를 지켜보고 있다는 사실을 확신시켜 줌으로써 그를 지지할 수 있다.

일반화(Universalizing)　상처받은 내면아이는 하나의 사건들로부터 일반화시키는 경향이 있다. 예를 들어, 남자 친구가 오늘 밤에는 집에서 책을 읽고 싶다고 말했을 뿐인데도 당신의 내면아이는 두 사람의 관계가 끝났다고 선언해 버린다. 만약 상대가 데이트를 거절했다면, 내면아이는 '난 다시는 데이트를 못 할 거야. 이제 아무도 나에겐 데이트 신청을 하지 않을 거야.'라고 성급한 결론을 내려 버린다. 만약 수상스키를 배우는 도중에 물에 빠져 다시 일어나는 데 실패했다면, 내면아이는 '앞으로 절대로 수상스키를 배울 수 없어.'라는 결론을 내려 버린다.

　아이가 가진 보편화에 직면하고 이를 교정해 줌으로써, 당신의 내면아이를 성장시킬 수 있다. 한 가지 좋은 방법은 '모든, 절대, 아무도, 항상, 영원히' 등의 단어를 과장해 보는 것이다. 아이가 '누구도 나한테는 절대로 신경 안 써!'라고 말한다면, '네 말은 이 세상 모든 사람 중에서 단 한 사람도 절대로, 절대로, 절대로, 절대로, 절대로 너를 바라보거나 너랑 얘기하지 않을 거란 말이지?'라고 말해 보라. 그리고 이러한 단어들 대신에 '때때로, 아마도, 가끔'과 같은 말을 사용하도록 가르쳐 주라.

언어는 우리의 경험을 제한한다. 말 그대로 우리는 말로써 우리 스스로에게 최면을 건다. 상처받은 내면아이는 왜곡된 말로 스스로에게 겁을 준다. 그러나 사용된 말은 바로 우리가 진실하고 정직해지기 위한 전달수단이다. 우리의 내면아이는 이제 정직해지는 법을 배워야 한다.

마음읽기(Mind reading)   마음을 읽는 것은 마술의 형태다. 아이들은 본래 마술적이다. 그래서 부모가 '난 네가 무슨 생각을 하는지 알아.'라고 말하는 것은 아이들의 마술적인 사고를 강화시킨다. 수치심을 느끼는 아이들은 점점 더 마술에 의지한다. 당신의 내면아이는 '상사가 날 해고하려는 걸 알아. 그 사람이 날 쳐다보는 걸 보면 알 수 있어.'라는 식으로 당신에게 말할 것이다.

마음읽기는 상처받은 내면아이의 투사에서 나온다. 당신의 내면아이가 어떤 사람을 그다지 좋아하지 않는다고 하자. 그런데 과거 당신은 모든 사람에게 친절하지 않다는 이유로 부모에게 야단맞은 경험이 있다. 결국 그 사람을 싫어하는 내면아이의 감정은 억압된 채 수치심에 묶여 버릴 것이다. 이것은 '나는 그 사람이 나를 정말로 싫어한다고 생각해요.'라는 당신의 말에서 잘 드러난다. 사실은 내면아이가 그 사람을 싫어하는데도 말이다.

내면아이의 마음읽기에 직면하는 작업은 대단히 중요하다. 이 세상에는 우리가 더 많은 이야기를 만들어 내지 않아도 이미 충분한 위협들이 실재하고 있다. 내면아이에게 사물을 확인하도록 가르치라. 그 아이가 많은 질문을 할 수 있게 허락하라.

정직과 진실은 믿음을 만들고 믿음은 사랑과 친밀감을 생기게 한다. 내면아이가 거짓말하거나 과장하거나 극단적이고 마술적인 사고로 현실을 왜곡하려고 할 때마다 고쳐 주어야 한다. 사랑과 훈련으로 아이를 양육할 때 비로소 거짓과 왜곡에서 발생하는 고통을 최소화할 수 있다.

새로운 규칙 6

여섯 번째 규칙은 내면아이의 만족할 줄 모르는 빈곤함과 관계있다. 모든 아이는 그들이 원하는, 그때 원하는 것을 갖고 싶어 한다. 아이들은 자신들의 욕구가 좌절되거나 지연되는 것을 잘 참아 내지 못한다. 당장의 만족을 미루는 법을 배우는 것은 성장의 한 부분으로서, 이것은 인생의 고통과 역경을 인내하는 데 도움이 된다. 아시다시피 과식은 복통과 불편함을 가져오고, 한꺼번에 돈을 다 써 버리면 남아 있는 돈이 없지 않는가.

아이가 빼앗기고 무시당한 경험이 있다면, 만족을 미루는 일은 훨씬 더 힘들어진다. 상처받은 내면아이는 사랑, 음식, 칭찬, 즐거움이 턱없이 부족하다고 믿고 있다. 그렇기 때문에 이러한 것들을 소유할 기회가 올 때마다 극단으로 치닫곤 한다.

수년 동안 나는 내가 먹을 수 있는 양보다 훨씬 많은 음식을 접시에 담곤 했다. 그리고 항상 그 음식들을 다 먹어 치웠다. 단지 돈이 있다는 이유로 필요 없는 많은 물건을 사기도 했다. 마침내 그 물건들에 둘러싸일 때까지 내 방에 쌓아 나갈 정도였다. 다른 유명한 치료사나 강연자들을 질투하는 나 자신을 발견하기도 했다. 마치 주위에 회복된 사람들이 충분치 않거나 혹은 한정된 양의 사랑과 존경만이 존재하기 때문에 다른 사람이 그걸 가져가 버려 나 자신에게는 남겨진 게 없는 것처럼 느껴졌다. 이 모든 것이 상처받은 내면아이의 발로(發露)였다. 아이는 내가 절대로 내 몫을 받지 못할 것이므로 기회가 있을 때 최대한 챙겨야 한다고 믿었다. 내면아이의 이러한 탐욕은 몇 년 동안이나 나에게 커다란 고통을 안겨 주었다.

이제 나는 상처받은 내면아이를 잘 보살핌으로써 그 아이를 성장시키고 있다. 나는 그에게 멋진 일들을 약속하고 **반드시 그 약속을 지킨다**. 내면아이의 신뢰를 얻고 싶다면 항상 당신이 한 약속들을 지켜야 한다. 나는 내면아이에게 좋은 것들을 제공하면서 잘 가르치고 있다. 때때로 아이가 예전으로 돌아가곤 하지만 이전보다는 훨씬 나아졌다. 또한 나는 만족을 미루어 둘 때 더 큰 기쁨을 누릴 수 있다는 사실을 아이에게 증명하려고 애쓰고 있다.

한 예로, 최근 내면아이와 나는 한 가지 실험을 했다. 내면아이는 사탕, 파이, 아이스크림 등등을 좋아한다. 나는 일주일간 내면아이가 원하는 대로 마음껏 단 음식들을 먹게 하였다. 그리고 마지막 날에 우리가 느낀 점들을 평가해 보았다. 끔찍하게도 우리는 2kg이나 살이 쪄서 38인치의 바지가 불편할 정도였다. 그런 후 다음 일주일간은 단 음식들을 전혀 먹지 못하게 했다. 가능한 한 자주 운동을 했다. 일요일에는 아이가 단 음식을 먹을 수 있도록 허락하였다. 그러곤 우리가 어떻게 느꼈는지를 평가했다. 훨씬 더 기분이 좋아지고 몸이 편안해진 것은 물론이다. 사실 일요일 날 많은 양의 단 음식을 먹지 않았는데도 말이다.

이 식이요법을 미국의사협회(AMA)나 영양사들이 추천하진 않을지도 모르지만, 내면아이에겐 욕심부리는 것보다 잠시 만족을 연기하는 게 더 큰 즐거움을 준다는 사실을 증명한 셈이다.

새로운 규칙 7

일곱 번째 규칙은 행복의 열쇠다. 인간이 겪는 고통의 많은 부분은 상처받은 내면아이가 너무 많은 책임을 떠맡거나 충분한 책임을 지려고 하지 않기 때문에 발생한다.

당신은 자신이 한 행동의 결과에 정면으로 맞설 필요가 있다. 상처받은 내면아이를 회복함으로써 당신은 책임지는 법을 배우기 시작했다. 대부분의 내면아이는 진실한 반응이 아닌 반작용을 보이곤 한다. 진실한 반응은 진실한 감정과 의식 있는 결정으로부터 나온다. 진실한 반응을 표현하기 위해서는 우리의 감정, 필요, 욕구와 만나야 한다. 상처받은 내면아이를 가진 성인들은 이러한 것들과 만날 수 없는 정도에 이르러 있다.

내면아이를 성장시키는 길은 아이에게 반발하기보다는 행동하도록 가르치는 것이다. 행동하기 위해서는 반응할 수 있어야 한다. **반응능력**은 반대하는 것이 아니다. 이것은 당신이 내면아이의 인생을 통제할 수 있을 때 나타난다.

책임감의 중요성에 대한 가장 좋은 예는 친밀한 관계일 것이다. 친밀감은 우리 모두가 아름답고 상처받기 쉬운 내면아이를 갖고 있기 때문에 일어난다. 사랑에 빠진 연인은 엄마와 아이의 초기 공생적 유대관계를 재현한다. 본질적으로 그들은 서로에게 융화된다. 그들은 완전한 일체감과 절대적인 힘을 느끼며 가장 깊고, 상처받기 쉬운 자기를 상대방과 나누게 된다.

이러한 상처받기 쉬운 예민함(vulnerability) 때문에 사람들은 친밀한 관계를 두려워하게 되며, 궁극적으로 친밀감이 파괴되기도 한다. 관계에 있어서 친밀감의 파괴는 어느 한쪽이나 양쪽 모두가 자신의 상처받기 쉬운 내면아이를 책임지려고 하지 않을 때 일어난다.

두 사람의 성인아이가 사랑에 빠질 때 어떤 일이 발생하는가. 그들의 상처받은 내면아이들은 들떠 있다. 상대에게서 자기 부모의 긍정적이거나 부정적인 면들을 찾아내고는, 이번에야말로 내면아이의 채워지지 못한 욕구들이 잘 돌보아지리라고 믿는다. 각자 상대에게 너무 많은 힘과 가치를 투자한다. 상처받은 아이는 상대를 자신의 원부모처럼 생각한다. 결혼 후 오래지 않아 그들은 상대방에게 요구하기 시작한다. 이런 요구들은 상처받은 내면아이의 갈망과 공허감으로부터 흘러나온 무의식적인 기대들이 가장된 것이다. 우리의 본성은 진공상태를 싫어하기 때문에 생의 에너지는 상처받은 내면아이에게 미해결된 과제를 해결하도록 끊임없이 압력을 가한다. 따라서 아이는 지금까지 한 번도 받아 보지 못한 부모의 양육을 끊임없이 상대방에게서 갈망한다. 심지어 상대방에게 자신의 부모처럼 행동할 것을 강요하기도 한다. 상대방을 자신의 부모처럼 바라보기 때문에 그의 행동을 왜곡하기도 한다. 결국 그리 좋아 보이는 그림은 아니다. 마치 다섯 살짜리의 두 아이가 결혼해서 성인의 책임을 지려 하는 모습과 다를 바 없다.

그러나 당신이 내면아이를 회복했다면 당신에게는 기회가 있다. 내면아이를 성장시킴으로써 당신은 아이의 취약성에 대한 책임을 질 수 있다. 당신이 내면아이의 새로운 부모가 되어 주기로 약속할 때, 아이는 이제 누군가 자신의 잃어버린 부모가 되어 줄지도 모른다는 기대감에 더 이상 구속되지 않을 것이다. **친밀감은 각자 자신의 상처받기 쉬운 내면아이를 책임질 때 형성된다.** 그러나 당신이 부모에게서 받지 못한 것을 상대에게서 받으려고 한다면 친밀감은 형성되기 어려울 것이다.

새로운 규칙 8

여덟 번째 규칙은 건강한 수치심을 내면아이에게 가르치는 방법이다. 유해한 수치심은 인간 이상(완벽한)이 되거나 인간 이하(게으름뱅이)가 되도록 강요한다. 건강한 수치심은 실수를 허용한다. 실수란 인간이 되어 가는 데 필수적인 요소이며, 인생수업을 배울 수 있는 교훈과도 같다. 실수를 받아들일 때, 내면아이는 더욱 자발적으로 된다. 실수를 저지를지도 모른다는 공포 속에 살아가는 것은 마치 살얼음판을 걷는 것과도 같다. 당신은 더 조심스럽게 행동하게 되고, 감시받으며, 피상적인 삶을 살아가게 될 것이다. 만일 내면아이가 절대로 나쁜 일에 대해선 말하지 못하도록 배웠다면, 절대 좋은 일에 대해서도 말하지 않게 될 것이다. 그는 절대로 도움을 요청하지 않을 것이며 상처받았다거나 당신을 사랑한다고 말하지도 않을 것이다.

새로운 규칙 9

아홉 번째 규칙은 황금률(Golden Rule)이다. 내면아이가 스스로를 사랑하고 존중하듯이 다른 사람을 사랑하고 존중하도록 가르치는 일이다. 또한 이 규칙을 어길 때는 그 결과를 수용하는 법을 가르쳐 주어야 한다. 상처받은 내면아이들은 책임감과 건강한 죄책감을 배울 필요가 있다. 건강한 죄책감이란 도덕적 수치심을 의미한다. 이것은 우리가 우리 자신과 다른 사람의 가치를 침해했다는 것을 알려 주면서 그에 대한 대가를 치러야 함을 가르쳐 준다. 건강한 죄책감은 내면아이에게 필요한 건강한 양심의 기반이 된다. 앞에서 언급한 가해자 행위는 주로 상처받은 내면아이가 자신의 양심을 발달시키지 않았기 때문에 발생한다. 학대받은 아이의 경우, 가해자와 자신을 동일시하기 때문에 가해자의 왜곡된 가치체계를 따르게 된다. 방종이나 복종을 통해 그에게 힘이 주어지면, 아이는 보통 사람을 위한 보편적인 규칙들이 자신에게는 적용되지 않는다고 믿는다. 그의 '특별함'이 그를 규칙보다 우월하게 만든 것이다.

새로운 규칙 10

열 번째 규칙은 내면아이에게 인생이란 문제투성이로 가득 차 있다는 사실을 알게 하는 것이다. 종종 내면아이는 문제와 고통에 대해 격분하곤 한다. '그건 공평하지 않아.'라고 한탄한다. '나한테 이런 일이 생기다니…… 믿을 수 없어요.' 이것은 치료사인 내가 자주 듣는 말이다. 문제나 고통은 마치 남을 괴롭히기 좋아하는 사람들이 저지른 지저분한 속임수와 같다. 그러나 문제와 고통은 모든 사람의 삶의 일부이다. 스캇 팩은 "인생의 문제를 다루는 방법은 그 문제들을 푸는 것이다."라고 말했다. 사실 우리가 문제와 고통을 어떻게 다루느냐가 우리의 삶의 질을 결정한다. 시카고의 치료사 테리 고르스키(Terry Gorski)는 "성장이란 한 묶음의 문제에서 보다 많은 묶음의 문제로 옮겨 가는 것이다."라고 말한 적이 있다. 내 인생에 정확하게 적용되는 표현이다. 새로운 성공은 새로운 문제를 불러일으킨다.

우리는 문제가 일반적인 것이며 받아들여야만 한다는 사실을 내면아이에게 가르쳐 줄 필요가 있다.

또한 갈등이란 인간관계에서 불가피하다는 사실을 내면아이에게 가르쳐 주어야 한다. 사실 갈등의 가능성을 안고 있는 관계가 아니라면 친밀감을 갖기란 불가능하다. 우리는 내면아이에게 정정당당하게 싸우는 법과 갈등을 해결하는 법을 가르쳐 줘야 할 것이다. 더 자세한 내용은 제12장에서 다루겠다.

새로운 규칙들을 배운다는 것은 내면아이에게 기존의 규칙들을 위반하도록 허락하는 것이다. 일단 새로운 규칙들이 내면화되면, 그것은 내면아이의 제2의 천성이 된다. 이로 인해 아이는 자신을 사랑할 줄 알게 되고 정신적인 상처의 치유를 경험하게 될 것이다.

· 자기 자신이 되도록 허락하기 ·

내면아이가 자기 자신이 되기 위해서는 당신의 무조건적인 허락이 필요하다. 앞에서 기술한 양육훈련들은 이러한 자기 회복을 촉진시키는 데 대단히 효과적이다. 또 다른 방법은 내면아이가 가족체계의 균형을 유지하고 스스로 중요한 존재임을 확인하기 위해 담당했던 경직된 역할들을 포기하도록 허락하는 일이다. 역할과 그 역할들이 어떻게 역기능적인 가족체계를 움직여 나가는지에 대해 이미 충분히 설명했다. 앞서 유아기와 유치원 시기의 자기를 되찾는 작업을 통해서, 당신은 이미 내면아이에게 경직된 역할을 포기하도록 허락하기 시작했다. 앞의 이 치유작업을 모델로 해서 당신의 모든 거짓자아의 역할을 포기하는 작업을 시도해 보라.

거짓자아의 역할들을 포기하기

1단계

먼저 당신의 가족체계의 역할들에 대한 좀 더 뚜렷한 그림을 그릴 필요가 있다. 당신은 어떻게 아이로서 중요한 사람이 되는 법을 배웠는가? 가족을 유지하고 가족을 돌보기 위해 무엇을 했는가? 일반적인 역할들은 다음과 같다. **영웅, 스타, 성취지향적인 아이, 엄마의 작은 남자, 엄마나 아빠의 대리 배우자, 아빠의 작은 공주, 아빠의 친구, 엄마의 친구, 엄마나 아빠의 대리인 또는 보호자, 엄마의 엄마, 아빠의 아빠, 중재자, 조정자, 가족의 제물, 희생양 혹은 반항아, 성취욕이 낮은 아이, 문제아, 잃어버린 아이, 희생자 등.** 역할들은 셀 수 없을 만큼 다양하지만 동일한 기능을 갖고 있다. 즉, 변화의 가능성으로부터 경직되고 은닉된 채, 가족체계를 균형 있게 유지하고 있다. 또한 각각의 역할은 구성원에게 중독적인 수치심을 숨기는 방식으로 행동하게끔 한다. 역할은 구조와 정의를 제공한다. 즉, 역할은 일련의 행동과 감정을 규정하고 지시한다. 역할을 수행할 때, 우리의 진정한 자기는 점점 더 무의식 속으로 숨어 버린다. 앞에서 언급한 것처럼 시간이 지날수록 우리는 우리의 역할에 중독되게 된다.

내면아이를 성장시키는 일은 어떤 부분의 역할이든지 아이가 지키고 싶어 하는 역할은 선택하고 나머지는 버려도 된다고 허락하는 것이다. 여기서 상처받은 내면아이에게 여태껏 **그 역할이 실제로 행해진 것이 아니라는 점을** 분명하게 말해 주는 게 중요하다. 나는 내면아이에게 "스타, 성취지향적인 아이, 보호자로서의 네 역할이 가족 중의 누군가에게 실제로 도움이 되었니?"라고 물어보았다. 대답은 즉각적인 부정이었다. 다시 "스타, 성취지향적인 아이, 보호자로서의 네 역할이 너에게 지속적인 내면의 평화를 주었니?"라고 질문해 보았다. 다시 한번 내면아이의 대답은 부정적이었다. 여전히 그는 공허감과 외로움을 느끼면서 오랜 시간 동안 우울해했다. 다음으로 내면아이에게 "스타, 성취지향적인 아이, 보호자가 되기 위해서 너는 어떤 감정들을 억눌러야만 했었니?"라고 물어보았다. 아이의 대답은 "나는 두려워하거나 화를 낼 수 없었어."였다. 나는 항상 강하고 활기차고 긍정적이어야만 했다. 그리고 나의 초인적인 역할들 뒤에는 겁에 질리고 수치심으로 가득 찬, 외로운 작은 소년이 숨어 있었다.

2단계

이제 당신은 이러한 역할들이 금지했던 감정들을 내면아이가 느낄 수 있도록 할 준비가 되었다. 아이에게 슬프거나 두렵거나 외롭거나 화를 내도 괜찮다고 말해 주라. 이미 제2부에서 이러한 부분들을 다루었지만, 이제 내면아이의 새로운 후원자로서 당신은 아이에게 경직된 역할들이 금지했던 특별한 느낌들을 느껴도 된다고 허락할 필요가 있다. 이것은 그에게 자기 자신이 될 수 있도록 허락하는 일이다.

감정들이 표출되기 시작하면 두려움이 올라오기 때문에 이 단계에서 특별히 그를 보호할 필요가 있다. 내면아이는 쉽게 압도당할 수 있다. 아이를 부드럽게 격려하면서 천천히 진행해야 한다. 오래된 원가족의 패턴들을 바꾸게 되면 생소함을 느끼게 되고 새로운 행동에 대해 '편안하지' 않을 수 있다. 아이에게는 새로운 감정들을 경험하는 것이 이상하게 느껴지고 심지어 미친 짓이라고 느껴질 수도 있다. 그러므로 인내할 필요가 있다. 아이는 자신이 완전히 안전하다고 느끼기 전에는 이런 새로운 감정들을 경험하려는 위험을 감수하려 하지 않을 것이다.

3단계

새로운 자유를 탐험하기 위해서는 다른 환경 속에서 자신을 경험하도록 내버려 두는 새로운 행동들을 찾아야 한다. 내 경우에는 창조적인 성인자아에게 **스타**나 **성취지향적인 아이**의 역할에서 벗어나기 위해 내가 할 수 있는 세 가지 방법들을 물어보았다. 당신의 창조적인 성인자아에게 세 가지의 구체적인 행동들을 결정하도록 요구하라. 나의 창조적인 성인자아는 다음과 같은 제안을 했다.

① 아무도 나를 아는 사람이 없는 세미나나 워크숍에 수련생 자격으로 참석한다. 나는 NLP 프로그램 교육과정에 참가했을 때 이러한 경험을 했다.
② 어떤 과제에 대해 평범한 일을 한다. 신문에 기고했을 때 이러한 경험을 했다.
③ 다른 사람이 주목받을 수 있도록 그를 지지해 준다. LA에서 한 동료와 공동으로 강연할 때 이런 경험을 했는데, 그때 모든 관심이 그에게 집중되었다.

이것은 나에게 새로운 멋진 경험들이었다. 나는 **스타**가 되기보다 그룹의 일원이 되는 게 어떤 느낌인지를 배웠다. 나는 나 자신이 그 일을 완성하지 않고 선택할 수 있도록 내버려 두었다. 나는 다른 사람을 지지하는 역할을 즐겼다. 나의 내면아이는 그러한 일들을 좋아했다. 그는 항상 스타가 되어야 하고 **성취지향적인 사람**이 되어야 하는 데 너무나 지쳐 있었다.

이 단계에서는 다른 사람을 돌봐 주는 **보호자** 역할이 한층 더 중요해졌다. 그것이 내가 중요한 사람이 되는 가장 의미 있는 방법이었기 때문이다. 이 역할을 수정하기는 더더욱 두려웠다. 처음에는 다음과 같은 새로운 행동습관들을 생각해 냈다.

① 상담 시간을 일주일에 50시간에서 40시간으로 줄였다.
② 내 개인 전화번호를 더 이상 내담자들에게 알려 주지 않기로 했다. 긴급한 상담을 위해서는 자동응답 서비스를 설치했다.
③ 사교적인 모임에서 휴식시간 때마다 다른 사람들의 개인적인 문제에 대해 답변해 주던 행동을 자제했다.

처음에는 이런 행동들에 대해 번번이 죄책감을 느꼈다. 나 자신이 이기적으로 느껴졌다. 그러나 점차 나의 내면아이는 그 사람들이 여전히 나를 존중하고 있다는 사실을 깨닫게 되었다. 다른 사람들을 위해 뭔가를 하지 않더라도 나 자신이 가치 있고 사랑스럽다는 자각은 나의 개인적인 성장에 있어서 중요한 단계였다.

4단계

마지막으로 당신은 내면아이가 어떤 역할을 계속해서 유지하고 싶은지 결정하도록 도와주어야 한다. 예를 들면, 나는 강의와 세미나에서 수백 명의 사람들과 이야기하기를 좋아한다. 나의 내면아이는 재치 있는 농담과 사람들의 웃음소리를 즐거워한다. 강연이나 워크숍이 끝날 무렵 터져 나오는 청중들의 박수갈채도 우리를 행복하게 해 준다. 그래서 내면아이와 나는 이 일을 계속하기로 결정했다.

한편, 나는 사람들을 기쁘게 해 주거나 돌봐 주는 역할들과 스타로서의 역할들이 내면아이를 죽여 왔다는 사실을 알게 되었다. 예를 들면, 워크숍과 세미나에서 나는 휴식시간에 쉬어 본 적이 거의 없다. 사람들과 이야기하고, 질문에 답하고, 3분 내에 그들을 치료하려고 시도하고, 매 휴식시간마다 책에 사인하느라 정신없이 바빴다. 강의나 워크숍이 끝난 후에도 한 시간 반 동안 남아 있곤 했다. 이것이 때때로 12시간으로 늘어나기도 했다. 어느 날 밤, LA에서 집으로 돌아오는 비행기 안에서 갑자기 내면아이가 울기 시작했다. 무슨 일이 일어나고 있는지 나 자신도 믿을 수 없었지만, 곧 **내면의 메시지**를 이해하게 되었다. 비록 내면아이는 우리가 스타가 되는 것에는 합의했지만, 보호자의 역할도 원했던 것이다. 그래서 나는 내면아이가 좋아하는 몇 가지 일들을 찾아보았다. 비행기를 탈 때는 일등석을 이용했다. 가끔 리무진을 타기도 했다. 세미나의 휴식시간에는 주위 사람들에게 우리를 도와주도록 부탁해 놓았다. 우리는 쉬거나 신선한 과일 혹은 다른 가벼운 음식을 먹으면서 휴식시간을 보낼 수 있었다. 이제 내면아이와 나는 다른 사람들을 더 잘 돌볼 수 있게 되었다. 그러나 우리는 우리 자신을 더 잘 돌보고 있다. 그리고 다른 사람들이 우리를 돌봐 주도록 요청한다. 우리는 **스타**가 되기로 선택했지만 우리의 존재를 희생하지는 않는다. 우리는 **보호자**가 되기로 선택했지만 그 역할에 대해 강박적이지는 않다. 내면아이와 나는 다른 사람을 돌보지 않는다고 해서 우리가 중요한 사람이 아니라고 더 이상 믿지 않는다. 나는 내면아이를 돌봐 준다. 그를 지켜 주고 그의 모습 그대로를 사랑한다고 말해 준다. 나의 아이는 사랑받으려면 진정한 자기를 포기해야 한다고 더 이상 믿지 않는다. 우리 둘 다 인생에서 가장 소중한 관계는 바로 그와 나의 관계라는 사실을 알고 있다. **나는 내면아이에게 자신의 모습이 되도록 허락했고 이것이 모든 것을 변화시켰다.**

11

상처받은 내면아이 보호하기

자신의 모습 그대로 사랑을 받아 보지 못한 아이들은 어떻게 자기를 사랑해야 할지 모른다. 성인으로서 이제 그들은 자신의 잃어버린 아이를 성장시키고 돌보는 법을 배워야 한다.

– 매리언 우드먼(Marion Woodman) –

아이는 단순한 것을 원한다. 자기의 말을 들어 주기를 원한다. 그리고 사랑받기를 원한다. ······ 설령 말을 할 줄 모르더라도 보호받을 권리를 원한다.
자존감이 침해받지 않기를 원한다. 그리고 당신이 거기에 있어 주기를 원한다.

– 론 쿠르츠(Ron Kurtz) –

치료에서 세 번째 'P'는 보호(protection)다. 상처받은 내면아이는 미숙하고 경험이 없기 때문에 보호가 필요하다. 아이는 새로운 부모 역할을 하고 있는 당신에게 아직 양가감정을 느끼고 있다. 어떤 날에는 완전히 당신을 믿다가도 어떤 날에는 두려워하고 혼란스러워한다. 어쨌든 당신은 내면아이를 내버려 둔 채 오랜 세월을 살아왔기 때문에 다른 건강한 관계와 마찬가지로 내면아이와의 신뢰가 쌓이는 데도 시간이 필요하다.

· 시간과 관심을 투자하기 ·

앞에서도 설명한 바와 같이 당신이 아이들을 사랑한다면 당신의 시간을 투자하리라는 것을 아이들은 직감적으로 알고 있다. 그러므로 내면아이가 언제 당신의 관심을 필요로 하는지를 배우는 일은 대단히 중요하다. 나 자신도 아직 이 부분에 대해서는 노력 중이기 때문에 지금까지 내가 배운 것에 대해서만 이야기하겠다. 보통 내면아이는 다음과 같은 경우에 나의 관심을 필요로 한다.

지루할 때 아이는 가끔 내 강의와 워크숍을 지루해한다. 특히 내가 장시간에 걸쳐 학문적인 대화를 할 때는 정말 따분해한다. 아이는 안절부절못하고 몸부림치기 시작한다. 자기가 얼마나 더 오래 참아야 하는지 알아보려고 계속해서 나를 산만하게 만든다.

두려울 때 내면아이는 어린아이이기 때문에 두려워하는 게 당연하다. 아주 조그만 위협이라도 나타나면 아이는 내 옆에 바싹 다가오곤 한다.

따뜻한 부자관계를 목격했을 때 이것은 절대 놓치지 않을 것이다. 팻 캐시(Pat Cash)가 윔블던대회에서 우승하자마자 관중석 스탠드로 뛰어 올라가 자신의 아버지를 포옹했을 때, 나의 내면아이는 엉엉 울기 시작했다. 똑같은 일이 잭 니콜라우스(Jack Nicklaus)가 최고 선수권대회에서 다섯 번째로 우승한 후 그의 아들을 안고 18번 그린을 돌 때도 일어났다. 더스틴 호프만(Dustin Hoffman)이 아카데미상을 수상했을 때 다시 한번 그 일이 일어났다. 그가 병원에 있는 아버지의 이름을 불렀을 때 나의 내면아이는 울기 시작했다. 나의 내면아이는 아버지가 자기를 버렸다는 사실에 깊은 상처를 받았다. 내가 이 문제에 대해 정말 많은 노력을 쏟았고 실제로 아버지의 임종을 지켰으며 아버지와의 관계에서 해결되지 않은 문제가 없음에도 불구하고, 나는 아직도 아버지를 일찍 여읜 것에 대한 깊은 상처가 있다.

피곤할 때　피곤할 때 아이는 칭얼대고 화를 잘 낸다. 내가 아이를 조심스럽게 돌보지 않으면 아이는 가장 가까운 사람들에게 상처를 줄 것이다.

경쟁적인 게임을 하고 있을 때　내면아이는 불쌍한 패자다. 감추려고 무척 노력하지만 지는 걸 정말 싫어한다. 나는 골프경기에서 지나치게 감정적으로 격해지곤 한다. 내 행동을 모니터해 보면 도대체 몇 살로 퇴행해 버렸는지 가슴이 철렁 내려앉는 기분이다. 최근에 쉬운 퍼팅을 놓쳤을 때는 이렇게 자책할 정도였다. "왜 난 제대로 하는 게 하나도 없는지 모르겠어." 단지 퍼팅을 놓쳤을 뿐인데 지나치게 왜곡된 인지적 반응을 드러낸 것이다. 그리곤 약 두 시간 후엔 다 잊어버렸다.

과잉반응을 할 때　과잉반응은 무의식적인 연령 퇴행(spontaneous age regressions)이다. 나는 내 목소리가 점점 커지고 방어적으로 변할 때 내면아이의 현존을 알아차릴 수 있다.

무시당하거나 거절당했다고 느꼈을 때　내면아이는 거절이나 무관심의 순간적인 신호를 재빨리 감지한다. 가끔은 그런 것들이 실재하지 않았는데도 아이가 그렇게 느끼기 때문에 나 자신이 무척 조심해야 할 때도 있다.

예상치 못한 상황에 노출되었을 때　수치심에 기반을 둔 사람은 주위를 항상 경계하기 때문에 이러한 상황이 자주 일어나는 일은 아니다. 그렇지만 갑작스럽게 나의 기대가 어긋났을 때 내면아이는 당황하게 된다.

배고플 때　내가 배고플 때 내면아이는 안절부절못하면서 화를 내곤 한다.

가장 친한 친구와 함께 있을 때　이때는 내면아이에게 즐거운 시간이다. 그는 나의 친한 친구들과 함께 있는 걸 좋아한다. 그는 편안함과 즐거움을 느끼며, 농담하고 웃고 즐기는 걸 좋아한다.

외로울 때　　오랫동안 나는 외롭다는 감정을 느끼지 못했다. 이제는 내가 멍한 상태이거나 단 것을 먹고 싶을 때 외로움을 느끼고 있다는 사실을 알고 있다. 또 여러 사람에게 전화를 걸고 싶을 때도 외로움을 느끼고 있다는 뜻이다.

내면아이가 나타날 때마다 나는 그 아이를 인정해 준다. 그가 행복하고 즐거울 때는 단순하게 알아주는 것만으로도 충분하다. 그러나 아이가 지치고 허기지고 낙담하고 슬프거나 외로울 때는 그와 대화해야 한다. 나는 내면아이와 의사소통하기 위해 유용한 두 가지 방법을 찾아냈다.

· 당신의 내면아이와 대화하기 ·

당신은 이미 편지 쓰기라는 첫 번째 방법을 배웠다. 이 방법은 당신의 내면아이와 매일 대화하기 위해 사용할 수 있다. 당신이 어른일 때는 주로 쓰는 손을 사용하고, 내면아이일 때는 잘 쓰지 않는 손을 사용한다는 점을 기억하라. 여기서 내가 하는 방법을 소개하겠다. 아침에 일어나면 그날 내면아이와 보낼 시간을 정한다. 때때로 아이는 괴롭거나 외롭거나 혹은 심심할 때 불쑥 나타나기도 한다. 그러면 거기서 바로 아이와 대화를 시작한다. 그렇지만 대부분의 경우에는 미리 20분을 정해 놓는다. 오늘은 저녁 8시 30분이었다. 나는 이 책을 집필하다가 휴식이 필요했고, 아이는 지루해하고 있었다. 다음은 내가 오늘 쓴 내용이다.

어른 존 : 안녕! 어린 존. 지금 몇 살이니?

어린 존 : 여섯 살이에요.

어른 존 : 어린 존, 지금 기분이 어때?

어린 존 : 심심해요. 놀고 싶어. 어깨에 근육이 뭉쳤어요.

어른 존 : 미안해. 내가 그렇게 무리했는지 몰랐구나. 지금 뭐 하고 싶니?

어린 존 : 캐티(Katie)가 가져온 아이스크림을 먹고 싶어요.

어른 존 : 이런, 내가 깜빡 잊고 있었구나. 우리 당장 내려가서 조금 먹어 볼까.

이 짧은 대화를 적은 후, 나는 내려가서 그날 아침 조카 캐티가 가져온 아이스크림을 그릇에 담았다. 사실 나는 까맣게 잊고 있었지만 어린 존은 기억하고 있었다. 우리는 아이스크림 한 그릇을 먹어 치우고는 잠시 휴식을 취한 뒤, 다시 책을 집필하러 들어갔다.

어린 존과 항상 20분을 함께 보내는 건 아니지만 그런 시간을 그에게 할애하려고 노력한다. 아이는 집중력이 짧다. 내가 어린 존을 더 많이 알아줄수록 그가 요구하는 시간은 점점 더 짧아진다는 사실을 알게 되었다. 그는 내가 자기를 위해서 거기에 있다는 것을 알았고 나를 신뢰했다. 나는 이 글쓰기 대화를 수년 동안 해 오고 있다. 단순한 대화의 형태인데도 어떤 사람들은 너무 많은 시간이 걸린다고 불평하곤 한다. 나도 동의한다. 처음에는 확실히 시간과 노력이 투자되어야 한다. 하지만 당신의 내면아이는 그럴 만한 가치가 있다.

두 번째 대화의 방법은 시각화를 통해서 가능하다. 많은 사람이 내면아이 치유작업에 이 방법을 사용해 왔다. 이것은 내가 좋아하는 방법이기도 하다.

눈을 감고 두 개의 편안한 의자가 마주 보며 놓여 있는 방을 떠올려 보라. 한 의자는 다른 의자보다 더 크다. 그것은 당신이 상상한 그림에서 오른편에 있다. 다른 의자는 아이를 위한 것이지만 아이의 얼굴이 어른의 얼굴과 마주 볼 수 있을 정도로 높다. 내가 그린 이 그림에서는 나의 성인자아(현명하고 부드러운 천사)가 한쪽 의자에 앉아 있고, 나의 내면아이가 다른 의자에 앉아 있다. 당신의 성인자아와 내면아이가 대화하는 모습을 주의 깊게 바라보며 경청해 보라.

항상 아이가 몇 살인지를 묻는 질문으로 시작하라. 그다음에는 기분이 어떤지 물어보라. 구체적인 행동들에 대해 자세하게 물어보면서 아이가 무엇을 원하는지 확인할 필요가 있다. 한 예로, 내가 인도하는 남성 지원그룹의 한 구성원은 최근 내면아이가 자기에게 화가 나 있다는 것을 알아차렸다. 그가 내면아이에게 무엇을 원하는지 물었을 때, 내면아이는 놀이공원에 가서 여러 가지 놀이기구를 타고 싶다고 대답했다. 아이는 롤러코스터, 페리스 대회전 관람차 그리고 스릴 넘치는 고속 놀이기구의 이름을 구체적으로 댔다. 50대인 그 남자는 내키진 않았지만 내면아이의 요구를 존중해 주기로 했다. 그래서 다른 몇몇 커플들과 함께 놀이공원에 가서 내면아이가 말한 모든 놀이기구를 탔고 추가로 몇 개를 더 타고 놀았다. 그는 굉장한 시간을 보냈다.

다음 모임 때 나는 그에게서 눈에 띄는 변화들을 읽을 수 있었다. 그는 대단히 바쁜 은행가였으며 (복잡하고 상세한) 금융 계획과 투자분야의 전문가였다. 그의 내면아이는 그 일들 때문에 병이 날 지경이었고 판에 박힌 일상 속에 빠져 있는 그에게 휴식이 필요하다는 신호를 보낸 것이다. 그 모임이 있은 지 사흘 뒤, 그가 나에게 놀이공원에 같이 가자고 초대했다.

당신의 내면아이는 당신의 관심과 시간을 필요로 한다. 그리고 당신이 그 아이를 위해 기꺼이 투자할 때 아이에게 진정한 후원자가 있음을 알려 주게 되는 것이다.

· 새로운 가족 찾기 ·

당신의 내면아이를 감격시킨다는 것은 그에게 새로운 가족을 선택해 주는 일이다. 당신의 내면아이가 새로운 경계선을 세우고 교정 학습을 하는 동안 그 아이를 보호해 주기 위해서는 새로운 가족이 필요하다. 만일 당신의 원가족이 현재 치유의 과정에 있지 않다면 당신이 회복과정 중에 그들의 도움을 받는다는 것은 거의 불가능하다. 때때로 그들은 당신이 하는 일이 미친 짓이라고 창피를 줄 것이다. 그들은 당신이 하는 이 작업을 두려워할 수도 있다. 왜냐하면 당신이 오래된 가족 역할들을 포기함으로써 가족체계의 고정된 균형을 깨뜨리기 때문이다. 당신은 지금까지 단 한 번도 자기 자신이 될 수 있도록 허락받은 적이 없다. 그런데 이제 와서 왜 갑자기 당신의 가족들이 당신에게 그것을 허락하겠는가? 만일 당신의 원가족이 역기능적이라면 당신이 원하는 양육에 필요한 욕구들이 채워질 가능성은 거의 희박하다. 따라서 나는 당신에게 원가족과 안전한 거리를 유지하며, 당신을 지지하고 수치심을 주지 않을 새로운 가족을 찾도록 제안한다. 새로운 가족은 친구 지지그룹이 될 수도 있고, 내면아이 치유그룹일수도 있고 혹은 전 세계적으로 널리 알려진 12단계 그룹 중의 하나일 수도 있다. 또한 교회가 될 수도 있고 치료 그룹이 될 수도 있다. 당신이 무엇을 선택하든 간에 나는 성인인 당신에게 당신과 내면아이 모두를 위한 그룹을 찾도록 권면하고 싶다. 당신은 내면아이의 후원자이며, 아이는 새로운 가족관계의 지지와 보호가 필요하다.

  폭력을 휘두르는 아버지와 정서적인 학대를 가했던 어머니 밑에서 자란 시보네타 (Sibonetta)의 경우를 보자. 그녀의 아버지는 지금은 돌아가셨고 어머니는 재혼을 했다. 그러나 아직도 어머니는 그녀에게 거의 매일 전화를 한다. 시보네타는 치료를 받으면서 눈에 띄게 나아지긴 했지만, 나는 언제 또 그녀의 어머니가 다시 전화를 했는지 알 수 있다. 왜냐하면 그럴 때마다 매번 주기적으로 시보네타의 상태가 악화되곤 했기 때문이다. 나는 시보네타에게 Coda 그룹(Co-dependents Anonymous, 익명의 상호의존 중독자들을 위한 모임)에 참여하도록 했다. 그녀는 마지못해 승낙했다. 왜냐하면 그녀가 개인상담을 원했고, 자신의 비밀을 다른 누구에게도 밝히고 싶어 하지 않았기 때문이다. 나는 그녀의 이러한 태도가 건강하지 않다는 사실을 알았다. 그러므로 그녀에게 그룹에 가입해서 30일 동안 30번의 모임에 참석하게끔 했다. 모임에 집중적으로 참여함으로써 그녀가 그룹 안에서 정착할 수 있기를 기대했기 때문이다. 그 전략은 적중했다. 그녀는 그룹 안에서 편안함을 느끼기 시작했으며, 30일이 지난 후에도 일주일에 4번씩 그 모임에 계속해서 참석했다. 나는 이전보다 그녀가 활기에 넘치고 어머니의 전화에도 덜 동요되는 것을 알아차릴 수 있었다. 그녀는 그룹에서 어머니의 전화에 대해서 이야기했고, 그룹원들은 여러 가지 대답할 말들을 제안해 주었다. 또한 그녀가 무조건 어머니의 전화를 받지 않고, 준비가 되면 어머니에게 전화를 걸 수 있게 자동응답기를 구입하도록 도와주었다. 그 그룹은 내가 준 도움 이상으로 많은 도움을 그녀에게 주었다. 그리고 그들이 준 피드백은 나 한 사람의 목소리보다 훨씬 더 강력했다. 시보네타는 이제 어머니와의 밀착된 관계를 끝내기 위한 싸움에서 그녀를 지지해 줄 새로운 가족관계가 생긴 것이다.

· 기도의 힘과 보호 ·

내면아이는 성인인 당신이 유한한 인간의 한계를 뛰어넘어 그를 보호해 줄 수 있는 자원을 갖고 있다는 사실을 알 필요가 있다. 아무리 당신이 내면아이에게 마술적이고 신과 같은 존재라 하더라도, 당신보다 더 큰 힘이 존재한다는 점을 아이에게 알려 주는 것은 아주 중요하다. 혹시 어른인 당신이 하나님을 믿지 않더라도 내면아이는 자기보다 위대한 어떤 존재를 믿는다. 아이들은 위대한 힘에 대한 믿음을 선천적으로 타고난다.

기도는 상처받은 내면아이에 대한 강력한 보호의 자원이므로 아이는 당신이 함께 기도한다면 무척 좋아할 것이다. 나는 눈을 감고 아이를 지켜보는 걸 좋아한다. 이때 내면아이가 몇 살이든 상관없다. 나는 아이를 무릎에 앉히거나 나란히 무릎을 꿇고 앉아서 기도한다. 어린 존이 아이의 기도를 하는 동안 나는 어른의 기도를 한다. 밤에 기도할 때면, 아이는 '이제 저는 누워 자려고 해요.'라는 기도를 좋아한다. 때때로 우리는 이 기도를 같이 하기도 한다. '기억하소서(Memorare)'는 내가 가톨릭 초등학교에서 배운 기도다. 이 기도는 예수의 어머니인 성모 마리아에게 드리는 기도다. 나는 영성에 있어서 여성적인 힘을 좋아한다. 나는 하나님이 모성적이며 부드럽다고 생각한다. 그분은 나를 안아 주고 달래 준다. 어린 존 역시 이것을 좋아한다. '기억하소서'는 다음과 같다.

기억하소서. 지극히 인자하신 동정녀 마리아여.

어머니의 보호 아래로 피해 도움을 애원하고 중재를 청한 사람이 버림받았다는 말을 들어 본 적이 없습니다.

나도 믿음으로 어머니의 품으로 피합니다. 동정녀 중의 동정녀요, 우리의 어머니시여.

이제 내가 왔습니다. 당신 앞에 서서 회개하며 눈물을 흘리오니,

강생하신 말씀의 어머니시여,

나의 기도를 외면하지 마옵시고, 인자로이 들어주소서. 아멘.

나는 이 기도를 통해서 강한 보호를 받아 왔다. 그러한 경험에 대해서 어린 존에게 모두 이야기해 주었을 때 그는 진한 감동을 받았다. 당신은 당신과 내면아이에게 알맞은 기도를 찾아야 할 것이다. 그러나 내가 진심으로 제안하는 것은 당신의 상처받은 아이에게 기도를 통한 강력한 보호를 주어야 한다는 점이다.

· 내면아이에게 스트로크 주기 ·

아이들은 신체적으로 쓰다듬어 주고 안아 주지 않으면 죽을 수도 있다. 갓난아기가 살아남고 성장하기 위해서는 접촉하고 자극을 주는 것이 필요하다. 그렇지 않으면 마치 굶주린 것처럼 아기들은 소모증(marasmus: 일명 '체력이 점점 소모되는 증세')이라는 병에 걸리게 된다. 소모증으로 고통받는 아이는 태아 상태로 퇴행하게 된다. 마치 성장의 역행과도 같다. 스트로크(stroke)가 없으면 아기는 시들시들해지고 기력이 소진되어 버린다. 어린아이가 자랄 때에는 신체적인 스트로크뿐만 아니라 많은 언어적인 격려의 표현이 필요하다. 이것은 보호의 한 형태다.

아이들은 스트로크 없이는 살아갈 수 없기 때문에 어떻게 하든지 그것을 얻으려고 한다. 만일 긍정적 스트로크를 얻지 못한다면 부정적 스트로크라도 얻으려고 애쓸 것이다. 당신이 만약 다른 물을 구할 수 없다면 오염된 물이라도 마시려는 것과 같다.

당신의 상처받은 내면아이는 아마도 많은 양의 오염된 물에 만족해하고 있을지도 모르겠다. 그런 점에서 우리가 각각의 발달단계에 사용한 선언문은 매우 중요하다. 당신은 계속해서 그것들을 사용할 필요가 있다. 그것은 아이의 양육을 위해서 필요한 정서적인 스트로크다. 지금 앞의 내용으로 돌아가서 각각의 단계에 나와 있는 선언문

을 살펴보라. 그리고 당신에게 가장 강력했던 선언문은 무엇이었는지 기억해 보라. 이 선언문을 당신을 위한 특별한 스트로크로 사용하라. 당신이 처음으로 내면아이를 성장시키는 법을 배워 나갈 때, 내면아이는 매일 그 선언문을 들을 필요가 있다. 나의 선언문은 다음과 같다.

신생아기

세상에 온 것을 환영한다. …… 네가 아들이라 기쁘구나. …… 너의 욕구들이 충족되는 데 필요한 시간을 모두 가질 수 있단다.

유아기

'아니'라고 말해도 괜찮아. …… 화를 내도 괜찮아. …… 네가 화를 내도 나는 여전히 여기에 있을 거란다. …… 호기심을 가지거나, 사물을 보고 만지고 맛보는 것도 괜찮아. …… 네가 안전하게 탐험할 수 있는 장소를 만들어 줄게.

유치원 시기

성적인 호기심을 가져도 괜찮아. …… 혼자 생각하는 것도 괜찮아. …… 다른 사람들이랑 달라도 괜찮아. …… 네가 원하는 걸 요구해도 괜찮아. …… 그리고 궁금한 게 있다면 질문해도 돼.

학령기

실수해도 괜찮아. ……너는 보통의 방법으로도 어떤 일들을 할 수 있단다. …… 항상 완벽하거나 똑바로 할 필요는 없어. 왜냐하면……. 나는 있는 그대로의 너를 사랑하기 때문이야.

이러한 선언문들은 특별히 나 자신과 나의 필요에 맞게 만들어진 표현이다. 당신도 이런 식으로 당신의 선언문을 만들 수 있다.

특별히 당신의 선언문을 직접 써 보도록 추천하고 싶다. 한 번에 한 가지의 선언문을 하루에 15~20회 정도 써 보라. 또 선언문을 갖고 다니면서 자주 쳐다보고 크게 말해 보라.

모든 선언문을 5~7cm 크기의 카드에 쓰고 집 안의 눈에 잘 띄는 장소에 붙여 놓아라. 이 선언문들을 친구에게 읽어 달라고 하거나 녹음기에 녹음해서 들어 보라.

오래된 외상의 기억 속으로 스트로크를 설치하는 훈련

당신의 부모가 극도로 혼란스러워할 때(예: 당신에게 소리치고, 화내고, 위협하고, 낙인찍고, 판단할 때) 당신의 내면아이는 가장 극적으로 그들의 말을 내면화한다. 이때는 바로 당신의 생존이 가장 위협받는 순간이다. 그들이 한 말은 당신의 기억에 강하게 각인되어 남는다.

당신은 이제 그 장면으로 돌아가서, 당신의 후원자인 성인자아가 부드러운 말로 상처받은 아이를 달래 주도록 해야 한다. 새롭고도 부드러운 청각적인 강한 인상과 흔적이 없으면, 상처받은 내면아이는 계속해서 예전의 부끄러운 언어들로 자신에게 말할 것이다. 다음의 훈련은 당신이 겪은 예전의 수치스러운 장면을 재구조화하고 새로운 목소리를 설치하도록 도와줄 것이다. 초기 고통 작업에서 다룬 외상적인 기억들을 선택하는 게 좋다. **전에 다뤄 본 적이 없는 장면을 선택할 경우, 당신은 감정적으로 압도될 위험이 있으므로 특별히 유의해야 한다.** 그리고 지침을 정확히 따라야 한다. 나는 당신이 이 훈련을 녹음기에 녹음하거나 치료사나 신뢰할 만한 친구, 혹은 당신의 후원자와 함께할 것을 추천한다.

1단계

어른인 당신이 영화관에서 빈 스크린을 바라보고 있다고 상상해 보세요. 주위를 둘러보고 극장 벽면의 세밀한 부분까지 자세히 바라보세요. 당신은 무엇을 봅니까? 천장을 쳐다봅니다. 무늬를 박아 넣은 아름다운 조각이 있습니다. 이제 다시 스크린을 쳐다보면서 영화의 제목을 봅니다. '오래된 상처의 장면'이라는 제목을 읽습니다. 이제 당신의 몸 밖으로 떠올라 당신이 앉은 좌석의 10줄 뒤에 당신이 앉는다고 상상해 보세요. 당신은 당신의 뒷머리를 볼 수 있고 스크린을 보고 있는 당신을 볼 수 있습니다. 왼손의 엄지손가락과 다른 손가락 하나로 닻을 내려 봅니다.

2단계

당신의 닻을 고정시키고 오래된 상처의 장면이 나오는 흑백 영화를 보고 있는 자신을 바라보세요. 영화를 보고 있는 당신 자신을 처음부터 끝까지 바라봅니다. 영화가 끝나면 마지막 장면을 바라보는 당신을 보세요. 마지막 장면은 상처의 장면에 등장한 모습 그대로인 당신의 상처받은 내면아이의 사진이 있습니다. 그 아이는 혼자 앉아 있습니다.

3단계

당신의 닻을 놓아 주고 영화를 보는 당신 자신에게로 다시 되돌아갑니다. 당신은 이제 당신의 몸 안에 있습니다. 스크린의 장면 속으로 당신이 걸어 들어간다고 상상해 보세요. 이제 당신은 상처받은 내면아이와 함께 그곳에 있습니다. 그를 안아도 괜찮은지 아이에게 묻습니다. 그가 '예.'라고 답하면 아이를 안고 아이가 상처를 경험했을 때 꼭 들어야만 했던 부드러운 말들을 해 주면서 그에게 부드러운 스트로크를 줍니다. 혹시 아이가 안기기를 원하지 않는다면 그냥 부드러운 말들을 들려주세요.

나는 아버지가 '완전히 취해 버리겠다. 내 맘대로 살겠다.'고 맹세하면서 집을 나갔을 때, 시끄럽게 울었다는 이유로 할머니에게 창피를 당한 충격적인 기억이 있다. 아버지와 어머니가 소란스러운 싸움을 한 직후의 일이었다. 그때 두려움에 떨고 있던 내 모습은 지금도 잊히지 않는다. 그 장면에서 나는 열 살짜리 상처받은 내면아이를 부드럽게 안고 이렇게 말했다. "그래, 존. 술에 취한 아버지의 모습을 다시 생각한다는 건 정말 끔찍한 일이야. 아버지가 다시 돌아오지 않을까 봐, 혹시 아버지가 어머니를 해칠까 봐 네가 무서워하는 건 지극히 당연하단다. 네가 울고 싶은 만큼 울어도 괜찮아. 이젠 너를 보호하기 위해서 내가 여기 있을게."

4단계

당신의 아이를 위로한 후, 이번에는 총천연색 화면으로 상처의 그 장면이 되풀이된다고 상상해 보세요. 마치 시간이 거꾸로 흐르는 것처럼 당신과 상처받은 내면아이가 그 영화 속에 서 있다고 상상해 보세요.

10분 정도 기다린 다음, 예전의 상처받은 장면을 투영해 보세요. 그리고 어떤 차이가 느껴지는지 주목해 보세요. 당신을 지지하는 새로운 목소리를 들을 수 있습니까? 만일 듣지 못했다면, 이 부분을 더 많이 다룰 필요가 있습니다. 한 장면이 여러 번 다루어질 수 있습니다.

스트로크 요청하기

당신이 필요할 때 스트로크를 요청하는 법을 배우라. 대부분 우리는 스트로크가 필요하다는 표현을 할 때 중독적으로 부끄러워한다. 우리는 자신을 정서적으로 풍요롭게 하기 위해 어떻게 해야 하는지를 배운 적이 없다. 이제 당신의 내면아이에게 그렇게 할 수 있도록 허락해야 한다. 어떤 사람이 당신에게 창피를 주었을 때, 친구에게 전화해서 스트로크를 부탁하는 것은 매우 건강한 모습이다. 이렇게 말할 수 있지 않을까. '내가 멋지고 가치 있는 사람이라고 말해 줘.' 혹은 '네가 나를 얼마나 사랑하고 가치 있게 생각하는지 말해 줘.' 만약 당신이 굶주려 있다면 어떻게 행동할지 생각해 보라. 음식을 찾거나 친구에게 음식을 달라고 요청할 것이다. 당신의 내면아이는 당신이 정서적으로 배가 고플 때도 당신이 똑같이 할 수 있다는 점을 깨닫지 못한다.

당신에게 필요한 구체적인 스트로크를 부탁하는 것은 아주 건강한 현상이다. 당신은 이미 자신에게 어떤 스트로크가 필요한지를 알고 있다. 아름다운 여성은 때때로 자신의 육체적인 아름다움에 대한 스트로크에 부담을 느낀다. 당신이 매력적인 여성이라면 다른 종류의 스트로크를 요청할 필요가 있다. 예를 들어, 어떤 남성이 당신이 얼마나 아름답고 섹시해 보이는지를 칭찬한다면, 그에게 이렇게 말해 보라. '고마워요. 그런데 그 외에 저의 어떤 부분이 맘에 드세요?' 나는 지적인 능력에 대한 다소 부담스러운 스트로크를 받곤 한다. '당신은 천재예요. 난 당신이 어떻게 그렇게 할 수 있는지 모르겠어요!' 하지만 내가 원하는 것은 신체적인 스트로크였다. 그래서 내면아이에게 이렇게 말하도록 가르치고 있다. '고맙군요. 그런데 제 외모에 대해서는 어떻게 생각하세요?' 이것은 쉽지 않다. 왜냐하면 대부분 우리 부모는 그들 자신이 '스트로크 결핍 혹은 애정결핍'인 성인아이였기 때문에 스트로크를 주는 일에 대해서 대단히 인색하다.

당신의 아이가 원하는 구체적인 방법으로 자주 스트로크를 주는 것 외에도, 다음의 내용을 가르쳐 주라.

- 다른 사람에게 당신이 줄 수 있는 모든 스트로크를 주라.
- 당신 자신에게 스스로 스트로크를 주는 것도 좋다.
- 스트로크를 요구해도 괜찮다.
- 당신에게 필요한 스트로크를 요구하는 것이 좋다.

당신의 내면아이는 계속적인 자극과 보호가 필요하다.

내면아이의 후원자로서 당신은 에릭 번이 묘사한 세 가지 'P' 치료법을 통해 아이를 성장시킬 수 있다. 그 세 가지 P는 잠재력(Potency), 허락(Permission), 보호(Protection)로, 이것은 건강한 양육훈련의 구성요소다. 나는 여기에다 네 번째 'P'를 추가하고 싶다. 성장은 교정적인 학습을 포함하는 계속적인 과정이므로 노력과 훈련이 요구된다고 할 수 있다. 이제 이 네 번째 'P'에 대해 알아보자.

12

교정훈련을
실행에 옮기기

성장할수록 우리는 더 많은 모험을 감수해야 한다.
— 헨리 데이비드 소로(Henry David Thoreau) —

당신이 노력한다면 이루어진다.
— 치료를 위한 슬로건 —

가장 희망적인 소식은 아이는 충분한 관심과 배움이 제공되지 못했던 이유로
상처받기 때문에 아이의 필요를 충족시켜 주는 법을 성인자아가 배울 수 있다
는 사실이다. 우리는 인간 상호작용의 전 영역에 걸친 기술들을 개발할 수 있다.
이것은 무엇을 배우지 못했는가에 관한 문제가 아니라
이제 처음으로 뭔가를 배우는가에 관한 것이다.
— 킵 플럭(Kip Flock) —

당신은 발달단계마다 충분하게 충족되지 못했던 의존적인 욕구들의 상실에 대해 슬퍼했다. 이제 당신은 과거의 상실을 교정하는 경험이 될 여러 가지 다양한 훈련을 배우게 될 것이다. 교정 작업은 '내면아이 치료 작업(inner child work)' 중에서 가장 희망적인 부분이다. 우리의 상처는 부분적으로는 학습결핍의 결과라고 할 수 있기에 새로운 학습을 통해 그러한 결핍들을 교정할 수 있다. 물론 이러한 학습들은 발달단계 상의 사회적 요구에 반응하면서 부수적으로 습득되기도 한다. 그러나 상처받은 내면

아이를 지닌 채 성장한 우리들 대부분에게는 각 발달단계상 습득했어야 했던 기술의 결핍으로 인해 생긴 엄청난 고통과 불안이 자리 잡은 커다란 내면 속의 공간을 지닌 채 살고 있다. 많은 성인아이는 자신들의 미성숙한 행동들이 바로 학습결핍에서 기인한다는 사실조차 깨닫지 못한 채 자신들의 실패나 성격적인 결점에 대해 수치스러워하며 스스로를 가혹하게 비난하곤 한다. 교정훈련을 통해서 **당신의 상처받은 내면아이로 하여금 결점이란 사실상 결핍이었다는 점을 이해할 수 있도록 도와줄 것이다.** 당신의 상처받은 내면아이의 잘못된 행동들은 사실은 그 아이가 살아남기 위해서 어쩔 수 없이 학습된 생존방식들이다. 정신과 의사 티멘 설맥(Timmen Cermak)은 이러한 생존행동방식들을 외상 후 스트레스장애(Post-Traumatic Stress Disorder: PTSD)의 특징들과 비교해 보았다. 전쟁터에 있는 군인들이나 극심한 고통의 사건을 겪은 사람들은 단지 살아남기 위해서 할 수 있는 모든 방법을 동원해야만 한다. 그들에겐 상처를 아물게 하는 데 반드시 필요한 감정 표현의 시간조차 없는 것이다. 그러다가 다 표현되지 못했던 슬픔은 불안으로 인한 공격, 과잉통제, 기억력 쇠퇴, 우울, 연령 퇴행, 과다경계(hypervigilance) 등으로 나타나게 된다. 이런 증상들은 외상 후 스트레스장애(PTSD)와 관련된 특징들이다. 만일 당신이 PTSD의 특징들이 나열된 전체 목록을 비교한다면, 이 책의 제1장에서 기술한 상처받은 내면아이의 파괴적인 행동양식과 이것들이 얼마나 유사한지를 발견하게 될 것이다.

앞으로의 훈련들은 당신의 과거 학습결핍들을 교정해 줄 것이다. 그 어떤 다른 방법보다도 이 훈련들은 내면아이를 있는 그대로의 자기가 될 수 있게 도우며, 나아가서 더 사랑스럽고 친밀해지게끔 이끌 것이다.

다음의 여러 저자들 역시 각 발달단계에 따라 교정을 위해 필요한 풍부한 자원들을 제안했다. 앞에서도 언급한 팜 레빈의 책 『힘의 주기』 외에 라우리에와 조나단 바이스(Laurie & Jonathan Weiss)의 『상호의존으로부터의 회복(Recovery from Co-Dependency)』, 바이올렛 오클랜더(Violet Oaklander)의 『우리 아이들의 창문(Windows to Our Children)』, 스티븐 파머(Steven Farmer)의 『학대하는 부모의 성인아이들(Adult Children of Abusive Parents)』, 배리와 자네 웨인홀드(Barry & Janae Weinhold)의 『상호의존의 덫으로부터의 탈출(Breaking Free of the Co-Dependency Trap)』, 조이스 밀스와 리처드 크로울리(Joyce Mills & Richard Crowley)의 『아이들과 내재아들을 위한 치료적인 은유(Therapeutic Metaphors for Children and the Children Within)』 등이 있다. 다음의 훈련들은 이러한 저서에서 많은 도움을 받았음을 밝혀 둔다.

만약 이러한 훈련을 당신이 가장 무시당했었던 영역에 적용시킨다면 매우 효과적일 것이다. 아마도 당신은 이제 당신의 내면아이가 발달상의 어느 단계에서 어떤 곤경에 빠졌었는지를 잘 알게 됐을 것이다. 곤경에 빠졌었던 그 단계에 대해서 더욱 특별한 노력을 기울일 것을 권장한다.

· 당신 안의 갓난아기의 욕구충족을 위한 훈련들 ·

갓난아기 시절에는 단지 우리 자신이 될 수 있도록 충분히 보호받을 필요가 있다. 대부분의 상처받은 내면아이들은 자신의 모습 그대로 있는 것은 옳지 못하며, 그들이 무엇인가를 하고 있을 때만 의미 있고 중요하다고 배웠다. 이것은 우리의 '나됨'을 상실하게 만든다. 자, 이제 아무것도 하지 않고도 우리 자신이 되는 법을 배워 보자.

다음의 훈련들은 당신에게 주어진 어느 순간에 그냥 있는 그대로의 당신 자신의 모습이 되도록 도와줄 것이다. 가장 당신의 마음에 드는 목록을 골라 보라.

- 따뜻한 목욕탕 안에 들어가 자신의 신체감각에 관심을 가지면서 시간 보내기. 그냥 그 안에서 시간 보내기.
- 정규적으로 마사지를 받아 보기.
- 손톱손질을 받아 보고, 머리모양도 바꿔 보기.
- 친구에게 당신을 대접할 기회를 주기. 예를 들면, 당신을 위해 음식을 해 준다거나 저녁식사를 사게 한다.
- 담요나 두꺼운 이불로 온몸을 감싸고 그냥 조용히 앉아 있어 보기. 겨울에는 따뜻한 불 앞에서 구운 마시멜로(marshmallows)를 먹으면서 몸을 감싼 채 앉아 있기.
- 사랑하는 사람과 함께 신체적인 접촉을 하면서 시간을 보내기.

- 사랑하는 사람에게 아주 부드럽게 목욕시켜 달라고 하기.
- 거품 목욕을 하거나 따뜻한 물과 목욕용 오일을 탄 목욕탕에서 한가롭게 시간 보내기.
- 아무 계획이나 약속도 만들지 않고 아무것도 하지 않으면서 그냥 시간 보내기.
- 무더운 여름 날 30분에서 1시간 정도 수영장에서 한가로이 수영하며 보내기.
- 나무에 매단 그물침대에 누워서 오랜 시간을 보내기.
- 아주 부드럽고 조용한 음악 듣기(스티븐 할펀의 '조용한 노래 모음곡'이나 '자장가' '달콤한 꿈들'과 같은 노래가 좋다).
- 일을 할 때 종종 한 모금씩 마실 수 있는 음료를 준비해 놓기.
- 새로운 일을 시작하거나 처음으로 무엇인가를 시도할 때, 민트향 사탕이나 달콤한 것을 먹기.
- 식습관을 바꿔 보기. 정확하게 하루 세끼를 먹는 대신, 영양분이 많은 음식을 조금씩 자주 먹기.
- 당신을 얼마간의 시간 동안 안아 주거나 지지해 줄 수 있는 그런 특별한 후원자들(이성과 동성 모두가 이상적이다)을 찾기.
- 휴일을 골라 하루 동안 충분한 낮잠을 즐기기.
- 새로운 일을 시작하기 전에 충분한 휴식을 취하기.
- '믿음의 걷기(trust walks)'를 친구와 연습하기. 눈을 가리고 친구의 안내에 따라 이리저리 다녀 본다.
- 느낌이 좋은 친구를 믿어 보는 모험을 해 보기. 그 친구에게 당신과 같이 할 수 있는 계획을 짜 보도록 요청하라.
- 파트너를 구해서 약 9분 동안 서로를 뚫어지게 쳐다보기. 큰 소리로 웃어도 되고, 낄낄거리며 웃어도 되고 당신에게 필요한 그 무엇이든 해 볼 수 있다. 단, 반드시 자리를 지키면서 말은 하지 않고 그저 서로를 바라만 본다.
- 무(無)에 대해서 명상하기. 무에 대한 명상은 자신의 존재에 대해서 명상하는 것이다. 신생아기는 존재의 힘에 기초를 둔 시기다. 순수한 존재나 무에 대해서 명상하는 접근은 많이 있다. 그런 명상들은 흔히 '침묵'이라고 불리는 무심(無心)함

의 단계를 목표로 한다. 가장 심오한 방식으로 성인과 내면아이를 연결시킴으로써 무심함을 배워 본다.

존재의 힘과 만나는 명상
(Meditation to Touch the Power of Being)

다음은 명상의 아주 단순한 형식이다. 위대한 영적 대가들도 이 명상에 숙달하는 데 많은 시간을 보냈다. 이 명상은 연습할 만한 가치가 충분히 있다. 이 명상을 녹음할 것을 권한다. 녹음할 때는 좋아하는 명상 음악을 배경 음악으로 사용하라.

자, 이제 당신의 호흡에 집중하면서 시작하겠습니다. …… 그냥 자신의 호흡을 의식해 보세요. …… 숨을 들이마시고, 내쉴 때 몸에서 어떤 변화가 일어나는지 집중해 보세요. …… 당신의 코를 통해서 공기가 들어오고 나가는 데에 집중해 보세요. …… 차이점이 무엇입니까? …… 당신의 이마를 통해서 숨을 들이마시고, 숨을 내쉴 때 어떤 긴장이 느껴지는지 찾아보세요. …… 이제 당신의 눈 주위에서 숨을 들이마시고, …… 숨을 내쉴 때는 어떤 긴장이 느껴지나요? …… 이제 당신의 입 주위에서…… 그다음 목과 어깨로 내려와서 숨을 들이마시고…… 그다음 당신의 팔로 내려와 손을 통해서 숨을 내쉬며 어떤 긴장이 느껴지는지 느껴 보세요. …… 가슴 윗부분으로 숨을 들이마시고, 내쉬면서 어떤 긴장을 느껴 보세요. 당신의 배로 숨을 들이마시고…… 엉덩이로 숨을 들이마시고, 숨을 내쉬면서 거기에서 어떤 긴장을 느껴 보세요. …… 이번에는 종아리로 숨을 들이마시고, 숨을 내쉴 때는 거기에서 느껴지는 긴장도 함께 내쉬어 보세요. …… 이제 당신의 몸 전체를 편안하게 이완시켜 줍니다. …… 당신의 내면이 텅 비어 있다고 상상해 보세요. …… 그리고 따뜻한 황금빛 햇살이 당신의 몸을 통과하고 있다고 상상해 보세요. …… 당신은 어떤 무거움이나 가벼움을 느낄 수 있습니다. …… 자신이 어떤 감정을 느끼는지 찾아보세요. …… 당신의 눈꺼풀이 매우 무겁습니다. …… 팔도 무겁고…… 다리와 발도 무겁습니다. …… 어쩌면 당신은 가볍다고 느낄 수도 있습니다. …… 마치 몸 전체가 둥둥 떠다니는 것처럼…… 마음의 수평선이 점점 더 어두워지면서 완전한 어둠을 바라본다고 상상해 보세요. …… 그 어둠의 가운데서 점과 같이 작은 빛이 보입니다. …… 그 빛은 천천히 점점 더 커지다가…… 수평선 전체가 빛으로 밝게 빛납니다. …… 이제 그 빛을 쳐다보세요. …… 순수한 그 빛을…… 당신이 경험하는 무(無)를 의식해 보세요. …… 거기에는 아무것도 없습니다. …… 그저 순수한 시작만 있을 뿐. …… 이제 수평선의 가운데서 3이라는 숫자가 천천히 나타납니다. …… 다시 한번 자신의 호흡에 집중해 보세요. …… 당신의 의식이 발가락에서부터 다리, 엉덩이, 배, 가슴 윗부분, 팔, 손, 목, 어깨, 얼굴, 뇌에 이르는 몸 전체에까지 올라오는 것을 감지해 보세요. …… 당신의 '나됨'을 자각해 보세요. …… 당신은 당신 자신과 확실하게 연결되어 있습니다. …… 당신의 '나됨'과 만나고 있습니다. …… 이제 2라는 숫자가 보입니다. …… 발가락들을 움직여 보세요. …… 손을 움직여 보세요. …… 몸이 의자에 닿는 느낌과 발바닥이 바닥과 닿아 있는 느낌을 느껴 보세요. …… 주위에서 들리는 모든 소리를 들어 보세요. …… 이제 숫자 1이 보입니다. 천천히 눈을 떠 보세요…….

명상을 마친 후, 잠시 동안 조용히 앉아 있으면서 그저 자신을 편안하게 내버려 두라. 이 모든 훈련은 당신의 갓난아기 시절의 욕구들을 돌보는 데 대단히 유용하다. 특별히 다음과 같은 때에 효과적이다.

- 당신이 새로운 발달 주기의 시작 단계에 있을 때
- 당신이 새로운 일을 시작해야 할 때
- 당신이 상실을 경험했을 때
- 당신이 새로운 갓난아기를 가졌을 때

이 훈련은 아주 서서히 행해져야 하며, 그리고 나서는 충분히 심사숙고할 필요가 있다. 존재의 경험은 마치 영양식과도 같아서 대충 삼키지 말고 완전히 씹을 필요가 있다. 만일 당신이 음식을 그냥 삼킨다면 소화되기 힘들며, 소화되지 않은 음식의 에너지는 당신에게 아무 소용이 없다. 당신의 '존재' 경험들도 이와 마찬가지다.

· 당신 안의 유아기의 욕구충족을 위한 훈련들 ·

기어가기와 감각적인 탐구 단계

프리츠 펄스는 "우리는 이성을 잃어버리고, 감각들을 되찾아야 할 필요가 있다."고 지적하곤 했다. 내면아이는 어린 시절에 자신의 감각들을 차단해 버렸다. 따라서 우리는 우리 주변의 감각세계와 다시 연결될 필요가 있다. 여기에 당신의 유아기의 탐구적인 욕구들을 다시 자극할 수 있는 몇 가지 방법들이 소개되어 있다.

- 벼룩시장이나 대형 백화점에 가서 당신의 관심을 끄는 모든 물건을 만져 보고 관찰해 보기.
- 카페테리아(셀프서비스 식당)나 뷔페음식점에 가서 여러 가지 다양한 음식을 고르기. 한 번도 먹어 보지 않은 음식들을 맛보라.
- 식료품점에 가서 보통 때는 잘 요리해 먹지 않는 식품들을 사라. 그리고 그 식품들을 집에 가져와 직접 요리해서 먹어 보라. 요리하면서 얼마든지 어질러 보라.
- 바삭바삭한 음식을 씹어 먹으면서 시간 보내기.
- 당신이 자주 가는 식료품점의 청과물 코너에서 다양한 종류의 과일이나 야채의 냄새 맡아 보기.
- 당신이 한 번도 가 보지 않은 장소에 가기. 가능한 한 새로운 환경들을 세심하게 관찰해 보라.
- 운동장에 나가서 아이들이랑 어울리기. 그네나 미끄럼틀도 타 보고, 정글짐(jungle gym)에도 올라가 보라.
- 해변에 가서 모래와 물속에서 놀면서 시간 보내기. 모래로 뭔가를 만들어 보라.
- 찰흙을 가지고 놀아 보기. 다양한 모양이나 형태들을 만드는 실험을 해 보라.

- 그림물감을 구해서 손가락으로 그림을 그리며 오후를 보내기. 가능한 한 다양한 색들을 사용하라.
- 몬테소리(Montessori) 교실에 가서 그 환경 속에 자신을 그냥 놔두어 보기. 그곳에서 당신의 관심을 끄는 것은 무엇이든 시도해 보라.
- 당신의 옷 중에서 가장 밝은 색깔의 옷으로 잘 차려 입고 어디든 가 보기.
- 집 안에 있는 물건들을 가지고 하나씩 소리를 내면서 그것들이 어떤 소리를 만들어 내는지 들어 보기. 병이나 냄비, 은그릇 등으로 시도해 보라.
- 놀이동산에 가서 여기저기 돌아다니거나 놀이기구를 타면서 시간 보내기.
- 아름다운 공원이나 정원을 걸어 다니면서 최대한 많은 냄새를 맡아 보기. 한 냄새에만 머물러 있지 말고, 여러 냄새로 바꿔 가면서 맡아 보라.
- 미술관에 가서 다양한 그림 속의 화려한 색채를 감상하기.
- 친구나 연인과 함께 오랫동안 산책하기. 손을 잡고 걸으면서 당신들의 감각에 따라 어느 방향이든 가 보라.
- 친구와 공원에 가서 먼저 친구의 눈을 감게 하고 손을 잡고는 잎사귀와 나무줄기, 야생화가 있는 곳으로 데리고 간다. 당신이 친구의 손을 꼭 쥐는 순간에, 친구에게 마치 카메라의 셔터처럼 눈을 떠 보게 한다. 이번에는 바꾸어서 친구가 당신의 손을 꼭 쥘 때, 당신의 눈을 떠 본다. 그리고 당신 앞에 펼쳐진 장면들의 순수한 실체를 보라.
- 들판이나 집 주위를 맨발로 걸어 다니기. 잔디, 먼지, 부드러운 털, 판지, 신문, 융단, 베개, 수건, 나무, 금속, 타일 등 다른 재질들을 가진 물건들을 느껴 보라.
- 말하지 않고 몸짓이나 스킨십으로 파트너와 대화해 보기.
- 감정어들을 적어 보고 그 단어들을 하나씩 큰 소리로 말할 때, 마음에 무엇이 느껴지는지 살피기. 예를 들어, 울퉁불퉁한, 따끔따끔하게 아픈, 설레게 하는, 가벼운, 미끄러운, 딱딱한, 부드러운, 가느다란, 풍뚱한, 어두운, 밝은 등등.
- 물건들을 응시하면서 눈으로 확인하기. 예를 들어, 당신 자신을 사진기라고 생각하고 사진을 찍는 것처럼 버스 정류장을 지나가면서 거기 있는 사람들을 바라보라. 그리고 나서 앉아서 당신이 본 장면을 자세히 묘사하며 적어 보라.

- 꽃이나 나무 또는 사과 앞에 앉아서 명상 상태로 들어간다. 그 사물과 하나가 되어 보라. 경이로움으로 그 사물을 바라보라. 눈이 보는 대로 당신의 손이 따라가면서 보고 있는 것을 그려 보라.
- 친구와 함께 횡설수설하는 대화를 해 보기. 상대가 무슨 말을 하는지 알아보라.
- 친구와 함께 '소리 알아맞히기' 게임 하기. 한 사람이 눈을 가린 채 돌아앉아 있으면, 나머지 사람은 물을 따르거나, 드럼을 치거나, 연필을 두드린다거나, 자신의 머리를 긁는 등의 소리를 낸다. 바꾸어서 해 보라.
- 여러 사람이 함께 노래를 불러 보기. 이때 노래는 '이어 부르기' 식으로 가사를 자유롭게 만들어 낸다. 예를 들면, '나는 나무 위에 달린 사과였으면 좋겠네.'라고 한 사람이 시작하면, 다른 사람이 새로운 절을 이어 나가는 식으로 노래를 한다. 그리고 아이들의 노래나 민요도 함께 들어 본다.

소망과 다시 연결하기

여기에서 가장 중요한 훈련은 당신의 내면아이를 그 아이가 가진 소망과 다시 연결하는 일이다. 내면아이가 가장 상처받은 부분은 바로 그의 의지다. 의지란 행동의 단계를 높여 주는 소망이다. 소망은 우리의 욕구와 연결되면서 흘러나오는 것이다. 역기능 가정에서 자란 내면아이는 가족의 고통을 해결하느라 정신이 없었기 때문에 자기 내면의 신호에 집중할 여력이 없었다. 일찍부터 그 아이는 자신의 욕구나 소망과 연결되는 능력을 잃어버린 것이다. 나의 경우 부모님 자신이 무엇을 원하는지 알기도 전에 이미 그들이 무엇을 원하는지를 알아 버렸다. 부모님의 욕구를 재빨리 알아차리는 데 탁월한 능력을 개발함으로써, 내가 원하는 것에 연결되는 능력을 잃어버렸다. 내가 원하는 것을 무시하게 되면서 얼마 뒤에는 원하는 것 자체를 완전히 멈춰 버렸다. 성인인 당신은 내면아이가 자신의 소망을 깨닫도록 도와주고, 아이가 위험을 무릅쓰고 원하는 것을 얻으려고 할 때 그를 보호해 주어야 한다.

당신의 소망이 무엇인지 확인하는 가장 단순한 방법 중의 하나는 바로 자신의 대체행동 목록을 만들어 보는 일이다. 그리고 나서 당신 자신에게 정말로 필요한 것은 무엇인지, 이런 행동을 했을 때는 무엇을 소망하는지 등의 질문을 해 보며 스스로에게 직면해 보라. 여기에 일반적인 대체행동들의 목록을 소개한다.

- 거짓말하기.
- 배고프지 않는데도 먹기.
- 흡연
- 토라지기.
- 자신을 걱정해 주는 사람에게 함부로 대하는 행동

내가 이런 행동들을 하고 있다는 사실을 의식할 때는 자리에 앉아서 눈을 감고 내 안의 신호에 최대한 집중한다. 그러면 종종 자신이 원하는 뭔가를 요구하는 내면아이의 음성을 들을 수 있다. 앞의 목록에서 제시한 대체행동들 밑에 깔려 있는 소망들의 몇몇 예를 보자.

- 분노를 표출하고 싶다.
- 두렵거나 외롭다. 누군가와 같이 있고 싶다.
- 담배를 피우고 싶다(지금은 담배를 피우지 않지만, 주로 만성적인 우울증에 빠져 있었을 때 나는 담배를 피웠다).
- 나 자신이 진정으로 중요한 존재라는 것을 누군가 알아주기 원한다.
- 누군가의 관심을 원한다.
- 신체적인 스트로크가 필요하다.

이 외에도 자신이 무엇을 원하는지 의식하지 못할 때 사람들이 사용하는 대체행동들이 많이 있다. 어떤 것들은 꽤 보편화되었고, 어떤 것들은 아주 독특하다. 우리 모두는 이러한 대체행동들에 집중함으로써 내면아이를 도와야 한다.

존과 라우리 바이스(Jone & Laurie Weiss)는 내담자들에게 '자신이 원하거나 희망하는 것들'에 대한 목록을 만들게 했다. 그들은 내담자들에게 항상 종이와 펜을 가지고 다니면서 그들이 무엇을 원하는지를 알게 될 때마다 그것을 종이에 적도록 하였다. 이때 모든 내담자는 그 목록에 있는 것들을 실제로 해 본 후, 치료사나 후원자에게 보고하겠다고 동의한다. 이 방법은 아주 탁월한 훈련이므로 당신도 시도해 보기를 적극 권장하고 싶다.

· 유아기의 독립을 위한 훈련들 ·

아이들은 두 발로 서는 법을 배우면서 독립하기 시작한다. 혹시 당신의 상처받은 내면의 유아가 독립의 욕구를 충족하지 못했다는 사실을 발견했다면 당신이 실천할 수 있는 여러 가지 훈련이 있다.

'아니요/싫어요' '안 할래요'라고 말하는 연습이 있다. 당신이 '싫어요/아니요'라는 말을 했다는 이유로 벌을 받거나 버림받은 경험이 있다면 이 연습이 쉽지 않을 것이다. 존과 라우리 바이스는 '아니요' 말하기 연습을 위한 3단계 방법을 제안했다. 요약해 보면 다음과 같다.

① 첫 번째 단계에서는 '아니요/싫어요'라는 말을 혼자서 연습해 본다. 하루에 약 스무 번 정도 큰 소리로 말할 필요가 있다. 당신이 하고 싶지 않은 일에 대해 '아니요/싫어요'라고 말하라. 이 훈련은 두 살짜리 아이의 자연스러운 반항을 느낄 수 있도록 도와줄 것이다.

② 두 번째 단계에서는 '아니요/싫어요'라는 말을 반공개적인 상황에서 연습해 본다. 바이스 부부의 치료 그룹에서는 내담자에게 '아뇨' '하고 싶지 않아요'라는 말을 큰 소리로 무작위적으로 연습하게 하며, 그 그룹에서 일어나고 있는 모든 상황에 대해서 반드시 반응하지 않아도 된다고 격려한다. 물론 이러한 행동이 다른 상황에서는 무례하게 보일 수도 있다. 따라서 파트너나 그룹원들과 이 연습을 하는 것이 좋다. 가까운 친구와 같이 연습할 수도 있다. 이때 친구의 모든 요청에 대해 싫다고 말하기로 약속해야 한다. 이 연습은 한정된 기간 동안 하도

록 하라. 항상 '아니요.'라는 말을 먼저 한 다음, 당신이 정말로 그것을 하기 원하는지를 알아보아야 한다. 바이스 부부는 내담자들에게 싫다는 말을 한 다음, 정말로 그것을 하고 싶은지 아니면 하고 싶지 않은지를 말하도록 격려한다.

③ 이 단계야말로 가장 실제적이다. 당신이 누군가에게 '싫다.'는 말을 할 때, 이제 그 말은 정말 싫다는 뜻이다. 당신이 거절할 때, 타인의 감정을 존중해야 하지만 그들의 감정을 책임질 필요는 없다. 나는 누군가의 요구를 수락하지 않을 때도 내 감정이나 의견을 솔직하게 말하곤 한다. 한 예로, 내 친구 마이크(Mike)가 최근에 볼링을 치러 가자고 제안한 적이 있다. 나는 그에게 "나도 볼링이 재미있어. 그런데 오늘은 해야 할 일이 너무 많아서 힘들겠는걸. 다음에 가자."고 대답했다. 이 경우처럼 내가 정말로 좋아하는 일이라면, 그 제안에 대해 스트로크를 주려고 한다. 또한 가급적 '그러나'라는 말 대신 '그런데'라는 단어를 쓰려고 한다. 가끔은 '내게 물어봐 줘서 고마워요. 그런데 안 되겠어요. 선약이 있거든요.'라고 말하곤 한다.

어떤 경우에는 정말 거절하기 힘든 상황이 있다. 즉, 내가 정말로 그것을 하고 싶거나 나의 채워지지 않은 욕구들과 관계있는 민감한 부분일 경우다. 스킨십이나 안기는 경험에 굶주린 사람은 어쩌면 성적인 사기꾼을 거절한다는 게 아주 어렵다는 사실을 경험해 본 적이 있을 것이다.

당신이 내면아이의 욕구를 확인하도록 도와주고 그것을 돌보는 법을 아이에게 가르쳐 주면 줄수록 '아니요.'라고 거절하는 일은 더 쉬워질 것이다.

당신 내면의 유아의 독립성을 강화하는 또 다른 좋은 방법은 '단정적인 훈련과정'이다. 이 과정은 당신의 내면아이에게 편안하게 거절하는 법을 가르쳐 주기 위한 연습 훈련들이 아주 치밀하게 구성되어 있다. 또한 단정적 훈련에 관한 좋은 책들도 있다. 그중에 내가 가장 좋아하는 책 두 권을 소개하겠다. 로버트 알버티(Robert Alberti)와 마이클 에몬스(Michael Emmons)의 『당신의 완전한 권리(Your Perfect Right)』와 마뉴엘 스미스(Manuel Smith)의 『No라고 말할 때, 나는 죄책감을 느낀다(When I Say No I Feel Guilty)』다.

만일 당신이 반항아였다면 아마도 '싫다'는 말을 너무도 많이 했을지도 모르겠다. 그래서 좋다는 말을 하고 싶을 때조차도 싫다고 말했을 수 있다. 당신 내면의 유아와 한번 대화를 나누어 보라. 그 아이에게 당신이 그의 권리를 보호해 주겠다고 말해 주라. 그 아이가 자신의 권리를 확보하는 데 모든 에너지를 써 버리는 일을 이제 그만두어도 된다고 말해 주라. 또한 그 아이에게 살아남기 위해서 다른 사람들이 무엇을 원하는지를 알아내려고 애쓰는 대신, 자신이 무엇을 원하고 필요로 하는지를 찾고, 그것을 직접적으로 요구하라고 말해 주라.

자신만의 독립된 영역을 확립하기

한 개인이 자신의 소유물이나 시간, 공간을 갖는다는 것이 얼마나 중요한 일인지에 대해 당신과 함께 살고 있는 사람들과 대화해 보라. 당신 자신만의 독립된 영역을 관리하는 데 필요한 개인적인 규칙들을 만드는 것에 서로 동의해야 한다. 그 규칙들에 대한 몇 가지 예를 보자.

- 내 시간의 일부는 나만의 것이다. 그 시간을 타인과 나눌 수도 있고, 그러지 않을 수도 있다.
- 누구도 내 허락 없이 내 물건을 사용할 수 없다.
- 만일 당신에게 내 물건을 사용해도 좋다고 허락했다면 나중에 당신이 그것을 제자리에 갖다 놓을 것을 기대하고 있다.
- 내 방이나 내게 속해 있는 그 어느 공간이든 나에게는 신성한 곳이다. 만일 내 방문이 닫혀 있다면 당신이 들어오기 전에 반드시 노크를 하고 내 허락을 받기 바란다. 가끔 내 사생활을 보호하기 위해 내 방문을 걸어 잠그기도 한다.
- 나는 일정 시간 동안 나만의 업무 공간, 나만의 식사 공간, 내 의자를 갖기를 원한다. 물론 나중에 이 공간들에 대해 다시 협상할 수 있다.

밀착되어 있거나 동반 의존적인 관계를 바꾸기 위한 또 다른 유용한 연습은 바로 당신 소유의 목록을 작성하는 방법이다. 하얀 스티커를 구해서 그 위에 당신의 이름을 쓴 후, 집 안에 있는 당신의 물건에다 스티커를 갖다 붙이라. 또는 시간표를 만들어 당신의 방문 앞에 붙여도 좋다. 그 시간표에 당신이 언제 사생활을 위해 혼자 있기를 원하는지, 언제 다른 사람들과 같이 시간 보내기를 원하는지 표시해 두라.

분노를 즉시 표현하는 연습

분노는 개인적인 힘의 일부다. 이것이 우리의 기본 욕구들을 보호하는 데 사용하는 힘이다. 분노가 없다면 우리는 현관 앞의 걸레처럼 짓밟히면서도 무력하게 가만히 있는 사람이 되거나 다른 사람들을 즐겁게 하는 사람이 될 것이다. 어린 시절에 당신은 화를 냈다는 이유로 심하게 창피당하거나 벌을 받은 경험이 있을 것이다. 이로 인해 당신의 내면아이는 분노를 느끼는 것을 멈추도록 배웠다. 시간이 흐르면서 그 아이는 자기가 화가 났는지를 더 이상 느낄 수 없을 정도로 무감각해져 버렸다.

당신의 내면아이는 어쩌면 분노를 감추기 위해서 '감정라켓'을 사용하는 법을 배웠을 수도 있다. 감정라켓은 다른 사람들을 조종하고 자신의 진짜 감정을 대체하는 감정이다. 당신의 내면아이는 화를 냈다는 이유로 벌을 받았을 때 아픔을 표현하거나 울어도 보호자로부터 따뜻한 반응을 얻지 못한다는 사실을 배웠을지도 모른다. 따라서 그 아이는 화가 날 때 아파하고 슬퍼하기 위해 감정라켓을 배웠다고 할 수 있다.

죄책감라켓은 다른 형태를 띤다. 분노를 표현한 아이는 흔히 자신이 나쁘다는 느낌을 갖게 된다. 그 아이는 어떠한 방식이든 분노를 표현하는 모습은 버릇없고 반항적인 행동이라고 배워 왔다. 그런 행동은 십계명 중 네 번째 계명을 어기는 것이고, 도덕적으로도 잘못된 것이다. 아이는 부모에 대한 분노를 느꼈을 때 바로 죄책감을 가진다. 그 아이는 무엇인가 아주 잘못된 짓을 한 것이다. 사실 사람들이 부모에 대해서 갖고 있는 대부분의 죄책감은 자기 자신에 대한 위장된 분노다. 우리들 대부분은 더 이상 참을 수 없을 수준까지 분노를 억압함으로 인해 생긴 폭발 직전의 분노를 건강한 분노와 혼동하고 있다.

분노는 폭발 직전까지 끌고 가서는 안 된다. 1에서 100까지의 척도에서, 울화 증세는 척도의 정점에 있다. 대부분 우리들은 분노가 아주 작은 고민이나 가벼운 심란함에서 시작된다는 사실을 깨닫지 못한다. 만약 그것이 즉각 표현되었다면 편안하고 부드럽게 드러났을 것이다. 대부분의 사람이 분노를 격하다고 생각하는 이유는 바로 분노를 표현하는 효과적인 기술을 배워 본 적이 없기 때문이다.

당신의 내면아이가 분노를 격렬한 감정이라고 믿고 있다면, 그 아이는 분노를 두려워할 것이다. 대부분의 성인아이들은 분노에 의해 조종당한다. 그들은 다른 사람이 화를 내는 걸 막기 위해서 자신의 진실을 포기해 버리곤 한다.

내면아이에게 자신의 분노와 만나도록 도와주고 분노를 표현하는 법을 가르쳐 줌으로써 당신은 그 아이의 두려움을 줄여 주게 된다. 아이는 자신의 분노를 통제하는 법을 배우게 된다. 또한 타인의 분노를 보는 법을 배우게 되며 그러한 감정에 대해 자신이 책임지기를 거절할 수 있게 된다.

만일 단정적 훈련과정이 당신에게 별로 유용하지 않다면, 다음의 방법들을 사용해 분노를 표현하는 연습을 해 보도록 권면한다.

① 처음으로 분노를 표현하는 연습을 하고 있다면, 분노가 나는 때로부터 조금 뒤로 물러서라. 앉아서 그 상황에 대해 생각해 보라. 대체 무엇 때문에 당신이 그렇게 화가 나 있는지를 명확하게 파악해 보라. 필요하다면 적어 보는 것도 좋다. 다른 사람들이 했으면 하는 부분과 하지 말았으면 하는 부분에 대해서도 명확히 하라. 한 예로, 최근에 나를 대단히 화나게 만든 상황이 있었다. 나는 어떤 사람에게 전화를 해 달라고 요청했었고, 그 사람은 그러겠다고 약속했었다. 그런데 오후 2시가 되어도 그 사람은 전화를 하지 않았다. 그때 나는 해야 할 일들이 몇 가지 있었지만, 30분을 더 기다려 보았다. 결국 2시 반이 되었을 때는 화가 치밀어 오른 상태였다. 그래서 나는 분노가 가라앉을 때까지 기다린 후, 나의 감정을 표현하였다.

② 당신이 해야 할 말을 연습하라. 큰 소리로 하는 게 좋다. 가능하다면 그 일과 상관없는 친구에게 분노를 표현하는 연습을 해 보라. 나는 이렇게 연습해 보았다. '나는 지금 무척 화가 났어요. 제가 화요일 오후 2시에 전화를 해 달라고 부탁하

지 않았던가요? 당신도 좋다고 약속했습니다. 그런데 전화를 하지 않았더군요.'

③ 당신이 준비가 되었다고 생각되면, 당신을 화나게 만든 그 사람에게 연락을 취하라. 그에게 당신이 무척 화가 났고, 그것에 대해서 이야기하고 싶다고 말하라. 그런 후, 그 사람과 특정한 시간을 약속하라.

④ 당신을 화나게 한 사람에게 분노를 표현해 보라. 내 경우 이런 진술문으로 시작하곤 한다. '내가 화내는 게 어쩌면 나 자신의 개인적인 문제 때문일지도 모르겠군요. 그렇지만 나는 당신에게 이러이러한 일로 화가 났습니다…….'

때때로 분노가 나 자신의 개인적인 문제임을 인식하기도 한다. 그럴 경우에는 그 사람에게 이렇게 이야기를 한다. "내 아버지는 나에게 전화한다고 말하고도, 단 한 번도 전화를 한 적이 없어요. …… 나는 당신에게 화가 났어요. 내가 오후 2시에 전화를 해 달라고 부탁했었는데……."라고 말할 수 있다. 어쩌면 당신을 화나게 한 사람으로부터 원하는 대답을 듣지 못할지도 모르지만 중요한 것은 당신이 분노를 표현했다는 사실이다.

분노는 가능한 한 빨리 표현해야 한다. 일단 당신이 분노를 표현하는 방법을 배웠다면, 상황이 일어난 시점에서 최대한 가까운 시일 내에 분노를 표현하라. 그리고 내가 당신에게 기다리라고 제안하는 단 한 가지 이유는 당신이 처음으로 분노를 표현하는 법을 배울 때는 보통 아주 두렵기 때문이다. 왜냐하면 분노를 둘러싼 공포로 인해 주로 과잉반응을 드러내거나 격분하게 되기 때문이다.

과거의 분노를 표현하는 연습

내면아이가 당신의 보호를 확신하게 되면, 흔히 과거의 분노가 올라오기 시작한다. 아마 당신의 내면아이는 아직도 어린 시절의 상처들 때문에 화가 나 있을 것이다. 당신이 아이를 성장시키려면 과거를 마무리해야 한다. 과거 당신에게 상처를 주었던 사람을 직접적으로 찾아가는 일은 그다지 효과적이지 않다. 그 대신 오래된 분노는 상징적으로 해결될 수 있다. 지금 당신의 눈을 감고 내면아이를 바라보라. 그 아이에게 몇 살인지를 물어보라. 그리고 그 아이의 몸속으로 당신이 들어간다고 상상하라. 이제 당신이 그 아이다. 성인인 당신을 쳐다보고, 그 손을 잡아 보라. 당신의 오른쪽 주먹으로 닻을 내려 보라. 이제 당신을 화나게 만든 그 사람이 나타난다. 천천히 그를 바라보라. 그 사람이 어떤 옷을 입고 있는가? 이제 그 사람에게 당신이 무엇 때문에 화가 났는지를 이야기하라. 그 이야기를 하는 동안 당신은 주먹을 꼭 쥐고 있어야 한다. 당신이 하고 싶은 말을 다 마쳤으면, 깊은 숨을 내쉬고 당신의 주먹을 이제 이완시켜 보라. 당신의 닻을 보내는 것이다. 이제 다시 성인인 자신의 모습으로 돌아온다. 당신의 내면아이를 안아 올린 후, 아이를 데리고 그 방에서 나오라. 이제 천천히 눈을 뜨면 된다.

내면아이에게 분노를 느끼고 표현하는 것이 괜찮다고 확신시켜 주라. 당신이 아이를 보호해 주기 위해 거기에 있을 것이라는 확신을 주라. 당신에게 화를 내도 괜찮으며, 그런다고 해서 당신이 그 아이를 떠나지는 않을 것이라는 확신을 주라.

분노나 후회를 표현하는 그 외의 다른 방법들도 있다. 어떤 방법들은 치료적인 환경에서 행해지는 게 가장 좋다. 혹시 여기에서의 방법들이 조금이라도 의심스럽다면 반드시 전문적인 치료사에게 상담해 보라.

위험: 격노에 대한 주의사항

격노를 다루는 작업은 전문가의 도움 없이는 위험하다. 격노는 수치심에 갇혀 버린 분노다. 수치심에 갇힌 분노는 시간이 지날수록 점점 더 강력해진다. 그것은 마치 지하실에 갇힌 굶주린 늑대와도 같다. 시간이 갈수록 그 에너지는 강렬해지고 늑대는 나가고 싶어 발버둥 친다. 격노를 내보내기 시작하면 걷잡을 수 없다. 그것은 원시적이며 이리저리 날뛴다. 어쩌면 소리를 지르고 고함을 칠지도 모른다. 혹은 아무렇게나 팔을 휘두르거나 아무나 치기도 할 것이다.

격노는 공포의 요소를 내포하고 있다. 이것은 격노했을 때, 왜 종종 소리를 지르는지에 대한 이유다. 격노의 주된 특징은 감정이 통제 불가능하면서 압도된다는 것이다. 입술은 떨리고, 목소리는 갈라지고, 아무 상관도 없는 과장된 일들에 대해서 말하곤 한다. 그리고 다른 사람에게 상처를 준다. 격노는 극단적인 특징들을 지닌다. 항상 화가 나 있고 작은 일에도 과잉반응하는 모습은 어쩌면 다루어져야 할 더 깊은 격노가 있다는 신호일 것이다.

우리 자신이나 다른 사람의 격노에 대해 두려워하는 모습은 신중한 반응이다. 당신이 격노를 다루는 작업을 하는 동안 당신 자신을 포함한 모든 사람은 보호받을 필요가 있다. 이 작업을 위해서는 훈련된 상담자와 상담해야 한다.

직면 연습

누군가 당신의 경계선을 침범한다면, 당신은 내면아이가 자기 자신을 보호할 수 있도록 도와줄 필요가 있다. 나는 직면 연습(practice confrontation)을 할 때는 '자각 모델'을 사용하곤 한다. 자각 모델은 세상과 상호작용하기 위해 우리가 가진 네 가지의 힘에 초점을 두고 있다. 네 가지 힘은 감각, 마음, 감정, 의지(소망이나 욕구)다. 나는 자각한 사실을 전달하기 위해서 '나' 전달법('I' message)을 사용한다. '나' 전달법은 자기 책임적인 진술문이다. 그 전체적인 모델은 다음과 같다.

나는 본다, 듣는다 등등 _____ (감각)

나는 해석한다 _____ (마음, 생각)

나는 느낀다 _____ (감정)

나는 원한다 _____ (소망)

예: 조(Joe)와 수지(Susie)는 스퀘어댄스(square-dancing, 레크리에이션용 댄스) 그룹에서 함께 춤을 배우고 있었다. 수지의 내면아이는 조가 다른 여자 애를 파트너로 선택해 수지가 아직 배우지도 않은 춤을 춘 사실 때문에 화가 났다. 그날 밤 수지는 조에게 이런 이야기를 했다. "조, 난 네가 그 춤을 추려고 사라 로(Sarah Low)에게 요청하는 장면을 **봤어.** 그리고 너희 둘이 춤추면서 재미있다고 킥킥대며 웃는 소리도 **들었어.** 난 네가 그녀에게 매력을 느끼고 있는 걸로 **해석했어.** 난 버림받은 것 같은 두려운 **느낌이**

었어. 이 문제에 대해서 너와 이야기하기를 원해."

조는 그녀에게 사실 사라 로가 귀여우며 그녀가 춤추는 모습이 맘에 든다고 말했다. 그렇지만 그는 여전히 수지를 사랑하고 있고 그녀와 같이 있는 게 더 좋다고 말했다. 그리고 그녀에게 새 스텝을 가르쳐 주고 싶고 그러면 함께 더 많이 춤출 수 있을 거라고 제안했다.

수지의 내면아이는 조가 사라 로를 귀엽다고 생각하는 게 싫었다. 그렇지만 조의 말을 듣고 난 후 훨씬 마음이 편안해졌다. 수지의 내면아이는 '둘 다/그리고'를 선택할 수 있다는 게 정상적이라는 사실을 배웠다. 조는 수지를 사랑하면서도, 사라 로가 귀엽다고 생각할 수 있는 것이다.

조의 경우는 수지를 사랑하기 때문에 애정 어린 방식으로 반응하고 있다. 따라서 이러한 반응이 당신의 관계에는 항상 적용되지 않을 수도 있다. 어쩌면 당신은 누군가와 직면할 때 방어적인 태도나 격분하는 반응을 얻을지도 모른다. 비록 당신이 폭력적인 가해자와 직면하지 않았다 하더라도 당신에게 중요한 사람에게 화가 났을 때 직면하는 행동은 대단히 중요하다. 직면은 정직한 행위이며 신뢰감을 형성한다. 그러므로 그것은 사랑의 행위이다. 직면하게 될 때 나는 나 자신을 평가하고 경계선을 설정하게 된다. 또한 이것은 내 안에서 무슨 일이 일어나고 있는지를 말해 줄 만큼 당신을 충분히 믿고 중요하게 생각하고 있다는 뜻이다.

통합적 사고의 연습

통합적 사고(polarity thinking)는 종합적인 사고다. 이것은 앞에서 언급한 양극화된 사고의 반대개념이다. 당신은 내면아이가 통합적 사고방식을 배우도록 도와주어야 한다. 어떤 사람도, 어떤 상황도 모두 좋거나 모두 나쁠 수는 없다. 통합적 사고는 당신 인생의 '둘 다/그리고'를 보게 해 준다. 앞서 새로운 규칙 5에서 나는 당신에게 내면아이의 극단적인 사고와 직면하도록 촉구했다. 극단적인 사고는 인간관계를 파괴한다. 아이가 부모로부터 무조건적인 사랑을 기대하는 것은 그 아이의 생득권이다.

그러나 어떠한 배우자도 우리에게 그런 무조건적인 사랑을 줄 수는 없다. 가장 건강한 성인 간의 사랑조차도 조건적이다. 성인으로서 다른 사람들과 사랑을 나누기를 기대한다면 충족해야 할 조건들이 있다. 즉, 어떤 파트너도 완벽할 수 없다. 어떤 파트너도 우리를 위해 항상 있어 주거나 돌봐 줄 수는 없다. '양쪽 모두 또는 그리고'라는 사실을 배우는 것이 지혜의 시작이다. 사람들의 장점과 단점 모두를 보도록 연습하라. 당신 자신에게 모든 피조물은 음과 양을 다 가지고 있다는 점을 말해 주라. 어둠이 없이는 빛도 없고, 침묵이 없이는 소리도 없고, 슬픔이 없이는 기쁨도 없고, 보내는 것이 없이는 잡고 있는 것도 없다.

내면아이는 사람들을 신처럼 만들려고 한다. 아이의 이런 행동은 자신을 보호하기 위해서다. 우리는 내면아이에게 요정 같은 대모(代母)는 없다는 사실을 말해 주어야 한다. 다른 누군가를 우리의 정신적 지주로 삼게 되면 우리 자신의 존재는 작아지게 된다. 당신의 내면아이에게 당신이 정신적 지주가 되어 줄 것이라는 사실을 말해 주라. 나 역시 어린 존의 현명하고 온화한 마법사다.

정정당당한 규칙의 연습

내가 좋아하는 규칙들은 다음과 같다.

① 현재를 살아가기. 25년 전에 일어났던 일이 아니라 방금 일어난 일에 대해 싸운다.
② 점수기록을 피하기. 내면아이는 모아 두는 걸 좋아하고, 나중에 그것을 다른 사람에게 전가시켜 버린다.
③ 구체적이고 명확하게 행동하기. 내면아이는 볼 수 있고, 들을 수 있고, 만질 수 있는 일들을 더 잘한다. 다른 사람에게 '당신은 나를 힘들게 해요.'라고 그냥 말하는 것은 아무런 효과가 없다.
④ 반드시 정직할 것. 설득하기식의 논쟁보다는 올바른 진술을 추구한다.
⑤ 비난하거나 판단하는 말들을 피할 것. 이러한 말들은 당신의 수치심을 감추려 한다. '나' 전달법과 자각 모델을 사용하라.

⑥ 듣기에 대한 규칙을 사용할 것. 이것은 당신이 다른 사람에게 대답하기 전에 그 사람에게서 들은 말을 다시 한번 반복해 주는 방법이다. 상처받은 아이는 잘 들으려 하지 않는다. 그 아이는 뿌리 깊은 수치심을 가지고 있으며 방어적이다. 만일 부부가 이 연습을 하게 되면 부부관계의 회복을 경험하게 될 것이다(각색).

⑦ 세부 사항들에 대한 논쟁을 피할 것. 예를 들면, '너 15분이나 늦었어.' '아냐, 나 9분밖에 안 늦었어.' 식의 대화를 말한다. 구체적이고 융통성 없는 학창 시절의 내면아이는 세부 항목들에 대해 논쟁하기를 좋아한다.

⑧ 당신의 내면아이가 학대받지 않는 곳에 머물기. 만약 당신이 학대를 받고 있다면, 언제든지 뒤로 물러나거나 보호책을 찾아야 한다.

⑨ 나는 내면아이에게 갈등에 대한 다음과 같은 경계선을 가르친다. '내가 세상에 온 것은 너의 환상이나 믿음, 또는 기대로부터 평가받기 위해서가 아니란다. 나는 그것들에 의해서 평가되거나 통제되지 않을 거야. 만약 갈등이 있다면 회피하지 않고 정정당당하게 싸울 거란다. 나는 너 역시 그렇게 하길 바란다. 어떤 식으로든 네가 폭력적으로 된다면 나는 떠날 거야.'

신체적인 경계선을 세우는 연습

나는 내면아이에게 신체적인 경계선(physical boundaries)에 대한 이러한 진술문을 가르친다. '누가 나를 만질 수 있는지를 결정하는 것은 나의 권리다. 나는 다른 사람에게 언제, 어떻게 나를 만질 수 있는지에 대해 말해 줄 것이다. 안전하지 못하다는 느낌이 들면, 언제든지 신체적인 접촉을 멈출 수 있다. 그런 행동을 아무런 설명 없이 할 수 있다. 생명의 위협을 받는 경우를 제외하고 나는 누구도 내 몸을 학대하도록 허락하지 않을 것이다.'

고집 피우기 연습

특히 당신이 무엇인가를 너무도 간절히 원할 때 이 방법을 활용하라.

마음 바꾸기 연습

당신이 유아기의 욕구에 대한 연습을 하는 동안, 이 방법을 하루에 대여섯 번 정도 시도해 보라.

· 유치원 시기의 연습 훈련들 ·

당신의 유치원기 내면아이는 몇 가지 중요한 과제들을 성취해야 한다. 그 아이는 스스로의 한계를 정함으로써 자신의 능력 범위를 설정할 필요가 있다. 내면아이는 마음과 상상력이 발달되었을 때 자신의 경험들에 대해 생각하거나 많은 질문을 하기 시작한다. 또 그때 자신의 성적 정체성에 어떤 결론을 내리게 된다. 그 아이는 상상력으로 성인의 삶에 대한 이미지들을 만들어 내곤 한다. 그는 엄마와 아빠가 되는 게 어떤 것인지, 일을 하고 섹스를 하는 게 어떤 것인지를 상상한다.

아이는 자신을 남자/여자로서 사랑하기 위해서는 동성의 부모와 유대감을 가질 필요가 있다. 이 시기의 남자아이들과 여자아이들은 많은 생각을 하며, 원시적인 수준의 양심을 형성하기 시작한다. 양심의 형성은 어떤 것들은 옳고 또 어떤 것들은 그르다는 인식으로 이끈다. 이로 인해 아이들은 죄의식을 경험하게 되는데, 죄의식은 우리의 양심을 보호하는 감정이다.

질문하기 연습

상처받은 내면아이는 '가족 최면'에 따라 움직인다. 아이는 명료하게 물어보지도 않고 사람들의 말을 그냥 받아들인다. 아이는 혼란스러워하고, 추측하고, 분석하고, 인생에 대한 자신의 방법을 환상화한다. 때때로 자신이 모든 것을 알고 있는 것처럼 행동하기도 하는데, 그 이유는 아주 작은 실수조차도 부끄러워하기 때문이다. 당신의 내면아이는 혼란스러워하고 있다는 사실을 인정하는 법을 배워야 한다. 나의 내면아이의 혼란스러운 상태를 보여 주는 몇 가지 신호들을 살펴보자. 내 아이는 같은 현상에 대해서 슬픔과 행복감을 동시에 느낀다. 그 아이는 전혀 상반된 두 행동을 생각하는데, 문제는 둘 다 많은 장점을 갖고 있다는 데 있다. 그 아이는 다른 사람들이 자신에게서 원하는 것이 무엇인지 확실히 모른다. 또한 다른 사람들이 무엇을 느끼는지도 확실히 모른다. 그 아이는 자신이 무엇을 원하는지도 모른다.

당신의 내면아이가 혼란스러워한다면 무엇이 혼란스러운지를 적어 보라. 예를 들면, 지금 나는 어떤 사람과의 관계가 끝나 버려서 행복하기도 하고 슬프기도 하다. '내 행복의 원인은 무엇 때문일까?'라고 자문해 본다. 그 답은 내가 새로운 관계를 자유롭게 시작할 수 있다는 점이다. 상습적인 관계에서 벗어나는 건 아주 기분 좋은 일이다. 그러나 그 사람과의 즐거운 시간들이 떠올라 슬프기도 하다. 또한 그 사람과의 힘들었던 시간들도 떠올릴 수 있다. 행복과 슬픔을 동시에 느낀다고 해서 아무것도 잘못된 것은 없다. 우리는 흔히 동일인에게 두 가지의 다른 감정을 느끼지 않는가. 이처럼 문제들을 적어 보면 혼란스러움이 명료해진다.

혹시 당신이 어떤 사람의 감정이나 욕구에 대해서 혼란스럽다면, 덜 혼란스러울 때까지 그 사람에게 질문해 보라. 아마 그 역시 자신의 안에서 무슨 일이 일어나고 있는지에 대해 혼란스러워하고 있을 것이다.

질문을 많이 하는 법을 배우라. 당신의 내면아이에게 다른 사람을 이해한다는 게 쉬운 일이 아니라는 점을 가르쳐 주라. 우리 중 누구도 같은 문장을 같은 방식으로 이해하는 사람은 없다. 질문을 하는 것은 내면아이에게 아주 중요한 것을 허락하는 일이다.

명료한 의사소통 연습

파트너와 의사소통을 명료화하는 훈련을 위해 시간을 투자하기로 약속해 보라. 그리고 다음 두 가지의 듣기훈련을 연습해 보라. 첫 번째는 녹음기 듣기이고, 두 번째는 적극적 듣기다. 녹음기 듣기는 당신이 들은 그대로를 그 사람에게 정확하게 다시 말하는 방법이다. 나는 단순한 형식을 사용한다. '당신이 말한 내용은 _____입니

다. 맞습니까?'

적극적 듣기는 당신의 눈으로 듣는 것이다. 당신은 그 사람의 말을 듣지만, 그 사람의 감정의 신호와 같은 감정들을 본다. 감정은 눈의 움직임, 얼굴 표정, 근육의 긴장, 입 크기에서의 변화, 호흡 패턴, 자세와 같은 다른 신체적 신호에서 명백해진다.

적극적 듣기를 통해 당신은 그가 말하고자 하는 의사전달의 내용뿐만 아니라 그 사람의 상호작용 과정을 이해할 수 있다. 사실 당신의 내면아이는 다른 사람들의 변화들을 알아차리는 데 이미 숙달되어 있다. 다만, 이를 무의식적으로 하고 있을 뿐이다. 적극적 듣기를 연습함으로써 당신은 다른 사람의 상호작용 과정을 점점 더 의식하게 된다.

또한 듣는 훈련은 다른 사람들이 말한 내용을 확인하도록 도와준다. 사실 가족체계에서 형성된 조심스러운 의사소통을 이해할 수 있는 사람은 거의 없다. 나는 종종 추측과 확인되지 않은 가정들을 갖고 있는 사람들과 상호작용하곤 한다. 이 경우 그러한 환상들이 마치 사실인 것처럼 간주되었을 때는 심각한 관계적인 어려움이 발생하게 된다.

당신의 감정을 알아차리는 연습

감정이란 최초의 생물학적 동기/자극제라는 점을 기억하라. 어떤 순간에 당신이 느끼는 것은 그 순간 당신의 진정한 실재의 중심이다. 내면아이의 감정은 수치심 중독에 완전히 묶여 버렸기 때문에 어떤 것을 느낀다는 것은 곧 중독적인 수치심을 느끼는 것이다. 다음은 당신의 내면아이로 하여금 느끼게 해 주고 안전하게 감정을 표현할 수 있도록 격려해 주는 몇 가지 제안들이다.

21일 동안 하루에 30분씩 당신이 무엇을 느끼는지에 집중해 보라. 어린 존이 감정을 느끼도록 도와주기 위해서 나는 게슈탈트치료의 과장기법을 사용하곤 한다. 예를 들어, 내가 슬픔을 느낀다면, 얼굴을 슬픔으로 일그러트리고 우는 시늉까지 한다. 화가 나면 분노를 과장해서 신체적으로 표현해 본다. 내 주먹을 꽉 쥐거나, 턱을 꽉 깨문다거나, 씩씩거리는 소리를 내기도 하고, 때로는 주먹으로 베개를 치기도 한다.

또한 나의 감정에 이름을 붙여 보기도 한다. 내 감정에게 무엇을 말하고 싶은지 물어본다. 그리고 큰 소리로 그것을 말해 본다. 나는 어린 존에게 최대한 감정을 강하게 표현하도록 격려한다.

행복이나 기쁨의 감정을 연습해 보라. 당신이 행복해서 웃고 있다면, 더 크게 웃어 보라. 기쁨의 탄성을 외쳐 보라. 뛰기도 하고 춤도 춰 보라. 물론 이러한 행동들은 당신의 감정들을 표현할 수 있는 적절한 환경에서 가능할 것이다. 계약이 아주 어렵게 성사되었다 하더라도 회의 중에 펄쩍 뛰거나 춤을 추는 건 곤란하지 않겠는가.

음악을 듣는다거나 영화나 텔레비전을 보는 일도 강렬한 감정을 자극할 수 있다. 이 경우 당신에게 다소 놀라울 수도 있다. 왜냐하면 처음에는 서로 연관이 없어 보이거나 그 자극에 대해 적절해 보이지 않기 때문이다. 감정을 밀어내는 대신에 깊은 숨을 쉬면서 그러한 감정을 느껴 보라. 최대한 신체적으로 과장해 보라. 가능한 한 말로써 표현해 보라. 이 작업을 마친 후, 그 느낌에 대해 생각해 보라. 자신의 감정에 대해서 생각하고 있음을 의식하는 일은 대단히 중요하다. 당신의 내면아이는 종종 생각과 감정을 혼동한다. 내면아이를 위해서 그 감정들에 각각 이름을 붙여 주라. 감정을 확인해 주고 지지해 주며, 당신의 내면아이가 감정을 느껴도 괜찮다고 확신시켜 주라.

정서적인 경계선을 세우는 연습

내면아이에게 정서적인 경계선(emotional boundaries)들을 세울 권리가 있음을 가르쳐야 한다. 정서적인 경계선을 설정하는 진술문은 다음과 같다.

'감정은 옳거나 그른 것이 아니다. 감정은 그냥 감정일 뿐이다. 당신이 나에 대해서 느끼는 것은 당신의 감정적인 개인사와 관계있다. 마찬가지로 내가 당신에게 느끼는 것은 나의 감정적인 개인사와 관계있다. 나는 당신의 감정을 존중하며 가치 있게 여긴다. 그리고 당신도 나와 같은 방식으로 해 주기를 바란다. 나는 당신의 감정—분노나 슬픔, 두려움 또는 기쁨 등—에 의해 조종되지 않을 것이다.'

성적 경계선을 세우는 연습

이 시기 아이들이 성적으로 완전히 발달되지는 않았지만, 성 정체성은 그들의 중요한 관심사 중의 하나다. 생의 에너지는 성에너지이며, 그것은 미취학 아이에게 자기–정의, 즉 정체성을 확립함으로써 자신의 힘의 한계를 발견하게 한다. 성 정체성은 우리가 가진 진정한 정체성의 핵심이다. 성이란 우리가 무엇을 가졌느냐의 문제가 아니라 우리가 누구인가의 문제다. 성에 대한 내면아이의 믿음은 부모의 결혼생활에서의 기능적인 친밀함의 정도, 동성 부모와의 긴밀한 유대, 성에 관한 부모의 믿음 등의 기반 위에서 세워진다. 만일 당신이 자신의 성을 진정으로 탐험해 보지 않았다면, 이를 시도해 보는 작업은 정말로 중요한 일이다. 당신의 내면아이는 성적인 문제와 관련해 부모의 금지명령으로 가득 차 있다. 따라서 그 아이가 자신만의 성적인 경계선(sexual boundaries)을 세우고 그 경계선을 명확하게 지키기 위해서는 당신의 도움이 필요하다. 문제를 명료화하기 위해 이 부분들에 대해 적어 보면 효과적이다. 준비가 되었다면 성에 관한 당신의 모든 믿음을 쓴 목록을 만들어 보라. 성관계의 횟수, 성관계에 적합한 시간, 허용되는 성적인 행동들의 범위, 성에 대한 대화, 도착적인 성행동, 전희, 남성의 성적 반응, 여성의 반응 등을 포함해서 적어 보라. 그다음에는 각각의 항목에 대해 당신의 그런 믿음이 어디에서 온 것인지를 적어 보라. 예를 들어, 도착적인 성행동에 관한 칸 밑에 구강성교를 기입했다면, 누가 당신에게 구강성교는 잘못된 것이라고 말해 주었는지를 스스로에게 물어보라. 혹시 당신의 대답이 자신의 경험이나 실제 성적인 선호에 근거하지 않는다면, 어쩌면 당신은 그런 행동을 실험해 보기를 진지하게 고려하고 있을지도 모른다. 우리는 정보에 근거한 양심을 개발함으로써 내면아이가 성적인 믿음을 형성하도록 도울 필요가 있다. 이것은 우리가 상속받은 문화적·정신적 전통들을 진지하게 고려해 보는 과정뿐만 아니라 성인인 우리의 경험과 추론을 사용하는 과정도 포함한다. 물론 타인에 대한 착취나 학대를 금하는 최소한의 기준이 있음은 분명하다. 이 기준은 성인들 간의 상호합의적인 광범위한 성적 경험들을 포함하고 있다. 각 사람은 자신의 성적인 경계선들을 스스로 선택할 필요가 있다. 다음은 당신의 성적인 경계선을 위한 진술문이다.

> '내가 누구와 성적인 관계를 맺을지 내가 결정할 것이다. 나는 언제, 어디서, 어떻게 타인과 성적인 관계를 맺을지를 결정할 권리가 있다. 내가 지켜야 할 지침은 나 자신과 파트너의 존엄성을 존중하는 일이다. 나는 절대 나 자신이나 파트너를 이용하거나 학대하지 않을 것이다.'

당신의 자유로운 상상력을 위한 연습

내면아이는 종종 무력감을 느낀다. 이러한 무력감들은 어린 시절에 그의 상상력이 짓눌린 데에 기인한다. 어쩌면 당신의 내면아이는 '꿈쟁이/몽상가'로 놀림받거나, 자신의 상상력을 부끄러워하는 아이였는지도 모르겠다. 앞으로 30분 정도 앉아서 자신과 인생을 위한 새로운 가능성들을 상상해 보는 규칙적인 시간들을 가져 보라. 이제 당신은 상상의 여행을 시작하는 것이다. 당신이 되고 싶은 것은 무엇이든 되어 보라. '만약에……'라는 문장으로 당신의 상상 여행을 시작해 보라. 상상 여행이 끝난 뒤에 그 상상들을 적어 보라. 아마 시간이 지날수록 어떤 장면이 계속해서 되풀이되는 패턴을 발견하게 될 것이다. 그러한 패턴에 대해 진지하게 생각해 보라. 당신의 상상력의 경계선에 대한 진술문은 다음과 같다.

> '설령 내 상상이 이상하게 보이더라도, 나는 나 자신의 미래를 위해서 상상력을 키울 것이고 또 그렇게 할 수 있다.'

당신의 마술적인 기대에 직면하는 법

마술이란 환상과는 다르다. 환상은 상상력의 행위다. 그러나 마술은 실제 인과관계가 존재하지 않는데도 어떤 행동들이나 생각 또는 감정들이 이 세상에서 어떤 일이든지 실제로 일어나게 할 수 있다는 믿음이다. 상처받은 내면아이는 종종 이런 마술로 가득 차 있다. 많은 여성의 경우, 만약 자신이 남편에게 완벽한 성적 파트너가 되고 요리를 잘한다면 남편이 일 중독이나, 알코올 중독, 도박 중독에 빠지지 않을 거라고 생각한다. 남성들은 열심히 일해서 돈을 정말 많이 벌게 되면 아내를 자동적으로 행복하게 만들어 줄 것이라고 생각한다.

'노력'은 또 다른 마술적인 행동의 하나다. 많은 상처받은 내면아이들은 '만일 네가 열심히 노력한다면 그걸 할 필요가 없다.'라고 배웠다. 상담에서 '노력은 죽음이다.'는 말이 있다. 종종 치료과정에서 내담자에게 과제를 내 주면 '노력해 볼게요.'라고 말하는 그들의 순한 내면아이의 대답을 듣게 된다. 물론 그 말은 그들이 하지 않을 것임을 의미한다. 가끔 나는 이러한 모습을 '당신의 의자에서 나오려고 노력해 보세요.'라는 표현으로 설명하곤 한다. 내담자가 자기 자리에서 일어나려고 하면, 다시 '아뇨, 앉으세요. 그리고 당신의 의자에서 일어나 보려고 노력해 보세요.'라고 말한다. 이렇게 몇 번을 반복하고 나면 사람들은 그 상황을 이해하게 된다. 당신은 일어서 있거나 의자에 앉아 있을 것이다. 그러나 당신은 노력만 해서는 안 된다.

흔히 결혼이란 내면아이에게 마술적인 사건이다. 여자들은 '결혼만 하게 되면 모든 문제가 해결되고 난 행복해질 것'이라고 생각한다. 학위를 받고, 집을 사고, 아이를 낳고, 수영장을 갖고, 사랑에 빠지고, 억대 연봉을 받으려는 모든 행위 역시 또 다른 마술적인 형태다.

당신의 내면아이를 성장시키기 위해서는 어린 시절의 마술적인 믿음들과 하나씩 싸워 나가야 한다. 인생은 힘들다. 산타클로스는 존재하지 않는다. 실수를 좋아할 사람 또한 없다. 그리고 시간은 공평하지 않다.

남자로서의 자신을 사랑하는 법 배우기

남자는 자신을 한 사람의 남자로서 느끼는 것이 매우 중요하다. 나는 우리 내면의 작은 소년이 남자로 느끼기 위해서는 남자로서 사랑받을 필요가 있다고 확신한다. 우리 중 많은 남자아이가 아버지를 잃어버렸다. 많은 아버지가 육체적으로나 정서적으로 우리를 유기했다. 그들은 젊어서 전쟁터에서 전사하거나 사고나 질병으로 죽었다. 또한 그들은 돈 버는 기계로 전락하면서 심리적으로 죽었다. 상처받은 내면의 소년은 결속의 대상인 아버지의 부재로 인해 어머니와의 결속에서 벗어날 수 없었다. 아버지와의 결속이 없이는 당신 내면의 소년은 결코 한 남자로서의 사랑을 느낄 수가 없었다. 그렇다면 그 소년은 어떻게 자신을 남자로서 사랑할 수 있을까? 결국 그 소년은 상처를 받았을 때 어머니 같은 여자에게 달려가서 고치려 하거나 아니면 도움이 필요한 불쌍한 여자를 도우려고 계속해서 찾아다닐 것이다. 혹은 둘 다일 수도 있다. 결국 아버지의 상실은 남성의 상처다. 그리고 이것은 여성에 의해서는 고쳐질 수 없다.

이런 상실을 교정하기 위해서는 상처를 나눌 수 있는 다른 남자들을 찾아야만 한다. 이러한 남성들의 공유는 경쟁적이거나 여성편력에 대한 허풍 등으로 널리 알려진 남자들의 동지애와는 차별화될 필요가 있다. 새로운 공유는 우리 문화에서 지배적인 남성 각본의 패턴을 파괴할 것을 요구한다. 이것은 우리의 두려움이나 좌절감을 나눌 수 있을 만큼 서로에게 연약한 상태가 되는 것이다. 이런 연약함의 공유는 바로 사랑과 친밀감의 결속을 창조해 낸다. 이런 결속을 통해 우리는 남성의 눈으로 반영되고 수용되는 느낌을 경험하게 된다. 그리고 이렇게 반영된 사랑이나 가치들이 내면화될 때 자기 자신을 한 남자로서 사랑하기 시작하는 것이다.

내 인생에도 나를 정말로 사랑해 주는 남자들이 있다. 나는 그들과의 결속력을 느낀다. 그들과 같이 있을 때 나는 약해질 수 있다. 그들에게 나의 두려움을 이야기하고, 그들 앞에서 울기도 하고, 또 나의 성공에 대해 같이 나누기도 한다. 그들은 내게 사랑한다고 말해 주고 나를 안아 주기도 한다. 그들과의 사랑과 나눔은 내 안에 있는 작은 존에게 아주 커다란 영향을 끼쳤다. 그 아이는 이제 자신을 더 작은 남자로 느낀다. 그리고 나는 나 자신을 한 남자로 느낀다.

여자로서의 자신을 사랑하는 법 배우기

여자로서 자신을 사랑하기 위해서 당신 내면의 작은 소녀는 여자에게 사랑받을 필요가 있다. 물론 이것은 당신의 성적 경향이나 선호와는 아무 상관이 없다. 오히려 이것은 당신의 존재와 관계가 있다. 지금까지 많은 사람이 어머니로서의 실패를 경험했다고 널리 알려져 있다. 이러한 실패는 딸들에게 특별히 충격적이다. 어머니로서의 실패는 대부분 부부관계에서의 친밀감의 실패에서 비롯된다. 부부관계의 실패로 인해 엄마는 좌절하게 되고 외로워지게 된다. 그녀는 자기 아들에게 의지하면서, 그 아이를 그녀의 작은 남자로 만들어 버리고 딸은 거부할 수도 있다. 혹은 딸과 밀착되면서 그 아이를 자신의 공허함을 채우는 데 이용할 수도 있다. 이렇게 밀착된 상황에서 딸이 스스로를 사랑할 리 없다. 그녀는 자의식을 제대로 발달시킬 만한 모델이 없기 때문이다. 그녀에게는 단지 남편의 사랑을 갈망하는 어머니밖에 없기 때문에 외롭고 수치심에 기반을 둔 어머니의 자아를 받아들일 뿐이다.

  작은 소녀가 어머니로부터 건강한 사랑을 받지 못했을 때, 그 아이는 자신의 성 정체성의 중요한 부분들을 잃어버린 채 성장하게 된다. 이것이 바로 남자들이 자기를 사랑해 주어야만 자신이 여성으로서 충분한 존재가 된다고 믿는 많은 여성의 마술적인 믿음의 근거다. 만약 남자들과의 관계가 끝나면 이들은 당황하게 된다. 그래서 자신들이 괜찮다고 느끼기 위해서 재빨리 다른 남자와의 관계를 찾게 되는 것이다. 이것이 당신에게 적용되는 이야기라면, 당신은 상처받은 내면아이가 여성의 사랑을 경험하도록 해 주어야 한다. 주위에서 기꺼이 당신과 함께 연약한 상태가 되기를 감수하려는 두세 명의 여성들을 찾아보라. 이때 서로를 변화시키려 하거나 치료하려고 하지 말라. 그저 자기실현을 이루어 나가도록 서로가 지지해 주라. 여성들은 취약성의 기반 위에서 이미 서로가 결속되어 있다. 너무 잦은 결속은 오히려 공동의 희생을 가져올 수 있다. 당신 내면의 작은 소녀는 자신이 독립적으로 설 수 있도록 당신이 지지하고 있다는 사실을 알 필요가 있다. 그 소녀는 당신과 당신을 도와주는 그 그룹과 함께라면 홀로서기를 해낼 수 있으며, 행복해지는 데 남자가 필요하지 않다는 사실을 알 필요가 있다. 물론 그 소녀는 성적 사랑과 남성과의 결속을 향한 여성으로서의 본능적인 욕구를 타고났기 때문에 어쩌면 자신의 인생에서 남자를 원할 수도 있다. 그러나 이것은 그녀가 자기 충족적이고 의존적이지 않을 때 가장 잘 성취할 수 있다. 당신의 여성후원그룹은 당신이 이 목표를 수행하는 동안 당신을 위해 옆에 있어 줄 수 있을 것이다.

당신의 중독적인 죄책감에 직면하기

앞에서 지적한 것처럼 우리에게는 양심을 형성하고 행동의 한계를 세우기 위해 건강한 죄책감이 필요하다. 죄책감이 없다면 우리는 반사회성 성격장애자가 될 것이다. 그러나 그 상처받은 내면아이는 건강하지 못한 중독적인 죄책감을 가지고 있다. 중독적인 죄책감은 유일한 당신 자신이 될 권리를 부인한다. 이것은 당신의 정신적인 상처를 심화시킨다.

중독적인 죄책감은 두 가지 모습을 띤다. 하나는 역기능적인 가족체계에서 온다. 가족체계의 구성원들은 체계의 균형을 유지하기 위해서 모두 엄격한 역할들을 떠맡고 있다. 만일 그중의 한 사람이라도 자신의 역할을 포기하려고 한다면 구성원 모두는 그 사람에게 분노하며 죄책감을 강요할 것이다. 혹은 가족을 떠나서 자신만의 인생을 새로이 시작하려고 한다면 그 사람 자신이 죄책감을 느끼게 될 것이다. 그런 죄책감에 직면하는 가장 좋은 방법은 당신의 상처받은 아이가 가족체계의 엄격한 역할들을 포기하도록 도와주는 일이다(274~277쪽에서 제시한 방법들을 연습해 보라).

또 다른 형태의 죄책감은 자기 자신을 향한 분노에서 나온다. 이것은 반전된 분노라고 할 수 있다. 상처받은 내면아이는 종종 부모에게 화가 나 있었지만 분노를 표현할 수 없었다. 다음의 시나리오를 살펴보자.

세 살 먹은 파커(Farquhar)는 이제 잘 시간이라는 말을 들었다. 아이는 놀이에 푹 빠져 아주 재미있었기 때문에 어머니에게 "싫어요. 안 잘래요."라고 대답했다. 어머니는 그를 데리고 침대로 갔다. 그러자 아이는 어머니에게 짜증을 내면서 "엄마, 미워."라고 소리를 질렀다. 그때 그 말을 들은 아버지가 벌떡 일어나서는 작은 파커를 잡아 일으켰다. 그러고는 그가 십계명 중 네 번째 계명인 "네 부모를 공경하라."를 어겼다고 혼냈다. 작은 파커는 너무나 무서웠다. 그는 신의 계율을 어긴 것이다. 이제 그는 분노와 죄책감을 동시에 느끼게 되었다. 해가 갈수록 그 아이는 이제 자신의 고통스러운 죄책감을 덜기 위해서 다른 사람들이 원한다고 생각되는 행동들을 하게 될 것이다. 그렇지만 그는 언제나 화가 나 있는 자신을 느끼게 될 것이다.

이러한 죄책감을 다루기 위해서는 당신의 숨겨진 분노를 직접적으로 표현할 필요가 있다. 오래된 분노를 없애 버리고 싶다면, 307쪽에서 제시한 심상기법을 사용하라. 죄책감을 가진 부모와 분리되는 작업은 초기 고통 작업과 애도 작업을 통해 도움을 받을 수 있다.

당신은 중독적인 죄책감이 어떤 특수한 상황에서 형성되었는지를 의식하게 될 때, 이러한 작업을 강화할 수 있다. 어린 시절 당신에게 죄책감을 느끼게 했던 사건들의 목록을 작성해 보라. 당신의 행동과 제2부에 제시된 각 발달단계에서의 정상적인 행동들을 비교해 보라. 대부분의 경우에 당신이 나이에 맞는 행동을 했다는 사실을 발견하게 될 것이다. 즉, 이것은 당신의 건강한 행동이 잘못된 행동으로 매도되었음을 보여 준다. 그렇다면 당신의 상상 속에서 이러한 사건들을 다시 떠올려 보고 당신의 권리를 주장해 보라. 작은 파커는 이렇게 말할 수 있을 것이다. "아빠, 전 그냥 놀기 좋아하는 평범한 세 살짜리 아이예요. 이제 저의 경계선을 만들려는 것뿐인데, 내 즐거움을 빼앗은 아빠에게 화가 나요."

마지막으로, 당신은 특별히 폭력과 학대의 결과로 나타난 죄책감에 관심을 가져야 한다. 당신의 이기적인 내면아이는 대개 자신이 받았던 학대를 개인화시킨다. 이것은 놀랍게도 어렸을 때 근친상간이나 육체적인 학대를 받은 아이들에게 적용된다.

또한 가족체계의 필요와 관련해 당신이 죄책감을 가진 방식들을 살펴보라. 어떤 남성 내담자는 아버지가 가족을 버리면서 자신이 **어머니의 보호자**가 되었다. 그의 내면아이는 어머니가 뭔가를 필요로 할 때마다 언제나 죄책감을 느끼곤 했다. 거의 항상 이런 일이 생겼다. 그는 힘들거나 스트레스 상황에 있을 때마다 혹시 어머니가 이런 상황에 놓이게 될까 봐 불안하다는 고백을 했다. 그의 내면아이는 어머니가 행복하다고 느낄 때에만 안심이 되었던 것이다. 하지만 어머니가 행복할 때가 드물기 때문에 그는 대부분의 시간을 죄책감을 안고 살아야 했다.

또 다른 내담자의 경우, 그녀는 부모의 결혼생활을 유지시켜 주는 역할을 해 오고 있었다. 그녀는 심각한 거식증을 호소했는데, 이 증상은 어머니가 바람을 피우고 아버지는 이혼을 요구하면서부터 시작되었다. 그녀의 거식증이 악화될수록 어머니와 아버지는 그들의 공통적인 걱정거리인 딸의 건강 상태로 인해 결속되기 시작했다. 그녀와 상담하면서 나는 그녀가 인생의 모든 부분에서 죄책감을 갖고 있다는 사실을 알게 되었다. 특별히 그녀는 부모의 이혼 가능성에 대한 심각한 죄책감을 가지고 있었다. 그래서 자신이 부모의 결혼생활을 유지시키는 책임을 져야 한다고 생각하고 있었던 것이다.

앞의 두 사례는 제2부에서 기술한 초기 고통을 다루는 작업이 필요하다. 당신은 내면아이에게 부모의 역기능성에 대한 어떠한 책임도 없다는 사실을 계속해서 가르쳐 줄 필요가 있다.

· 당신의 학령기 내면아이를 위한 연습 ·

당신의 내면아이가 학교에 가게 되면, 그 아이는 가족을 떠나 학교라는 더 큰 사회에 발을 내딛게 된다. 아이가 여기에 건강하게 적응하기 위해서는 두 가지 중요한 과업을 성취해야 한다. 첫 번째 과업은 사회적인 기술들을 계발하는 데 집중된다. 이것은 또래집단과 상호작용하고 협동하기, 그들과 정당하고 올바른 방법으로 경쟁하여 이기는 즐거움을 누리고 지는 것을 제대로 수용하기 등과 관계있다.

두 번째 과업은 이후 경제적인 자립을 보증해 줄 직업을 계발하는 데 필요한 모든 종류의 배움을 습득하는 일이다.

또한 당신의 내면아이는 가족 외의 다른 사람들은 종종 자신들과는 매우 다르다는 사실을 배워야 한다. 그들은 다른 인종적, 종교적, 정치적, 사회경제적 그룹에 속해 있다. 당신의 내면아이는 확대된 사회와의 상호작용 속에서 경험하는 다양성을 통해 자신만의 유일한 정체성을 찾을 필요가 있다.

만약 당신의 학령기 내면아이가 상처받았다고 느낀다면, 당신이 할 수 있는 몇 가지 연습과제가 여기에 있다.

인생 기술 목록 만들기

당신이 이미 갖고 있는 기술들을 적어 보라. 그다음 당신이 갖고 있지 않지만 당신에게 도움이 되는 인생 기술(life skills)들을 적어 보라. 나의 경우 영문법 공부를 제대로 했었더라면 하는 아쉬움이 있다. 나는 암기력이 좋았고, 시험 때만 되면 벼락치기 공부를 했었기 때문에 열심히 문법공부를 해 본 적이 없다. 당신이 내 첫 번째 책을 읽어 본다면, 내가 문법 때문에 얼마나 몸부림쳤었는지를 엿볼 수 있으리라. 또한 나는 기계적인 기술도 없다. 내가 할 수 있는 것은 기껏해야 전구 하나를 갈아 끼우는 정도다.

당신을 가장 크게 도와줄 수 있는 한 분야를 골라 보라. 그 과정을 수료하는 방법도 괜찮고 당신에게 그 기술을 가르쳐 줄 수 있는 사람을 찾는 방법도 좋다.

한편, 상처받은 내면아이에게 인생의 많은 부분은 우리가 배운 기술에 근거하고 있다는 사실을 계속해서 말해 주어야 한다. 왜냐하면 아이는 사람들이 성공하는 이유가 어떤 '마술적인 힘' 때문이라고 종종 생각하기 때문이다. 상처받은 내면아이에게 우리보다 앞서가는 사람들은 어렸을 때 더 좋은 모델들을 가지고 있었고, 더 많이 연습했기 때문임을 알려 주라. 내면아이는 어렸을 때 그를 제대로 가르쳐 준 사람이 없었다. 따라서 어떤 기술들이 부족하다는 사실도 계속해서 인식시켜 주라. 그러면 이제부터 아이는 후원자인 당신과 함께 결핍된 기술들을 배울 수 있다. 내가 아는 한 여성은 수치심으로 가득 찬 내면의 목소리에 직면했을 때 그녀의 내면아이가 해방되는 경험을 했다. 내면아이가 "난 남자들에게 매력이 없나 봐."라고 했을 때 "아니야, 단지 넌 남자들과 장난치거나 관심을 표현하는 법을 배우지 못했을 뿐이란다."라고 직면했던 것이다. 이 새로운 접근은 그녀의 아이에게 자신감을 주어 연애경험이 많은 친구에게 조언을 구하도록 했다. 덕분에 그녀는 아주 멋진 만남을 갖게 되었다.

사회적인 기술 목록 만들기

당신이 배워야 할 사회적인 기술(social skills) 목록을 만들라. 기술이란 당신이 사교적 모임에 참석하는 일을 더욱 쉽게 만들어 줄 수 있다. 즉, 회사에서 사람들과 잘 어울릴 수 있는 법, 사람들과 만나는 법, 예의 바르고 사교적인 사람이 되는 법, 재치 있는 재담꾼이 되는 법 등이다.

그 목록들 중에서 하나씩 선택해 그 기술을 잘 활용하고 있는 모범이 될 만한 사람을 찾아보라. 그 사람의 행동들을 세심하게 관찰하고 기록해 보라.

모든 세부 사항에 주의를 기울여야 한다. 앞의 사람에게서 얻은 몇몇 자료들을 모은 다음, 약 15분에서 30분 정도 앉아서 상상을 해 보라. 상상 속에서 당신이 하고 싶었던 일을 그 사람이 하고 있는 장면을 그려 보라. 그리고 행동의 작은 틀로 조각을 내 보라. 그 사람의 행동을 지켜보면서 닻을 내려 보라. 그리고 당신의 닻을 잡고 있는 동안, 같은 행동을 하고 있는 당신 자신을 바라보라. 다음 조각을 꺼내서 같은 과정을 반복해 보라. 이 작업을 약 일주일 동안 반복하라. 그런 뒤 이번에는 전체적인 과정을 하고 있는 당신 자신을 지켜보라. 며칠 동안 이 연습을 반복하라. 그리고 이것을 시도해 보라. 당신은 어떤 새로운 사회적인 기술을 배우는 데 이 방법을 활용할 수 있다. 이것은 당신이 앞에서 연습한 NLP 기법을 응용한 방법이다.

가치 명료화 연습

당신의 가치는 당신의 지적인 경계선이다. 당신의 내면아이는 종종 자신이 무엇을 믿고 있는지를 모른다. 왜냐하면 그 아이는 학교나 교회에서 어떤 믿음을 강요당하거나 세뇌당하기 때문이다.

시드니 사이몬(Sidney Simon), 르란드 하위(Leland Howe), 하워드 키르쉔바움(Howard Kirschenbaum) 공저인 『가치 명료화(Values Clarification)』는 이 분야의 고전이다. 저자들은 가치란 다음과 같은 7가지의 요소를 가지고 있다고 가정한다.

① 가치는 선택된 것이다.
② 대안이 있어야 한다.
③ 선택의 중요성을 알아야 한다.
④ 일단 선택했으면 그것을 존중하고 소중히 여겨야 한다.

⑤ 기꺼이 공개적으로 그것을 선언해야 한다.

⑥ 그 가치에 따라 행동한다.

⑦ 가치에 따라 일관성 있고 반복적으로 행동한다.

당신의 가장 소중한 믿음들의 목록을 작성해 보라. 예를 들면, 당신 자신의 십계명과 같은 것이다. 그리고 그 목록들을 앞의 7가지 요소와 비교, 평가해 보고 얼마나 많은 당신의 믿음들이 이 표준가치를 충족시키는지 살펴보라.

내가 처음으로 이 연습과제를 했을 때 솔직히 충격적이었으며 다소 우울해지기까지 했었다. 나의 믿음이라고 고백한 것 중에서 사실상 가치라고 할 수 있는 것이 거의 없었기 때문이다.

이런 표준가치를 활용함으로써 당신 자신의 가치형성을 만들어 나가는 노력을 시작할 수 있다. 당신이 가진 가치를 계속 지니고 있으면서 원치 않는 것은 변화시켜 나아갈 수 있다. 당신의 가치를 형성해 나아가는 작업은 당신과 내면아이 모두에게 즐거운 일이 될 수 있다.

지적인 경계선을 세우는 연습

다음의 진술문을 당신의 내면아이에게 가르치는 일은 대단히 중요하다.

> '내가 믿는 것이 무엇이든 간에 나는 그것을 믿을 권리가 있다. 나는 내 믿음에 대한 결과만 책임지면 된다. 모든 믿음은 부분적인 진리이며 불완전하다. 우리 모두는 제한된 자신들의 관점으로 모든 사물을 본다.'

당신의 경쟁 정신 평가하기

승자가 된다는 것은 중요하다. 아울러 정중한 패자가 되는 것도 역시 중요하다. 언젠가 온 가족이 모여 카드놀이를 하던 저녁이었다. 우리는 돈을 걸고 내기 게임을 하고 있었는데, 게임이 진행되어 갈수록 장모님은 돈을 잃기 시작했다. 그리고 그녀가 그날 저녁 게임에서 가장 큰 돈을 잃었을 때(약 2달러 정도) 그녀는 카드를 모두 던져 버리고는 게임을 그만둬 버렸다. 그녀의 나이는 일흔일곱 살이었다. 그 게임이 무의식적인 연령 퇴행을 자극한 것이다. 승리가 과대하게 평가받는 문화에서 패배를 인정하기란 쉽지 않다. 나 역시 아이들과 게임을 하다가 그만두고 싶었던 기억이 있다. 점수를 잃어 갈수록 점점 더 화가 나는 나 자신을 발견했기 때문이다. 내 나이가 마흔두 살인데도 말이다.

그룹으로 함께 모여 퍼즐 맞추기같이 모든 사람이 다 같이 이길 수 있는 게임을 하면 좋다. 이러한 놀이는 직장에서의 팀빌딩(team building)에도 아주 유용하다.

사회생활이란 치열한 경쟁이 존재하는 곳이다. 경쟁이 너무 치열하면 당신의 내면아이는 쉽게 포기해 버리고 싶은 생각이 들지도 모른다. 당신은 직장에서 편파적인 일을 겪었을 때 내면아이가 의기소침해지지 않도록 조심해야 한다. 직장 안에는 상사에게 아첨하는 사람들과 동료들 간의 경쟁이 존재한다는 사실을 고려해야 한다. 당신은 아이의 강력한 후원자가 될 필요가 있다. 당신의 업무목표를 확실하게 세우는 게 확실한 도움이 될 것이다. 당신이 원하는 것이 무엇이고, 기꺼이 할 수 있는 게 무엇인지를 결정한 다음, 그것을 향해서 나아가라. 그 과정에서 매 순간마다 당신의 아이를 보호해야 한다는 사실을 잊지 말라.

원윈(win-win)전략이 최선의 방법이다. 당신의 인생에서 원윈의 상황을 세우는 연습을 해 보라. 당신의 내면아이는 분명 그것을 좋아하게 될 것이다.

타협 연습

상처받은 내면아이는 종종 자기가 원하는 때에 원하는 것을 가지려고 한다. 아이는 자신의 생각만이 옳다고 생각한다. 성인인 당신은 아이에게 타협과 협력이야말로 더불어 사는 삶과 행복한 인간관계의 핵심임을 가르쳐 주어야 한다. 아이들은 '타협의 열매들'을 경험할 수 있는 기회를 갖게 되면 타협하는 법을 배우게 될 것이다. 대부분의 상처받은 내면아이는 건강한 방식으로 갈등이 해결되는 경우를 본 적이 없다. 불완전의 규칙이 수치심에 기반을 둔 역기능 가정을 지배한다. 불완전이란 몇 년이 지나도 항상 같은 싸움을 반복하는 것을 의미한다.

당신은 생각을 확장시키고 새롭게 만드는 윤활유로서 논쟁을 활용하는 법을 배울 수 있다. 논쟁과 주장은 사람들이 필요로 하고 원하는 것을 찾아내는 도구와도 같다. 논쟁하는 법에 대한 규칙들을 갖거나 중재자를 가지는 게 중요하다. 세 명이 한 그룹이 되어서 서로 동의하지 않는 어떤 부분들에 대하여 논쟁을 해 보길 바란다.

듣기 규칙을 사용하고, '나' 전달법을 통한 자기 책임을 지녀야 한다. 그리고 협상을 통해 타협안을 찾으라. 당신의 동의서에는 언제나 '재협상이 가능하다.'는 항목들을 넣어야 한다. 이 말은 어느 쪽이든 협상된 부분에 대해 만족하지 못한다면 언제든지 적당한 시기에 다시 토론할 수 있음을 의미한다. 다시 한번 강조하지만 항상 원원 전략을 추구하라.

성공적인 타협은 내면아이에게 갈등을 해결하는 멋진 경험을 제공한다. 더 이상 아이는 갈등을 끔찍하거나 충격적인 사건으로 바라보지 않게 된다. 사실 이것은 건강한 친밀감을 형성하는 데 결정적인 부분이다. 우리 모두에게는 각자 놀랍고, 독특하며, 소중하며, 유일한 내면아이가 있다. 유일한 두 개체의 목적이 엇갈리는 것은 불가피하다. 이것은 이미 예견된 일이다. 갈등을 해결하는 과정은 인생을 아주 흥미로운 모험으로 만들어 준다.

지금까지 우리는 귀향을 치료에서의 네 가지 역동적인 요소로서 보았다. 우리는 성인의 잠재력을 아이에게 제공함으로써 놀라운 아이를 성장시킨다. 이 잠재력은 아이로 하여금 오래되고 유해한 규칙에서 벗어나 새로운 교정 규칙들을 경험할 수 있게 해 준다. 새로운 규칙들은 양육훈련의 본질을 이룬다. 그러한 훈련은 내면아이의 이기적인 유치함을 억제하고 영적인 어린아이 같은 모습을 불러내는 데 필수적이다. 어린아이 같은 모습은 보호받아야 할 필요가 있다. 그리고 이러한 새로운 교정적인 경험들을 연습할 때, 우리의 완전한 창조력이 나타날 수 있다. 우리의 창조적인 힘은 우리 안의 놀라운 아이로부터 나온다. 이제 그 아이에게 돌아가 보자.

· 원부모와의 밀착관계를 깨트리는 연습 ·

이 연습과제는 제7장에서 논의한 그물화된 역기능 가족체계의 역할과 관련되어 사용된다. 이런 역할들은 세대 간의 결속과 관련되며 종종 비육체적 성적 학대를 포함하기도 한다.

이 연습과제는 코니레와 스티브 안드레아스(Connirae & Steve Andreas)의 『마음속의 마음(Heart of the Mind)』이라는 책에서 도움을 받았음을 밝혀 둔다.

이 연습과제를 하기 전에 녹음기에 이 과제를 녹음하거나 아니면 치료사나 믿을 수 있는 친구 또는 후원자와 함께 이 단계들을 진행해 나가도록 권한다. 모든 과제를 다 하려면 약 30여 분의 시간이 소요될 것이다. 집중할 수 있는 조용한 장소를 찾아서 이 과제를 하되, 반드시 자리에서 일어선 채 해야 한다. 간격마다 약 30초의 여유를 두도록 하라.

1단계 밀착된 부모

눈을 감고 당신이 부모님과 가장 밀착되었다고 느껴지는 기억을 떠올리면서 거기에 집중해 보세요. 당신의 내적인 경험 속에 있는 그 사람을 실제로 보고, 느끼고, 소리를 들어야 합니다. 그분들이 가장 매력적인 행동으로 당신 안에 존재합니다. 당신의 무의식은 그 행동이 무엇을 의미하는지 정확히 알고 있습니다…….

당신의 마음에 가장 먼저 떠오르는 것을 믿어 보세요. 부모님을 떠올리기가 힘들다면 그냥 아버지나 어머니가 거기에 있다고 가정해 보세요.

2단계 밀착을 느끼기

이제 당신의 상처받은 학령기 내면아이가 부모님 옆에 서 있는 모습을 봅니다. …… 아이가 무슨 옷을 입고 있나요? …… 아이가 부모님에게 하는 말을 들어보세요. …… 이제 당신이 아이의 몸으로 들어갑니다. 그리고 그 아이의 눈으로 부모님을 바라보세요. …… 당신의 부모님을 다른 각도에서도 바라보세요. …… 부모님의 목소리가 어떤가요? …… 어떤 냄새가 납니까? …… 다가가서 부모님을 안아보세요. …… 부모님과의 신체적 접촉에서는 어떤 느낌이 듭니까? …… 혹시 부모님과 지나치게 밀착되었다고 느껴집니까? 밀착되었을 때 당신 자신이 어떻게 느껴지나요? 밀착되었을 때 부모님이 어떻게 느껴지나요? 그것은 신체적인 접촉입니까? 당신의 몸의 특정한 부분에 대한 접촉입니까(많은 사람이 사타구니나 배 또는 가슴 쪽에 이런 접촉을 경험한다고 합니다)? 혹시 다른 접촉 수단이 있습니까? 당신 주위에 고무줄이 있습니까? 그렇다면 이러한 연결의 특성을 완전히 경험해 보세요.

3단계 일시적으로 밀착을 깨트리기

이제 잠시 동안 이 관계를 끊어 보세요. …… 당신 자신에게 이것이 어떻게 느껴질지 의식해 보세요. 만일 당신이 줄로 묶여 있다면, 그것을 가위로 잘라 버린다고 상상해 보세요. …… 만일 당신이 부모님의 몸에 붙어 있다면, 신비한 황금빛 레이저 빔이 그것을 잘라 버리고, 동시에 당신의 상처를 치유하는 상상을 해 보세요. …… 아마 이 시점에서 당신은 분리로 인한 불안감을 느끼게 될 것입니다. …… 이러한 연결은 당신 인생에서 아주 중요한 목적이었다는 신호입니다. 당신이 여전히 연결되어 있다는 사실을 기억하세요. 분리된다는 게 어떤 느낌인지를 잠시 경험했을 뿐입니다.

4단계 밀착의 긍정적인 목적을 발견하기

이제 당신 자신에게 물어보세요. '나의 기본적인 욕구를 충족하기 위해 부모님으로부터 실제로 얻는 것은 무엇인가?' …… '내가 부모님에게 정말로 원하는 것은 무엇인가?' …… 핵심에 다다를 수 있는 답이 나올 때까지 기다려 보세요. 예를 들어, 안전함, 보호, 죽음으로부터의 보호, 중요하다는 느낌, 사랑스럽고 훌륭하다는 느낌 등이 있습니다. …… 이제 당신의 부모님에게로 다시 연결합니다.

5단계 성인인 당신의 잠재력을 사용하기

이제 당신의 오른쪽이나 왼쪽으로 돌아서서, 당신 자신을 현명하고 인자한 마법사로 바라보세요(또는 완전히 자기실현된 당신의 모습도 좋습니다). 성인인 당신은 분명 당신이 원하는 것을 줄 수 있다는 사실을 알아야 하며, 당신이 밀착된 부모와의 관계에서 벗어나고 있음을 믿어야 합니다. 당신의 자원인 성인자아를 실제로 바라보세요. …… 당신의 성인자아의 모습과 움직임, 소리에 주목해 보세요. 가서 성인자아를 안아 보세요. …… 성인인 당신의 잠재력과 힘을 느껴 보세요. …… 당신이 항상 두려워하던 최악의 일이 이미 당신에게 일어났다는 사실을 아시나요? …… 당신은 밀착됨으로써 학대당하고 버림받았습니다. …… 그리고 당신 안의 성인자아가 그것을 이겨 냈습니다. …… 당신의 성인자아는 그 모든 상황에도 불구하고 살아남았을 뿐만 아니라 자신의 역할을 해냈습니다.

6단계 부모와의 접촉에서 당신 자신과의 접촉으로 변형시키기

다시 당신과 밀착된 부모님에게 돌아갑니다. …… 접촉을 다시 느껴 보세요. …… 그 접촉을 끊어 버린 다음, 즉시 부모님에게 연결되었던 그대로 성인인 당신에게 다시 연결해 보세요. …… 당신이 완전하게 믿을 수 있는 존재, 바로 당신 자신과 상호의존되는 기분을 느껴 보세요. 성인자아에게 당신을 위해서 거기에 있어 준 것을 감사하게 생각해 보세요. 당신이 부모님에게서 받고 싶었던 것들을 성인자아에게 받으면서 즐겨 보세요. 당신의 성인은 당신이 절대로 잃어버릴 수 없는 존재입니다.

7단계 당신과 밀착된 부모님을 존중하기

이제 당신의 부모님을 바라보고 그에게 선택권이 있다는 사실을 인식합니다. 그역시 성인인 자신에게 다시 연결될 수 있습니다. 당신의 부모에게도 당신이 경험한

회복과 온전함과 같은 동등한 선택권이 있음을 기억하세요. 그러나 만일 당신의 부모
가 계속 당신에게 밀착되어 있다면, 그들에게 진정한 온전함을 위한 기회는 없다는
사실을 알아야 합니다. …… 그들에게 온전함의 기회를 주는 게 바로 당신이 그들을
사랑하는 것입니다. 또한 이제 당신은 처음으로 그들과의 진정한 관계를 위한 기회를
가지게 되었다는 사실도 깨달아야 합니다.

■8단계■ 자신과의 관계

이제 성인인 당신 자신에게로 다시 돌아옵니다. …… 당신의 상처받은 학령기 내
면아이와 서로 연결되는 느낌을 느껴 보세요. 이제 당신은 그 아이를 사랑할 수 있고,
소중히 여기며, 그 아이가 부모로부터 필요로 했던 것을 줄 수 있다는 사실을 깨닫습
니다.

· 당신의 신화 또는 옛날이야기 끝내기 ·

마지막 연습과제로, 이제 당신이 학령기 아이를 치유할 때 쓴 신화나 옛날이야기
를 마무리하고자 한다(209~212쪽). '그리고 나서……'라는 단어로 시작해 보라. 다음
은 내 이야기의 마지막 부분이다.

그리고 나서 파커(Farquhar)는 조니(Joni)의 목소리를 들었다. 그 목소리는 너무나도 파
커를 감동시켰기 때문에 그는 매일 조니의 음성을 듣기 위해 조용한 시간을 내기로 약속했
다. 조니가 제일 처음 한 말은 파커에게 상처받은 사람들이 모여 난쟁이들의 비밀들을 연
습하고 있는 그룹에 들어오라는 제안이었다. 그들은 사랑의 훈련에 헌신하였다. 이것은 그
들이 당장의 만족을 미룰 줄 알고, 자기 책임적이며, 어떤 대가를 치르더라도 진실을 말하
며, 균형 있는 삶을 살고 있음을 의미했다.

파커는 그 그룹에 진심으로 참여하였다. 그는 그룹 동료들의 애정 어린 눈 속에서 난쟁
이로서의 자기를 볼 수 있었다. 그는 즉시 사랑의 훈련에 자신을 헌신하기로 약속했다. 그

는 자신의 상처받은 내면아이를 회복하고 성장시켰다. 곧 그는 난쟁이들의 비밀을 가르치기 시작했다. 시간이 흐르면서 그는 유명한 강사가 되었고 스나무 영혼들의 변혁자가 되었다. 그는 삶을 사랑했고 또한 자신의 진정한 집으로 돌아갈 날들을 기다리며 살았다. '훌륭한 나됨'의 비전을 품고 끊임없이 창조하고 사랑받으면서…….

제4부

재생

아이를 찾으려는 강렬한
열망은 고대인들에게도 있었다는
사실을 알 필요가 있다. 우리 개개인의
과거 뒤에는 우리 문화의 과거가 신화 속에
담겨 있다. 신화에 등장하는 아이는 인간과
신적인 존재가 결합한 산물임을 종종 목격하게
된다. 즉, 우리가 찾는 것은 우리 개인사의
아이일 뿐만 아니라 신화적인 아이다.
−레이첼 V.(Rachel V.)−

모든 탐험이 끝나면
우리는 처음 출발했던 곳에 도착하게 될 것이다.
그리고 처음으로 그곳에 대해 알게 될 것이다.
−T. S. 엘리어트(T. S. Eliot)−

끔찍한 공허만이 존재하던 그곳에서……
이제는 생명력이 피어오르고
풍요로움이 펼쳐지고 있다.
예전에는 이러한 곳이 존재하지 않았다는
점에서 이것은 귀향이 아니다.
새로운 안식처의 발견이다.
−엘리스 밀러(Alice Miller)−

들어가며

아이와 대화하고, 아이의 말을 들어 주고, 그 아이를 위해 경계선을 설정해 주고, 당신이 결코 그를 떠나지 않을 것임을 알려 주는 과정을 통해 아이는 당신의 인생에서 없어서는 안 될 존재가 되어 가면서 이제 새로운 힘과 창조력이 발휘되기 시작한다. 당신이 성인으로서 경험한 자원들을 통해 더욱 풍부해지고 깊어진 아이의 신선한 상상력이 당신과 연결된 것이다.

지금 나타나는 아이는 당신의 놀라운 아이다. 당신의 후원 작업이 진행되어 감에 따라 당신의 놀라운 아이는 자연스럽게 자라고, 자기실현을 위해 성장해 갈 것이다. 놀라운 아이의 자연스러운 상태는 창조성이다. 창조성과의 만남은 귀향보다 더 커다란 의미를 갖는다. 그것은 당신의 본질, 깊은 내면, 유일한 자기를 발견하는 작업이다.

상처받은 내면아이를 발견하고 회복하는 과정은 노출과정(uncovery process)이다. 나아가 당신의 힘을 개발하고 상처받은 아이를 성장시키는 작업은 아이의 영적인 힘을 회복할 수 있도록 이끌어 준다. 아이가 새롭게 발견한 영적인 힘을 통해 당신은 스스로를 회복하기 시작한다. 이것이 당신의 진정한 귀향이다. 지금까지 숨겨 온 고통들을 이제는 털어놓을 수 있다. 당신의 마음 깊은 곳에서부터 흘러나오는 목소리와 신호들을 이제는 들을 수 있으며 반응할 수 있다.

마지막 편에서는 놀라운 아이를 찾으려는 인간의 보편적인 욕구에 초점을 맞추려고 한다. 나는 '놀라운 아이'의 재생과 변형의 힘에 대해 증거하고 있는 세계 각국의 신화들을 두 가지 방식으로 소개하고자 한다. 첫 번째 신화적인 패턴은 황금의 시대를 예고하는 '영원한 아이(puer aeternus)'에 관한 내용이다. 두 번째 신화적인 패턴은 추방당했다가 자신의 신적 생득권을 찾으러 오는 영웅적인 아이다. 둘 다 끊임없이 우리 자신을 인식하고 초월하도록 촉구하는 생명력 있고 불가항력적인 인간을 상징하고 있다.

나는 당신이 '놀라운 아이'를 당신의 진정한 자기를 향한 안내자로, 인생 목표의 새로운 의미로 사용하기를 권유한다.

마지막으로 나는 놀라운 아이가 당신의 영성(spirituality)의 핵심이며, 당신 존재의 창조적인 근원이나 자원과 가장 깊이 연결되어 있음을 말해 주고 싶다. 사실 당신의 '놀라운 아이'는 '하나님의 형상(Imago Dei)', 즉 당신의 창조주와 닮은 당신의 일부다.

13

재생과 변환의 보편적
상징으로서의 아이

'아이'는 버림받고 위험에 노출된 존재인 동시에 신성한 힘을 가진 존재다.
미미한 존재로 시작되었지만 찬란한 승리로 끝난다. 인간 내면의 '영원한 아이'는 말로는
형언할 수 없는 경험이며 부조화와 장애 그리고 신성한 특권이자,
인격의 근본적인 가치 혹은 무가치를 결정하는 이해할 수 없는 존재다.

― 칼 G. 융(C. G. Jung) ―

위대한 심리학자 칼 융은 내면아이의 역설적인 특성을 정확하게 간파했다. 융에게 있어서 아이는 신성, 재생 그리고 새로운 시작의 자원인 동시에 타락과 파괴의 가능성을 지닌 근원이기도 했다. 확실히 융은 상처받은 아이를 어린이 원형(archetypal child)의 일부로 보았다. 이 부분은 융의 천재성을 입증해 준다. 왜냐하면 상처받은 아이에 대한 지대한 관심이 일어난 지 불과 50년밖에 되지 않기 때문이다. 사실 나는 상처받은 아이가 현대인의 원형(modern archetype)이 되었다고 확신한다.

원형은 축적된 집단적 인간 경험의 표상으로 모든 인간 존재 안에 있는 보편적인 잠재력이다. 융은 인간 경험의 어떤 패턴이 뚜렷하게 형성되면, 그것이 곧 우리의 집단적인 정신적 유산의 일부가 된다고 확신했다. 그는 원형이란 마치 유전자처럼 유전적으로 전수된다고 믿었다.

원형이란 우리 몸의 골격구조에 비유될 수 있는 영혼의 기관과도 같다. 원형은 지

난 세대들에 의해 만들어진 패턴들로부터 전수된 선천적인 정신의 경향성이다. 이러한 패턴들은 인간 경험이 어떤 시점에 이르렀을 때 나타난다.

원형은 그것이 표상하는 패턴들의 긍정적인 측면과 부정적인 측면을 구체화한다. 어머니 원형의 긍정적인 면이 아이를 돌보고 생명을 주는 어머니라면, 부정적인 측면은 아이를 숨 막히게 하거나 자식을 삼켜 버리고 파괴하는 어머니상이다.

아버지 원형의 긍정적인 측면은 아이를 보호하고 울타리를 쳐 주는 아버지로서 문화의 전통과 규칙을 전수한다. 부정적인 아버지상은 자신의 힘을 잃을까 봐 두려워하는 폭군으로서 자식을 속박하고 전통에서 벗어나기를 거부한다.

아이 원형의 긍정적인 측면은 상처받기 쉬운 예민함과 천진난만함, 자발성과 창조성이다. 부정적인 면은 이기적이고 유치하며, 정서적으로나 지적으로도 성장하기를 거부하는 모습이다.

아이 원형의 부정적인 측면이 바로 상처받은 아이다. 상처받은 내면아이는 금세기에 이르러서야 주목받기 시작했다. 과거에는 아이들에 대한 학대와 억압이 흔히 있는 일로 당연하게 여겨지기까지 했다. 1890년대 후반까지 아동학대 방지를 위한 기관은 존재하지 않았지만 동물학대 방지를 위한 협회는 있었다.

우리 세대의 가장 커다란 진보는 아동학대에 대한 폭로다. 우리는 자녀양육의 일반적인 규칙들이 아이들의 존엄성과 개성을 파괴해 왔다는 사실을 깨닫게 되었다. 사실 그러한 규칙들은 부모인 우리가 가진 감정의 어두운 부분들이었다. 엘리스 밀러는 현재의 양육 규칙들이 어떻게 부모의 투사된 이미지에 아이를 끼워 맞추는지를 고통스럽고도 명확하게 기술하고 있다. 한편, 이러한 규칙으로 인해 상처받은 아이는 이상적인 부모상을 만들게 되었다. 그러한 이상화는 상처받은 아이에게 부모의 사랑을 보증하는 환상적인 유대감을 제공해 준다. 그러나 이것 역시 여러 세대에 걸친 아동학대를 지속적으로 창출해 냈다.

그러나 조지 버나드 쇼(George Bernard Shaw)는 다음과 같은 표현을 통해 어린아이를 놀랍게 묘사하고 있다.

어린아이란 무엇인가? 실험물과도 같다. 단지 인간을 만드는 신선한 시도, 그것은 신성한 인류를 만드는 일이다.

물론 그는 이 실험을 장난 삼아 하거나 조작해서는 안 된다는 점을 정확하게 이해하고 있었다.

만일 이 새로운 피조물을 훌륭한 남성이나 여성으로 만들려고 시도한다면 당신은 원래의 고귀한 기대를 파괴하게 될 것이며, 어쩌면 괴물을 만들게 될지도 모른다.

이것이 우리가 지금까지 이해해 온 시나리오의 마지막 부분이다. 오랫동안 만연된 아동학대의 전통에 맞서기 시작하면서 우리는 근친상간, 폭력, 정서적 학대에 대해 새로운 이름들을 부여하고 있다. 우리는 아이들의 '나됨'을 파괴하는 영적인 상처를 만드는, 영혼 파괴를 분명하게 목도하고 있다.

성인아이(adult child)에 대한 거대한 흐름의 운동들은 상처받은 아이 원형에 대한 새로운 이해를 낳게 되었다.

우리 시대는 재앙과 파괴로 얼룩진 어두운 시대였다. 인류 역사상 어느 시대가 이 시대만큼 상처를 입었을까. 수백만 명이 자유와 민주주의를 위해 투쟁하다가 죽어 갔다. 나는 나치의 재앙이 수치심과 권위적인 양육 규칙을 가진 독일 가정의 구조에 뿌리를 두고 있다고 믿는다. 그러나 독일에서 이러한 규칙들이 극단적인 행동으로 표출되었다 할지라도, 이것은 독일만의 문제가 아니다. 사실 그러한 규칙들은 전 세계적으로 널리 퍼져 있으며 수 세기 동안 상처받은 아이를 양산해 냈고 지금도 존재하고 있다. 그러한 규칙들은 정상적인 방법으로 받아들여졌을 뿐, 얼마나 파괴적인지 전혀 인식되지 못했다. 비록 미완의 혁명이었지만 미국과 프랑스 혁명에서 발표한 인권선언문으로 인해 새로운 황금시대가 서서히 열리기 시작했다. 신화에 등장하는 불사조처럼 황금시대가 잿더미 위에서 일어선 것이다. 상처받은 아이의 원형에 대한 인식은 우리로 하여금 아이를 치유하고 회복하도록 인도했다. 그리고 그다음에는 놀라운 아이가 등장한 것이다.

· 영원한 아이 ·

모든 위대한 신화를 보면 창조는 영원히 반복되고 순환된다. 주기적으로 세상은 혼돈에 빠진다. 산이 무너지고, 화염의 폭우 속에 평원이 생기고, 지진이 일어나고, 죽은 자들이 부활한다. 이러한 일련의 사건들은 새로운 황금시대를 알리는 종말론적인 예표들이다. 새로운 창조가 시작되기 전에 모든 것은 혼돈 속으로 떨어져야 한다.

많은 신화에서는 혼돈의 폐허 속에서 나무의 새순이 올라온다. 나무의 끝은 하늘에까지 다다른다. 그러면 '**기적의 아이**(a miraculous child)'가 나타나 나무줄기를 타고 오른다. 바로 황금시대의 시작을 알리는 표식인 기적의 아이, 영원한 아이의 등장이다.

어떤 신화에서는 이 아이가 우주의 구조를 바꾸어 버린다. 또 다른 신화에서는 아이가 황금시대의 특징인 완전함을 가져온다. 이 아이의 등장으로 모든 반목과 갈등은 사라지고 평화가 찾아온다. 노인들은 젊어지고 병든 사람은 건강해지며, 고구마와 감자가 나무에서 자라며, 코코넛과 파인애플이 땅에서 자라게 된다. 음식과 물자가 풍부해지고, 누구도 일하거나 세금을 낼 필요가 없다. 모든 신화에서 아이는 부활과 완전함의 상징이다.

융은 이것이 우리에게 개인적으로 무엇을 의미하는지를 이렇게 묘사하고 있다.

> '개성화 과정(individuation process)'에서 아이는 인격 안의 의식과 무의식 요소가 합쳐진 존재를 나타낸다. 따라서 아이는 대극적인 요소를 통합하는 상징이자, 중재자, 치유자, 완전함을 가져오는 사람이다.

이것이 바로 아이가 가진 창조와 재생의 측면으로, 지금부터 내가 다루고자 하는 부분이다.

· 진정한 자기로서의 놀라운 아이 ·

게일 고드윈(Gail Godwin)의 소설 『학교를 마치고(The Finishing School)』에서 등장인물 가운데 누군가 이런 대사를 읊는다.

> "이 세상에는 두 부류의 인간이 있지. …… 첫 번째 부류는 그 사람을 보면 바로 모든 것을 알 수 있는 뭐 그런 사람들이지. 그들은 완성된 모습으로 얼어붙은 채 서 있거든……. 알다시피 그들에게서 더 이상의 놀라움을 기대하기란 어려워. …… 또 다른 부류는 끊임없이 역동적으로 변화하지. …… 삶과 연애하는 사람이라고나 할까. 그 힘이 그들의 젊음을 유지시켜 주지."

여기서 후자는 바로 자신의 놀라운 아이와 만나는 유형의 사람들이다. 놀라운 아이는 가장 진실한 당신의 모습이다.

아직도 어제 일처럼 그 사건이 선명하게 기억난다. 나는 열두 살이던 어느 날 버스를 기다리고 있는 동안 나의 '나됨'에 대한 강렬한 경험을 체험했다. 그것은 내가 나이며, 이 세상에 나라는 존재는 하나밖에 없다는 깨달음이었다. 나의 외로움을 깨달았을 때 두려움이 밀려왔다. 나의 눈은 오직 내가 바라보는 세상의 창문이라는 생각이 들었다. 다른 누구도 내 눈의 창을 통해 나의 관점에서 세상을 바라보고 있지 않다는 사실을 깨달았다. 나는 나 이외의 누구도 내 안에 있을 수 없었다. 나는 다른 사람들과 차별된 존재였다. 나는 나일 뿐 다른 사람들이 나에게 무슨 짓을 하든, 어떤 일을 강요하든, 그들이 나를 바꾸어 놓을 수는 없었다. 나는 나이고 유일한 존재였다.

페어뷰 스트리트(Fairview Street) 버스 정류장에서 순간 내 존재에 대한 통찰력을 갖게 된 것이다. 그 놀라운 직관의 탄생은 그 후 여러 번 잃어버렸음에도 불구하고, 내게 철학을 공부하고 가르치도록 이끌었으며, 온전함과 통합을 향한 개인적인 여정으로 인도했다. 지금도 나는 철학에 완전히 매료되어 있다. "무가치함을 극복한 기쁨에 승리자들은 돌진한다."는 자크 마리탱(Jacques Maritain)의 표현처럼 나는 존재의 의미에 경외감을 느낀다. "어째서 무보다 유가 존재하는가?"라는 스피노자(Spinoza)의 질문처럼 놀라운 아이는 여전히 경외의 대상이다. 이러한 질문은 이미 천 년 전에 고대 철학의 아버지인 밀레투스(Miletus)의 탈레스(Thales)에 의해 제기되었다. 후일 아리스토텔레스(Aristotle)는 "그것은 인간이 시작되고 맨 처음 철학 하기를 시작할 때 경험한 그들의 경이 때문이다."라고 적고 있다.

나 자신의 존재에 대한 최초의 경험은 바로 나의 놀라운 아이를 만나기 시작하면서였다. 그리고 43년이 지난 후 그 놀라운 아이는 내가 이 책을 집필하는 동안에도 나를 통해서 이야기하고 있다. 내 의식의 중심에는 아무것도 변한 것이 없다. 비록 수년 동안 상처받은 나의 아이가 이 순간의 신성함을 경험하지 못하도록 방해했었지만, 나는 서서히 최초의 경외감과 놀라움으로 돌아오고 있었다. 지금도 바다나 석양, 별이 빛나는 밤의 존재와 진정으로 접촉하게 될 때면 그 경이로움으로 인해 차가운 냉기가 내 척추를 따라 흘러내리는 오싹함을 느낄 수 있다.

당신은 여태껏 끊임없이 의식의 세계를 확장하고 지평을 넓혀 왔겠지만, 당신의 진정한 자기의 핵심은 결코 변화된 적이 없다. 아시시(Assisi)의 프란시스(Francis)는 이렇게 말했다. "우리가 찾고 있는 사람은 바라보고 있는 사람이다." 초자아 심리학자들은 이를 '바라보는 자기(witnessing self)', 즉 나를 바라보는 '나'라고 부른다.

이제 당신은 놀라운 아이 안에서 당신의 진정한 감정, 필요, 욕망을 발견할 것이다. 대부분의 성인아이는 이 아이를 잃어버린 지 오래다. 그러나 당신이 상처받은 아이를 성장시킬 때, 그는 당신 자신과 당신의 보호를 신뢰하게 된다. 그는 당신이 자기를 버리지 않는다는 사실을 알게 된다. 그리고 이러한 깊은 안전 의식과 기본적인 신뢰가 놀라운 아이를 나타나게 한다. 그러고 나면 당신 자신이 되는 데 어떤 다른 노력이나 활동이 필요하지 않다. 뭔가를 할 필요가 없다. 샘 킨은 이렇게 설명하고 있다.

> 귀향이란 전통적인 기독교의 칭의(justification) 개념에 상당하는 세속화되고 일반화된 표현이다. …… 기독교는 구원을 선행과 분리함으로써 행함보다 존재를 우위에 두었다.

상처받고 수치심에 뿌리를 둔 나의 아이는 다른 사람에게 중요한 존재가 되기 위해 '행동'하는 사람이 되어야 했다. 지난 40여 년 동안 **스타**로, **목표지향적인 사람**으로,

보호자로 살면서 나는 행동을 통해서는 내 존재가 치유될 수 없음을 철저히 배워야 했다. **문제는 진정한 내 모습이 되는 일이었다.**

당신의 놀라운 아이는 당신의 '본래적인 자기(essential self)'다. 초자아 심리학자들(Transpersonal Psychologists)은 본래의 자기와 '순응된 자기(adapted self)'를 구분한다. 그들은 본래의 자기를 '영혼(soul)'이라고 부르며 순응된 자기는 '자아(ego)'라고 표현한다.

그들의 모델에서 자아란 가족과 문화의 요구를 순응하기 위하여 당신이 사용하는 의식의 제한된 영역이다. 자아는 이러한 생존욕구에 의해 한계가 지어진다. 그것은 시간에 구속받고 있는 자기이며, 당신이 태어난 문화뿐만 아니라 당신의 원가족에 뿌리를 두고 있다. 모든 문화체계와 가족체계는 서로 연관되어 있으며, 현실을 이해하고 해석하는 많은 방법 중 단지 하나에 지나지 않는다. 비록 당신의 자아 순응(ego adaptation)이 가족과 문화 속에서 대단히 기능적이더라도, 당신의 진정한 자기와 비교해 본다면 여전히 제한되어 있으며 단편적일 뿐이다. 초자아이론(Transpersonal Theory)에 의하면, 당신의 영혼에 비해 당신의 자아는 언제나 진실하지 못하다. 이것이 바로 내가 놀라운 아이를 가진 영혼과 상처받은 아이를 가진 자아를 동일시하는 이유다.

만일 당신이 매일의 급박한 현실 속에서 생존의 문제들을 잘 처리하고 있다면 당신의 자아는 여전히 기능적이며 통합되고 있음에 틀림없다.

강하게 통합된 자아는 당신에게 자신감과 통제력을 준다. 상처받은 내면아이를 회복하고 성장시키는 작업은 당신의 자아를 치유하고 통합시켜 준다. 일단 통합되면 자아는 당신의 놀라운 아이, 당신의 본래적인 자기를 탐구하는 데 필요한 힘의 자원이 될 것이다. 역설적으로 들리겠지만 자아는 제한된 방어력과 통제에서 벗어날 만큼 충분히 강해질 필요가 있다. 자아를 초월하기 위해서는 강한 자아가 필요한 것이다. 구체적인 예를 들면, 자아는 당신을 궤도로 진입시키는 부스터 로켓(booster rocket)과도 같다. 당신의 영혼은 이제 외부세계의 무한한 공간 속에서 움직일 수 있는 것이다.

당신의 놀라운 아이인 영혼과 상처받은 아이인 자아 사이의 관계는 당신이 본래적인 자기와 연결되기 전에 회복되어야 한다. 일단 당신이 자아작업(초기 고통 작업이나 진정한 고통)을 다루게 되면 온전한 자기실현을 위한 준비가 되었다고 볼 수 있다.

사실 자아를 다루도록 자극하는 것은 바로 당신의 놀라운 아이다. 상처받은 아이는 방어하고 생존하는 데 급급해서 회복작업을 할 수 없다. 인생 전체가 만성적인 치통처럼 고통 가운데 있다면 그 사람은 그 고통을 초월한 푸른 초원이 존재한다는 사실을 알 수 없을 것이다. 그러나 비록 자아가 생존의 주제에 몰두하느라 깨닫지 못하더라도 놀라운 아이는 당신의 진정한 자기이기 때문에 자기실현을 성취할 수 있도록 당신을 계속해서 끌어당기고 있다. 칼 융은 이것을 다음과 같이 아름답게 요약했다.

> 어린아이 원형은 우리 의식의 제한된 범위에서 완전히 벗어난 생명력의 인격화다. ……
> 그것은 모든 존재 안의 가장 강력한 불가항력인 충동, 즉 스스로 깨닫는 강한 충동을 나타
> 낸다.

일단 당신이 놀라운 아이와 연결되었다고 느끼게 되면 이제 더 큰 관점으로 인생 전체를 바라보기 시작한다. 당신의 놀라운 아이는 더 이상 생존을 위해 자아방어기제 뒤에 숨을 필요가 없다. 그는 다른 차원으로 사물을 바라본다. 놀라운 아이는 더 나은 자기가 아닌, 훨씬 더 거대한 비전을 지닌 다른 자기다.

당신의 놀라운 아이와 함께 인생을 재구성하기 위한 명상

선불교 신자들은 전통적인 공안(公案) 또는 선문답에서 이렇게 묻는다. "당신의 본래 얼굴, 즉 부모가 생명을 주시기 전에 가졌던 얼굴은 무엇입니까?"

다음의 명상에서 이러한 질문에 대해 생각해 보라. 나는 또한 당신에게 선택하라고 요구할 것이다. 적어도 일시적이긴 하지만 어떤 믿음들은 다소 생소하게 느껴질 수도 있다. 당신이 이것을 실제로 믿는지를 논쟁하느라고 시간을 낭비하지 말라. 마치 당신의 놀라운 아이가 당신이 태어나기도 전에 운명적으로 존재한 것처럼 그냥 당신 자신이 생각하고 느끼도록 내버려 두라. 당신이 성육화된 영이라는 기독교적인 전통의 믿음을 받아들여 보라. 당신은 시간에 구속되는 사회 · 문화적인 인간 이상의 존재이며 영원한 하나님의 기업을 상속받았다는 가능성을 한번 즐겨 보기 바란다. 당신

이 하나님의 유일한 표현이자 위대한 존재라는 토마스 아퀴나스와 수피(Sufi) 지도자의 말을 믿어 보라. 당신이 태어나지 않았다면 이 우주는 빈곤해졌을 것이라고 스스로 확신해 보라. 오직 당신을 통해서만 표현될 수 있고, 당신을 통해서만 다른 사람들이 경험할 수 있는 하나님의 어떤 부분이 있다. 당신의 놀라운 아이가 처음부터 이 모든 사실을 알고 있었다고 믿으라. 이 명상을 통해서 당신은 당신의 놀라운 아이와 접촉하고 당신의 성육신의 목적인 하나님의 기업을 경험할 것이다. 일단 당신이 이를 경험하게 되면, 당신의 진정한 자기와 만나게 되고 당신 인생 전체를 새롭게 보게 될 것이다.

이 명상의 내용을 녹음기에 녹음하거나 친구가 읽어 주는 방법을 추천한다. 각 간격마다 10초 내지 20초간 쉬어 주라.

> 당신의 호흡에 집중하면서 시작하겠습니다. 천천히 호흡의 과정에 주목해 보세요. ……당신의 호흡에 정신을 집중하십시오. …… 당신이 숨을 들이마시고 내쉴 때 느껴지는 공기를 의식해 보세요. …… 숨을 내쉴 때 5라는 숫자가 보이기 시작합니다. …… 흰색 커튼에 검은색 숫자 5나 검은색 커튼에 흰색 숫자 5를 바라보세요. …… 만일 이 영상을 떠올리기 어렵다면, 당신의 손가락으로 숫자 5를 쓴다고 상상해 보거나 마음의 귀로 듣는다고 상상해 보십시오. 가능하다면 이 세 가지 방법을 모두 해 보세요. 숫자를 보거나 손가락으로 그려 보거나 소리를 들어 보십시오. …… 자, 이제 숫자 4를 보고 손가락으로 그려 보고 귀로 들어 보거나 아니면 세 가지 방법을 모두 해 보세요. …… 같은 방법으로 숫자 3, 2, 1을 똑같이 해 보세요. …… (긴 침묵)…… 숫자 1이 보이면 그것이 문이라고 상상하십시오. 이 문을 통과해 지나치기 전에 당신의 모든 근심과 걱정을 크리스털로 만든 그릇에 두고 간다고 상상해 보세요. …… 근심으로 가득한 그릇을 묻어 버립니다. …… 이 명상이 끝나게 되면 당신의 근심을 다시 찾을 수 있습니다. …… 이제 문을 통과하면 또 다른 문으로 연결된 세 개의 계단이 보입니다. 이제 당신의 불신과 회의를 크리스털 그릇에 놓아둔다고 상상합니다. 불신과 회의로 가득 찬 그 그릇을 묻어 버립니다. 이제 당신의 새로운 믿음체계를 살펴봅니다. 여기에 '마치~처럼'(as if)으로 시작하는 당신의 신화가 있습니다.

당신은 유일하고 독특하며 신성한 현시입니다.

당신의 존재를 통해서 오직 당신만이 표현할 수 있는 운명을 갖고 있습니다.

그것은 극적이거나 감상적이지 않습니다.

당신의 존재가 이곳에서 다름을 만들어 냅니다. 다름을 만드는 차이입니다.

당신의 놀라운 아이는 항상 그것이 무엇인지 알고 있습니다.

당신의 놀라운 아이는 당신이 인생의 목표를 발견하도록 이끌어 줍니다.

이제 계단으로 올라서 문을 여십시오. …… 당신은 천국으로 이어지는 계단이 나 있는 현관을 발견하게 될 것입니다. 아마 당신은 여기서 스티븐 할펀(Steven Halpern)의 '고대의 메아리(Ancient Echoes)'나 스타본 모음곡(Starborn Suite)을 연주하고 싶을지도 모릅니다. 그 계단으로부터 나오는 푸른색의 흰 빛에 둘러싸인 어떤 형상을 보기 시작합니다. …… 그 형상이 가까이 다가올수록 당신은 그가 따뜻하고 친절한 존재임을 경험하게 됩니다. 당신에게 따뜻하고 친절하게 느껴진다면 어떤 형태를 취하든 상관이 없습니다. 혹시 그 형상이 당신을 두렵게 한다면, 사라져 버리라고 말하고 다른 형상이 나타나기를 기다리세요. 이 존재는 바로 당신 내면의 인도자입니다. 그의 이름을 물어보세요. 당신의 놀라운 아이와 이야기하고 싶다고 말하세요. …… 이제 내면의 인도자가 당신의 손을 잡고 계단을 오르기 시작합니다. …… 당신은 커다란 사원에 도착하게 됩니다. 당신의 안내자가 문으로 인도합니다. …… 들어가 보세요. 그곳의 장엄한 아름다움을 느껴 보세요. 이제 아름답고 소중한 아이의 조각상이 있는 높은 제단으로 다가갑니다. 그 아이는 당신의 놀라운 아이입니다. …… 그 조각상이 살아나기 시작합니다. 당신의 놀라운 아이를 잠시 안아 보세요. 아이에게 당신의 인생의 목적에 대해 물어보세요. 나는 왜 여기에 있는지. …… (긴 침묵)…… 그에 대한 답이 상징이든, 실제 단어이든, 강한 느낌이든 어떠한 형태로 나타나든지 간에 받아들이세요. 당신의 놀라운 아이와 그것에 대해 이야기해 보세요. …… (긴 침묵)…… 설령 당신이 이해하지 못하더라도 당신이 얻은 답을 가지고 오세요. 놀라운 아이에게 감사하고 문을 걸어 나옵니다. 내면의 안내자가 당신을 기다리고 있습니다. 그가 당신을 계단 아래로 안내합니다. …… 당신이 현관에 다다르면 잠시 멈추세요. 이제 당신은 출생에서부터 현재까지의 인생 전체를 새로운 관점으로 재조명할 것입니다. 설령 놀라운 아이의 메시지가 명확하지 않았다 해도 당신이 인생의 목적을 이해하는 그 시각으로 재조명해 보세요. …… 이제 탄생의 순간으로 되돌아갑니다. 당신이 막 태어나는 순간을 볼 수 있습니다. 탄생에서부터 시작하여, 당신이 기억하는 모든 주요한 사건들이나 시점들을 새로운 이해의 눈으로 재조명해 봅니다. 그곳에 있는 사람들을 봅니다. 이제 그들이 달라 보입니까? ……(긴 침묵)…… 예전에는 무의미하게 다가왔던 사람들이 지금은 훨씬 의미 있게 보일 수도 있습니다. …… (긴 침묵)…… 어떤 사건들은 새로운 의미로 다가올 수도 있습니다. 당신을 힘들게 한 외상적인 사건들 속에서 새로운 의미를 발견할 수 있습니까? …… (긴 침묵)…… 당신 인생의 현재 시점으로 옵니다. 인생 전체를 당신의 영적 관점에서 완벽하다고 받아들이세요. 이제 당신은 초기 고통과 자아를 다루는 작업을 끝냈기 때문에 더 높은 관점에서 바라볼 수 있습니다. 과거를 완벽한 것으로 받아들이세요. 당신의 목적에 맡기세요. …… 당신이 아는 모든 이에게 사랑을 보내세요. …… 우리 모두는 빛을 위해 싸우는 어린아이임을 깨닫습니다. 당신의 부모님도 상처받은 아이임을 알게 됩니다. 따뜻한 황금빛이 모든 사람을 감싸는 장면을 바라봅니다. 당신 인생에서 모든 사람들을 어루만지고 감싸 안는 모습을 상상합니다. …… (긴 침묵)…… 모든 사람을 사랑과 우정이 필요한 아이로 바라봅니다.

　이제 사원으로 이어지는 계단이 있는 현관으로 되돌아갑니다. 문을 열고 세 개의 계단을 내려갑니다. 믿음과 회의 그리고 당신이 원하는 전제조건들을 다시 가져옵니다. …… 그다음 문을 지나 당신이 원하는 근심이나 열망들을 가져옵니다. …… 숨을 세 번 깊이 들이마십니다. 숫자 1이 보이면서 생기가 당신의 발가락과 발로 돌아오는 것을 느낍니다. …… 숫자 2를 보면서 당신이 앉아 있는 의자를 느끼고, 입고 있는 옷을 느낍니다. …… 그리고 당신의 손을 느낍니다. 그 에너지가 팔을 통해 목과 어깨로 흐르도록 하세요. …… 이제 숫자 3이 보입니다. 당신의 뇌가 넓게 깨어남을 느낍니다. 숨을 깊이 들이마십니다. 이 경험을 기억하겠노라고 스스로에게 말합니다. 당신이 모두 이해하진 못하지만 그 이미지들과 함께 머무르겠노라고 스스로에게 말합니다. 이제 숫자 4가 보이고, 숫자 5가 보이면 완전히 깨어납니다.

얼마 동안 이 명상을 기억하며 생활하는 게 좋다. 어떤 이미지들은 나중에서야 이해가 더 잘된다. 어떤 사람들은 이 명상이 그들의 인생과 자기 자신에 대한 새로운 깨달음의 시작이 되었다고 고백하곤 한다. 한 내담자의 놀라운 아이는 그에게 골동품이라고 쓰인 열쇠를 주었다. 어렸을 때 그 사람은 할머니 댁에서 지내기를 좋아했다. 할머니는 골동품 시계를 많이 가지고 있었다. 그는 할머니가 들려주는 각각의 시계에 얽힌 역사적인 이야기들을 듣는 것을 좋아했다. 훌륭한 이야기꾼이었던 할머니가 그의 상상력을 키워 주었음은 물론이다. 그는 자신의 골동품 시계를 수집하기 시작했다. 그러나 보험회사를 운영하면서부터는 너무 바쁜 나머지 소장품들에 투자할 시간을 거의 갖지 못했다. 그가 이 명상을 하고 나서 1년 반이 지난 후 나는 어느 골동품 전시회에서 그를 다시 만나게 되었다. 그는 회사를 처분하고 골동품상이 되어 있었다. 그는 골동품 시계와 진귀한 열쇠를 전문적으로 취급하고 있었는데, 자신의 새로운 인생에 대해 대단히 흥분되어 있었다. 다른 사람들도 이 명상을 통하여 이와 비슷한 극적인 결과를 보고하곤 한다. 내면의 안내자와 놀라운 아이는 우리 영혼의 지혜를 나타낸다. 영혼은 상징의 세계에서 움직이며 이미지의 언어로 이야기한다. 꿈속에서 말하는 것은 바로 당신의 영혼이다. 꿈 언어는 자아가 이해하기에 어렵다. 그 이미지들은 그 의미를 완전히 이해하기 전에 먼저 받아들이고 느껴야 한다. 물론 당신을 위해서 옳은 것만 받아들이라.

이 명상적인 경험을 수용적이고 지지적인 친구와 나누어 보라.

나는 이 연습을 통해서 멋진 새 삶을 찾았다. 다른 많은 사람도 이러한 강력한 경험들을 보고하고 있다. 그러나 당신에게 강력한 경험이 없었다 해도 문제될 것은 전혀 없다.

· 놀라운 아이를 이상화하지 말라 ·

이 시점에서 나는 놀라운 아이가 진정한 인생을 위한 유일한 모델이라고는 믿지 않는다는 사실을 분명히 해 두고 싶다. 나는 샘 킨과 마찬가지로 이 아이가 성숙한 인간 존재의 존엄에 파괴적일 수 있다고 믿고 있다. 오로지 놀라운 아이가 되려고 하는 시도는 현실에서 추방된 삶을 사는 것과 같다. 그 끔찍함에 대한 작은 경험이 있다. 나의 할아버지는 인생의 마지막 몇 년 동안 기억을 완전히 잃어버렸다. 내가 할아버지를 방문했을 때, 그는 같은 질문을 몇 번이나 반복하곤 했다. 할아버지는 힘든 노동 속에서도 인생을 무척 성실하고 사랑으로 살아온 아름다운 분이셨다. 그러나 과거와 미래가 없는 할아버지를 보는 것은 너무나도 고통스러운 일이었다. 우리는 현재를 살아야 하지만 현재를 위해서 사는 것은 아니다. 키플링(Kipling)의 말처럼 우리도 "순간을 멀리 뛰는 60초의 가치로 채워야 한다." 놀라운 아이의 신선한 시각은 어른인 당신의 경험과 지혜를 필요로 한다. 사실상 놀라운 아이는 어른인 당신이 그를 지지하고 보호해 주어야만 존재할 수 있다.

아무리 훌륭한 아이일지라도 진정한 어른의 삶의 모델이 될 수는 없다. 아이가 미래에 되어야 할 적합한 모델은 어른이다. 이에 대해 샘 킨은 이러한 결론을 내렸다.

> 에덴동산을 떠났을 때, 우리는 어린 시절이 끝나 버렸다는 사실을 깨달으면서 성숙한 인간이 되어 간다. 추억과 꿈의 완전한 조정을 위해서뿐만 아니라 현재의 인식을 위해서 책임감을 갖고 받아들일 때 우리는 온전한 인간이 되어 집으로 돌아온다. 우아한 존재는 과거와 현재와 미래를 통합한다.

놀라운 아이를 통해 내 인생을 재구성하는 작업은 나의 어린 시절이 지금의 나를 만들기 위한 준비였음을 깨닫게 해 주었다. 명상을 통해서 깨달은 인생의 목적은 나는 나 자신이 되기 위해 인간으로서의 자유를 주장하고, 다른 사람들도 같은 일을 할 수 있도록 돕기 위해 내가 존재한다는 사실이다.

그 과제를 성취하기 위해서는 나의 학문적인 노력들과 치료과정들, 치료사로서의 경험 그리고 나의 고통과 실수를 통해 얻은 지혜가 필요했다. 안내인인 나의 놀라운 아이로 인해, 이제 나는 내 인생 전체가 완벽하다는 사실을 알 수 있다. 역기능적인 가정, 알코올 중독자인 아버지와 상호의존 중독자인 어머니, 그리고 가난, 이 모든 것이 완벽했다. 이 모두가 내가 현재의 일을 하기 위해서 겪어야 했던 경험들이었다. 나의 어린 시절이 없었다면 역기능 가정에 관련된 TV 시리즈나 수치심, 수치심에 기반을 둔 가정에 관한 책을 쓰는 일은 불가능했으리라. 그리고 분명 당신과 나의 상처받은 내면아이를 회복하고 성장시키는 귀향에 관한 이 책도 빛을 보지 못했으리라.

놀라운 아이는 우리에게 끊임없이 성장하도록 촉구한다. 더욱 풍부하고 부유한 삶으로 우리를 이끌어 준다. 그 아이는 인생이란 성장하는 과정이며 인간이 된다는 것은 극복해 나아가는 것이라고 한다. 성장과 극복의 인생을 사는 삶은 고통과 위험의 아픔을 기꺼이 받아들이는 삶이다.

철학자 K. G. 폰 두크하임(Karlfried Graf Von Durkheim)은 이러한 역설을 잘 표현하고 있다.

> 인간이 계속해서 자신을 소멸의 상태에 노출하다 결국 그 한도에 이르렀을 때, 그의 내면에는 불멸이 자라게 된다. 그 안에 존엄한 용기가 있기 때문이다.

우리는 성장의 과정에 전념하면서, 우리에게 놀라운 아이의 존재를 알려 주기 위해 상처받은 아이가 필요했음을 알게 된다. 우리의 놀라운 아이는 인내해 왔으며 앞으로도 인내할 것이다. 그 아이는 파괴되지 않는다. 우리의 놀라운 아이는 하나님의 형상이기 때문이다. 이제 그 부분을 살펴보고자 한다.

14

하나님의 형상으로서의 놀라운 아이

> 우리가 신에 대한 믿음을 버리더라도 신은 죽지 않는다.
> 그러나 모든 이성을 초월하는 근원인 경이로움, 일상의 새로움, 지속적인 빛의 광채가 사라지는 날, 우리의 인생은 끝나게 된다.
> – 다그 함마르스크욜트(Dag Hammarskjöld) –

> 경이로움, 이것은 우리의 육감이며 타고난 종교적 감각이다.
> – D. H. 로렌스 (D. H. Lawrence) –

> 누구든지 어린아이가 되지 않고는 천국에 들어갈 수 없다.
> – 마태복음 18장 3절 –

당신이 어떤 종교적 신념을 가지고 있든 간에 '놀라운 아이'는 그런 신념으론 경험될 수 없는 당신 자신보다도 더 큰 어떤 것이다. 위대한 철학자인 이마누엘 칸트(Immanuel Kant)는 무수한 별빛으로 뒤덮인 광대한 밤하늘을 바라보며 신의 존재를 확인했다.

낮이 지나면 어김없이 밤이 찾아오고, 예측성과 규칙성 속에서 계절은 계속해서 바뀐다. 우주에는 눈으로 관찰 가능한 분명한 질서가 존재한다. 지구는 끝없는 은하계의 미세한 점에 지나지 않는다. 이 모든 경이로움에 대해 경외심을 갖지 않을 사람은 없다. 놀라운 아이는 선천적으로 종교적이다. 그는 순수하고도 확고한 신념으로 그 자신보다 더 위대한 존재를 믿고 있다. 놀라운 아이의 시적인 영혼은 존재의 심장부와 연결되어 있다.

당신의 놀라운 아이는 창조적인 재생이라는, 가장 신적인 힘을 인간적인 방식으로 소유한 당신의 일부이다.

· 창조적인 재생으로서의 놀라운 아이 ·

놀라운 아이는 창조성에 필요한 모든 부분을 타고났다. 칼 로저스는 몇몇 심리학자들과 예술가 그룹과 함께 창조성의 역동성에 대해 연구하면서 인간이 창조적이기 위해서 필요한 심리적인 조건들을 찾아보았다. 이 연구결과 그들은 창조성의 필수적인 요소들로 쾌활함, 자발성, 현재를 살아 나가는 능력, 경이로움을 경험할 수 있는 능력, 집중력, 자신이 가치평가의 중심이 되는 능력 등을 발견했다. 마지막 자질인 자신이 가치평가의 중심이 되는 능력은 자기 자신에 대한 만족감으로, 자기가 만들어낸 결과물에 대해 기뻐하는 능력이다. 이것은 결국 '나됨'이라는 인식을 얼마만큼 가지고 있느냐의 문제다. 이 모든 자질은 놀라운 아이의 특징이다. 바로 어린아이 같은 모습이다. '어린아이 같음(childlikeness)'은 자발적이고, 이 순간을 살아가며, 집중하고, 상상력이 풍부하며, 창조적이고, 놀고, 즐거워하며, 경이로움을 경험하고, 신뢰하고, 슬퍼하며, 사랑하고, 놀라고, 희망한다.

몰리(Morley)의 시에 묘사된 것처럼 놀라운 아이는 천부적인 시인이다. 우리 안의 이 부분을 만나게 될 때, 우리는 창조적인 힘을 발휘하게 된다. 대부분의 사람은 상처받은 아이의 얼어붙은 슬픔 속에 갇혀 있기 때문에 그들의 창조적인 힘을 깨닫지 못한다. "대부분의 인간은 조용히 절망하며 살아간다."라고 소로(Thoreau)는 탄식했다. 그러나 내면아이의 회복과 후원 작업이 이루어진다면, 놀라운 아이는 창조적인 재생을 외칠 것이다.

당신이 놀라운 아이의 창조적인 힘과 접촉할 수 있는 한 가지 방법은 '추방당한 유아'에 대한 신화적 의미를 개인화하는 일이다. 개인적인 의미를 발견하는 작업은 이러한 신화 속의 사건이 당신의 실제 삶에서 어떻게 일어났는가에 대한 깨달음과 관계 있다. 신화 속에서 어린아이는 대부분 변화나 재생을 예고하는 신성한 존재이거나 영웅적인 지도자다. 때로 아이는 구세주가 되기도 하며, 새로운 질서의 창시자가 되기도 한다. 서구 사상에서 가장 널리 알려진 추방당한 유아는 예수다. 이 이야기의 역사적인 정확성에 관한 문제를 제쳐 둔다면, 예수의 탄생 이야기는 추방당한 유아 모티브의 주된 패턴을 구체적으로 표현하고 있다. 동일한 주제를 다룬 다른 형태는 로물루스와 레무스(Romulus and Remus), 사르곤(Sargon), 모세(Moses), 아브라함(Abraham), 오이디푸스(Oedipus), 파리스(Paris), 크리슈나(Krishna), 페르세우스(Perseus), 지크프리트(Siegfried), 부처(Buddha), 조로아스터(Zoroaster), 헤라클레스(Hercules), 키루스(Cyrus), 길가메시(Gilgamesh) 등의 탄생 이야기에 나타난다. 신화는 추방당한 유아의 이야기들로 가득 차 있다.

　이처럼 추방당한 유아를 그린 모든 신화 속에는 몇 가지 기본적인 패턴들이 발견된다. 이러한 패턴들은 정신분석운동의 초기 창시자 중의 한 사람인 오토 랭크(Otto Rank)와 융학파의 아동 심리학자인 에디스 셜왈드(Edith Sullwold)에 의해 대략 그 밑그림이 제시되었다. 다음은 그들의 연구를 종합해 본 것이다.

- 추방당하는 아이는 왕의 아들이거나 왕좌를 물려받는 정통 계승자와 같이 고귀한 혈통의 아이다. 때로는 신적인 혈통의 아이다.
- 그의 탄생은 불임이나 금욕 같은 다소 평범하지 않은 상황과 동정녀 임신, 모계 혈통에서의 탄생 등과 같은 비정상적인 임신으로 둘러싸여 있다.
- 흔히 임신 전이나 임신 중에 꿈이나 신탁의 형태를 띤 예언이 있었다. 예언은 대개 탄생에 대한 주의나 어떤 위험(주로 아버지나 그의 대리인, 혹은 통치자)에 대한 경고다. 무엇인가 심상치 않은 일이 곧 발생할 것임을 알려 준다.
- 아이는 평범하지 않은 방법으로 탄생하며 곧바로 자연의 힘에 내던져진다. 상자에 담아 물에 띄우거나, 산속에 버려지거나, 동굴이나 구유에서 태어난다. 때때로 아이는 바다와 같은 대자연의 힘으로부터 탄생한다.
- 대부분 아이는 양치기와 같은 천한 사람이나 미천한 여인들에 의해서 구조되

나, 동물의 암컷들에 의해 길러진다. 기본적으로 신화에서는 자연의 자비로움에 아이를 맡기도록 하고 있다.

- 기존 세력은 그 아이를 제거하려고 하면서 무고한 사람들을 학살하기도 한다. 그러나 버려진 아이는 강하기 때문에 살아남게 된다. 그 아이는 비범하다. 이 때문에 그 아이는 위협이 된다.

- 아이는 서서히 자신의 비범함을 깨닫기 시작한다. 그 아이가 충분히 강해졌다고 판단된 때가 되면, 아이의 시대가 도래한다. 아이는 점차적으로 자신이 누구인지를 알아 가면서 힘이 생기게 된다.

- 새로운 자기를 인식하게 되면서 신성한 아이(영웅)는 기존 세력에게 가르쳐 주어야 할 무엇인가를 깨닫게 된다. 때가 차는 순간, 기존 세력이 그에게 복종하고 재생될 것임을 이해한다. 새로운 아이가 탄생했을 뿐만 아니라 이제 새로운 세계 질서도 탄생하는 것이다. 어떤 경우에는 아이가 그의 부모를 찾게 된다. 부모의 원수를 갚거나, 오이디푸스와 엘렉트라의 경우와 같이 부모를 죽이기도 한다.

- 마지막으로 아이는 마땅히 그에게 예정된 지위와 명예를 성취하게 된다. 그는 신성이나 왕권, 지도자의 역할을 받아들이게 된다.

신화는 인류의 집단적인 이야기들을 대표한다. 신화의 요소들은 등장인물들의 원형적인 모습이다. 즉, 신화 속의 이야기들은 우리 각자가 개인적인 삶 속에서 계속해서 되풀이하는 패턴들을 묘사한 것이다.

그렇다면 추방당한 아이의 원형이 우리에게 시사하는 바는 무엇인가? 어린 시절의 고통스러운 기억 외에, 우리들 각자에게는 유일하고 독특한 재능인 특별한 창조성에 대한 기억들이 있다. 우리들 각자는 신성한 아이이며, 영웅이나 지도자, 추방당한 치유자다. 그러나 영적인 상처가 너무나도 강력하게 이미 우리를 점령해 버렸기 때문에 놀라운 아이가 보내는 그 모든 암시와 신호를 알아차리지 못하는 것이다.

우리 중 많은 이가 어린 시절의 당황스러운 순간들을 기억한다. 우리는 우리를 둘러싼 힘들에 의해서 정복되었다고 느꼈다. 오로지 우리의 자연적인 본능만이 우리를 살아남게 했다. 우리는 중요한 존재가 되기 위해 거짓자기를 발달시켜야만 했다. 우리는 길을 잃어버렸고, 우리 자신이 누구인지 알 수 없었다.

그러나 놀라운 아이를 회복하고 성장시킬 때, 당신의 신성한 빛이 빛날 수 있다. 융이 말한 것처럼 "아이는 어둠 속에 빛을 가져오고, 어둠에 앞서 빛을 밝힌다."

· 우리의 이야기를 하자 ·

우리 안의 놀라운 아이의 원형과 접촉할 수 있는 많은 방법이 있다. 우리들 각자의 이야기를 듣는 방법은 놀라운 아이의 깊은 힘을 발견할 수 있는 방법 중의 하나다. 내면아이 워크숍에서 사람들의 이야기를 듣고 있을 때면 내 마음 깊은 곳에서부터 감동이 되살아난다. 그러한 현상은 반복해서 경험되곤 한다. 때때로 가장 암울하고 끔찍한 고통으로부터 살아남은 사람들의 내면의 힘과 창조성에 압도당하기도 한다. 나는 대부분 어떤 공통적인 패턴을 가진 이야기들을 듣게 된다. 수백 명이 넘는 사람들의 어린 시절 이야기를 들으면서 나에게 일어난 현상은 내 안에 있는 아이의 외로움에서 서서히 벗어나게 된 것이다. 나 자신의 이야기가 점점 더 평범하게 들리기 시작했다. 이에 대해 에디스 셜왈드는 "이야기를 하면서 우리는 원형적인 수준에서 우리 자신이 누구인지를 깊은 단계에서 접촉하기 시작한다."고 설명하고 있다. 어린 시절과 청소년기에 겪는 가장 큰 고통 가운데 하나는 끔찍한 외로움이었다. 왜냐하면 이 세상에서 자기 혼자만 어린 시절에 특별한 아픔을 겪었다고 생각하기 때문이다. 대부분의 우리는 '말하기 금지' 규칙을 가진 가정에서 자랐다. 결과적으로 우리의 이야기를 들려줄 대상이 없었다. 워크숍에서 여섯에서 여덟 명이 한 그룹으로 앉아 서로의 어린 시절을 이야기할 때, 어린 시절의 삶이라는 보편성으로부터 치유가 일어난다. **어쨌든 우리는 모두 추방당한 유아다.**

이는 우리가 알아야 할 대단히 중요한 사실이다. 때때로 성인아이들은 어렸을 때 자기만 고통을 겪었다고 믿고 있다. 상처와 고통 때문에, 돌봄의 결핍으로 인해, 우리는 사물을 구체화시키려고 노력한다. 때때로 상처받은 아이를 구체화하고 놀라운 아이의 존재를 잊어버린다. 글자 그대로 수렁에 빠져 꼼짝도 못 한 채 상징적인 존재를 잃게 되는 것이다. 상징적인 존재를 잃는다는 말은 곧 정신적인 부분을 잃는다는 뜻이다. 이것은 매리언 우드먼(Marion Woodman)이 얘기한 '의식의 구체화'를 만들어 낸다. 우리가 상처받았던 아이의 세계 너머의 세상을 볼 수는 없다. 상처받은 개인의 역사에 갇혀 꼼짝 못 한다는 것은 당신의 상처를 절대 넘어설 수 없다는 뜻이다. 결코 당신의 상처를 극복할 수 없다는 말은 상처받은 아이의 타락으로 인해서 당신 인생의 모든 것이 잘못되었다는 설명으로 귀결된다. 그러나 우리가 다른 사람들의 이야기를 들을 때, 그 이야기는 더 큰 무언가와 우리를 연결해 준다. 바로 우리의 원형적인 심원함에 닿게 해 주는 것이다.

놀라운 아이의 원형은 우리에게 정신적인 재생을 불러일으킨다. 그것은 변환에 대한 영혼의 욕구를 표현한다. 놀라운 아이는 추방당한 유아의 모티브에서 드러난 신화 속의 신성한 아이를 발견하도록 우리의 눈을 열어 준다. 그리하여 우리 개인의 역사 속의 문자적인 아이를 극복하도록 해 준다. **우리 모두의 이야기는 추방당한 후 진정한 자기를 찾아 여행을 하는 영웅, 신성한 아이에 관한 이야기다.**

· 활기찬 출현 ·

융에 의하면 원형이란 우리의 집단적 무의식을 구성하고 있다. 따라서 직접적으로 알 수는 없다. 그렇기 때문에 우리는 어린이 원형의 출현을 특징짓는 실마리들을 인식하는 법을 배워야 한다. 각자의 이야기를 듣는 방법은 원형적인 심원함을 자극하게 된다. 재생과 창조적인 변화를 위해 놀라운 아이가 당신을 부르는 또 다른 방법은 일종의 활기찬 출현(energetic emergence)을 통해서다.

강한 감정들

활기찬 출현은 유별나게 강하거나 전체적으로 퍼지는 느낌이다. 그것은 어떤 사물이나 사람에 대한 강한 정서적인 끌림이나 억압된 감정을 감추려는 강한 신체적 지각으로 나타나게 된다. 이해를 돕기 위해서 몇 가지 예를 들어 보겠다.

나는 한때 노먼(Norman)이라는 변호사와 일한 적이 있다. 그는 세심하고 법률에 대한 탁월한 지식을 갖고 있었다. 아버지가 설립한 법률 회사에서 선임변호사의 위치에 있었기 때문에 다른 변호사들은 종종 그에게 조언을 구하곤 했다. 때때로 그는 동료들이 판결에서 이길 수 있도록 돕는 데 시간을 보내곤 했다. 하지만 노먼은 거의 그러한 도움에 대한 공로를 인정받지 못했다. 내가 이러한 사실에 대해 의문을 제기했을 때, 노먼은 회사 전체가 성장할 수 있도록 도운 것뿐이라는 식으로 일축해 버렸다.

하루는 노먼이 자신의 꿈에 대해 이야기하면서, 엄청난 슬픔으로 가득 찬 꿈에서 깬 후 그때의 슬픈 감정이 6일 동안이나 지속되었다고 호소했다. 때때로 그는 한 시간 동안이나 흐느껴 울곤 했다고 한다. 이런 감정적인 에너지는 노먼과 같이 다소 금욕적인 생활양식을 가진 사람에게는 평범하지 않은 일이었다.

내가 그 꿈의 내용에 대해 물었을 때, 그는 주로 개와 고양이 같은 동물들을 잃어버린 사건을 이야기해 주었다. 이 꿈은 노먼에게 오랫동안 잊고 있었던 한 가지 추억을 기억나게 해 주었는데, 어렸을 때 그는 수의사가 되어 개와 고양이를 돌보는 놀이를 제일 좋아했었다. 노먼은 어렸을 때 수의사가 되고 싶어 했으나 아버지는 이러한 생각을 비웃었다. 노먼이 정말로 원하던 일을 포기한 상실감으로 인한 슬픔을 만회하는 방법은 법률분야에서의 세심한 경향으로 나타났다. 상실에 대한 그의 슬픔이 너무나도 깊었기 때문에 노먼은 스스로 어떠한 슬픔의 감정에도 일체 빠지지 않도록 억압했을 것이다. 그러나 그 꿈의 깊은 원형적인 에너지는 노먼으로 하여금 내면아이의 변형과 변화의 충동에 접촉하도록 자극한 것이다.

노먼은 재력가였다. 나는 그가 놀라운 아이의 요구를 경청하고, 수의사가 되기 위해 대학에 진학하고, 동물병원을 개원하도록 도와주었다. 그 꿈을 꾸었을 때 노먼은 서른여섯 살이었다. 10년이 지난 지금 그는 동물들을 돌보며 행복하게 살고 있다. 그의 꿈은 압도적인 정서적 슬픔을 불러일으켰다. 이 활기찬 출현은 그에게 놀라운 아이의 목소리를 듣도록 이끌었다.

재생의 변화에는 많은 용기가 필요하다. 그의 아버지는 충격을 받았고, 동료들은 그가 미쳤다고 생각했다. 기존 세력은 놀라운 아이의 에너지의 출현을 얕본 것이다.

그의 아버지는 나를 돌팔이 의사라고 불렀다. 그는 노먼이 우울증에 걸려 약물과 입원 치료를 받아야 한다고 주장했다. 그러나 모든 원형적인 패턴이 나타나지 않는가. 즉, 유아는 자연 질서 안에서 치유자가 되고 싶어 하고, 그의 진정한 자기는 이러한 삶의 작업으로 그를 부른다. 기존 세력의 끊임없는 억압과 반대, 고통의 세월들, 슬픔의 동굴 속에 숨어 있기, 진정한 자기를 찾으려는 투쟁의 시간들. 마침내 그 아이는 자유를 쟁취했다. 노먼은 자신의 에너지가 자기 안에 창조적인 변화를 일으키도록 했다.

내 인생에 있어서 활기찬 출현은 종종 사물이나 사람에 대한 강한 감정적인 이끌림의 형태로 나타났었다. 나는 철학적인 사상가들에게 강하게 매료되었다. 이 부분은 신학교에서의 경험을 이야기할 때 더욱 자세히 다룰 것이다. 그중 몇몇 사상가들은 그 당시 나의 지적인 교과과정을 고려해 볼 때 매우 특별한 사람들이었다.

때때로 나는 생소한 책에 강하게 끌리곤 한다. 서점에서 책을 훑어보는 동안 어떤 책이 내 눈길을 끈다. 그것이 책의 제목일 수도 있고, 책의 표지일 수도 있다. 일반적으로 내가 그 책에 끌리는 의식적인 이유는 없다. 그렇지만 나는 책을 사고 싶다는 충동에 사로잡히게 되고, 항상 그 책을 사게 된다. 집에 돌아와 책을 대충 훑어보곤 내가 왜 그 책을 원했는지 확실히 이해하지 못한 채 옆으로 치워 버린다.

시간이 흐른 뒤, 내가 새로운 프로젝트에 열성적으로 빠져들 때 거의 매번 그 책들 중의 하나가 내 의식 속으로 다시 떠오른다. 종종 문제의 그 책은 창조적인 발상을 자극하는 촉매 역할을 하곤 했다. 그중에서 가장 주목할 만한 두 가지 예는 1985년 PBS 시리즈인 〈브래드쇼의 가족(Bradshow On: The Family)〉과 나의 책 중에서 『당신을 구속하는 수치심의 치유(Healing the Shame That Binds You)』라는 책이다.

첫 번째 PBS TV 시리즈 이후 몇 년 뒤 나는 다른 주제의 시리즈를 기획해 달라는 요청을 받았다. 하지만 당시 나는 흥미 있는 주제를 찾을 수가 없었다. 하루는 서가를 훑어보다가, 칼 휘태커(Carl Whitaker)와 어거스터스 나피어(Augustus Napier)의 『가족의 혹독한 시련(The Family Crucible)』이라는 제목의 책에 눈길이 멈췄다. 그 책은 몇 년 동안이나 책꽂이에서 잠들어 있었다. 그 책은 가족체계이론을 소개하고 있다. 소설처럼 쉽게 읽을 수 있었으며, 가족체계 모델을 활용한 가족치료에 관한 책이었다. 과거 나는 가족체계가 너무 임상적이고 이론적이어서 대중적인 TV 시청자들에게는 적당치 않은 주제라고 생각했었다. 그렇지만 그 책은 나에게 깊은 영감을 주었고, 나는 일반체계로서 가족의 노출문제를 다룬 시리즈를 착안하게 되었다. 시리즈가 완성된 후, 나는 가족체계의 요소가 내 개인적인 인생에서의 가장 깊은 정서적인 문제에 대해 말하고 있다는 사실을 깨달았다. 내 원가족의 붕괴는 나에게 커다란 슬픔이었다. 이 중대한 자료에 대한 대중화가 내 인생 과업의 중요한 부분이라고 느껴졌다. 이 작업은 상처받은 내면아이를 회복하고 성장하는 길로 나를 안내한 것이었다.

『당신을 구속하는 수치심의 치유』를 집필하기 시작했을 때에도 난관에 봉착했다. 나는 여러 문헌에서 수치심을 표현하는 방법들이 불만족스러웠다. 아무도 건강한 수치심과 건강하지 않은 수치심을 명확하게 구분해 놓지 않았기 때문이었다. 하루는 내 사무실에서 『수치심(Shame)』이란 제목의 얇고 붉은색의 책을 발견했다. 하젤든(Hazelden) 출판사에서 발행한 작자 미상의 책이었다. 나는 그 책을 몇 해 전에 구입하곤 잊어버리고 있었다. 나는 그 책을 읽기 시작했고, 그 저자는 나에게 깊은 통찰력을 제시해 주었다. 그는 건강한 수치심을 인간성의 수호자로 보았다. 그의 가설에 따르면 수치심은 인간의 유한성 및 인간 한계의 신호가 되는 감정이다. 건강하지 않은 수치심은 우리가 인간 이상이거나 인간 이하가 되려고 노력할 때에 나타나는 결과다. 이러한 접근은 바로 내가 필요로 했던 부분이었다.

별다른 이유 없이 구입했으나 내 안의 강한 감정을 불러일으킨 이 두 권의 책은 서가에서 수년간 잠들어 있었지만, 내가 필요로 하는 바로 그때 나의 주의를 사로잡은 것이다. 가족체계와 수치심에 기반을 둔 가족들은 나 자신의 추방당한 신성한 아이에게로 가는 출입구가 되었다. 이러한 두 가지 주제에 관한 연구는 내 개인적으로는 영적 여정과 평생 연구의 일부가 되었다.

우리로 하여금 추방당한 신성한 아이를 발견하도록 이끌어 주는 감정들이 표현되는 또 다른 방법은 **신체적 기억**들을 통해서다. 때때로 내가 육체적 학대나 성폭력에 대한 강의를 할 때 청중들 가운데 어떤 이들은 메스꺼움, 복통, 두통, 목의 통증, 질식할 것 같은 느낌, 머리를 조이는 듯한 느낌 등의 강한 신체적 지각을 경험한다. 이러한 신체적인 지각은 새로운 삶으로 인도하는 자각을 부르는 활기찬 신호와도 같다.

육체적·성적 학대의 희생자들은 생존하기 위해 외상적인 고통으로부터 분리되려고 한다. 말 그대로 자신의 몸을 떠나는 것이다. 그렇지만 그 상처는 그들의 몸에 새겨진 채 남아 있고, 내 강의 시간에서처럼 그러한 폭력이 묘사될 때 신체적인 자각 증세로 되살아난다. 이러한 활기찬 출현이 지닌 가치는 그 희생자를 고통스러운 상처로 다시 불러내는 것이다. 이러한 초기 고통을 감싸 안고 치유할 때까지 희생자는 그 폭력의 영향력으로부터 회복될 수 없다. 초기 고통에 대한 애도과정이 없이는 자신들의 놀라운 아이를 발견하고 회복할 수 없다.

· 외상적인 사건들과 감정적인 고통 ·

활기찬 출현은 인생의 외상적인 사건(traumatic events)에 대한 반응으로 나타날 수도 있다. 당신이 이혼을 하고, 친구를 잃고, 직장에서 해고당했을 때 변화의 에너지는 당신을 재생과 새로운 인생으로 부른다. 나는 내담자들이 불행한 결혼생활을 끝내려고 결심할 때 이런 상황이 발생하는 경우를 여러 번 경험했다. 종종 학대당하는 여성이 가해자를 떠날 용기를 냈을 때, 자신들이 여태껏 상상해 보지 못한 방향으로 몇 년 이내에 그들의 인생이 전환되는 장면을 목격했다.

어떤 사람이 충격적인 사건으로 인해 파멸될지 아니면 그 사건을 통해 도전받고 변화될지를 예측할 수 있는 공식은 없다. 단지 확실한 건 그러한 외상이 이중적인 가능성을 갖고 있다는 사실을 우리가 인식할 필요가 있다는 점이다. 그 사건은 창조적인 변화를 촉진할 수도 있고, 자멸의 원인이 될 수도 있다. 이것은 외상이 발생할 당시 스스로 억압한, 미해결된 고통을 감싸 안는 당신의 용기와 그 상처에 당신이 어떤 의미를 부여하는가에 달려 있다.

자신의 삶을 돌이켜 보면서 고통과 상처의 경험으로 인해 생긴 힘을 찾는 작업은 대단히 중요하다. 내 내담자 중 많은 사람이 375쪽의 명상을 하는 동안 과거의 외상적인 사건들 속에서 커다란 힘을 발견했다. 그들은 레온 블로이(Leon Bloy)의 이러한 말을 이해한다.

마음속에는 아직 존재하지 않는 공간들이 있으며 거기에 고통이 차례대로 자리잡을 것이다.

나는 왜 좋은 사람들에게 나쁜 일들이 일어나는지, 혹은 어째서 끔찍한 학대가 다른 사건들보다 더 많은지에 대해 설명할 수 없다. 어떠한 종교적인 해답도 나에게 확신을 주지 못했다.

상처 변환시키기: 개인적인 이야기

내 인생에서의 최악의 상황이 궁극적으로는 내 삶의 가장 획기적인 계기가 되었다. 구급차에 실려 오스틴 주립병원으로 옮겨짐으로써 17년간에 걸친 나의 알코올 중독 생활은 막을 내렸다. 서른 살 때의 일이었다. 알코올은 나의 창조적인 가능성을 빼앗아 갔다. 알코올 중독이야말로 바로 내가 영적으로 깊이 갈망하고 있다는 강력한 증거였다. 매리언 우드먼은 중독을 '영혼의 타락'이라고 불렀다. 말 그대로 '우리의 영적인 본질 그 자체가 변한다.' 알코올은 나의 상처받은 내면아이를 치료하기 위해서 복용하는 약이었다. 그러나 그 약은 나를 죽이고 있었다. 중독은 나의 깊은 영적 필요에 대한 일종의 상징이었다.

아버지가 우리 가족을 버린 후로 우리는 자주 이사를 다니면서 대부분 친척 집에 살게 되었다. 나는 매우 **순종적인 아이**로 순응해 갔다. 나의 수치심을 감추고 알코올 가정의 체면을 세워 주기 위해 학교에서 전 과목 A학점을 받고, 초등학교 내내 반장이 되는 등 지나치게 **성취지향적인 아이**가 되어 갔다. 나는 **착한 아이, 사람들을 기쁘게 하는 성취자**의 역할에 지나치게 동일시됨으로써 인간 이상이 되려고 노력했다. 내 안에 있는 본래의 아이가 가진 거친 에너지는 지하에 갇힌 채 밖으로 나오려고 애쓰고 있었다. 십 대 초반 내 안의 거친 부분은 나처럼 아버지 없는 결손가정의 아이들을 찾게 되었다. 그 아이들과 몰려다니기 시작하면서 나의 거친 면이 서서히 드러나기 시작했다. 곧 그러한 행동들에 지나치게 동일시되면서 난잡하고 거친 삶으로 나의 고통을 감추려 했다. 내 상처와 슬픔은 알코올 속으로 빠져들기 시작했다. 나의 고등학교 시절은 술, 매춘, 흥청거림으로 얼룩진 시간들이었다. 나는 인간 이하가 되어 버린 것이다. 21세가 되었을 때 나는 덫에 걸린 걸 느꼈고 외로웠다. 그러던 어느 날 빠져나갈 해결책을 발견했다. 천주교 사제가 되기 위해 신학교에 가면 나의 모든 문제가 해결될 수 있을 것 같았다. 여러 수녀님과 신부님들은 내가 하나님의 일을 위해 특별한 부름을 받은 종교적인 소명을 가졌다고 격려했다. 나는 바실리안(Basilian) 교단의 회원이 되었다. 신학교에 간 것은 확실히 내 영혼의 상처를 치료하는 시도가 되었다. 그곳은 나의 영적 건강을 찾을 수 있는 곳이었다. 그렇지만 나의 자아는 아직 다루어지지 않았다. 내 영혼은 하나님을 향해 목말라했지만, 나의 억압된 감정적인 에너지는 다시 나를 불러들였다. 신학교에서 나는 영적으로 점점 강박적으로 되어 가면서 몇 시간 동안이나 무릎을 꿇고 기도하거나 탈진할 때까지 금식하기도 했다.

니체는 우리의 개인적인 성장에 있어서 세 가지 변형을 말하고 있다. "어떻게 영혼이 낙타가 되고, 낙타가 사자로, 그 사자가 마침내 아이가 되는가." 낙타처럼 나는 스스로에게 지식이라는 짐을 지웠다. 나는 위대한 영적 대가들을 연구하면서 명상하고 기도했다.

많은 젊은이처럼 영적 순례를 하고 있었지만, 올바른 질문들을 던질 만큼 내 영혼이 자유롭진 못했다. 놀라운 아이의 원형이 나에게 보내는 신호들을 들을 수가 없었다. 나는 나 자신을 찾지 못했기 때문에 내면의 평화를 찾을 수 없었다. 흰색 칼라에 검은색의 사제복을 입고 있었기 때문에 사람들은 나를 '신부님'이라고 불렀지만, 정작 나는 나 자신이 누구인지 알 수 없었다.

나의 원형적인 아이는 실존주의 철학을 공부하도록 나를 이끌었다. 처음에는 위대한 가톨릭 토미즘 철학자인 자크 마리탱(Jacques Maritain)이 나의 정신적 지주였다. 곧 도스토옙스키, 키르케고르, 니체 그리고 카프카의 작품들에 매료되기 시작했다. 이들은 모두 상처받은 아이였지만 아이의 원형적인 에너지가 자신들도 모르는 사이에 터져 나온 사람들이다. 그들은 원형적인 놀라운 아이가 어떤 일을 할 수 있는지를 보여 주는 훌륭한 예다. 그들의 삶은 고통스럽고 괴로웠다. 그들은 결코 상처받은 아이를 회복하거나 성장시키지 못했지만, 그들의 원형적인 에너지는 너무나 강력해서 높은 창조성으로 그들을 비약시켰다. 이들의 생애는 다소 비극의 느낌이 깔려 있다. 이들은 결코 내면의 평화를 찾지 않았고 마지막까지 고통스러운 삶을 살았다. 하지만 놀라운 아이는 위대한 예술작품을 창작할 수 있도록 여전히 이들을 인도했다. 가장 위대한 예술가들은 이러한 원형적인 패턴을 지닌 것으로 보인다. 그러나 이들은 상처 받은 아이를 회복하고 성장시키는 작업 속에서 겪는 기쁨을 맛보지는 않았다. 이러한 천재나 성자의 삶에는 대부분의 평범한 우리들과는 다른, 완전히 이해할 수 없는 신비한 부분이 있다. 나는 놀라운 아이와 관련된 알 수 없는 무언가가 있다고 생각한다.

어쨌든 나는 이들 중에서 특별히 니체에게 끌렸다. 얼마나 모순인가! 나는 모든 사람이 성 토마스 아퀴나스를 연구하던 로마 가톨릭 신학교에서 "신은 죽었다."고 선언한 니체의 작품을 연구하고 있었다. 니체의 편지 가운데서 처음 이 글귀를 읽었을 때의 감동을 아직도 잊을 수 없다.

만일 기독교인들이 내가 그들의 하나님을 믿기 원한다면, 더 나은 방법을 택해야만 할 것이다. 그들은 좀 더 구원받은 사람들처럼 보여야 하고, 참으로 행복감에 들떠 기쁨으로 가득 찬 표정을 지어야 할 것이다. 나는 춤추는 하나님만 믿을 수 있다.

춤추는 하나님! 삶을 즐기며 축하하는 하나님이라니! 신학교의 우울한 검은 예복, 엄숙한 침묵, 수련 수사들 간의 어떠한 특별한 우정도 금기시하는 모습과는 얼마나 대조적인 외침인가. 기쁨에 찬 찬양과 춤은 내가 받은 종교적 훈련에서는 결코 있을 수 없는 일이었다. 나는 육체의 금욕, 시각의 관리, 감정의 절제를 배워 왔다. 시각의 관리란 우리의 눈을 내리깔아 정욕을 불러일으키는 어떠한 것도 보지 않는 행위다. 사실상 나는 기존 세력의 완벽한 죄수였다. 도스토옙스키는 『카라마조프의 형제들 (The Brothers Karamazov)』 중 '대심문관(Legend of the Grand Inquisitor)'에서 이 부분을 탁월하게 묘사하고 있다. 만일 예수가 재림한다면 그들은 예수를 가둘 것이다. 예수는 우리를 해방시키려고 온다. 기존 세력에게는 감당하기 힘든 위협적인 일이다. 예수는 우리를 창조성과 우리 자신의 '나됨'으로 부르신다. 우리의 모델인 예수는 "아브라함보다 먼저 내가 있었다."고 말씀하신다. 이것 때문에 그들은 예수를 십자가에 못 박았다. 기존 세력은 우리가 창조성과 '나됨'을 표현하기 때문에 우리 모두를 십자가에 못 박는다.

신학교에서 교권에 대한 복종 교리는 우리가 암기해야 하고 1년에 네 번씩 읽어야 하는 규칙이었다. 대모(거룩한 어머니인 교회)와 대부(수도원장)가 생겼지만, 나는 여전히 영적인 상처 속에서 길을 잃은 채 남아 있었다.

그렇지만 내가 완전히 길을 잃은 건 아니었다. 내 안의 놀라운 아이가 움직이고 있었다. 그 아이는 내 석사 논문을 니체에 대해 쓰게 했다. 나는 제목을 '디오니소스적인 학문으로서의 철학'이라고 정했다. 니체는 쾌락과 와인, 다듬어지지 않은 창조성의 신 디오니소스(Dionysus)에게 흥미를 갖고 있었다. 반면 형식과 규율의 신 아폴로와는 잘 맞지 않았다. 그는 두 신 모두 예술과 인생을 위해 필요한 존재라는 사실을 알았지만, 자신의 삶에서 그 둘을 조화시키는 데는 어려움을 느끼고 있었다. 논문을 통해 나는 디오니소스적인 요소가 없는 철학이 얼마나 불충분한지를 역설했다. 니체에게 있어서 철학은 시와도 같았다. 그의 사상은 그 당시 만연한 아폴로식의 합리주의에 대한 과민 반응이었다. 나는 니체 작품의 심장부에서 디오니소스적인 힘을 느꼈다. 나는 아폴로적인 것과 디오니소스적인 것의 균형이 얼마나 중요한지를 깨달았다. 후자인 디오니소스적인 요소가 놀라운 아이의 거친 창조의 에너지가 된다면, 전자인 아폴로적인 요소는 깊은 시적인 에너지를 구현하는 형식과 구조가 된다. 그러나 나는 이러한 균형을 지적으로는 이해했을 뿐, 내 인생에서 어떻게 조화를 이뤄 나가야 할지 몰랐다. 그래서 나는 디오니소스를 선택했다.

이제 나의 낙타는 울부짖는 사자가 된 것이다. 나는 기존 세력의 반생명력에 반항했다. 처음에는 지적인 반항이었지만, 나의 알코올 중독이 행동으로 표출시키도록 도와주었다. 기존 세력이 나를 불러 불복종에 대해 꾸짖고 징계를 내렸다. 나의 반항은 계속되었고, 디오니소스적인 광란의 밤에는, 술에 만취한 채 새벽 3시에 기존 세력의 권위와 수도원장을 큰 소리로 저주하며 수도원 복도를 뛰어다녔다. 내 안의 놀라운 아이가 소동을 일으킨 것이다. 나는 교단에서 1년간 추방당했다. 서품식은 연기되었다. 내가 추방당한 다음 날 나의 동료들은 서품을 받았다. 이제 모든 게 끝나는 듯했다. 기존 세력이 거의 승리했다.

토론토에서 텍사스로 가는 기차 안에서 술을 마셨다. 맥주가 괴로운 내 영혼을 달래 주었다. 무슨 일이 있었는지 생각나지 않는다. 내 안의 상처받은 아이는 수치심으로 괴로워했다. 서서히 시간이 지나면서 나는 놀라운 아이의 소리를 듣기 시작했다. 그 아이는 내게 니체의 말로 다가왔다. "당신은 그중에서 가장 힘겨운 짐을 찾았다. 그리고 당신 자신을 발견했다." 아무도 내 존재를 확인해 주지 못했다. 바실리안을 떠나기 위해서는 용기가 필요했고, 그들도 그리 쉽게 놓아주지 않았다. 그들은 내가 새 생활을 시작할 수 있도록 400달러를 주었다. 나는 서른 살이었고 차도, 옷도, 집도 없었다. 내가 떠났을 때, 아무도 나를 불러 용기를 북돋워 주거나 지지해 주지 않았다. 나와 거의 10년간 함께 동고동락하면서 우정을 나눈 사람들은 떠나는 형제와는 말하지도 접촉하지도 않는다는 불문율을 따랐다. 처음 내가 사제가 되려고 떠날 때 파티를 열어 주었던 삼촌은 "존, 결국 난 네가 해내지 못할 줄 알았다."고 빈정거렸다. 지금 내가 이 글을 쓰는 동안에도 오래된 분노와 고통이 느껴진다.

신화 속의 추방당한 아이처럼 그렇게 나는 세상에 덩그러니 혼자 남겨졌다. 내 직장 경력이라곤 사무실에서 사환 노릇을 잠깐 한 것과 야채 검수원이 전부였다. 나는 어디로 가야 할지, 무엇을 해야 할지 몰랐다. 내면 깊은 곳에서 놀라운 아이는 나를 다그쳤다. 그 시절을 돌이켜 보면, 내가 어떻게 지냈는지 모르겠다. 알코올 중독은 절정에 달해 있었다. 나는 완전히 길을 잃은 채 철저히 혼자였다. 차도 없고 운전도 할 줄 몰랐다. 나는 두려움에 떨고 있었다. 결국 그 길의 끝은 오스틴 주립병원이었다.

병원을 떠날 때, 나는 알코올 중독을 극복하는 12단계의 모임에 가입했다. 구원의 손길이 나에게 뻗어 왔다. 좌절에 빠진 상태에서, 상처받은 존재인 동료들의 눈을 통해 나 자신을 보게 되었다. 우리 모두는 다른 사람의 도움이 필요한 '**밤중에 울고 있는 어린아이**'였다. 기존 세력으로부터의 탈출로 나를 인도한 내면의 목소리는 회복 가운데 있는 동료들의 눈을 통해서 확인되었다. 나는 회복 중인 다른 알코올 중독자들의 경험, 힘, 희망에 대한 이야기를 들으면서 진정한 나 자신을 바라보기 시작했다. 나는 안정을 찾았고, 지난 25년간 놀라운 아이가 서서히 빠져나온 그 공간을 찾아냈다.

나는 이제 '나는 나이며 나는 훌륭한 사람'이라는 가장 심오한 단계를 이해하고 있다. 한편으로 나는 격분하거나 잘 토라지고 이기적이다. 그렇지만 다른 한편으로는 사랑하고 흥미로워하며 창조적이고, 가끔은 나 자신에 대해 놀라울 정도다. 내 인생의 가장 위대한 깨달음은 창조성이 파괴를 극복할 수 있으며, 또한 창조성이야말로 폭력에 대한 해답이라는 사실이다. **놀라운 아이**가 처음부터 줄곧 나를 어떻게 이끌어 주었는지를 알게 된 것은 훨씬 나중의 일이다. 니체, 카프카, 키르케고르와 도스토옙스키에 대한 에너지는 바로 나의 놀라운 아이로부터 온 것이었다. 나는 왜 내가 이들과 그렇게 동일시되었는지를 이제 이해한다. 그들에게 감사한다. 그 사람들은 정확하게 말하면 나의 아버지들이었다. 그들은 나 자신을 찾을 수 있도록 도와주었다.

· 꿈 ·

앞에서 노먼의 꿈에 대해 이야기한 적이 있다. 노먼의 경우, 놀라운 아이의 변환적인 욕구를 발견하도록 이끈 것은 본질적으로 그의 꿈이 아니라 오랜 기간의 강렬하고도 이상한 슬픔이었다. 그렇지만 그의 꿈 때문에 그 과정이 시작된 것이다.

가끔 꿈 자체가 원형적인 놀라운 아이로부터 온 에너지가 될 수 있다. 융은 그의 자서전적인 저서인 『추억, 꿈 회상(Memories, Dreams, Reflection)』에서 인생을 형성하는 그러한 꿈을 '큰 꿈'이라고 불렀다. 그 역시 서너 살 사이에 그의 전 인생을 사로잡은 '큰 꿈'을 꾸었다. 그는 어린아이가 '그의 지식을 넘어서는' 문제들을 상징하는 그러한 꿈을 꿀 수 있다는 데 놀라워했다. 그는 이렇게 묻고 있다.

> 누가 저 위와 아래를 통합하여 내 인생의 후반부를 격정적인 열정으로 채운 모든 기초를 놓았는가?

나는 브래드쇼의 『당신을 구속하는 수치심의 치유』에서 내 자신의 '큰 꿈' 중 하나를 분석해 놓았다. 신학교를 떠난 지 20년 후 꾸었던 내 꿈은 인생의 본질적인 문제로 나를 다시 불러들였다. 특별히 그 꿈은 내가 본격적으로 명상을 시작하게 된 동기가 되었다. 당시 나는 정유회사의 중역이며, 심리학 고문으로 인력개발 프로그램을 책임지고 있었다. 그 일은 내 창의력을 짓누르고 있었다. 또한 나는 한 여성과 해로운 관계에 빠져 있었고, 돈을 더 많이 버는 데 혈안이 되어 있었다. 중역진으로서 나는 주식을 배당받았다. 그때는 정유산업의 절정기였다. 우리가 손대는 것마다 황금으로 변했다. 그러던 어느 날 위기가 닥쳐왔다. 사람들은 해고당했다. 나는 주식배당뿐만 아니라 컨설턴트로서 받았던 억대 연봉도 모두 잃었다. 나는 망연자실해졌다. 나는 가난하게 자랐기 때문에 내 모든 인생이 돈에 집착되어 있었다. 가난에 대한 공포는 낮은 수준의 만성적인 운명론으로 나타났다. 충분하다는 만족감은 결코 없었다. 언젠가 바닥을 드러낼 것이 명백했다. 이제 실제로 바닥을 드러내고 있었다.

그 이후 나는 곧 분명하게 연결되는 세 가지 꿈을 꾸었다. 그 꿈들은 여러 날에 걸쳐 나타났다. 첫 번째 꿈에서 나는 토론토까지 비행하려 하는데, 이륙할 수가 없었다. 두 번째 꿈에서는 이륙해서는 뉴욕 버펄로의 나이아가라 폭포 근처에 착륙했다. 공항에서 나는 25년 전에 만났던 트라피스트 수도원의 수도원장을 보았다. 그 당시에는 그에게 깊은 감동을 받았지만, 이후에는 전혀 그를 생각해 본 적이 없었다. 그의 영상은 며칠 동안 나를 따라다녔다. 세 번째 꿈에서는 뉴욕 버펄로에서 차를 빌려 토론토까지 여행했다. 토론토에 도착했을 때 나는 혼자였다. 나는 곧장 내가 신학을 공부했던 조셉 가(St. Joseph Street) 95번지로 갔다. 주위를 서성이다가 마침내 커다란 교회로 들어갔다. 기도 시간인 듯한 곳을 찾아 거기에 앉았다. 매우 독실해 보이는 몇몇 사람들과 이야기를 나누었다. 그들의 모습은 다소 뚜렷하게 보였다. 그 사람들은 나에게 내면의 성소를 찾으라고 격려해 주었다.

토론토는 내가 사제가 되려고 공부했던 곳이었고, 이 꿈들은 나로 하여금 다시 영적으로 집중하도록 자극했다. 난 매일의 명상을 시작하게 되었다. 사실 몇 년 동안 취미 삼아 명상을 해 왔지만 한 번도 명상에 대해 진지하게 생각해 본 적은 없었다. 또한 이 꿈들은 돈에 대해 걱정하는 내게 완전한 평안을 주었다. 어쨌든 내가 경제적으로 안정되리라는 확신이 왔다. 나는 나의 에너지를 영적인 문제에 집중시키기로 결정했다. 나에게 창조성은 영성이었다. 나는 새로운 TV 시리즈를 구상하기 시작했다. 그 시리즈는 현재 내 삶의 시작이 되었다. 수도원 생활과 재정적인 문제에서 나의 창조적인 에너지가 나오는 게 아니라는 사실을 확실하게 깨달으면서부터였다. 나의 놀라운 아이는 큰 꿈을 통해서 나를 새로운 궤도에 올려놓았다.

· 어린 시절의 추억들 ·

원형적인 무의식에 접근하는 다른 방법은 중요한 어린 시절의 추억들을 찾는 일이다. 때때로 그 추억들은 이후에 확실한 창조성의 씨앗이 되곤 한다.

유명한 화가 조지아 오키프(Georgia O'Keeffe)는 자서전을 통해, 생후 5개월이었을 때 이모 집의 커다란 카펫에 누워 킬트의 색깔과 디자인에 매혹되었던 장면을 기억하고 있다고 고백했다. 바로 그 킬트 디자인은 그 후 그녀가 그린 그림의 핵심 도안이 되었다. 어머니에게 이 추억에 대해 이야기하자 그녀의 어머니는 그렇게 오래전 장면을 기억하는 건 불가능하다고 대답했다. 그러자 조지아는 이모의 옷을 아주 상세하게 묘사했다. **어린 시절이란 많은 위대한 창조자들에게는 내적인 탐색기인 것 같다.**

위대한 고생물(古生物) 학자 테야르 드 샤르댕(Teihard de Chardin)은 그의 어린 시절의 추억을 회상하면서, 6~7세가 되기 전에 이미 암석과 철에 마음을 빼앗겼다고 고백하고 있다. 아인슈타인이 자석 나침반을 받았을 때는 다섯 살이었다. 그는 이 작은 물건을 바라보며 신비감으로 가득 차 있었고, 이것은 후일 우주의 비밀을 푸는 해답을 찾도록 만들었다. 그 신비감은 그의 인생 전체에 걸쳐 남아 있었다. 피카소와 샤갈의 그림은 어린아이 같은 이미지들로 가득 차 있다. 그 창조력의 씨앗은 그들의 어린 시절 안에 존재하고 있었다.

대표적인 융학파의 아동 정신과 의사인 프란시스 위케스(Frances Wickes)는 이 부분을 이렇게 표현하고 있다.

> 영원한 실재에 대한 경험은 어린아이에게도 일어날 수 있다. …… 그가 자라면서, 문제들이…… 그를 억누른다. 그의 자아는 더욱 위대한 자각의 요구를 충족시키기 위해 성장해야 하며 초자연적인 경험은 자아에 의해 잊히는 것처럼 보이지만 자기(self)에 의해 기억된다.

『추억, 꿈, 회상』에서 융은 놀라운 아이와의 갑작스러운 만남을 회상하고 있다. 삶이 막다른 곳에 갇힌 것처럼 느낄 때 그러한 경험이 찾아왔다. 그는 너무나 혼란스럽고 방향을 잃어버려 마치 '정신적인 장애'가 일어난 것 같은 두려움에 빠졌다. 그는 문제의 원인이 되는 뿌리를 찾으려고 시도하면서 어린 시절의 기억들을 찾기 시작했다. 그는 이렇게 기술하고 있다.

> 열 살인가 열한 살이었던 때의 어린 시절 추억이 가장 먼저 떠올랐다. 그 당시에 나는 블록쌓기 놀이를 열정적으로 좋아했다. …… 놀랍게도 이 기억과 함께 엄청난 감정들이 되살아났다. "아하!" 나 자신에게 아직도 이 놀이가 살아 있었다. 그 어린 소년은 여전히 주위에 존재하며, 내가 잃어버린 창조적인 삶을 가지고 있었다.

이 아이의 에너지와 다시 연결하기로 결심한 후, 융은 블록쌓기 놀이 한 세트를 구입하고, '유치한 게임들을 통해 아이의 삶'을 시작했다. 내면의 비판적인 목소리(기존 세력)로부터 많은 저항에 부딪혔지만, 그는 묵묵히 성과 교회가 있는 마을 전체를 쌓기 시작했다. 그는 매일 점심 식사 후나 저녁 시간에 그 작업을 했다. 그의 가족들도 의아해했다. 그렇지만 그는 "나는 오로지 나 자신의 신화를 발견하는 길로 가고 있다는 내면의 확신이 있을 뿐이었다."라고 쓰고 있다.

이 경험은 융의 놀라운 창조적인 에너지가 발휘되는 데 매우 중요한 역할을 담당했으며, 그의 창조력은 원형론과 집단무의식의 학설을 통해 정점에 이르렀다.

수년 전, 융의 자서전에서 이 부분을 읽는 동안 나 자신의 삶에서 비슷한 사건들이 떠올랐다. 열 살 정도 되었을 때 나는 모형 비행기를 조립하는 데 관심이 있었다. 비행기 하나를 조립하는 데 몇 주씩 시간을 보내기도 했던 기억이 났다. 처음으로 공들여서 비행기 전체를 완성했다. 그것은 발사(balsa) 나무의 작은 조각들로 만들어졌는데 매우 섬세하고 복잡한 작업이었다. 이제 바깥쪽 종이에 풀을 붙이고 색칠을 끝내는 일만 남아 있었다. 하루는 집에 돌아와 보니 내 비행기가 부서지고 망가져 있는 장면을 발견했다. 어린 동생이 비행기를 날리려다 망쳐 버린 것이었다. 나는 너무나도 실망했으며, 사실 제정신이 아니었다.

때때로 나는 다시 시작할 생각을 해 보았지만 실행에 옮긴 적은 없었다. 30년이 지난 후에도 나에게는 아직도 모형 비행기를 만드는 일을 끝내려는 에너지가 남아 있었다. 이상할 수도 있지만 여러 가지 부분에서 나에게 그 일은 매우 중요했다. 서른아홉 살에 나는 모형 비행기를 사서 공들여 가며 비행기를 조립했다. 때때로 밤을 새우다시피 하면서 그 작업을 했다. 전체를 조립하고, 색칠하고, 완전히 그 작업을 끝냈다. 내가 왜 모형 비행기를 만들려는 충동을 느꼈는지는 알 수 없었지만 완성했다는 사실이 매우 자랑스러웠다.

지금 돌이켜 보면, 서른아홉 살 이후의 시간은 내 삶에 있어 창조력을 가장 많이 발휘한 시기였다. 아마 모형 비행기를 완성하지 못한 어떤 미해결된 에너지가 내 안에 있었으며, 다른 창조적인 일을 시작하기 위해서 먼저 그 일을 끝낼 필요가 있었던 것 같다.

· 좋은 소식들의 단편 ·

역기능 가정의 많은 사람이 상처받은 아이의 타락을 반복하는 데 인생의 대부분을 소비하고 있다. 안타깝게도 그들은 방어적으로 살아가다 보니 기만적인 인생의 신화에 빠져 우리 내면에 좋은 소식들의 단편이 있다는 사실을 모른다. 좋은 소식들이란 우리 각자가 대단히 창조적이라는 사실이다. 심지어 우리는 신경증에도 창조적으로 적응한다. 우리들 각자에게는 창조적 가능성을 지닌 놀라운 아이가 있다. 이것은 위대한 화가나 음악가뿐만 아니라 모든 사람에게 적용된다. 우리 인생은 우리의 예술 작품이 될 수 있다. 어머니는 여태껏 아무도 시도한 적이 없는 창조적이고 독특한 양육방법으로 아이를 키울 수 있다. 다른 직업이나 인생의 역할에서도 마찬가지다. 우리 각자는 독특하고 유일무이한 존재로 불린다. 만일 당신이 자신의 창조성을 찾기 시작한다면 어린아이였을 때 겪은 어떤 경험들의 자취를 찾을 수 있을 것이다.

성인아이는 인생의 각 요소가 그들만의 독특한 이야기를 엮어 내는 데 중요하다는 사실을 깨달을 필요가 있다. 상호의존적인 오염된 관계는 독특한 '나됨'으로부터 우리를 멀어지게 만들기 때문에 더 이상 우리는 자신이 중요하다고 믿지 않게 된다. 그러나 나는 당신 삶의 모든 요소가 특별하며 유일무이하다고 외치고 싶다. 또 다른 당신은 결코 존재하지 않는다. 당신이 유일한 존재라는 특별함을 믿으라. 당신의 기억들이 중요하다고 믿는 법을 배우라.

　다음의 명상은 어린 시절의 추억들이나 창조성이 남아 있는 기억들로 되돌아가 그것과 만날 수 있도록 도와줄 것이다. 이 명상을 시작하기 전에 당신은 앙투안 드 생텍쥐페리(Antoine de Saint-Exupery)의 『어린 왕자』를 다시 읽고 싶을 수도 있다. 만약 그럴 만한 시간이 없다면, 이제 막 자라기 시작한 그의 화가로서의 재능을 어른들이 어떻게 망쳐 버렸는지를 묘사한 부분만 상기해 보라. 그는 보아뱀이 코끼리를 삼키는 그림을 그렸다. 그 그림을 본 어른들은 전혀 보아뱀을 보지 못했다. 모자만 보았을 뿐이다. 작가는 이렇게 쓰고 있다.

> 어른들의 대답은…… 보아뱀 그리기를 그만두라는 충고였다. 그 대신 지리, 역사, 산수, 문법공부에 몰두하라고 충고했다. 이것이 바로 6세 때 어쩌면 위대해졌을지도 모르는 화가로서의 내 재능이 좌절된 이유다. …… 어른들은 결코 스스로 뭔가를 이해하는 법이 없다. 그래서 아이들은 사물을 어른들에게 설명해 주는 데 언제나 혹은 영원히 지쳐 버린다.

　만일 당신의 창조성이 일찍이 어떤 어른들에 의해서 파괴되었다면, 다음의 명상을 따라 하라. 마음의 재 속에 타고 있는 불씨처럼 아직도 내면에 숨어 있는 기억과 만나도록 도와줄 것이다.

창조적인 어린 시절의 기억에 대한 명상

　녹음기에 다음의 내용을 녹음하라. 배경 음악으로는 다니엘 코비알카(Daniel Kobialka)의 '별에게 소원을 빌 때(When You Wish Upon a Star)'가 좋겠다.

당신의 호흡에 집중하세요. …… 숨을 들이마실 때 일어나는 몸의 변화에 집중해 보세요. …… 숨을 내쉴 때도 마찬가지입니다. …… 검은 커튼에 숫자 5의 모양을 한 흰색 수증기를 천천히 뿜어 보세요. …… 5가 안 보이면 손가락으로 그려도 좋습니다. …… 이제 숫자 4를 내쉬거나 손가락으로 그려 보세요. …… 작은 조각들을 놓아주는 것처럼 느껴 보십시오. …… 그리고 당신이 필요한 만큼 붙잡아 둔다고 의식해 보세요. …… 이제 좀 더 많이 놓아줄 수 있습니다. …… 당신이 처음으로 붙잡는 법과 놓는 법을 배웠던 때를 기억해 보세요. …… 당신이 걷는 법을 배울 때 붙잡는 걸 배웠고…… 먹는 법을 배울 때도 마찬가지였습니다. …… 놓아주는 것은 그네를 타면서 머리에 바람결을 느꼈을 때 배웠습니다. …… 맨 처음 백일몽을 꾸거나, 밤에 자러 갈 때도 놓는 법을 배웠습니다. …… 그래서 당신은 얼마만큼 붙잡아야 하는지, 얼마만큼 놓아주어야 하는지 잘 알고 있습니다. …… 당신은 당신의 목소리, 음악, 당신이 입고 있는 옷의 감각도 완전하게 의식할 수 있습니다. …… 의자에 등을 기대고 공기를 얼굴에 느낍니다. …… 동시에 빛으로 들어가면서 편안한 최면 상태에 빠집니다. …… 전신이 무감각해지는 것을 느낍니다. …… 몸이 무거워지는 것을 느끼거나…… 깃털처럼 가벼워지는 것을 느끼게 됩니다. …… 무겁거나 가볍거나 어느 쪽이든 간에 당신은 그대로 꿈속으로 빠져 듭니다. …… 그것은 무언가를 발견하는 꿈입니다. …… 꿈속에서 당신은 아주 오랫동안 잊고 있었던 가장 특별한 어린 시절의 기억을 찾게 됩니다. …… 어쩌면 아주 분명할 수도, 너무 희미할 수도 있습니다. …… 그렇지만 창조적인 씨앗이 되는 기억에 대한 꿈이 분명합니다. …… 당신은 이미 그렇게 살고 있을 수도 있고, 아니면 그것이 지금 당신에게 필요한 기억의 씨앗이 될지도 모릅니다. …… 당신은 곧 알게 될 것이고…… 당신이 알게 되는 것이 당신에게 가장 좋은 것입니다. …… 2분 동안 무의식의 세계에 빠져들 준비를 하십시오. …… 이때 당신은 다른 시간을 발견하게 될 것입니다. …… 자, 이제 할 수 있습니다. ……(2분간의 침묵)…… 당신이 경험한 것이 무엇이든 간에 당신에게 가장 좋은 것입니다. …… 당신이 있어야 할 바로 그곳입니다. …… 당신이 경험한 것에 대해 생각해 보세요. …… 당신이 이미 알고 있는 것 일수도 있습니다. …… 며칠 동안 당신이 경험한 것을 품고 생활할 필요가 있습니다. …… 어쩌면 몇 주 동안…… 당신만이 알고 있습니다. …… 당신은 놀랄 수도 있고…… 갑자기 깨달을 수도 있습니다. …… 뭔가를 바라보다가…… 책을 읽다가…… 걷다가…… 그것이 당신에게 다

가올 것입니다. …… 이제 천천히 숫자 3을 보면서 손의 감각을 느끼고 발가락을 움직여 보
십시오. …… 이제 숫자 5를 보면서 몸 전체가 깨어나는 것을 느껴 보세요. …… 이제 당신
의 마음이 완전히 현재로 돌아오고, 평소의 깨어 있는 의식 상태로 회복됩니다. …… 자, 이
제 눈을 떠도 좋습니다.

　당신은 창조적인 기억과 접촉했을 수도 있고, 그러지 않았을 수도 있다. 또 강력한
기억과 만났을 수 있지만 그것이 무엇을 의미하는지 알지 못할 수도 있다. 당신이 무
엇을 알게 되든 그것이 당신에게 필요하다고 믿으라. 다만 그것이 당신에게 필요한
것이라면 알게 되리라고 믿으라.
　혹시 이 장에 기술된 어떠한 경험에도 당신의 놀라운 아이가 반응을 보이지 않았다
면, 다음의 몇 가지 방법들이 내면아이의 존재에 대한 단서가 될 것이다.

① 당신이 지나칠 정도로 끌리는 게 있다면 주의를 기울여 보라. 수집하고 있는 물
　건일 수도 있고, 외국의 어떤 나라나 그 문화에 흥미를 가질 수도 있고, 특정 색
　이나 소리에 깊이 매료되었을 수도 있다.
② 당신의 직관이나 육감에 집중해 보라. 아인슈타인은 종종 자신의 연구에서 직
　관이 어떤 역할을 했음을 인정하곤 했다. 그의 유명한 반응식에 관한 연구를 하
　기 훨씬 전에 이미 그는 말로는 표현하기 힘든 어떤 즉각적인 확신을 가지고 있
　었다. 아인슈타인은 아니지만 우리 모두는 직관을 가지고 있다. 직관은 '생각
　의 느낌'으로 묘사되어 왔다. 그것은 당신이 아는 것이라기보다는 느끼는 것이
　다. 직관은 이유 없이 뭔가를 아는 것과 관계있다. 많은 학자가 직관적으로 아
　는 것은 뇌의 비지배적인 대뇌반구의 영향이라고 확신하고 있다. 주요한 대뇌
　반구는 논리적으로 이해하며 일차원적인 사고의 중심이다. 비지배적인 대뇌반
　구는 직관적으로 이해하며 전체적이거나 '즉각적인' 사고의 중심이다. 상처받
　은 내면아이를 가진 수치심에 근거한 성인아이들은 거의 자신들의 직관을 믿지
　않는다. 우리의 삶은 너무나 잘 보호받고 있어서, 외부의 위험에만 초점을 맞춘
　과다경계(hypervigilance) 상태에서 움직이고 있다. 우리는 결코 긴장을 풀지 않기

때문에 내면에서 나오는 직관의 소리를 들을 수 없다. 우리는 놀라운 아이를 되찾고 성장시킨 후에야 이러한 부분을 경험할 기회를 갖게 된다.

한때 겉으로 보기에는 안정된 결혼생활을 하는 것 같지만, 이혼을 생각하고 있는 한 여성과 상담을 한 적이 있다. 그녀의 남편은 부자였고, 그녀를 사랑했으며, 그들의 문제를 해결하고 싶어 했다. 그들은 6명의 10대 자녀를 두고 있었다. 내담자는 무척 다급해하며 이렇게 호소했다. "내가 만일 이 결혼생활을 계속 이어 간다면 절대로 하나님이 나를 창조하신 뜻대로 살 수 없다는 생각이 들어요. 내 인생은 위태로워요. 이유를 말할 수는 없지만 그냥 그렇게 느껴요. 그리고 나는 내가 옳다는 걸 알아요." 그녀는 이혼 소송을 제기했다. 기존 세력은 흥분했다. 그녀가 출석하는 침례교회의 목사는 어이없어했다. 그녀의 성경 연구반은 매주 철야 기도를 시작했다. 그녀의 남편은 나를 탓했다.

5년 후 그녀가 내게 편지를 보내왔다. 어릴 때부터 꿈꿔 왔던 자신의 부동산 회사를 어떻게 설립했는지에 대한 내용이었다. 그녀는 1년에 50만 달러 정도의 수입을 올리고 있었고, 아이들은 잘 자라고 있었다. 그녀는 특별히 한 남성과 멋진 우정을 유지하고 있었고, 행복감으로 넘쳐 있었다. 그녀는 모든 반대에 맞서 직관을 따랐고, 그녀의 놀라운 아이가 승리한 것이다.

우리 내면의 목소리가 진정한 직관인지 아닌지를 판단하기란 쉽지 않다. 가끔은 욕망과 혼동되기도 한다. 사실 더 높은 지성의 부분인지 이기적인 욕망인지 구분할 수 있는 절대적인 가이드라인은 없다. 상상 속에서 당신 내면의 목소리를 듣도록 시도해 보라. 우리는 흔히 오랫동안 원해 왔던 것이나 원하는 것이 무엇인지 알고 있다. 직관은 보통 친숙하지 않은 신선하고도 새로운 어떤 부분이다.

③ 당신의 지속적인 충동에 주의를 기울여 보라. 예를 들면, 항상 발리(Bali)나 극동 아시아 지역에 가고 싶다든지, 금속 수집을 하러 돌아다니고 싶다든지, 아니면 언젠가 악기를 배워 연주하고 싶어 했거나 조각이나 그림 공부를 하고 싶었다는 등등의 충동들 말이다. 당신의 모든 것을 지금 당장 버리고 충동을 따르라는 말은 아니다. 그렇지만 탐색해 볼 만한 가치가 있다. 상상의 여행을 떠나 봄

으로써 이러한 충동이 당신에게 얼마나 중요한지를 느껴 볼 수 있다. 아니면 자유연상법을 사용할 수도 있다. 항상 발리에 가고 싶었는데 그 이유는 잘 모른다고 하자. 이제 그 이유를 스스로에게 물어보라. 발리가 나에게 무엇을 의미하는가? 동그랗게 원을 그리고, 중앙에다 '발리'라는 글자를 써 보라. 그러고는 당신의 마음에 떠오르는 단어나 문구들을 자유롭게 연결 지어 보라.

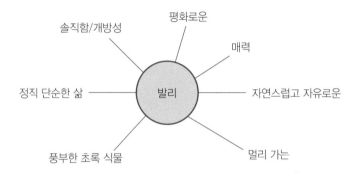

　모든 연상을 자세히 살펴보고 가장 많이 끌리는 단어 하나를 선택해 보라. 일단 그 연상 단어를 선택했다면 잠시 동안 그 단어에 머물러 보라. 그리고 그 의미를 받아들여 보라. 그 의미의 강한 느낌을 갖게 되면 행동계획을 세우고 실천하라.

④ 당신의 인생에 새롭게 등장해 새로운 방향으로 당신을 인도하는 사람들에게 관심을 가져 보라. 그 사람이 당신의 익숙한 패턴들을 더 많이 방해할수록 당신이 기존 세력을 부수고 나와 내면의 가장 자연스러운 모습을 찾을 수 있는 기회를 더 많이 제공하고 있다고 가정해 보라. 그는 당신의 사고방식에 도전하고 당신의 신념체계를 위협할 수도 있다. 그는 당신을 매료하여 오랫동안 얼어붙어 잠들어 있던 당신 내면의 어느 한 곳을 깨울 수도 있다. 이 새로운 사람과의 관계를 발전시키는 데는 충동적이기보다는 신중을 기하는 게 좋다. 그러나 그 사람을 자기 발견이 가능한 상징으로 바라보라.

창조적인 재생은 삶의 본질이다. 오래된 기억을 떠올리고, 예감과 직관을 신뢰하며,

새로운 에너지를 따르는 작업은 당신의 새로운 창조성이 분출되도록 자극할 것이다.

· 창조성 ·

　창조성(creativity)은 인간 된 자의 영광이다. 이는 우리를 다른 모든 피조물과 구분 지어 준다. 인간의 운명은 우리 자신의 독특한 삶의 방식을 창조하는 것이다. 당신은 부모로서 기존 세력에게 도전하면서 창조할 수 있다. 어떤 사람들은 자신에게 지정된 문화적인 역할 수행을 거절함으로써 창조할 수 있다. 삶을 창조하려면 새로운 방식으로 존재하는 위험을 감수할 수 있는 용기가 필요하다. 창조성은 성공과 깊은 관련이 있다. 성공이란 단 하나뿐인 당신의 인생에서 당신이 원하는 일을 하는 것이다. 신화의 의미를 가장 탁월하게 가르쳐 준 조셉 캠벨(Joseph Campbell)은 당신의 인생에서 원하는 일을 하는 것은 **당신의 낙원을 찾는 것**이라고 말했다. 이것 역시 새로운 일을 시도해 보고, 우리에게 맞지 않으면 그만두고 넘어가는 용기가 필요하다. 그리고 자발성, 쾌활함, 놀라운 아이의 호기심이 필요하다. 우리 자신의 별에 소망을 비는 용기가 있을 때, 우리는 우주에 새로운 무엇인가를 주는 것이다. T. S. 엘리엇은 그의 시 『J. 앨프레드 프루프로크(J. Alfred Prufrock)의 연가』에서 "내가 감히 우주를 어지럽히는가?"라고 질문한다. 사실 모든 유일한 삶의 방식이 성취될 때 우주는 새롭게 창조된다.

　창조성은 단지 인간 최고의 영광만이 아니다. 그것은 우리 안의 진정한 하나님의 형상이다. **우리를 만든 창조주를 닮아 가는 것**이 창조의 진정한 의미다. 창조성은 우리의 삶을 자신의 예술작품으로 만들 수 있는 기회를 제공한다. 그렇게 함으로써 우리는 모든 미래의 인간의 삶의 방식들을 창조하는 데 기여하게 된다. 제임스 조이스(James Joyce)는 이렇게 말하지 않았던가.

　　환영하노라. 인생이여! 나는 경험의 실재와 백만 번째 해후하러 가노라. 나의 여정에서 창조되지 못한 의식들을 내 영혼의 대장간에 버리러 가노라.

　창조적인 선택은 당신의 타고난 권리다. 그 권리를 누리시길……

| 에필로그 |

"집으로 엘리엇, 집으로!"

영화 E.T.는 전 세계 수백만의 사람들에게 사랑을 받았다. 수많은 사람들이 어떤 현상에 대해 그런 에너지를 나타낼 때는 종종 그것을 자극하는 깊은 원형적인 패턴이 있다. 특별히 한 장면이 우리의 집단적 무의식을 건드렸다. 버림받은 E.T.가 "집으로 엘리엇, 집으로."라고 속삭였을 때, 바로 그 말은 우리의 깊은 원형적인 갈망을 불러 일으키는 그 상징을 자극한다. E.T.가 "집으로 엘리엇, 집으로."라고 속삭였을 때 전 세계 수백만의 남녀노소가 울었다.

여전히 추방당한 신성한 아이이기 때문에 우리 모두는 울었던 것이다. 우리가 아무리 놀라운 아이를 되찾고 성장시키더라도 내면에는 공허감과 부족함이 여전히 남아 있다. 나는 이것을 '형이상학적인 우울'이라고 부른다.

상처받은 내면아이를 되찾고 성장시키는 작업에는 반드시 기쁨이 있다. 우리 중 많은 사람들에게 내면아이를 찾는 것은 처음으로 집을 찾는 것과도 같다. 그렇지만 아무리 안전하고 아이와 연결된다고 해도, 우리 모두에게는 아직도 가야 할 어두운 여행이 남아 있다. 그 길이 두려운 것만큼 우리 모두는 내면에 갈망을 가지고 있다. 그렇기 때문에 우리가 아무리 이 세상에서의 목표와 꿈을 성취한다고 해도, 심지어 우리가 갈망하던 곳에 도착할지라도 우리는 항상 가벼운 실망을 경험하게 된다. 심지어 단테, 세익스피어와 모차르트를 경험하고도 우리는 '이게 다야?'라고 말하지 않는가.

나는 우리 모두에게 우리가 속한 또 다른 안식처가 예비되어 있기 때문에 이러한 실망감이 생긴다고 믿는다. 우리는 존재의 심연에서 나왔고, 그 존재가 우리를 부르고 있다. 나는 우리가 하나님으로부터 나왔으며 하나님에게 속해 있다고 믿는다. **아무리 좋은 곳일지라도 우리는 아직 집에 도착한 게 아니다.** 상처받은 아이 어거스틴은 이를 잘 표현하고 있다. "오! 하나님, 당신을 위해 저희를 만드셨습니다. 그리고 당신의 품에 안식하기 전까지 저희 마음에는 평안이 없습니다." 이것이 마침내 우리의 진정한 귀향이 되리라.

| 참고문헌 |

Alberti, Robert E., & Emmons, Michael L. (1986). *Your Perfect Right*. San Luis Obispo, CA: Impact
    Publishers, Inc..

Andreas, Connairae, & Andreas, Steve. (n.d.). *Heart of the Mind*. Moab, UT: Real People Press.

Armstrong, Thomas. (1985). *The Radiant Child*. Wheaton, IL: Quest.

    이 책은 제4부 내용의 중요한 자원을 제공해 주었다.

Bandler, Richard, & Grinder, John. (1979). *Frogs into Princes*. Moab, UT: Real People Press.

Bandler, Richard, & Grinder, John. *Reframing* (Moab, UT: Real People Press, 1982).

Berne, Eric. (1978). *Games People Play*. New York: Ballantine.

Berne, Eric. (1984). *What Do You Say after You Say Hello?*. New York: Bantam Books.

Bettelheim, Bruno. (1980). *Surviving and Other Essays*. New York: Vintage.

Black Elk. (1953). *The Sacred Pipe*. Norman, OK: University of Oklahoma Press.

Bly, Robert. (1986). *Selected Poems*. New York: Harper & Row.

    나는 로버트 블라이가 쓴 모든 저서를 추천한다. 그는 이 시대의 진정한 아버지 중 한 사람이다.

Booth, Leo. (1987). *Meditations for Compulsive People*. Deerfield Beach, FL: Health
    Communications, Inc..

    내 책의 내용 중, 특별히 '수치심 중독'에 관해서 이 책 리오(Leo)의 "내 이름은 중독입니다."에
    서 통찰을 얻었다.

Cameron-Bandler, Leslie, & Lebeau, Michael. (1986). *The Emotional Hostage*. San Rafael, CA:
    FuturePace, Inc..

Cameron-Bandler, Leslie, & Lebeau, Michael. (1985). *Solutions*. San Rafael, CA: FuturePace, Inc..

    Originally published as They Lived Happily Ever After.

Campbell, Joseph. (1968). *The Hero with a Thousand Faces*. Princeton: Princeton University

Press.

Capaccione, Lucia. (1988). *The Power of Your Other Hand*. North Hollywood, CA: Newcastle Publishing Co., Inc..

여러분의 내면아이와 어떻게 하면 풍성한 대화를 나눌 수 있는지에 관해서 이 훌륭한 책을 읽기 바란다.

Carnes, Patrick. (1988). *Contrary to Love*. Irvine, CA: CompCare Publishers.

Carnes, Patrick. (1985). *Out of the Shadows*. Irvine, CA: CompCare Publishers.

성 중독을 이해함에 있어서 카르네스(Carnes)의 연구가 탁월하다.

Cashdan, Sheldon. (1988). *Object Relations Therapy*. New York: W. W. Norton & Co..

Cermak, Timmen L. (1986). *Diagnosing and Treating Co-Dependence*. Minneapolis: Johnson Institute Books.

Clarke, Jean lllsley. (1980). *Self-Esteem: A Family Affair*. New York: Harper & Row.

Clarke, Jean lllsley, & Dawson, Connie. (1989). *Growing Up Again*. New York: Harper & Row.

진(Jean)은 뛰어난 교류분석 치료가이며 부모양육 지도 분야에서 중요한 공헌을 했다.

Coudert, Jo. (1965). *Advice from a Failure*. Chelsea, Ml: Scarborough House.

이 책은 보물 같다. 이 책에 써 있는 글 중 "당신이 지금까지 알고 있는 모든 사람 중에 당신을 결코 떠나지도 잃어버리지도 않을 사람은 오직 당신뿐이다."라는 말이 가슴에 깊이 와닿았다.

DeMause, Lloyd. (1982). *Foundations of Psychohistory*. New York: Creative Roots, Inc..

드 마우스(De Mause)의 연구는 상처받은 내면아이가 어떻게 이 시대에 원형적인지를 이해하는 데 있어서 결정적이다.

Dreikurs, Rudolf, & Vicki Stolz. (1987). *Children: The Challenge*. New York: E. P. Dutton.

Eliade, Mircea, & Winks, Robin W. (1979). Cohen, J. M. tr.. *The Two and the One*. Chicago: University of Chicago Press.

Eliade, Mircea, & Winks, Robin W. (Ed.)(1985). *Cosmos and History*. New York: Garland Publishing, Inc..

Elkind, David. (Ed.)(1968). Piaget, Jean. *Six Psychological Studies*. New York: Random House.

Elkind, David. (1981). *Children and Adolescents*. New York: Oxford University Press.

Erickson, Milton H. (1981). *Erickson's works are very technical*. My favortie work describing his genius is Phoenix by David Gordon and Maribeth Meyers-Anderson. Cupertino, CA: Meta Publications, Inc..

Erikson, Erik H. (1964). *Childhood and Society*. New York: W. W. Norton & Co..

Fairbairn, W. Ronald. (1966). *Psychoanalytic Studies of the Personality*. New York: Routledge, Chapman & Hall.

Farmer, Steven. (1989). *Adult Children of Abusive Parents*. Los Angeles: Lowell House.

Fisher, Amy. Without any collaboration, Amy and I have arrived at many similar places. I wholeheartedly recommend her audiotapes. Write: Amy Fisher, 4516 Lover's Lane, #206, Dallas, TX 75225.

Forward, Susan, & Buck, Craig. (1989). *Toxic Parents*. New York: Bantam Books.

Fossum, Merle A, & Mason, Marilyn J. (1986). *Facing Shame*. New York: W. W. Norton & Co..
이 책은 어떻게 해서 우리의 놀라운 내면아이가 수치심에 기초한 규칙들에 의해서 상처받게 되는지에 대해서 잘 설명하고 있다.

Fromm, Erich. (1964). *The Heart of Man*. New York: Harper & Row.

Fulghum, Robert. (1988). *All I Really Need to Know I Learned in Kindergarten*. New York: Villard Books.

Goulding, Mary, & Goulding, Robert. (1982). *Changing Lives Through Redecision Therapy*. New York: Grove.

Horney, Karen. (1970). *Neurosis and Human Growth*. New York: W. W. Norton & Co..

Isaacson, Robert L. (1982). *The Limbic System*. New York: Plenum Press.

Jackins, Harvey. (1978). *The Human Side of Human Beings*. Seattle: Rational Island Publishers.

Jung, Carl G., & Adler, G. (Ed.) (1985). Hull, R. F., tr.. *Four Archetypes*. Princeton: Princeton University Press.

Jung, Carl G., & Adler, G. (Ed.) (1989). *Memories, Dreams, Reflections*. New York: Random House.

Keen, Sam. (1969). *Apology for Wonder*. New York: Harper & Row.

Keen, Sam. (1970). *To A Dancing God*. New York: Harper & Row.

Kirsten, Grace, & Robertiello, Richard C. (1978). *Big You, Little You*. New York: Pocket Books.

Kurtz, Ron. (1990). *Body-Centered Psychotherapy: The Haikomi Method*. Mendocino, CA: LifeRhythm.

Levin, Pamela. (1988). *Becoming the Way We Are*. Deerfield Beach, FL: Health Communications, Inc..

Levin, Pamela. (1988). *Cycles of Power*. Deerfield Beach, FL: Health Communications, Inc..
이 책은 나의 저술의 중요한 자원이 되었다. 파멜라 레빈(Pamela Levin)은 상담전문가들과 일반인 모두를 위한 재양육 워크숍에 놀라운 영향을 끼쳤다. 더 상세한 정보를 원한다면 Box 1429, Ukiah, CA 95482로 편지하면 된다.

Lidz, Theodore. (1983). *The Person*. New York: Basic Books.

Melzack, Ronald, & Wall, Patrick. (1989). *The Challenge of Pain*. New York: Penguin.

Miller, Alice. (1983). *The Drama of the Gifted Child*. New York: Basic Books.

Miller, Alice. (1983). *For Your Own Good*. New York: Farrar, Straus & Giroux.

Miller, Alice. (1986). *Pictures of a Childhood: Sixty-six Watercolors and an Essay*. New York: Farrar, Straus & Giroux, Inc..

Miller, Sherod, et al. (1975). *Alive and Aware*. Minneapolis: Interpersonal Communications Programs, Inc..

이 책은 당신의 내면아이와 어떻게 하면 좋은 대화를 할 수 있는지를 가르쳐 주는 가장 좋은 책이다. 나는 이 책을 통해서 '인지모델'에 관한 자료를 얻었다.

Mills, Joyce C., & Crowley, Richard J. (1986). *Therapeutic Metaphors for Children and the Child Within*. New York: Brunner/Mazel, Inc..

Missildine, W. Hugh. (1983). *Your Inner Child of the Past*. New York: Pocket Books.

Montagu, Ashley. (1989). *Growing Young*. Westport, CT: Bergin & Garvey Publishers, Inc..

Morpugo, C. V., & Spinelli, D. W. (1976). Plasticity of Pain, Perception. *Brain Theory Newsletter, 2*.

Napier, Augustus Y., & Whitaker, Carl. (1988). *The Family Crucible*. New York: Haper & Row.

Oaklander, Violet. (1989). *Windows to Our Children*. Highland, NY: Gestalt Journal.

이 책은 내면아이와 함께할 수 있는 다양하고 아름다운 훈련들로 가득 차 있다.

Pearce, Joseph Chilton. (1988). *The Crack in the Cosmic Egg*. New York: Crown.

Pearce, Joseph Chilton. (1982). *Exploring the Crack in the Cosmic Egg*. New York: Pocket Books.

Pearce, Joseph Chilton. (1981). *Magical Child*. New York: Bantam Books.

Peck, M. Scott. (1980). *The Road Less Traveled*. New York: Touchstone/Simon & Schuster.

Pelletier, Kenneth R. (1977). *Mind as Healer, Mind as Slayer*. New York: Delta/Dell.

Perls, Fritz. (1969). *Gestalt Therapy Verbatim*. Moab, UT: Real People Press.

Piaget, Jean, & Inhelder, Barbel. (1958). *The Growth of Logicai Thinking from Childhood to Adolescence*. New York: Basic Books.

Pollard, John K., III. (1987). *Self-Parenting*. Malibu, CA: Generic Human Studies Publishing.

Rank, Otto. (1964). *The Myth of the Birth of the Hero and Other Writings*. New York, Vintage.

Robinson, Edward. (1983). *The Original Vision*. New York: Harper & Row.

Rogers, Carl R. (1972). *On Becoming a Person*. New York: Houghton Mifflin Co..

Simon, Sidney B., et al. (1985). *Values Clarification*. New York: Dodd.

Small Jacquelyn. (1984). *Transformers*. Marina del Rey, CA: De Vorss & Co..

Smith, Manuel J. (1985). *When I Say No, I Feel Guilty*. New York: Bantam Books.

Stern Karl. (n.d.). *The Flight From Woman*. New York: Noonday Books/Farrar, Straus & Giroux.

Stone, Hal, & Winkelman, Sidra. (1985). *Embracing Our Selves*. Marina del Rey, CA: De Vorss & Co..

Sullwold, Edith. *Taken from an audiotape entitled "The Archetype of the Inner Child'* (GS2-388-87). Order from Audio Transcripts, Ltd., 610 Madison Street, Alexandria, VA 22314.

Tomkins, Silvan S. (1962, 63). *Affect, Imagery, Consciousness, I, II*. New York: Springer Publishing Co..

V., Rachel. (1987). *Family Secrets*. New York: Harper & Row.

이 책에는 로버트 블라이(Robert Bly)와 매리온 우드맨(Marion Woodman)이 소개한 '교황을 만나려고 했던 한 여인의 이야기'를 포함한 인터뷰 내용을 담고 있다.

Weinhold, Barry K., & Weinhold, Janae B. (1989). *Breaking the Co-Dependency Trap*. Walpole, NH: Stillpoint.

이 책은 발달심리학에 기초한 바인홀드(Weinhold) 부부의 치료 작업을 소개하고 있다. 나는 이 책을 통해서 어린 시절에 역기능적 상호의존과 반의존 그리고 독립과 건강한 의존의 단계들이 어떻게 구분되는지에 관해서 통찰력을 얻었다.

Weiss, Laurie, & Weiss, Jonathan B. (1989). *Recovery from Co-Dependency*. Deerfield Beach, FL: Health Communications, Inc..

나는 바이스(Weiss) 부부를 발달심리접근법을 활용한 T.A. 치료사들 중 가장 훌륭한 분들로 생각한다. 많은 영역에서 그들의 영향을 받았다.

Wickes, Frances. (1988). *The Inner World of Childhood*. Boston: Sigo Press.

Woodman, Marion. (1982). *Addiction to Perfection*. Toronto: Inner City Books.

Wright, Chris. Repression: The Gated Brain (unpublished paper).

| 찾아보기 |

내 용

저자 소개 _____

| 존 브래드쇼(John Bradshaw) |

 　저자 존 브래드쇼는 가족치료사이며 내면아이치료 전문가다. 존은 원래 가톨릭 신부가 되기 위해 캐나다에서 사제 수업을 받았던 적이 있었으며, 토론토대학교에서 신학, 심리학, 영성 분야에서 3개의 학위를 취득했다. 미국의 PBS(교육방송) 프로그램 〈인간성장의 8단계〉의 진행자와 대중 강연가로서, 그리고 가족치료와 내면아이치료 워크숍의 인도자로서, 수많은 사람의 상처받은 내면을 치료하고, 중독치료와 역기능적인 가족관계를 회복시키는 일을 평생 해 왔다. 그가 저술한『가족』『수치심의 치유』그리고『상처받은 내면아이 치유』가『뉴욕 타임스』연속 베스트셀러를 기록하면서 전 세계적으로 널리 알려지게 되었다. 이 책에서 존 브래드쇼는 자신이 "지금까지 실시해 온 상담과 심리치료 중에서도 가장 강력한 프로그램"이라고 고백한, 그의 내면아이치료 워크숍(Inner Child Workshop)의 진수를 소개하고 있다. 이 책을 저술한 존은 이 책에 쓴 그대로의 삶을 자신이 직접 살았던, '살아 있는 인간문서'의 표본이라고 할 수 있다.

역자 소개 _____

| 오제은(Jay Oh, Ph.D.) |

 　현재 미국 서던캘리포니아 데이브레이크대학교의 총장으로 재직하면서, 동시에 '결혼과 가족치료(Marriage and Family Therapy: MFT)'와 '이마고 부부치료(Imago Relationship Therapy: IRT),' 내면아이치료(Inner Child Therapy) 전문가과정을 직접 가르치고 있다. 아시아인 최초로, 국제이마고관계치료수련연구소(IITI)로부터 국제공인 '이마고부부치료 임상지도교수(Imago Faculty and Clinical Instructor)' 자격을 취득했으며, '국제공인 이마고부부치료 전문가 자격취득과정(ICT)'을 지도하고 있다. 퀸즈대학교와 하버드대학교를 졸업했으며, 토론토대학교와 뉴잉글랜드대학교에서 각각 박사학위를 취득하였다(상담학 박사). 숭실대학교와 백석대학교에서 상담학교수로서 재직했고, 오레곤대학교와 뉴저지주립 케인대학교의 객원교수로서 '결혼과 가족치료' 전공 대학원생들을 가르쳤으며, (사)한국부부가

족상담협회 회장, 한국부부상담학회 회장, 한국내면아이상담학회 회장, 한국상담대학원협의회 회장 등을 역임하였다.

임상 경력으로는 보스턴 로저스 메모리얼병원(Rogers Memorial Hospital)에서 PTSD 인턴십과정과, 케임브리지가족치료연구소(Family Institute of Cambridge)에서 가족체계치료전문가과정을, 필라델피아 Council for Relationships(CFR)에서 COAMFTE/AAMFT(미국결혼과가족치료협회) 승인 Post-Graduate MFT '결혼과 가족치료' 전문가과정과 AAMFT공인 수퍼바이저 자격취득과정을 마쳤고, 버지니아 우드브리지, 캘리포니아 파세디나, 뉴저지 페닝턴의 부부치료수련센터 등에서 이마고부부치료전문가, 이마고 부부치료 임상지도 교수, 수퍼바이저과정을 마쳤다.

방송 경력으로는 KBS 1TV의 〈아침마당〉, 〈여성공감〉, 〈오제은박사의 목요클리닉〉, MBC TV의 〈MBC 스페셜: 부부솔루션 이마고〉, 〈생방송 오늘아침〉, EBS TV의 〈성공시대〉, 〈당신이 화내는 진짜 이유 2부〉, CTS TV의 〈내가 웃어야 세상도 웃는다〉, CBS 라디오의 〈새롭게 하소서〉 등에 출연하였다.

전국경제인연합회, 인간개발연구원, 삼성전자, SK, LG, KIA, HYUNDAI, 우리은행, 신한은행 등의 기업체와 청와대, 서울시 및 인천시청 등 전국 시청 및 군청, 서울대, 이화여대, 성균관대 등에서 세미나를 인도하였다.

주요 저서와 역서로는 『오제은 교수의 자기사랑노트』, 『상처받은 내면아이 치유』, 『가족: 진정한 나를 찾아 떠나는 심리여행』, 『칼 로저스의 사람-중심 상담』, 『가족치유: 미누친의 구조적 가족치료』, 『이마고 부부관계치료: 이론과 실제』, 『부부관계 패러다임: 이마고 부부관계치료 임상사례 연구집』, 『재혼가정의 적극적인 부모역할』 등이 있으며, 대한민국 학술원 우수학술도서, 문화체육관광부 우수교양도서, 교보문고 베스트셀러와 스테디셀러로 선정된 바 있다.

숭실대학교 교수로 재직하던 중에, 강의우수 교수상과 Best Teacher상을 3년 연속 수상하였으며, 전국상담대학원협의회로부터 최우수논문상과 최우수논문 지도교수상을 받았다. 또한 미국 결혼과가족치료협회(AAMFT) 공식 학술지인 『결혼과 가족치료 저널(Journal of Marital and Family Therapy: JMFT)』 편집위원회로부터 최우수논문으로 노미네이트 되었으며, 국제이마고부부치료학회(IRI)로부터 국제발전공로상(International Development Award)과 헬렌 헌트 박사 공동체설립공로상(Dr. Hunt's Award for Community Building)을 수상하였다.

— 이메일 jayoh@daybreak.edu
— http://www.daybreak.edu

내면아이치료(Inner Child Therapy: ICT)

'상처받은 내면아이치료'는 각 개인의 어린 시절의 발달과정을 되돌아보게 하고, 각 심리사회발달단계에 따른 미충족 욕구와 미해결 과제가 아직 충분히 채워지지 않은 상태를 발견하게 하며, 아직 치유되지 않은 상처를 내면에 품은 상태에 있는 '내면아이'와의 직접적인 접촉을 시도한다. 그리고 각 개인이 이미 마쳤어야 했지만, 아직 과거에 미처 끝내지 못하였던 작업(Unfinished Business), 특히 '어린 시절에 해결하지 못하였던 필요와 욕구, 슬퍼함' 등을 끝낼 수 있도록 도와주는 발달단계적 치료를 통해 내면의 통합이 이루어지게 하고, 각 개인의 가치체계의 핵심요소를 직접적으로 치유하는, 가장 빠르고 강력하며, 최고의 임상효과를 인정받아 북미에서 상담사들이 가장 널리 사용하는 심리치료다. '내면아이 치료'는 상처받은 내면아이를 계속 품고 있음으로 인해 계속되고 있는 내면의 심리신체적 문제들과 대인관계, 그리고 가족체계의 역기능 결과로부터 비롯된 가족관계의 문제, 특히 중독 문제(알코올, 일, 종교, 성, 분노, 스포츠, 도박, 음식, 사람 의존 등 각종 중독 및 강박증과 병리적 사람 의존 문제 등)와 학대, 폭력 문제 등을 치료하는 데 있어 아주 효과적이다.

내면아이치료연구소(Institute for Inner Child Therapy)

내면아이치료연구소는, 가족치료와 내면아이치료 전문가인 존 브래드쇼(John Bradshaw)에 의해 개발되어 내면치료와 대인관계 및 가족치료, 중독치료에 있어서 가장 빠르고 강력하며, 최고의 임상효과를 인정받은 '상처받은 내면아이치료(Inner Child Therapy)'를 한국에 정착시키고자 학술연구와 내면아이치료 전문가 양성을 위해 설립된 국제적 수준의 비영리 내면아이치료 연구 학술기관이다.

오제은 교수의 힐링타임(명칭은 '자기사랑세미나')

오제은 박사가 인도하는 '힐링타임(Healing Time, 옛 명칭은 '자기사랑 세미나')은, 몸은 성인이 되었지만 내면은 아직 어린 시절 '상처받은 내면아이(Wounded Inner Child)'를 품은 채로, 진짜 '나'를 잃어버린 채 성인아이(Adult Child)로 살아가고 있는 사람들에게, 진짜 내가 누구인지, 내가 어떻게 나의 '상처받은 내면아이'를 재양육(Reparenting)하며 돌보고 사랑해야 하는지를 안내해 주는, 누구나 장소에 구애없이 모두 참여할 수 있는 온

라인 공개 세미나다. 내가 얼마나 소중한 존재인지 진짜 나를 새롭게 발견하고, '내 자신'을 이 세상 그 무엇보다도 소중히 여기고 사랑할 수 있게, 가장 소중한 '나'를 만나러 가는 치유를 직접 경험하도록 친절하게 안내해 주는 힐링타임 시간이다. (《오제은 교수의 힐링타임》프로그램 문의: bestofmekorea@gmail.com, http://www.bestofme.education)

집단상담: 영성과 내면아이 치유 (Spirituality & Inner Child Healing)

오제은 박사가 직접 인도하는 〈집단상담: 영성과 내면아이 치유〉는 3박 4일 간의 숙박 집단상담 프로그램이다. 과거의 다른 심리치료 방법과는 달리, 우리 내면의 깊은 곳에 아직 치유되지 않은 채 존재하고 있는(심리학적으로), 우리 안의 '상처받은 내면아이'를 직접 발견하게 하고, 각 개인의 가치체계의 핵심요소를 직접 치유함으로써, 가장 빠르고 강력한 치료를 경험할 수 있게 이끌어 주며, 개인의 치유와 성장에 결정적인 효과를 가져오게 한다. 내면의 깊은 무의식을 치료하는 다양한 심리치료 방법들로부터 주요 심리치료기법들의 핵심적인 치료방법과 영성수련의 중요한 통찰을 오랜 임상경험을 통해 매우 효과적으로 통합 적용함으로써, 과거의 여러 트라우마와 상처로 인해 아직까지도 계속되고 있는 정신신체적, 심리적, 성적, 병리적 문제를 겪는 참가자와 대인관계 및 부부관계, 가족관계(시부모, 처갓집, 부모–자녀 문제 등)처럼 세대 간 계속되는 여러 핵심적인 이슈들과 중독 문제, 학대, 폭력 문제 등으로 고통받는 이들에게 매우 결정적인 도움이 될 것이다. 이 프로그램은 정신신체적 증상 치료와 심리 내면치료, 부부관계치료, 가족치료와 중독치료를 촉진하기 위한 '최고의 절정경험(Peak Experience)'이 될 것이다. 오제은 박사는 지금까지 이 집단상담을 약 25년 동안 300회 이상 인도해 오고 있다.

상처받은 내면아이 치유 세미나: 내면아이치료 이론과 실제

오제은 박사가 지도하는 '상처받은 내면아이 치유 세미나'는 내면아이치료의 이론과 실제에 대한 과정으로써, 우리에게 고통이 있는 진짜 이유가 무엇인지, 어떻게 하면 그 고통을 치유할 수 있는지 알려 준다. 또한 내면아이치료 이론과 더불어 '상처받은 내면아이'를 직접 접촉하고 치료하는 실제적인 심리치료 작업을 집중적으로 훈련하게 된다.

내면아이치료에 대한 시연과 참가자 자신의 직접적인 참여 경험을 통해 내면아이치료를 실제적으로 체험하고 배우며, 자신이 직접 임상적으로 적용할 수 있게끔 전문적으로 훈련하는 과정이다.

내면아이치료 전문가 과정

　오제은 박사가 직접 인도하는 〈내면아이치료 전문가〉 과정은 상담실에서 '내면아이치료 (Inner Child Therapy)'를 중점적으로 실시할 수 있는 '내면아이치료 전문가'들을 훈련하고 양성하는 과정이다. (1) 집단상담 〈영성과 내면아이 치유〉 3박 4일 참여, (2) 내면아이치료 이론과 실제, (3) 내면아이치료 상담전문가과정 총 3학기/1학기당 5일(30시간)을 이수한 후, (4) 전문가과정 중이나 혹은 그 후에 내면아이치료 상담실습(115시간)을 실시하고, (5) 소정의 과제를 제출하여 통과한 후, (6) 내면아이 치유 그룹 촉진자 경험(3회)을 이수하면, 한국내면아이상담학회 '내면아이상담 전문가 1급' 응시자격이 주어진다.

기타 문의

- 한국가족상담센터 http://familykorea.org (02) 2285-5915
- (사)한국부부가족상담협회 http://www.kamft.or.kr (02) 584-0870
- 내면아이치료연구소 홈페이지 http://www.innerchildtherapy.org (02) 070-7425-0496
  부소장 이윤재 박사 innerchild1@naver.com

상처받은 내면아이 치유

Home Coming: Reclaiming and Championing Your Inner Child

2004년 9월 24일 1판 1쇄 발행
2024년 6월 25일 1판 35쇄 발행

지은이 • John Bradshaw
옮긴이 • 오제은
펴낸이 • 김진환
펴낸곳 • ㈜ 학지사

04031 서울특별시 마포구 양화로 15길 20 마인드월드빌딩
대표전화 • 02-330-5114   팩스 • 02-324-2345
등록번호 • 제313-2006-000265호

홈페이지 • http://www.hakjisa.co.kr
인스타그램 • https://www.instagram.com/hakjisabook

ISBN 978-89-997-3141-9 03180

정가 18,000원

출판미디어기업 학지사

간호보건의학출판 **학지사메디컬** www.hakjisamd.co.kr
심리검사연구소 **인싸이트** www.inpsyt.co.kr
학술논문서비스 **뉴논문** www.newnonmun.com
교육연수원 **카운피아** www.counpia.com
대학교재전자책플랫폼 **캠퍼스북** www.campusbook.co.kr